广东省公路收费及监控员职业技能培训教材

高速公路监控员

EXPRESSWAY MONITOR

广东省高速公路发展促进会　主编

人民交通出版社

北 京

内 容 提 要

本书为广东省公路收费及监控员职业技能培训教材,《高速公路监控员》分册。全书共分两篇,包括第一篇高速公路运营监控原理及方法、第二篇高速公路监控员职业技能实务。另有附录高速公路机电系统软硬件设备。全书系统介绍了高速公路监控员需要掌握的相关知识和职业技能。

本书主要用作公路收费及监控员职业技能培训的学习用书,也可作为交通类高职及本科院校相关专业的教学参考书,还可供高速公路收费及监控从业人员入职培训、继续教育和自学使用。

图书在版编目(CIP)数据

高速公路监控员/广东省高速公路发展促进会主编.
北京:人民交通出版社股份有限公司,2024.6.
ISBN 978-7-114-19599-0

Ⅰ.U491.1

中国国家版本馆 CIP 数据核字第 2024Y3T902 号

广东省公路收费及监控员职业技能培训教材
Gaosu Gonglu Jiankongyuan

书   名:**高速公路监控员**
著 作 者:广东省高速公路发展促进会
策划编辑:李 瑞
责任编辑:王景景
责任校对:赵媛媛 宋佳时
责任印制:刘高彤
出版发行:人民交通出版社
地   址:(100011)北京市朝阳区安定门外外馆斜街 3 号
网   址:http://www.ccpcl.com.cn
销售电话:(010)59757973
总 经 销:人民交通出版社发行部
经   销:各地新华书店
印   刷:北京建宏印刷有限公司
开   本:787×1092 1/16
印   张:21
字   数:430 千
版   次:2024 年 6 月 第 1 版
印   次:2024 年 8 月 第 2 次印刷
书   号:ISBN 978-7-114-19599-0
定   价:92.00 元

编 委 会

主编单位：

广东省高速公路发展促进会

副主编单位：

华南理工大学土木与交通学院

参编单位：

广东省高速公路有限公司

广东省公路建设有限公司

广东省路桥建设发展有限公司

广东省南粤交通投资建设有限公司

广东利通科技投资有限公司

广州交通投资集团有限公司

东莞市交通投资集团有限公司

特邀评审委员会

主任：

王富民　一级巡视员　　　　　　　　　　广东省交通运输厅

副主任：

曹晓峰　党委委员、副总经理　　　　　　广东省交通集团有限公司
叶　磊　主任　　　　　　　　　　　　　广东省人力资源和社会保障厅
　　　　　　　　　　　　　　　　　　　广东省职业技能服务指导中心

委员：

张儒波　公路运营管理处处长　　　　　　广东省交通运输厅
黎　侃　科技处处长　　　　　　　　　　广东省交通运输厅
刘小峰　经营管理部部长　　　　　　　　广东省交通集团有限公司
梁　翠　试题科科长　　　　　　　　　　广东省人力资源和社会保障厅
　　　　　　　　　　　　　　　　　　　广东省职业技能服务指导中心
杨　伟　企业技能等级备案工作负责人　　广东省人力资源和社会保障厅
　　　　　　　　　　　　　　　　　　　广东省职业技能服务指导中心
刘志宏　职业技能等级教材编辑室副主任　中国人力资源和社会保障出版集团
　　　　　　　　　　　　　　　　　　　有限公司
辛镜坤　党委副书记、工会主席　　　　　广东省高速公路有限公司
肖广成　副总经理　　　　　　　　　　　广东省公路建设有限公司
崔宏涛　副总经理　　　　　　　　　　　广东省路桥建设发展有限公司
潘　放　副总经理　　　　　　　　　　　广东省南粤交通投资建设有限公司
谢灿文　副总经理　　　　　　　　　　　广东交通实业投资有限公司
朱其俊　副总经理　　　　　　　　　　　广东省高速公路发展股份有限公司
戴连贵　副董事长　　　　　　　　　　　广东利通科技投资有限公司
林　楠　副总经理　　　　　　　　　　　广东联合电子服务股份有限公司
王粤荣　生产经营部部长　　　　　　　　广州交通投资集团有限公司
张君瑞　董事长　　　　　　　　　　　　深圳高速运营发展有限公司
谭云芳　副总经理　　　　　　　　　　　佛山市高速公路营运管理有限公司

以人为本向未来

（代序）

改革开放以来，我国交通建设取得了举世瞩目的伟大成就。截至 2023 年底，公路通车总里程超过了 544 万 km，其中高速公路通车里程达到了 18.4 万 km，位居世界首位。在这一宏大的历史变革中，广东省以其敢为人先的勇气，率先试行"贷款修路、收费还贷"政策，勇立公路建设改革开放的潮头，为全国各地树立了标杆。

尤其是近十余年来，随着一批世纪工程的建设，广东省产生了一批世界级超级明星工程项目，如港珠澳大桥项目、虎门二桥项目、广乐高速公路项目、深中通道项目、黄茅海跨海通道项目，等等。与此同时，投资主体多元化且收费模式最多、最复杂的广东省在高速公路运营管理上不断创新，由单一投资路段项目封闭式收费管理，到逐步取消跨项目之间主线收费站管理，实施 ETC 不停车收费，分阶段分片区实现无主线收费站管理等，率先实现全省统一联网收费管理，继而为 2020 年年初取消高速公路省界收费站、实现全国联网收费管理奠定了坚实的基础。

在迈上加快建设交通强国的新征程中，广东省作为全国高速公路投资额最大、投资主体最多、高速公路车流量最大的省份，同样面临着由大向强、由有向优转变的挑战。如何提供最快捷、最高效、最安全的高速公路出行服务，除了有安全可靠的高速公路硬件设施之外，关键还在于提高从业者素质，特别是每天负责高速公路正常运营的大量一线员工的综合水平和业务处理能力的提升。

作为规模庞大的一线群体公路收费及监控从业人员迫切需要加强自身职业技能教育，提升和锻炼自身现场综合处置能力。为适应高速公路运营管理发展需求，人力资源和社会保障部联合交通运输部于 2022 年制定了《公路收费及监控员国家职业技能标准(2022 年版)》(简称《标准》),广东省高速公路发展促进会和华南理工大学土木与交通学院以《标准》为依据,结合广东高速公路运营管理实际,编写出版了"广东省公路收费及监控员职业技能等级认定培训教材"(简称"教材")。

"教材"从高速公路基本知识、高速公路发展历史出发,详细叙述了高速公路收费及监控原理、方法,以及未来技术发展趋势,并且针对可能发生的各种特情案例进行剖析,帮助高速公路从业人员学习理论知识并提高业务技能,引导他们刻苦钻研,不断改革创新,解决好现场技术和管理难题,从而达到提升其工作水平和能力的目的。

结合"教材"有针对性地学习和培训,期待能够培养更多技师、高级技师等专业人才,为广大公路收费及监控员拓宽职业发展通道,帮助他们通过技能等级认定,不断提高其薪酬水平,提升公路行业基层员工的获得感和幸福感,同时也达到稳定员工队伍,降低公路收费及监控员流失率,减少培训新员工成本的目的。 相信"教材"的出版,对广东省培养更多高质量的高速公路运营管理高技能型人才、培育高素质的高速公路运营管理团队具有积极的作用,也必将对交通运输行业的健康发展产生有益的影响。

交通运输部专家委员会主任
交通运输部原总工程师
2024 年 1 月 16 日

前言
PREFACE

随着我国国民经济的快速发展及其对交通运输巨大需求的日益增长，我国的公路建设得到了前所未有的大发展，高速公路网已遍布全国，且有21个省、自治区、直辖市已实现县县通高速。作为一种通达范围广、安全性能高、通行能力强、运输效益显著的交通运输方式，高速公路对我国社会和经济发展起到了重要的促进作用。

对公路建设的规划、设计、建设至运营管理的全寿命周期而言，规划、设计、建设只是其中的一个阶段，而运营管理则是一个长久的过程。目前，我国公路行业已从建设高潮逐步过渡到运营管理阶段，对高速公路进行科学、规范、高效的管理是确保高速公路安全、畅通，提高道路通行能力、服务水平的关键，也是今后公路交通领域长期的工作重点。高速公路收费及监控员工作在高速公路运营管理的第一线，对确保高速公路的安全、畅通，提高道路通行能力和服务水平起着直接的、至关重要的作用。而随着交通流量的递增、科技的发展，高速公路运营管理对公路收费及监控员的从业素质提出了更高的要求。为了规范公路收费及监控员的从业行为，引导职业教育培训的方向，为收费及监控员的职业技能认定及培训提供依据，人力资源和社会保障部于2022年颁布了《公路收费及监控员国家职业技能标准（2022年版）》（简称《标准》），对高速公路收费及监控从业人员的职业活动内容进行了规范，对不同级别从业者所需具备的职业技能水平和理论知识水平进行了明确。

为了提升高速公路收费及监控员业务能力，广东省高速公路发展促进会组织编写了本套"广东省公路收费及监控员职业技能培训教材"。本套教材紧紧围绕交通行业发展实际需要，以高速公路收费及监控员的职业需求为导向，以职业能力为核心，遵循思想性、科学性、系统性、规范性、实用性的基本原则进行编写。

考虑到高速公路收费及监控从业人员众多，且人员来源广泛，文化水平参差不齐，尽管国家职业技能标准对各个等级从业人员的业务工作内容、职业技能水平和理论知识水平进行了明确、具体的规定，但是从业人员本身若不能对高速公路的基本概念，以及高速公路运营管理基本原理和方法有全面、系统的了解，也难以融会贯通地理解和掌握高速公路运营管理的业务工作内容和相关知识要求。

为了全面提高高速公路运营管理从业人员的职业技能及综合素养，本套教材出于"知其然，更要知其所以然"的培训目的，按照公路收费及监控员综合基础知识，高速公路收费管理原理及方法，高速公路监控原理和方法，以及公路收费及监控员职业技能等级认定实务等内容由浅入深进行编写，力图全面涵盖目前广东省高速公路收费与监控方面的工作内容、工作要求和相关技术，并兼顾高速公路运营管理方面的新理论、新技术以及行业技术发展趋势。考虑到监控员也需要掌握收费员的工作内容和职业技能，为便于收费员和监控员有针对性地学习和参考，将本套教材分为《高速公路收费员》和《高速公路监控员》两本。

本教材为《高速公路监控员》，内容包括高速公路运营监控原理及方法、高速公路监控员职业技能等级认定培训实务两篇。其中，高速公路运营监控原理及方法篇系统讲述了高速公路运营监控的目的、发展状况以及趋势，介绍了收费监控系统、道路监控系统、收费站安全报警系统、称重系统、交通流信息采集系统、道路条件检测系统、交通诱导信息系统、通信及通信系统、供配电及照明系统等系统的基本知识。高速公路监控员职业技能等级认定培训实务篇根据《标准》的职业技能鉴定要求，对高速公路监控员的职业技能鉴定培训的相关知识及技能要求进行了全面、系统的介绍，内容涵盖了五级（初级工）、四级（中级工）、三级（高级工）、二级（技师）、一级（高级技师）监控员的职业功能、工作内容、技能要求和相关知识要求。

另一本教材为《高速公路收费员》，内容包括公路收费及监控员综合基础知识、高速公路收费管理原理及方法、车辆通行费收费员职业技能等级认定实务三篇。其中，公路收费及监控员综合基础知识篇主要结合《标准》的职业技能等级认定考核要求，对高速公路收费及监控员需要掌握的相关基础知识进行了全面、系统的介绍。高速公路收费管理原理及方法篇系统讲述了高速公路计算机收费系统、联网收费系统、电子收费系统等系统的基本知识方法，并对其相关技术和操作技能等方面进行了系统介绍。车辆通行费收费员职业技能等级认定实务篇则完全对标《标准》提出的职业技能鉴定要求，有针对性地对高速公路收费员的职业技能鉴定培训相关知识及要求进行了全面、系统的介绍。内容涵盖五级（初级工）、四级（中级工）、三级（高级工）收费员的职业功能、工作内容、技能要求和相关知识要求。

本套教材主要用作公路收费及监控员职业技能培训的学习用书，也可作为交通类高职及本科院校相关专业的教学参考书，还可供高速公路收费及监控从业人员入职培训、继续教育和自学使用。

编 者
2024 年 1 月

目录
CONTENTS

第一篇
高速公路运营监控原理及方法

第二篇

高速公路监控员职业技能实务

第一篇

高速公路运营监控原理及方法

  高速公路监控员工作在高速公路运营管理的第一线,随着监控技术的进步发展,以及监控装备和设施的更新换代,对监控员的从业素质要求越来越高。为了使监控员能适应日益提高的工作要求,具备高速公路运营管理从业人员的基本素质及综合技能素养,本篇结合《公路收费及监控员国家职业技能标准(2022 年版)》相关职业技能考核要求,对高速公路运营监控原理及方法,以及监控员需要掌握的相关基本知识进行了系统的梳理和介绍。

  本篇系统地讲述了高速公路运营监控的目的、意义,我国高速公路运营监控发展现状及发展趋势,高速公路运营监控体系及各种监控外场设施,并系统介绍了收费监控系统、收费站安全报警及称重系统、交通视频监视系统、交通流信息采集系统、交通视频监视系统道路条件检测系统、交通诱导信息系统、高速公路通信及通信系统、供配电及照明系统等系统的基本知识。本篇中所提到及的系统软件与平台皆以广东省现行使用的系统为准。

第一章

绪　　论

高速公路作为现代交通体系的重要组成部分,其运营监控对保障道路安全、提升交通效率和加强运营管理具有至关重要的意义。本章介绍了高速公路运营监控的目的及意义、我国高速公路运营监控体系的组织架构以及发展现状与趋势。通过对本章的学习,应掌握我国高速公路运营监控架构等知识。

第一节　高速公路运营监控的目的及意义

高速公路运营监控的目的主要是通过车辆检测器、视频、雷达等外场设备的信息化监测技术,获取高速公路交通运行信息并展开数据分析,帮助高速公路管理者在运营效率、安全保障和应急处置等方面做出正确的决策,从而达到全面提高高速公路运营管理质量的目的。高速公路运营监控对保障高速公路的安全和顺畅具有重要作用。通过监控系统,可以实时监测高速公路上的交通运行情况,及时发现交通事故、车辆故障、交通拥堵、道路中断等各类异常交通事件,并采取相应的应急措施。

(1)提供应急保障。在突发事件或自然灾害发生时,高速公路监控系统可以实时提供现场信息,为应急指挥提供依据,确保及时有效地开展救援工作。

(2)提供道路预警。监控系统可以实时监测道路状况,对异常情况及时预警,提醒驾驶人注意安全,预防交通事故的发生。

(3)提高管理水平。利用大数据、人工智能等技术,通过对高速公路运营数据的收集和分析,可以为管理者提供决策依据。

第二节　我国高速公路运营监控体系及主要设施

我国高速公路运营监控体系采用部、省、路段三级监控中心的管理模式。交通运输部"十二五"信息化规划中的四个重大工程之一就是路网监控平台建设,其目标是建设互联互通,协同高效的部、省两级路网管理平台,完善对国省干线公路重要基础设施(关键路段、特大桥梁、长大隧道等)运营状态、气象环境等的监控,强化预测、预警及评估,实现养护、收费、路政、治超、交通情况调查等管理系统的联网应用,及时发布路况、气象、交通管制等信息,为路网区域协调管理、保通抢通和出行服务提供支撑。

交通运输部路网监测与应急处置中心(简称"部路网中心")按照《中华人民共和国突发事件应对法》《中华人民共和国公路法》《收费公路管理条例》《公路安全保护条例》等法律法规的要求,致力推进包含交通流、气象特殊点和路段的环境状态以及特大型桥梁与长大隧道的技术状态、车辆荷载等信息的国家级公路网监测体系,以及具有监报预警、综合研判、辅助决策、异地会商、路网协调、辅助调度和模拟演练等功能的国家公路网管理与应急处置平台系统的建设,积极稳步开展国家高速公路及重点干线路网监测、养护、应急处置和信息服务能力的现代化建设,以确保国家公路网保持良好的通行能力和服务水平,最大程度地发挥国家公路网的整体效益。

高速公路监控系统一般由监控中心和外场设备两部分组成。

一 监控中心

监控中心由计算机系统、闭路电视监视控制设备、投影设备、不间断电源系统等组成。监控中心计算机系统采用局域网结构,能接入视频、数据和紧急电话语音信息,构成一个多媒体的信息平台,具备较方便的扩展性。监控软件工程是交通监控系统的灵魂工程,它采集外场设备检测到的信息,并对其进行分析处理,生成相应的控制方案,再通过外场的可变信息标志等设备发布消息,告知驾驶员高速公路交通状况或诱导其行车路线。监控中心的闭路电视监视控制设备由视频切换矩阵和监视器墙或投影设备等组成。其控制外场摄像机,并接收摄像机传输回来的图像,利用彩色监视器墙或投影设备实时观察相关路段的交通流状态,监视器也可切换到事件发生地点的画面,控制录像机自动录像,并自动记录摄像机的编号、事故发生时间等信息。监控分中心值班人员可以根据图像显示信息做出相应控制决策。

二 外场设备

外场设备一般包括车辆检测器、气象检测器、可变信息标志、可变限速标志和外场摄像机等。车辆检测器主要用来采集高速公路的交通量信息和行驶车辆的变化情况,可以检测车流量、车速、道路占有率等参数,从而判断出交通的拥挤、堵塞、畅通等状况,提供给监控中心软件做出各种控制方案。气象检测器一般安装在山区、湖泊区等气候情况比较复杂之处,检测当地的能见度、雨雪量等信息,根据这些信息对当地的车辆行驶作出限制。可变信息标志和可变限速标志是控制方案或措施的发布设备,也是高速公路的"面子工程",通过这些设备告知驾驶员交通信息和诱导行车路线。外场摄像机是交通监控系统的"眼睛",可实时动态观察高速公路的道路状况。在其他设备检测到相关信息时也可以通过摄像机进行确认,以采取必要的控制措施。

各省(区、市)的路网管理中心的管理职能与部路网中心类似,其主要任务及职责都是负责全省(区、市)公路网的运营管理与应急指挥工作,以保障全省(区、市)公路网安全畅通运营,提高突发事件应急处置能力,提高路网运营质量。

第三节 我国高速公路运营监控发展现状

为了充分发挥视频监控系统在高速公路运营监控中的作用,交通运输部办公厅在2019年11月印发了《全国高速公路视频联网监测工作实施方案》和《全国高速公路视频联网技术要求》,在全国范围内开展了高速公路视频云联网监测工作。截至目前,全国所有的省(区、市)均已完成高速公路视频点位信息采集与报送,大部分省(区、市)已完成省级高速公路视频云平台的建设,并已实现部省联网对接,全国高速公路视频上云已超过10万路,基本实现了全国高速公路视频云联网,建立起全局管控的高速公路应急保畅和协调联动及指挥调度统一平台。

我国高速公路视频云联网是指通过云技术将各省(区、市)每条高速公路的视频监控系统连接起来,实现视频数据的集中管理、共享和联动应用。这种联网模式可以提供实时的、全面的高速公路视频监控,有效提升高速公路运营管理水平和交通安全水平。通过高速公路视频云联网,可以有效提高高速公路的安全性和管理效率,及时发现和解决交通问题,提供更快捷、更安全的交通服务。我国高速公路视频云联网主要功能如下:

(1)视频数据集中管理:通过云平台,将各条高速公路的视频监控设备连接到本省(区、市)的高速公路路网管理中心,再由各省(区、市)的路网管理中心将视频监控设备连接到部路网中心管理系统,实现视频数据的集中存储、管理和调度,方便管理人员对视频数据的查看和操作。

(2)跨地域共享:不同地区的高速公路监控视频数据可以通过云平台进行共享,实现跨地域的视频数据交流和应用,提供了更丰富的数据资源和更全面的视野。

(3)远程监控和应急响应:通过云平台,管理人员可以远程实时监控每条高速公路的实时运行状况,及时发现交通事故、拥堵和其他紧急情况,并进行快速响应和处置。

(4)数据分析和决策支持:通过云平台对视频数据进行分析,可以提取交通统计信息、道路状况等相关数据,为高速公路管理和决策提供准确的数据支持。

第四节　我国高速公路运营监控发展趋势

视频具有动态性、直观性、多样性等特点。尽管通过高速公路的云联网可以完成视频数据的采集和集中存储管理,但是,传统方法对海量、非结构化的监控视频数据信息的有效利用率较低,无法实现信息的有效挖掘和利用,也很难实现高速公路网全局管控的应急保畅和协调联动及指挥调度的目标。针对我国高速公路建设及运营管理现状,在不增加外场设施的情况下,充分利用高速公路已有的视频监控系统,采用图像处理技术自动获取实时交通运行信息,是在目前条件下获取高速公路实时交通运行数据最可靠的手段,也是建立高速公路智慧感知网络最为高效实用的技术手段和方法。

因此,应充分整合高速公路已有的各类信息采集设备,建立起覆盖高速公路网的智慧感知网络,实现对高速公路网全方位的实时、动态监控,实现实时交通运行信息及路网内各种设施设备、重要基础设施状态信息的自动获取。在此基础上,进行路网实时交通运行状态分析、路网交通运营状态发展态势预测、道路交通事故自动识别及交通事故的时空影响分析,以及应急管理预案、路网协调联动及指挥调度策略、路网养护管理策略的研究,从而建立具有协调联动机制的集路网运行监测、信息采集与预警、交通紧急救援、公众信息发布及应急指挥调度、智慧管养于一体的智慧高速云控平台,是我国高速公路运营监控的发展方向。

第二章
收费监控系统

本章介绍了收费监控系统的架构以及相关技术和设备。通过对本章的学习,应掌握收费图像监控系统的架构、摄像机及其工作原理、监控系统所需的功能要求、收费站安全报警系统和称重系统相关功能等知识。

第一节　收费图像监控系统

一　收费图像监控系统架构

收费图像监控系统架构如图 1-2-1 所示。通过该系统可以对收费员的收费过程及收费广场的车辆进出情况进行全面监视、录像以及图像采集,以杜绝漏收和贪污现象。车道摄像机实施对收费车辆车情的监视,亭内摄像机实施对收费员收费过程的监视。摄像机拍摄的图像经过字符叠加,实施对非正常收费车辆车情及收费员班次、工号等信息的视频处理,经监控网络传入监控室。

二　摄像机及其工作原理

现在使用的摄像机的成像器件通常是 CCD 芯片,CCD(Charge Coupled Device,电荷耦合器件)是一种半导体成像器件,与以前的电子扫描真空管相比,具有灵敏度高、抗强光、畸变小、体积小、寿命长、抗振动及不受电磁干扰等优点。

1.摄像机工作原理

被拍摄物体的图像经过镜头聚焦至 CCD 芯片上,CCD 根据光的强弱积累相应比例的电荷,各个像素积累的电荷在视频时序的控制下,逐点外移,经滤波放大处理后,形成视频信号输出。视频信号连接到监视器或电视机的视频输入端便可以看到与原始图像相同的视频图像。

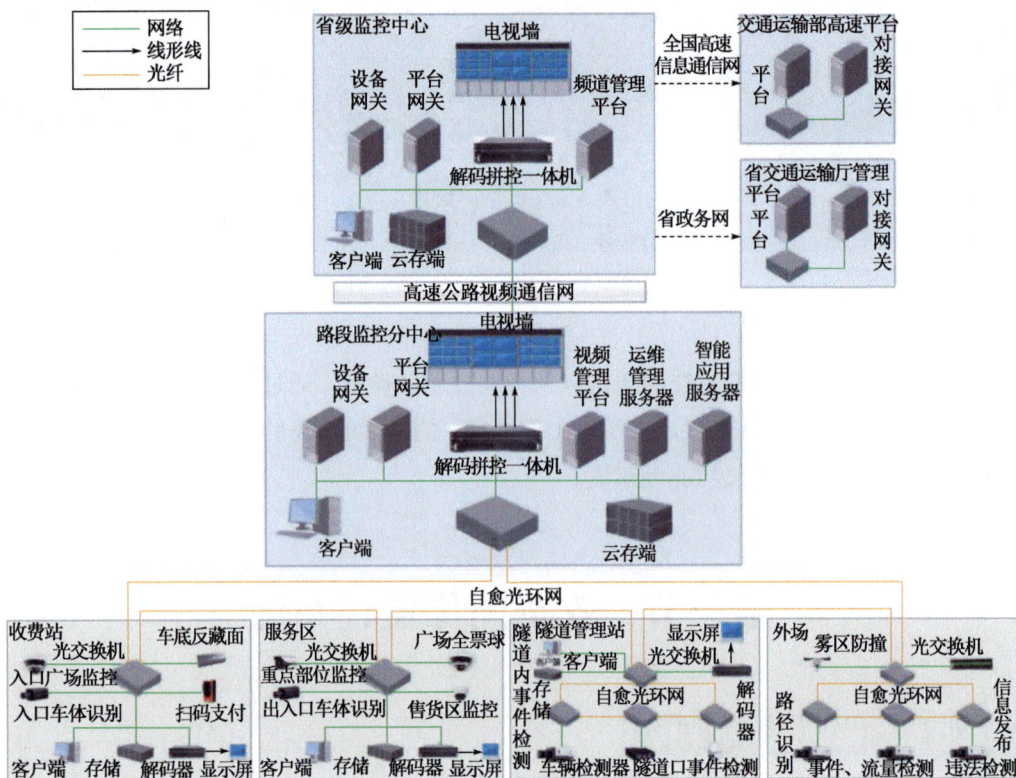

图 1-2-1　收费图像监控系统示意图

2. 摄像机的主要技术指标

摄像机成像器件的尺寸：常见的 CCD 摄像机靶面大小有 1in、2/3in、1/2in、1/3in、1/4in，目前多采用 1/3in 和 1/4in 的摄像机成像器件。总之，CCD 靶面尺寸越大，通光量越多，反之则越少。

3. 摄像机的参数

(1) 像素：像素越大，清晰度就越高，性能也就越好。

(2) 分辨率（清晰度）：分辨率是衡量摄像机优劣的一个重要参数，用电视线（TV Line，TVL）来表示。它指的是摄像机摄取等间隔排列的黑白相间条纹时在监视器上能够看到的最多线数，其数值越大成像越清晰。

(3) 摄像机的最低照度（灵敏度）：最低照度依据测定照度指标时使用标准的不同而不同，最低照度通常表征摄像机在黑暗情况下的摄像能力。

(4) 摄像机的信噪比：信噪比是指摄像机的图像信号与噪声信号之比，用分贝（dB）来表示。信噪比越高越好，信噪比低，图像会淹没在噪声中，看不清楚。

(5) 摄像机的电子快门（AES）：电子快门用于控制 CCD 图像传感器的感光时间，

CCD感光的实质是信号电荷的积累,则感光时间越长,信号电荷的积累时间也就越长,输出信号电流的幅值也就越大。通过调整光信号电荷的积累时间,即可实现控制CCD感光时间的功能,使在不同环境下也能拍摄到较为清晰的画面。后面板上设有一个自动电子快门AESON/OFF开关。

(6)摄像机的自动增益控制(AGC):摄像机输出的视频信号必须达到电视传输规定的标准电平。为了能在不同的景物照度条件下都能输出标准的视频信号,必须使放大器的增益能够在较大的范围内调节。

摄像机的使用较为简单,通常只要正确安装镜头及视频电缆,接通电源即可工作。但在实际使用中需要正确地调整摄像机才能达到预期的使用效果。

三 收费图像监控系统功能要求

1. 实时监控

收费图像监控系统需要实时监控收费站内外的情况,包括车辆进出、交易过程、人员活动等,保证收费站的安全运营。具体功能要求如下:

(1)视频录制与存储:具备视频录制功能,能够将监控画面按照设定的规则进行录制,并将录制的视频数据进行存储,以备查证或回放。

(2)高清画面质量:提供清晰、高分辨率的监控画面,确保能够准确识别车牌号码及人员特征。

2. 智能分析与识别

收费图像监控系统需要具备车牌识别、人脸识别等智能分析功能,能够快速准确地识别车辆信息和人员身份。具体功能要求如下:

(1)异常事件报警:能够检测到异常事件(如交通事故、非法进入等),并能及时报警,以便及时采取应急措施。

(2)远程监控与管理:支持远程实时监控和管理,让管理人员可以通过网络远程查看监控画面,提升监控的实时性和灵活性。

(3)防篡改与保密性:保证监控数据的安全,防止未经授权的篡改或泄露,确保监控数据的完整性和可信度。

3. 其他功能要求

收费图像监控系统还需要具备以下功能:

(1)可靠的电源保障:设备应具备稳定可靠的电源保障,以确保监控系统在电力故障等突发情况下正常运行。

(2)网络联动功能:可以与其他系统(如交通管理系统、应急指挥系统等)进行联动,实现信息共享与互通。

（3）维护与管理功能：提供设备状态监测、故障报警、远程维护等功能，以保证设备的正常运行。

（4）证据采集功能：在收费站人工车道增加视频音频功能，保证投诉时证据链完善。

（5）合规性与法律遵守：设备应符合相关法规和标准，保证监控过程的合法、合规。

第二节 收费站安全报警系统

安全报警装置由安装在路段监控分中心的全天候报警警笛、报警显示控制器和收费亭内的报警按钮组成。

紧急报警信号由收费亭内的报警按钮触发，在紧急状态下由收费员触动而产生报警。报警按钮安装在操作台下不易被发现的地方，收费员在正常操作时通常不会误触发。

报警信号通过报警显示控制器传至视频控制矩阵的报警输入端，将报警收费亭的图像显示在主监视器上，并进行图片抓拍；同时，报警信号上传至收费站报警主机以便工作人员协助处理紧急事件。

第三节 收费站称重系统

一 收费站称重系统框架和主要设备

1.车辆称重的特点

（1）从保持道路正常使用寿命出发，没有必要对所有的上路车辆进行荷载检测，只需对载货汽车做超载检查。从收费匝道引出一条检测车辆超载的旁路，引导重型载货汽车至此做静态或慢速车载检测。

（2）载货汽车的轴数和轴距变化很大，很难采用一块平台（如地磅）对各种不同规格的车辆进行整体称重。目前大都以轴重检测为基础，由此算出整车质量。

（3）车辆高速运动时，因振动会在垂直路面方向产生加速度，从而影响动态称重精度，车速越快，影响越大。如允许最高车速达 120km/h 时，检测误差接近 ±5%（95% 置信度）。

收费站称重系统框架图如图 1-2-2 所示。

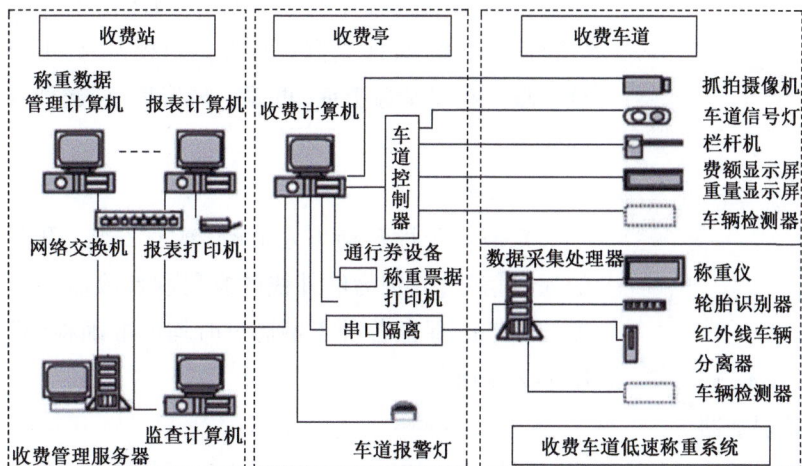

图 1-2-2　收费站称重系统框架图

2. 收费站称重系统组成

收费站称重系统设备包括秤台、光幕、轮胎识别器、控制柜等,如图 1-2-3 所示。

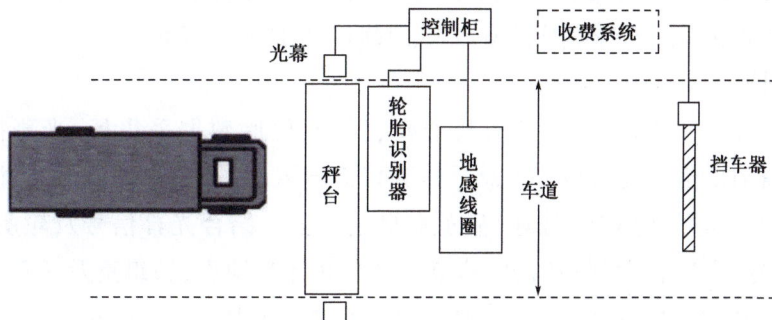

图 1-2-3　收费站称重系统组成示意图

1)秤台

秤台应用于公路收费车道或匝道,因需要露天放置而且过车频次高,所以需要足够的设计强度、刚度,以保证较长时间的疲劳寿命。秤台台面包含多种型号,均能适应普通车道及超宽车道。秤台安装要求如下:

(1)秤台表面与路面相平,秤台框架预埋在基础里,在基础施工时应保证符合秤台框架的水平度要求。

(2)秤台和框架之间采用无间隙限位装置,保证秤台受到冲击时没有明显的晃动,以免对检测精度造成影响。

(3)秤台和框架的四角安装传感器,传感器信号通过接线盒汇总并接入仪表。传感器与接线盒的封装采用 IP68 防护等级结构,保证秤台在恶劣使用环境条件下使用寿命。

图1-2-4 光幕

（4）为安装及检修方便，秤台两侧应预留基坑，提供限位装置调节、传感器更换等维护工作的操作空间。基坑上面应覆盖安全盖，确保当汽车意外偏离秤台时，不至于发生安全事故。在安全盖上面，再罩一梯形护罩，起到警示和美观的作用。

2）光幕

光幕立于秤台前方左右侧，成对安装，用于检测车辆的通过信号，分别为红外线的发射和接收器件。光幕罩高度约1.5m，保证各种车辆通过时均能准确检测到信号，如图1-2-4所示。

3）轮胎识别器

轮胎识别器是一种按规定间隔排列的传感器组合体，置于秤台前方。传感器上表面略高于地面，当车辆经过时，轮胎压在传感器顶面，传感器接收到压力信号并传送给仪表。各个传感器的信号是相互独立的，可以根据已检测到的信号的个数及最大间隔来判断经过的轮胎宽度范围，从而判断是单轮还是双轮。通过与轴型、轴重数据的结合，及对照轴超限值标准，可以实现轴重超载的检测。轮胎识别器过载频次极高、使用环境恶劣、极易浸泡在水中，因此要求其疲劳寿命长、可靠性好、防护等级高。

4）控制柜

控制柜安装在秤台旁边，内有接线盒、仪表、轮胎数据采集板、光幕控制器等。秤台传感器输出信号经接线盒汇总后送到仪表输入端，经放大滤波后通过高速A/D转换变成数字信号，经CPU处理，显示在显示屏上。结合光幕信号及轮胎数据采集板的单/双轮信息，自动判别轴数、轴型、车型，并计算轴重、轴组重及总重、车速等数据，再根据国家有关交通法规判断轴重超限及总重超限，并将这些信息传送至收费计算机。

3. 称重设备分类

称重设备按传感器分类，有压电型和电容型等多种类型；按使用方式分类，有固定式和移动式（手持）。下面主要介绍压电型和电容型传感器。

（1）压电型传感器：其工作原理为压电效应，在套管形压电聚合体内外均为金属镀层，形成一条可弯曲变形的压电电缆。当沿径向施加外力时，两金属镀层表面产生符号相反的电荷，电荷量与外力成正比。该传感器可检测轴数、轴重和车速，其特点是使用方便、体积小。将信号送具有高输入阻抗的前置放大器（电压或电荷放大器），然后进行一般的放大、检波等处理，最终输出指示信号。压电型传感器可有多种形式，其缺点是对车速和动态计重的检测精度不够高。

其中，管型压电传感器是压电型传感器中最为典型的一种（图1-2-5），该传感器的压电电缆被安装在挤压成型的工程塑料壳体内,壳体和壳体基座一并埋设在道路下面。当车轮滚过时,检测器承受荷载而输出信号,每通过一根车轴,就会出现一个脉冲,故常用来检测车辆的轴数。脉冲的峰值越高,轴重也越大,因此,也可检测轴重和车重。每隔一定距离埋设两根压电检测器,在距离已知的前提下测出时间,车速也就被测出。

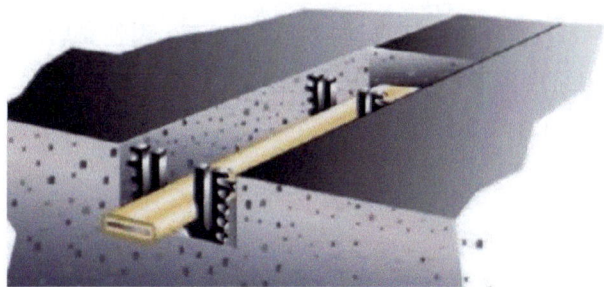

图 1-2-5　管型压电传感器

　　(2)电容型传感器:其工作原理与压电型传感器类似。其上下两块橡胶板为导电橡胶板,中间一块橡胶板为绝缘橡胶板,粘接后形成称重胶垫(一般厚 16~30mm,重 10~20kg);尺寸一定时,两导电板有固定的静电容量;接通直流电源,上下两块橡胶板便载有符号相反的电荷,形成一个电容器。当车辆轮胎压在橡胶板上时,绝缘层被压缩,两块橡胶板的相隔距离和形状都发生变化,电容也随荷载而变化。检测电容变化量,就能获得轮重和轴重,各轴重之和为车重。

　　称重时,将两倍于车轴数的胶垫置于各个车轮前,汽车行至各轮都压在胶垫上时,即停住不动,由与各胶垫相连的计重仪叠加轴重得出车辆总重、超载量和超载率。也可用两块胶垫,依次检测各个轴重再求和。

　　其中胶垫称重器是一种典型的电容型传感器,可在 -10~80℃ 使用,称重综合误差小于 5%。其主要优点是重量轻,便于挪动,可布设在主车道旁侧,不影响主车道交通。传感器常配专用处理器以实现检测功能。由于公路监控系统中多种传感器安装在同一地方,如将处理器设计成一个整体,就可简化结构,降低成本。

二　收费站称重系统工作流程

　　(1)初始状态:检测区无车辆,车道自动栏杆降下。

　　(2)车辆匀速驶入称重区,车轮压上秤台,控制仪表接收到一定阈值的质量数据时,系统自动进入动态称重模式。

　　(3)车辆匀速通过秤台,控制仪表检测出各轴的轴重、轴型(单/双/三联轴)及车速;轮胎识别器同步检测出轮型(单/双轮);当车辆尾部通过红外线车辆分离器(光幕)后,红外线车辆分离器发出收尾信息。仪表将这些数据和信息进行汇总、编译,并实时将轴重、总重、车速、轴型等数据传送给收费计算机。

(4)收费计算机收到仪表传送的信息后,由收费软件自动计算出轴超载量、总重超载量、收费金额等相关内容(根据收费站执行的高速公路管理相关条例),最后打印出票据。

(5)缴费完毕后,车道自动栏杆自动抬起放行,待车辆驶离后,车道自动栏杆降下,该车的整个收费过程结束,等待下一辆车。

第三章

高速公路监控系统

本章介绍了高速公路监控系统架构以及相关子系统,并介绍了在高速公路管理中监控系统的关键技术和设备。通过对本章的学习,应掌握监控系统的构成、交通流信息采集、视频监视、道路条件检测以及交通诱导信息等知识。

第一节 监控系统的构成

一 监控系统的功能结构

高速公路监控系统按信息流动过程可以分为三个子系统,即信息采集系统、信息处理系统和信息发布系统。该系统的各个部分都独立地完成自己的工作,同时又相互联系,实现了信息的横向流动,从而使系统的工作流程变得相对简单且易于控制,使系统每一个处理模块的决策都更加全面合理,提高了系统处理信息的速度和质量。

1. 信息采集系统

高速公路监控系统可以看成是一个信息管理系统,包括信息的采集、优化处理、决策和分布。其工作的输入和输出都是信息,用输入量控制输出,用输出量控制执行机构。高速公路监控系统的信息可以按其来源、作用、属性和存在的形态分类。

监控信息按其来源不同可分为静态信息和动态信息。静态信息包括道路设计车速、道路通行能力、环境指标标准、道路几何线形、设施设备以及事故多发地段/时段等;动态信息包括气象信息、环境信息、监视图像信息、电话语音信息、交通流信息、可变情报信息、电子图板信息、交通广播信息等。

监控信息按其作用可分为监视信息和控制信息。监视信息包括 CCTV 信息、紧急信息、设备工作状态信息、环境信息、雷达信息、道路信息等;控制信息包括气象信息、交通流信息、人工指令等。

（1）气象信息采集

气象信息对高速公路行车安全极其重要，雨雪、冰冻、团雾等不良气候直接影响行车安全；风速、风向影响汽车的行驶阻力、能量耗费；能见度直接影响行车速度，能见度低时，高速行车容易导致追尾事故；温度和湿度通过影响路面的附着系数对车速和道路通行能力产生影响。

（2）交通流信息采集

道路交通流信息，主要包括交通量、车辆占有率、交通流密度、车头时距、车速、车长/排队长度等衡量道路使用情况的重要指标。这些指标表征了高速公路运营效率。交通控制部门的控制决策都是基于上述信息制定的，由此可见交通流信息采集对交通控制的重要性。

（3）紧急信息采集

高速公路上的紧急信息主要指的是交通事故，交通事故是导致交通拥挤、堵塞的重要原因，对事件的快速发现和响应处置是监控系统的主要任务。紧急信息可以通过如下手段获得：

①通过人工监视获得信息。主要包括视频巡检，司乘上报，紧急电话系统和交警、路政巡逻车。紧急电话主要是设置在高速公路隧道并提供给驾驶员使用的求助手段。由于移动电话的普及，紧急电话的作用日趋弱化，驾乘人员可以通过多种途径求助于监控中心、交警及路政巡逻人员。

②视频 AI 分析告警、检测路面异常事件，如逆行、停车、路面抛洒物等，及时发现路面异常事件，提高事件发现效率和处置效率。随着 AI 技术的发展和普及，智慧信息监测系统已经成为获取紧急信息的主要来源。

（4）其他信息采集

除了前面所述的信息外，高速公路上还存在着其他信息能对道路交通状况造成影响，包括道路施工信息、事故多发时段信息、车辆技术性能信息、道路病害信息和环境污染信息等。同时设备状态检测也相当重要，以便获取设备的工作状态，及时发现并排除自身故障，确保监控系统能够长时间正常运行。

①事件及路况信息。受交通监控系统建设成本、维护成本和技术等多种因素的限制，建设一个完全自动采集信息的监控系统是不现实的。因此，应特别强调多途径获取信息、多部门协调工作的重要性。所以，除以上与监控系统联机工作的信息采集设施外，还应根据实际情况依靠交警、路政巡逻和社会途径等，多渠道采集道路交通事故、车辆事故、道路养护维修等事件信息。

②收费车道交通信息。收费系统能向交通监控系统提供高速公路网范围内完整的 OD 信息、本路段的实时 OD（包含入口至出口的旅行时间）信息和实时出入高速公路网（断面）流量信息，要求每个收费站将所属收费车道的相关信息实时传送到监控分中心。

③收费广场监控电视图像信息。收费广场摄像机采集的图像能向交通监控系统提供各收费广场直观的实时运行状况,特别是出口车道排队情况。

2. 信息处理系统

高速公路信息处理系统是整个监控系统中的最关键部分,信息处理系统根据采集和检测到的各种数据、信息,通过处理、分析、判断,提供管控策略,并通过相应的设备对有关的交通运行情况进行相应的调控。处理方式的选择及各种参数的选定对信息处理的结果有很大的影响,进而会影响整个高速公路监控的效果。信息处理系统处理的主要信息有:交通环境信息(主要是气象和环境信息);交通流信息;道路紧急信息,主要包括道路上的违章、车辆故障、交通事故等。各种信息并不是孤立存在的,相互之间有着内在的联系,同时交通管控策略也不是一成不变的,因此道路上的信息复杂性是必然的。信息的处理到目前还没能实现真正意义上的自动化(全自动系统缺乏灵活性,对突发的未预见的事故无法有效处理),往往需要人的介入,构成人机结合的半自动化系统来提供系统的实用性及可靠性。

(1)信息处理的硬环境

系统计算机通过接口电路和传输线路(一般为光缆),同本辖区的各个断面、匝道的车辆检测器、气象检测器、环境检测器以及收费站控制器进行通信联络和数据传输,定时汇集有关数据进行处理、报送监控中心并定时将数据存盘。同时汇集本辖区内所有设备的工作状态,显示于控制台的相应区域,并报送监控中心备查。

中心处理计算机是交通信息采集和交通管制、调控的主要设备。集中处理前置机和收费站及检测器传送来的信息,并按规定的准则,判断出各区段的交通状况和路面状况,将处理的结果进行记录和存档的同时,通过道路模拟地图板显示出来。交通控制指令有两种发布形式,可以由人工通过计算机发布,也可以自动发布。中心处理计算机和其他专用控制计算机构成局域网,对来自道路的交通流信息进行处理,选择匝道配时方案确定匝道调节率和主线限速方案,以防止或减少事故发生。同时也对其他检测信息进行优化处理,协调整个系统的运营。

主控台是信息处理系统的核心控制部分,由各个子系统的控制板组成,主要用来发布各种操作和控制命令,接收紧急电话,发布指令电话,键入事故信息,发送控制记录等。

(2)气象信息处理

气象信息处理的对象包括风速、能见度、温度、湿度。气象条件是高速公路上对道路运营干扰最大的因素之一,其干扰的结果就是高速公路车流速度降低。

(3)交通流信息处理

交通流信息的处理就是对车速、车辆占有率、交通量和排队长度等所形成的交通流模型的优化,使交通流始终处于一种动态的稳定运行状态之下,疏导交通拥堵。

当高速公路受外界环境因素影响,导致车速降低、道路通行能力下降时,要对控制模型采取一定的纠偏措施,不再按原来的参数对交通流进行控制。重新计算通行能力后,调整流量、密度、速度曲线,求出此时高速公路上的最佳行车速度和最大的交通量,以此为依据判断高速公路交通流状况,并根据判断结果,发出限速信号,必要时可关闭匝道,使车辆分流,保证主线的畅通。

中心控制计算机可根据匝道的请求做出响应,计算出匝道调节率,从而对匝道进入交通流进行调节。匝道控制手段,包括定时调节、交通感应调节和集中匝道控制。

3. 信息发布系统

信息发布系统作为高速公路监控系统信息流输出的终端,肩负着与驾驶员"对话"的任务。为使高速公路监控系统的控制策略和警告信息能及时传递给使用者,需要系统的信息发布具有一定的深度和广度,能通过各种途径及时地影响使用者。

经高速公路监控系统优化后的信息通过信息分配系统,自动或由人工通过计算机向高速公路发布。信息发布系统的主要硬件有电子地图板、可变限速标志、无线电及电话调度系统、紧急电话及广播等。

(1)电子地图板

电子地图板与控制中心的中心处理计算机相连,由主控台控制,接收由中心计算机提供的有关信息并在模拟屏上显示。这样,从显示屏上就可以掌握整条道路的运行状态,包括事件发生的确认、拥挤的蔓延程度、有关区段的交通流参数、可变信息标志及可变限速标志的显示内容,也可以了解气象状况、外场设备工作状态、沿线各路段的交通状况等信息。

(2)可变限速标志

可变限速标志根据控制中心的指令,动态地显示当前指定的车速,以达到调节车辆密度和平均速度的目的。控制中心的指令是依据信息采集系统采集的数据经处理由中心计算机向指定路段发出的。通过可变限速标志,可以限制最高车速来避免拥挤的持续和加剧,交通恢复正常后可以恢复原有的限速值。

(3)无线电及电话调度系统

无线电及电话调度系统主要用来使高速公路路政巡逻人员、交警和交通监控人员能及时联系,及时为道路上的求助者提供第一时间的援助。同时为路政人员相互协调,共同惩治道路交通违法行为提供可靠的保障,便于交通监控人员及时处理突发事件,为求援者提供良好的服务,并将突发事件对道路交通的影响降到最低程度。

(4)紧急电话及广播

求助者通过拨打紧急电话求救,监控中心接到求救信息后及时通过广播实时喊话、疏导,减少伤害。

二 监控系统的功能子系统

根据监控系统的功能要求和设备特点以及所采集的信息种类,监控系统可分为如下功能子系统:交通流信息采集系统、交通视频监视系统、道路条件检测系统、交通诱导信息系统。

(1)交通流信息采集系统。该系统的功能是获取道路交通信息的原始数据。通过车辆检测器、检测线圈、雷达、雷视一体机、通信等设备形成的交通量采集子系统,获得各段道路的交通流数据;通过设在路肩或隧道的紧急电话获得紧急求助信号。上述信息中,视频数据可以显示在电视墙、监控大屏或计算机屏幕上,其他数据,包括交通流和紧急信号等,一般通过电子地图板或监控大屏来显示。

(2)交通视频监视系统。交通视频监视系统主要实现高速公路沿线视频图像信息的汇集和交通运行状况的监视,通过监控大屏、监视器、工作站等终端设备进行显示和操作控制,能够对各路视频图像进行切换、调阅存储和回放。交通视频监视系统帮助监控人员实时掌握道路现场交通运行状况,当有交通事故、交通阻塞等异常事件发生时,可控制外场的摄像机进行现场监视和事件确认。

交通视频监视系统还应具备与其他视频系统进行互联和图像信息共享的功能,以满足各有关部门对高速公路的视频监视需求。

(3)道路条件检测系统。通过路面监测设备、气象监测设备采集高速公路各地段的路面状况和气象条件等数据信息。

(4)交通诱导信息系统。交通状态检测系统检测到交通事件,交通控制系统由此计算控制参数并确定交通控制方案,这些控制参数借助交通诱导信息子系统作用于交通流,为车辆提供诱导信息。

第二节　交通流信息采集系统

一 交通流特性及参数

1. 交通流特性

高速公路交通流具有如下特点:

(1)易变:干扰容易激发交通流状态变化。如一辆车驾驶失误,易引起后面车辆车速和车间距离出现很大改变。

(2)变化幅度大:沿高速公路不同路段和时间,交通流可能相差很大。

(3)随机性:交通流状态变化无法准确预测,但是具有一定的特征倾向。描述这种变化特征的物理量服从一定的统计规律,可用统计方法研究其分布特性。

2. 交通流参数

（1）交通量 Q

交通量是指单位小时内通过某断面的标准车辆数,单位为 pcu/h。按交通类型分,有机动车交通量、非机动车交通量和行人交通量。高速公路交通量则指机动车交通量,且指来往两个方向的车辆数总和。

在交通量观测和统计分析及实际应用中,常见的交通量有以下几种:

①平均交通量:交通量时刻在变化,在表达方式上通常取某一时间段内的平均值作为该时间段的代表交通量。

②高峰小时交通量:指一天内的交通高峰期连续 1h 的最大交通量。

③第 30 位小时交通量:指将一年当中 8760h 的小时交通量,按从大到小次序排列,序号为第 30 位的小时交通量。

（2）速度

设行驶距离为 s,所需时间为 t,则车速可用 s/t 形式表示。

影响车速变化的因素主要有驾驶员、车型、道路条件、交通条件等。

①驾驶员对车速的影响。

汽车行驶速度除众所周知的与驾驶员的技术水平、开车时间长短有关外,还与驾驶员的个性、性别、年龄和婚姻状况有关。

②车型对车速的影响。

车型对地点车速有显著影响。小汽车快于专用大客车,货车最慢,新车快于旧车。运货汽车的平均车速按轻型车、中型车、中型组合车、重型单辆车的次序依次降低。单辆车和组合车的平均车速随总重的增加而降低。

③道路条件对车速的影响。

驾驶员采用的实际车速不是根据车道的等级进行选择,而是根据车道的实际状况,如车道类型、道路平纵线形、车道数、路面类型和路面的使用状况等来选择的。

④交通条件对车速的影响。

如平均车速随交通量增加而降低;多种车辆混合时,互相干扰使车速降低,当机动车和非机动车分开行驶或用隔离带分开时,车速提高;时间、气候、地理环境同样对车速产生影响。

二 交通参数检测设备及其工作原理

交通参数检测设备用来检测交通量、车速、车辆占有率、车头时距、车重和排队长度等,国外常称它为车辆检测器。车辆检测器一般包括传感器和处理器两部分。传感器是将被检测量（非电量）转换为电量;处理器负责电量采集、处理、存储和输出（显示打印或通信）。常用的交通参数检测设备有环形线圈检测器、超声波检测器、红外检测器、微波检测器、视频车辆检测器、地磁检测器等。

1. 环形线圈检测器

（1）工作原理

环形线圈检测器的工作原理如图 1-3-1 所示。它由具有一定电感的金属环形线圈与电容器组成谐振回路，其谐振频率与线圈电感量的平方根成反比。当车辆进入线圈的电磁场范围时，线圈的电感量发生变化，导致振荡电压发生频移，通过鉴别电路对频移信号进行处理，形成车辆存在或通过信号，送到处理部分进行计算或用于控制。

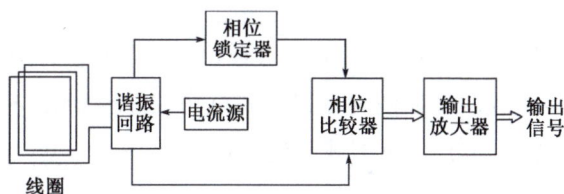

图 1-3-1　有源式环形线圈检测器工作原理

测得的信号强度取决于环形线圈对车辆信息的传导性和车辆材料的可渗透性。环形线圈按处理方式分为存在型和通过型两类；按驱动方式分为有源和无源两类。环形线圈的宽度应该覆盖一个车道宽度的 50% ~60%，长度以不超过 2m 为宜，原因是需要考虑交通流的间隔和车队的检测。

（2）结构和安装

环形线圈由多芯低阻软铜线电缆绕成，铜线单芯直径为 0.5mm，外包聚丙烯或聚乙烯作为绝缘层，平均厚度为 0.8~1.0mm。电缆一般绕成四匝形成线圈，其边长和形状根据需要选择，主车道的线圈大多为 2m×2m 的正方形，馈线长度应小于 500m，可能的话控制在 150m 以内，线圈与馈线的串联电阻应小于 10Ω。收费车道和入口匝道的线圈通常采用菱形、长方形等形状。

线圈埋设点应避开铁磁体。环形线圈作为传感器需和图 1-3-1 所示部件及监测和通信单元等其他器件组合成检测器才能对车辆进行检测。线圈外的其他器件均组装在监测和通信模块上，安装在路侧的现场监控机箱内。监测单元由微处理器和存储器等组成，能按不同采样周期对所采集的数据做预处理，并将处理结果存储 3~7 天，最后由通信单元将检测数据传输给监控计算机。

（3）技术要求

环境温度：-40~80℃。

电源：220V（AC）±20%，功耗小于或等于 5W。

调谐范围：线圈电感在 20~2500Hz 范围内自动调谐，并能作连续自动漂移补偿；灵敏度在 0.02%~1.30% 可调。

检测精度:机动车(两轮以上)精度大于 98%;车辆占有率误差为 4%~6%;测速误差为 4%~6%(在 0~250km/h 范围内);排队长度误差为 4%~6%。

平均无故障时间大于或等于 15000h;寿命大于 10 年。

(4)环形线圈的特点

环形线圈适应性强,可改变形状,以适应不同的检测需要。检测精度较高。安装的质量影响工作可靠性,如果槽口密封不好致槽内积水、线圈受潮,将导致误报或功能丧失。对气象和交通环境的变化有较强的抗干扰能力,可自调谐改善工作稳定性。在道路建造维修时安装,比较简便,成本低,但维修和更换时需封闭车道,影响交通。

2.超声波检测器

超声波检测器是波束检测装置的一种。波束检测装置有多种形式,都是由波束发射器、接收器和时控电路组成。波束检测装置按波束物理性质划分,有超声波、微波、红外线、可见光等;按检测方式划分,有反射式和遮断式。

(1)基本工作原理

超声波检测器由超声波发射器、接收器和时控电路三部分组成。安装在车道上方的收发式超声探头向下发射超声脉冲。无车时路面反射声波,由安装在同一个探头内的接收器接收,时控电路对由发射至接收这段时间计时,作为基础时距;有车通过或存在时,由车辆上界面对声波进行反射。显然,有车时,发射和反射距离缩短,时距减小,与基础时距的差异即为车辆出现信号。如果将车辆上界面反射的信号强度全部像素用灰度表示,可以得到一幅不清晰的车辆俯视图。沿车道方向安装两个间距不大的传感器即可对车速、时间占有率等变量和车长做出检测。

发射器由高压脉冲发生器和换能器构成。脉冲发生器产生高压电脉冲,由换能器进行电-声转换,变成超声波发射出去。接收器的换能器产生反向转换(声-电转换),并由输出放大器将电信号放大并输出。

时控电路产生同步脉冲控制高压电脉冲按一定的时间间隔传输给换能器,变成声脉冲发射出去;在发射声脉冲的间隙期内,时控电路又控制接收器接收反射回来的声波。接收的声波强度较发射时衰减,而且路面也会有反射声波传送到接收器,因此,要分别进行放大和滤除。

超声探头装在车道上方龙门架或路侧立柱上的悬臂(单车道)上,安装高度大于5.5m,用同轴电缆与装在路侧的检测器相连。通常是一条车道安装一台探头。

(2)优缺点

超声波检测器的优点是价格便宜,安装方便,无须破坏路面,也不用封闭车道,不受路面施工和变形影响;使用寿命长,可以移动,易更换检测地点。其缺点是检测精度不高,检测仪为锥形,无法适应车型和车辆高度的变化,对小型车辆的分辨较差,严重拥挤时,误报率也较大;抗干扰能力不强,6 级以上大风会使检测波波束产生飘移,无法正常检测。

3. 红外检测器

红外检测器(图1-3-2)是波束检测装置的一种,有主动式和被动式两种形式。

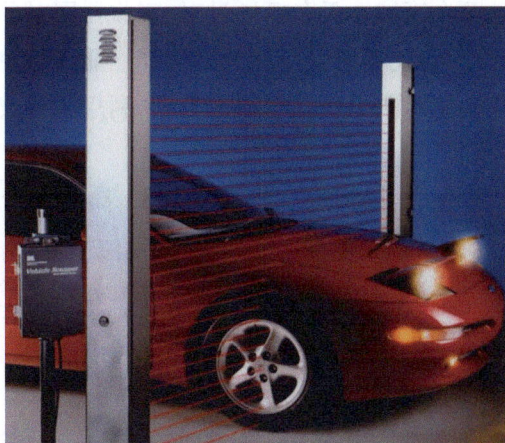

图1-3-2　红外检测器

(1)主动式红外检测器

主动式红外检测器有遮断式和反射式两类。

主动遮断式红外检测器的发射器和接收器分别为半导体激光器和光电二极管,将两者水平对正,安装在车道两边。当无车通过时,接收器接收细束线状红外光,有信号输出;当有车辆通过时,光束被遮断,接收器无输出,通、断转换即是对车辆通行的检测信号。这种设备不能检测车速、车辆占有率等变量,常用来在收费匝道检测通过车辆数和车辆前轴处车身高度(车型识别用)。

新型主动反射式红外检测器的工作原理是在相同红外光辐射下,反射物的大小、材料和结构不同,反射能量就不一样。因为车体表面反射能量大于路面(如金属与木材的反射率要比混凝土高出一倍),所以接收器接收不同的反射能量成为区分车辆和道路的标志。路面和车体表面反射的红外光,由安装在同一个探头内的光电二极管接收。因为两者反射的辐射能不一样,二极管输出的电流大小也不一样。沿车道方向以给定的距离d装设两个探头,此种设备就和环形线圈检测器一样,可检测包括车长在内的交通流参数。浓雾、大雨、雪、扬尘等严重影响能见度的因素会降低红外检测效果。在能见度小于或等于$3\sim5m$的浓雾下就不宜使用主动红外方式检测;而能见度好的天气,其有效检测距离可以达到40m左右。

(2)被动式红外检测器

任何物体温度高于绝对零度即辐射红外光。在低照度和黑夜环境,红外光都能使热敏和光电元件产生反应,广泛应用于检测工作。被动式红外检测器没有发射器,只有接收器,接收器感受路面和车辆以红外光波长为主的辐射能量。路面和车体材料的温度和表面光洁度都不一样,它们的辐射能也不相等,因此能够区分道路和车辆。

采用被动式红外检测时,在路面相隔一定距离的地方,以特种涂料划出两个明显的区域,使它们在给定的环境温度下,有比较稳定的辐射能,再在车道上方的龙门架上安装红外接收器,分别对准这两个区域。无车辆通过时,接收器同时分别接收两个特定区域路面的辐射能;有车通过时,又先后感受车辆的辐射能。能量的差异使接收器不仅能分辨出车辆的存在和通过,也能检测车速和车辆占有率,利用红外成像技术可获得车辆长度和图像。

这种检测器的特点是:抗干扰性能好,能穿透雨雾;路面温度变化对检测精度无影响;功耗低,交流电功耗约500mW。有静态和动态两种使用形式:静态检测车辆存在和排队长度;动态检测交通量、车速和车辆占有率。工作环境:温度为 −40 ~ 70℃,湿度大于95%。

4. 微波检测器

常见的超声波、红外和光学检测器有一个共同的缺点——穿透能力很弱,无法在能见度差的气候条件下进行检测。人们利用成熟的雷达测距、雷达测速和成像技术开发出微波检测器来进行检测,其穿透能力强。微波检测器向检测区域发射功率小、不同中心频率的连续调制微波,中心频率大于10GHz(波长约3cm),带宽45MHz,进行分区扫描,获得被测物的反射回波。扫描区域的数量和大小可由软件控制,最多可分为8个区,每区长度在2~10m范围内可调,宽度为2m(可覆盖一条车道);每区还可进一步细分为2~4个小区,供测速使用。微波检测器最多可检测8个车道的交通量、平均车速、车辆占有率、按长度划分的车型和排队长度等参数。

微波检测器由三部分组成:微波发射接收探头及其控制器、调制解调器和专用电源。发射器可安装在路侧灯杆或专用立柱上,安装高度大于5m,称为侧视安装,微波波束俯仰角40°~50°,水平方位角15°,作用距离3~60m。也可像超声波检测器一样安装在车道上方龙门架上,称为前视安装。调制解调器安装在同一根立柱上,通过连接盒与探头连接,将处理过的检测信号调制后发射给接收单元。

微波检测器面对高速公路车道行驶方向布设,称为前视检测。微波检测器的使用特点为:

(1)多车道检测。一台检测器可完成多条车道交通流的同时监测。

(2)全天候工作。抗干扰能力强,能穿透雨滴、浓雾和大雪而不受影响;测速为非多普勒模式,安装杆的弯曲和振动不影响检测质量,因此刮大风也能正常检测。

(3)使用方便。安装与维修时不用封闭车道,不破坏路面;运行模式由软件决定,便于扩展升级。

(4)检测精度较高。前视检测时,车辆计数和占有率误差2%,平均车速误差5%;侧视检测时,车辆计数和占有率误差5%,平均车速误差10%。

(5)漏检率低。超声波和红外检测时,存在车辆相互遮挡问题,使用微波可使漏检数量减少一半。

5.视频车辆检测器

视频车辆检测器是运用视频图像处理和计算机图形识别技术于近年开发出来的新产品,可以取代环形线圈检测器,进行高效益的广域视频监视并现场实时采集各种交通参数。视频车辆检测器由摄像机、连接箱、计算机和专用软件等组成。其中连接箱用来接收各摄像机拍摄的交通图像,传输给计算机或加以存储。

视频车辆检测器的特点为:功能强大,图像直观,软件控制,便于升级,易于增添检测项目;多道检测。一台摄像机可覆盖 6 条车道,监视长度通常为 1.5～50m;可监视交叉路口各个方向的交通;可多台同时监测 100 个以上的区域。使用方便,安装维修不破坏路面,不封闭车道,可重新设定,以满足不同要求。但是易受恶劣气候影响,所以夜间需要提供足够亮度的照明。

目前的视频检测设备,根据实际使用的要求,有一体化交通视频检测器、模块式视频检测器、外站独立式视频检测器、标准机架式视频检测器。

(1)一体化交通视频检测器

一体化交通视频检测器将摄像机和视频检测引擎集成在一个密封的室外防护罩中,给用户提供一种结构紧凑的一体化视频检测系统使用方案。该检测器采用标准220V 市电供电,可直接输出在其监控的视野范围内的各种交通参数,数据输出采用 RS232/422/485 接口。

(2)模块式视频检测器

模块式视频检测器可提供视频检测的所有功能,其小巧的体型和丰富的接口为用户嵌入应用提供了可能,有力提升了用户系统性能及价值。用户可方便地将视频检测模块安装在机箱或系统中。模块式视频检测器是一种功能完善的视频检测器,可以单独使用,采用单5V(DC)供电。

(3)外站独立式视频检测器

外站独立式视频检测器为城市交通路口、快速干线、高等级公路等路面交通信息采集,提供了一套经济简便的系统级解决方案。该检测器自带节点机,可同时接入四路视频,实时产生交通数据,完成数据本地存储及联网传输。该检测器采用嵌入式技术,耐高温、严寒等各种恶劣工作环境,丰富的功能配置可满足用户现场的各种工作需要。

(4)标准机架式视频检测器

标准机架式视频检测器是一种面向集中监控应用可组成几百个点交通信息数据实时监控大联网系统的标准设备。该检测器采用模块化结构,一台主机可插入多个视频检测模块,监控多路不同的视频输入,不同主机间可以级联,从而监控任意多路视频输入。这种视频检测器可独立使用,其本身就是一个功能强大的视频检测及数据处理平台。

6.地磁检测器

地磁检测器(也称磁映像检测器),利用车辆通过时对地磁场的影响,检测车辆交通参数。它利用低功耗、高灵敏度的强导磁性材料,将地磁磁力线集中约束在比较小的空间内,当车辆停驻、慢速接近或通过时,被约束的磁力线发生形变,产生的原始信号经转换、处理后形成电压随时间变化的曲线。

地磁检测器体积小、质量轻,安装时不需破坏路面,直接平放于路面,加薄保护罩即可工作;检测数据可先存储后处理,也可由计算机在现场实时处理,很适合用于交通调查等科研工作。

第三节　交通视频监视(CCTV)系统

交通视频监视系统通常由摄像子系统、图像传输子系统、输出子系统和控制子系统组成,在规定的监视区域安装。

摄像枪是实现区域监视的重要手段之一,根据广东省交通运输厅印发的《广东省高速公路服务区布局规划(2020—2035年)》,对于一类服务设施应于服务设施出口、入口处绿化带设置广角摄像机,在充电车停车场、加油站、主建筑周边重点功能区域设置摄像枪。

一　监视区域

在高速公路上,对一些重要地点需要随时了解全面信息,而仅依靠车辆检测器等设备不能获得完整的信息,这个问题可以利用视频监视系统解决。视频监视系统能够将现场数据送到监控室,使监控员看到检测点的全面情况,同时对交通事件进行确认。在高速公路监视系统中,根据业务的需求,一般需要对以下重点区域进行视频监视:

(1)主线收费口、隧道中部、车辆流量比较大的出入口、桥梁的出入口等。

(2)坡度比较大的事故多发地点、匝道等,在事故发生后容易引起严重拥挤。

(3)重要的设备或仪器安装点。

(4)环境比较恶劣、气象条件变化复杂的地点。这些地点同时是事故多发地,通过视频监控可以了解现场的实际情况。

二　摄像子系统

摄像子系统将现场的视频信号采集拾取到视频监视系统中,由图像传输子系统完成视频信号的传递,视频信号在监控室连接到监视器、录像机等输出设备,系统用户通过控制键盘、解码器等控制子系统的设备完成变焦、旋转等功能。

摄像子系统一般包括:摄像机、镜头、电源、云台、防护罩、支架、立柱等设备和材料。摄像部分是整个系统的"眼睛",它被布置在被监视场所的某一位置上,其视场角能覆盖整个被监视场所的各个角落。如被监视场所面积较大,为了节省摄像机所用的数量、简化传输子系统及控制与显示系统,在摄像机上加装电动的(可遥控的)可变焦距镜头,使摄像机所能观察的距离更远、更清楚;同时还可以把摄像机安装在电驱动云台上,通过控制台的控制,可以使云台带动摄像机进行水平和垂直方向的转动,从而使摄像机能覆盖的角度、面积更大。总之,摄像机的任务是把监视的内容变为图像信号,传送给控制中心的监视器。由于摄像部分是系统的最前端,并且被监视场所的情况是由它变成图像信号传送到控制中心的监视器上,所以从整个系统来讲,摄像部分是系统的原始信号源。因此,摄像部分的好坏以及它产生的图像信号的质量将影响着整个系统的质量。

1)摄像机与镜头

(1)摄像机

摄像机是拾取图像信号的设备,摄像机将光信号(画面)变为电信号(图像信号)。目前多采用彩色 CCD 摄像机。

衡量摄像机性能的技术参数与本篇第二章第一节所述摄像机参数相同。

(2)镜头

镜头是安装在摄像机前端的成像装置,大致有如下几种:

①定焦距镜头。这种镜头的焦距是不可变的,可变的只有光圈的大小。它适合于摄取焦距相对固定的目标。可根据视场角要求选择广角的镜头或焦距相对较长的镜头。

②自动光圈、电动变焦距镜头。这是目前常用的一种镜头。由于它是自动光圈,所以适用于光照度经常变化的场所。其焦距电动可变,因而可对所监视场所的场角及目的物进行变焦距摄取图像。这种镜头用起来方便、灵活,适合远距离观察和摄取目标。

③自动光圈、自动聚焦、电动变焦镜头。这种镜头除具有自动光圈及电动变焦功能外,还有自动聚焦功能。也就是说,当通过云台和电动变焦改变摄取方向及目标时,可以自动聚焦。

一般来说,镜头的焦距长时,视角就小,反之亦然。

在选择摄像机与镜头相配合时,除对机械安装方面要求一致外,还要求镜头成像的规格与摄像机靶面规格相一致。例如,镜头标明的成像规格为 2/3in,则选择摄像机时,其靶面规格也应为 2/3in,否则不能配合。在目前的产品中,有一种是将摄像机、镜头,甚至电驱动云台统一装在一个半球形的透明罩子里,见图 1-3-3,这种摄像机使用上很方便,但价格较高。

图 1-3-3　半球形摄像机

在交通视频监视(CCTV)系统中使用的摄像机,有些应该具有背景光(逆光)处理功能。这一功能在交通监视中尤为重要,当晚间监视车辆时,如果没有背光补偿的功能,汽车大灯强烈的光线会使车牌号等信息看不清楚,进行背光补偿处理后,抓拍到的图像能够满足要求。

2)云台与防护罩

(1)云台

云台是承载摄像机在水平和垂直两个方向转动的装置。云台内装有两台电动机。这两个电动机一个负责水平方向的转动,另一个则负责垂直方向的转动。水平转动的角度一般为 350°,垂直转动则有 +45°、+35°、+75°等。水平及垂直转动的角度大小可通过限位开关调整。云台大致分为室内用云台和室外用云台。室内用云台承重小,没有防雨装置;室外用云台承重大,有防雨装置,有些室外用云台还有防冻加温和雨刷装置。

(2)防护罩

防护罩一般分为两类:一类是室内防护罩;另一类是室外防护罩,一般为全天候防护罩,这种防护罩应具有降温、加温、防雨、防雪等功能。同时,为了在雨雪天气仍能使摄像机正常摄取图像,防护罩前应安装有可控的雨刷。

目前较好的全天候防护罩是采用半导体器件实现加温和降温的防护罩。这种防护罩内装有半导体元件,既可自动加温,也可自动降温,并且功耗较小。

3)一体化摄像机

摄像机是一种光电转换设备,在安装镜头后,才能完成摄像工作。一体化摄像机(图 1-3-4)是将摄像机、镜头、云台等器件整合在一个透明的防护罩中,成为一个整体,使得摄像机与镜头、云台、防护罩的参数匹配,为摄像系统的安装、调试提供了方便,同时降低了成本。

用于高速公路监控系统的摄像机,对防护罩有较高的要求,应能够适应野外工作条件,通过机内空气循环、通风、加热、隔热、干燥等功能,达到耐高、低温的目的,同时还能够耐腐蚀,通过配置镜头前置玻璃清洗装置,保持防护罩清洁、图像清晰无污斑。

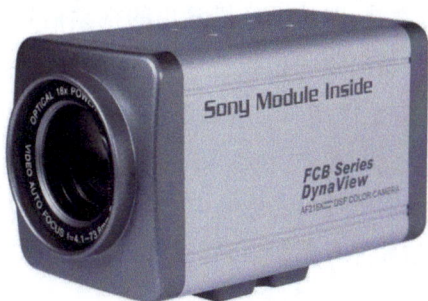

图 1-3-4　一体化摄像机

　　高速公路监控系统所用的摄像机一般都与云台等辅助设备配套使用,便于工作人员对现场进行各个角落的监视。摄像机立柱一般有水泥立柱、钢管立柱,同时,为了适应野外恶劣的天气变化,一般在立柱上装有避雷针,对摄像设备也要做防雷处理。

　　水泥立柱的优点是不发生晃动,缺点是美观度较差,采用标准杆体时走线不方便。钢管立柱的缺点是在大风时会有一定的晃动,但外观漂亮,安装简单,易于走线和固定摄像机,目前高速公路监控系统使用的立柱多为钢管立柱。

三　图像传输子系统

　　根据图像传输距离的不同,分为近距离传输和远距离传输。在监控系统中,由于传输方式的不同,往往要采用一些不同的传输部件。传输部分主要传输的内容是图像信号。对图像信号的传输,重点要求是在图像信号经过传输子系统后,不产生明显的噪声、失真(色度信号与亮度信号),保证原始图像信号的清晰度和灰度等级没有明显下降等。这就要求传输子系统在衰减方面、引入噪声方面、幅频特性和相频特性方面都有良好的性能指标。

　　在传输方式上,目前交通视频监视(CCTV)系统多采用视频基带传输方式。如果距离控制中心较远,也可采用射频传输方式或光纤传输方式。传输部分的好坏也是影响整个系统质量的重要因素。

　　(1)近距离传输

　　当视频检测点与监控室的距离比较近时,传输子系统比较简单,一般用视频基带传输方式,将视频信号直接引入监控室的输出设备,中间没有发射机、中继器等设备。在近距离传输中,主要考虑的问题是视频线的选择,当传输距离大于 1km 时,就认为传输距离比较远,需要进行中继处理。

　　(2)远距离传输

　　①远距离方式下的传输部件。

　　远距离方式下的传输部件有两类:一类是视频放大器。视频放大器一般情况下装在摄像机输出端之后、传输线之前,即从摄像机输出的视频信号经视频放大器放大后再经线路送至监控中心。另一类是幅频和相频补偿器。这种补偿器一般装在总控制台上的视频信号输入端口,以补偿由于传输而造成送过来的高频信号幅度的衰减和整个信号的相移失真。

②射频传送方式下的传输部件。

射频传送方式下的传输部件有调制器、射频放大器、解调器等,这些器件与有线电视网用的传输部件基本一致。

③光纤传送方式下的传输部件。

光纤传送方式下的传输部件有光调制器、光放大器、光解调器等,与有线电视采用光纤传输时所用的部件基本相同。光调制器与光解调器在工程应用上通常被称为光发送端机与光接收端机。

④电话电缆平衡传输方式下的传输部件。

电话电缆平衡传输方式下的传输部件中,有些部件的电路组成比较复杂,如发送中继器、发送地沟中继器、接收中继器等。此外平衡中继器的电路组成更为复杂。除了这些部件外,还有视频变压器、信号检测传感器等。

四 输出子系统

高速公路主线上监控点的数量不多,宜采用一对一的方式,每一路视频信号都对应一台显示器,便于设备布置和管理。在录像时用画面分割器,将多路视频信号组合到一个画面中进行录制。监视器(或电视机)的屏幕尺寸宜采用 14~18in,如果采用了画面分割器,可选用较大屏幕的监视器。

监视器放置的位置应适合操作者视角,一般在总控制台的后方,设置专用的监视器柜子,把监视器摆放在上面形成电视墙。监视器的选择应满足系统总的功能和总的技术指标的要求,特别是应满足长时间连续工作的要求。

(1)视频分配放大器

视频分配放大器的功能和作用有两个:一个是对视频信号进行分配(即将同一个视频信号分成几路);另一个是对视频信号进行放大。在视频分配放大器中,视频信号实质上是先放大、后分配。

(2)监视器和电视墙

监控室的工作人员通过电视机或监视器获得摄像机的现场数据。对于要求不高的监视系统,一般采用电视机作为视频输出设备;对于需要长时间监视,并对图像质量有较高要求的监视任务,一般选用专业监视器。

监视器分辨率的选择,应该参考摄像机的分辨率,并且其分辨率不低于摄像机分辨率,也不可过高,否则将造成资源浪费。在高速公路交通视频监视系统中,由于对监视对象要进行全天候不间断监视,因此一般选用专业监视器,并且监视器数量多,占据比较大的面积,俗称"电视墙"。电视墙一般为定制产品,其大小、高度、厚度要根据监控室布局和实际尺寸来确定。电视墙中除了摆放监视器外,还放置录像机、视频分配放大器等其他设备,全局考虑设备的摆放情况,既要考虑功能,也要考虑美观大方等因素。在电视墙的后面,要提供走线槽,使多台监视器的走线整齐规范,便于维修和管理。电视墙与控制台之间应保持一定的距离,最短距离不能小于2m。

五 控制子系统

控制部分是整个交通视频监视(CCTV)系统的"心脏"和"大脑",是实现整个系统功能的指挥中心。控制部分主要由总控制台(有些系统还设有副控制台)组成。总控制台的主要功能有:视频信号放大与分配、图像信号的校正与补偿、图像信号的切换、图像信号(包括声音信号)的记录、摄像机及其辅助设备(如镜头、云台、防护罩等)的控制(遥控)等。目前生产的总控制台,在控制功能上、控制摄像机的台数上往往都做成积木式的,可以根据要求进行组合。另外,在总控制台上还设有时间及地址的字符叠加器,通过这个装置可以把年、月、日、时、分、秒都显示出来,并把被监视场所的地址、名称显示出来,由录像机记录,方便备查。

总控制台对摄像机及其辅助设备(如镜头、云台、防护罩等)的控制一般采用总线方式,把控制信号送给各摄像机附近的终端解码箱,在终端解码箱上将总控制台送来的编码控制信号解出,成为控制动作的命令信号,再去控制摄像机及其辅助设备的各种动作(如镜头的变倍、云台的转动等)。在某些摄像机距离控制中心很近的情况下,为节省开支,也可采用由控制台直接送出控制动作的命令信号——开、关信号。总之,根据系统构成的情况及要求,可以综合考虑,以完成对总控制台的设计或订购。

1)主控制台(总控制台)

主控制台是交通视频监视(CCTV)系统中的核心设备,对系统内各设备的控制均是从这里发出的。控制台本身是由各种具体设备和软件组合而成的,主要有视频分配放大器、视频切换器、控制键盘、时间及地址符号发生器、录像机(或长延时录像机)、电源(给摄像机等设备供电的专用电源)等设备及相关的控制软件。组合控制台时主要遵循如下原则:

(1)根据系统中摄像机的台数,选择视频切换器的最大输入路数。视频切换器最大输入路数一般应大于摄像机的台数,为扩展留余地。

(2)根据系统所监视区域的重要程度及区域中要害点的多少,选择录像机(连续录像需要延时录像机)的台数、需要的摄像机、VDM(视频数据叠加器)、电视墙、监视器、控制键盘、云台等设备。

(3)当整个系统中摄像机的台数很多时,可考虑选用多画面分割器。

(4)根据系统控制的要求,考虑在总控制台之外是否设分控制台。

(5)根据整个系统供电的要求,考虑电源。

(6)当系统有多路远距离信号时,还应根据远距离信号传送的方式(视频传输、光纤传输、射频传输、视频平衡式传输等),考虑在控制台中是否增设解调装置(对应光纤传输或射频传输)、补偿装置(对应视频传输)、还原装置(对应视频平衡式传输)以及远端切换控制装置(对应视频传输的远端切换方式)等。

(7)时间及地址符号发生器的设置:时间是可以随时设定的,而地址则是根据系统的要求,事先固化在集成块中的。目前,采用多媒体控制主机设置地址符号已经成为主流,地址符号可由主机上的操作自行设置而不需事先固化。

2)副控制台

副控制台实质上是一个操作键盘,具有与总控制台上的操作键盘完全相同的功能。通过副控制台(操作键盘)也可以对整个系统进行各种控制和操作。在副控制台的工作室内,一般只设一台监视器,通过这台监视器可以切换、巡视各个摄像机返回的监视画面。副控制台一般在除总控制台所在的监控中心之外,还有一个或几个监控分中心的情况下设置。副控制台与总控制台的连接,一般采用总线方式。同时,各副控制台与总控制台之间,还可设定优先控制权。

3)控制键盘

在收费广场安装的摄像机,除了监视收费广场的一般情况外,还希望能完成突发事件取证的任务。此时,监控人员需要在收费员或值班员发出报警信号后调整摄像机的监视区、焦距等参数,将事故发生点的情况完整地摄取下来。使用控制键盘能够预先对云台编程,使其对应于多个报警点的位置,当有报警信号时,能够快速旋转,使摄像机对准报警点。控制键盘有如下四个方面的功能:

(1)通过屏幕菜单或键盘液晶菜单实现预置功能;

(2)通过菜单设置键盘的主控、分控工作方式;

(3)通过控制解码器,实现对摄像机电源的开关控制、除尘器的开关控制和报警器的布防与撤销、镜头与云台的控制等;

(4)控制报警及联动。

4)终端解码箱

终端解码箱也称为解码控制器,安装在摄像机(或云台)附近。其功能是把由总控制台发出的代表控制命令的编码信号(由总线传送的串行数据),解码还原为对摄像机和云台的具体控制信号(比如开关信号)。在道路监控系统中,终端解码箱可吊装在摄像机的顶端、背后,或立柱的柱体内部。

5）画面分割器

在有多台摄像机的交通视频监视（CCTV）系统中,为了节省监视器以及为监控人员提供全视野画面,往往采用多画面分割器使多路图像同时显示在一台监视器上。画面分割器的基本工作原理是采用图像压缩和数字化处理的方法,把几个画面按同样的比例压缩在一个监视器的屏幕上。画面分割器有的还带有内置顺序切换器的功能,此功能可将各摄像机输入的全屏画面按顺序和间隔时间轮流输出显示在监视器上(如同切换主机轮流切换画面那样),并可用录像机按上述的顺序和时间间隔记录下来。其间隔时间一般是可调的。录像机记录下来的各画面都是不经过压缩的全屏画面,在重放时更加清晰。画面分割器的主要性能如下:

(1)全压缩图像,数字化处理的彩色/黑白四路画面(或九路、十六路画面)。

(2)四路(或九路、十六路)视频输入并带有四路(或九路、十六路)的环接输出。

(3)内置可调校时间的顺序切换器。根据摄像机的编号对全屏画面按顺序切换显示,每路画面显示时间可由用户自行优化调整。

(4)高解像度以及实时更新串。

(5)录像带重放时可实现1/4画面到全屏画面变焦(还原为实时全屏画面)。

(6)与标准的SUPER-WHS录像机兼容(有的还具有S-VHS接口)。

(7)有报警输入/输出接口,可与报警系统联动。报警时可调用全屏画面并产生报警输出信号以启动录像机或其他相关设备。也就是说,当报警信号产生时,与该警报相关区域的场景将以全屏画面显示出来,并可自动录像。用户可自行设定警报的持续时间和录像的持续时间。报警输入接口数目与画面输入数目相同。

(8)报警画面叠加、视频信号丢失指示。该功能可快速检查出现丢失的原因。

(9)设置屏幕菜单编程/调用。编程简单、操作容易,人-机界面友好。

第四节　道路条件检测系统

一　道路条件检测系统的构成

对于监控系统而言,道路条件数据的采集是非常必要的。所谓的道路条件,一般来讲包括气象条件、路面状态、道路环境条件三个方面。借助道路条件检测系统,通过对获得的数据进行分析,为高速公路的管理决策提供参考依据,在兼顾交通安全的前提下,充分发挥高速公路的作用,实现安全、畅通、高速的管理目标。

道路条件检测系统可以有多种构成方式,由于供电位置的限制,目前普遍采用集总构成的方式,即各单项检测器将采集的数据传送到现场数据处理单元,数据处理单元对采集的数据进行加工,得到温度、湿度、能见度等具体的数值,将这些数值存放在存储单元中,等到与上位机通信时,将数据按协议发出。

道路条件数据由专门的采集站收集,采集站将能见度、温度、湿度等信号采集到系统进行处理,通过通信接口把数据送入位于监控分中心或监控中心的道路条件采集计算机中。

数据采集站与通信计算机之间通常采用异步串行通信传送数据,由通信计算机主动与各采集站通信,确定与哪一个数据采集站进行数据传送。这种数据采集系统是将分散于不同物理位置的各采集站的数据传送到通信计算机进行集中处理,非常适用于高速公路的道路条件采集。其有以下特点:

(1)适应能力强。

(2)可靠性高。

(3)实时响应性好。

(4)硬件要求较低。

(5)抗干扰能力强。

二 道路条件数据采集站的结构与功能

1.道路条件数据采集站的结构

数据采集站内部结构如图1-3-5所示,其硬件组成如下:

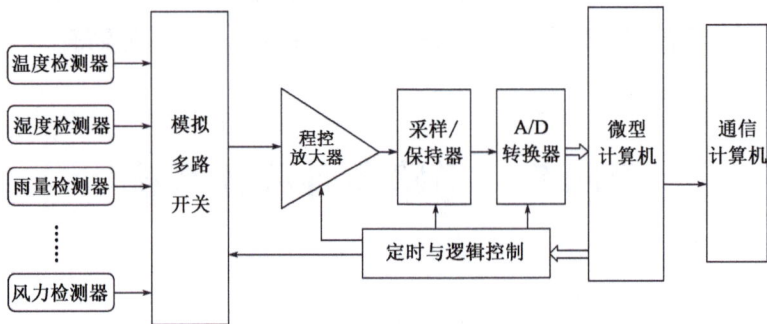

图1-3-5 数据采集站内部结构示意图

(1)传感器:传感器将温度、湿度等非电量转换成电信号,通常采用热电偶、热敏电阻、应变片等。

(2)模拟多路开关:在对道路条件数据进行采集时,温度、湿度、能见度等环境条件保持在稳定的状态,其状态转换需要较长的时间,因此,并不要求进行高度采样。在这种情况下,一般采用公共的 A/D 转换器,分时对各路模拟量进行模/数转换。

(3)程控放大器:在采集数据时,来自传感器的模拟信号一般是比较弱的低电平信号,程控放大器的作用是将微弱的输入信号进行放大,以便充分利用 A/D 转换器的满量程分辨率。

(4)采样/保持器:A/D 转换器完成一次转换需要一定的时间,在这段时间内尽量使 A/D 转换器输入端的模拟信号电压保持不变,以保证较高的转换精度。

(5)A/D 转换器:因为计算机只能处理数字信号,所以须把模拟信号转换成数字信号,实现这一功能的器件是 A/D 转换器。A/D 转换器是采样通道的核心,因此,A/D 转换器是影响数据采集系统采样速率和精度的主要因素之一。

(6)定时与逻辑控制:定时电路就是按照各器件的工作次序产生各种时序信号,而逻辑控制电路是依据时序产生各种逻辑控制信号。

2.道路条件数据采集站的功能

道路条件数据采集站是分布在各路段的微型计算机数据采集系统。该系统具备以下基本功能:

(1)数据采集:将各路段或观察点的温度、湿度、能见度、风力、风向等数据通过传感器转化为电信号,并进行模/数转换,将模拟量转换为数字量。

(2)数据处理:系统对采集的数据进行滤波及抗干扰处理,将数字信号转换为对应物理量的量纲。

(3)数据存储:将采集的数据暂时存放于系统中,以便在接到通信计算机的通信指令时进行数据传递。

(4)数据通信:通过通信程序,以一定的通信协议将采集的温度、湿度、能见度、风力、风向等数据传送给通信计算机。

三 道路条件检测系统工作环境注意事项

道路条件检测系统分布在野外,全天候工作,其设备必须能抵抗室外的恶劣气候条件。在安装系统时,要考虑如下问题:

(1)沿海湿热气候:南方沿海地区,湿度大,温度高,而且空气中含有较高浓度的酸、盐成分,对金属具有很强的腐蚀作用,还容易滋长霉菌,对金属设备的使用寿命、电子器件和光学器件的使用性能有较大的影响,因此在安装道路条件检测器时应该提出防腐、防霉和防潮的要求。

(2)雷击:雷电灾害是"联合国国际减灾十年"公布的最严重的十种自然灾害之一。积雨云一般较高,可达 20km,云的上部常有冰晶。冰晶的依附,水滴的破碎以及空气对流等过程,使云中产生电荷。云中电荷的分布较复杂,但总体而言,云的上部以正电荷为主,下部以负电荷为主。因此,云的上、下部之间形成一个电位差。当电位差达到一定程度后,就会放电,这就是我们常见的闪电现象。闪电的平均电流是 3 万 A,最大电流可达 30 万 A。闪电的电压很高,为 1 亿 ~ 10 亿 V。一个中等强度雷暴的功率可达 1000 万 W,相当于一座小型核电站的输出功率。放电过程中,由于闪道中温度骤增,空气体积急剧膨胀,从而产生冲击波,导致强烈的雷鸣。

雷击是过电压的主要成因之一,也是破坏电子设备的祸首。由雷击产生的暂态高电压对电子设备的破坏途径有如下两个方面:①雷击发生在输电和用电线路附近,通过直接或电容耦合的方式在线路上形成暂态过电压,以波的形式沿线路向各发电和用电设备侵袭;②雷击发生在所用电子设备的附近,发生概率尽管很小,但破坏力却特别强大。因此,道路条件检测系统要注意防雷和搭铁,对设备进行必要的保护。

四 气象条件检测

1. 气象和环境参数检测

快速发展的高等级公路为人们的出行和经济建设的发展提供了较大的方便,但相应的交通事故也逐年增加,其中很大一部分的交通事故与恶劣天气有关。据统计,由灾害性天气引起的道路交通事故占道路交通事故总数的 30% 以上,造成巨大的损失。

我国各级政府非常重视应急处置和抢险救灾体系建设,普遍认识到解决灾害性天气下高速公路交通事故防范和应急指挥问题是防灾体系中的重要环节。目前,交通运输部和国家气象局已经签订了有关合作协议,气象部门将为高速公路提供专业气象应用业务。

要实现有效的精细化道路交通气象信息服务,必须加强公路运行管理部门与气象部门的合作,充分利用气象部门的专业技术资源。同时,在道路沿线按照气象信息采集的需求布设气象检测器或小型自动气象站(图 1-3-6)等气象和环境参数检测设备,以弥补公共气象服务在精细化方面的不足。

由于道路周边小气候条件(团雾、冰冻、阵风、暴雨等)对交通安全和通行能力的影响极大,因此应综合考虑工程项目规模、监控系统技术规划和地理环境条件等,确定设置气象检测器等设备来采集气象信息;同时需要注意气象检测器能检测到的气象信息往往只能代表检测器所在位置附近的小范围气象情况,因此应进行充分的调研以确定设置位置。

自动气象站的布设应符合下列要求:

(1)在地势平坦的平原,自动气象站平均布设间距

图 1-3-6 小型自动气象站

为10km左右。在易发生大雾和横切风等灾害性天气地区以及其他重点地区，自动气象站平均布设间距为5km。

（2）自动气象站布点宜结合路网结构，选择高速公路互通等枢纽位置，以兼顾更多的路段区域。

（3）自动气象站架设位置应具有环境代表性，周围环境具有一定的稳定性，如服务区、收费站、管理处等。在符合气象传感器安装要求的前提下，可以安装在高速公路中央隔离带内。在站址选择上，要避开对数据采集造成直接影响的干扰信号源并具有数据传输和供电条件。

（4）自动气象站地面观测场建设，应符合《地面气象观测规范》中地面气象观测场的要求，其四周应当开阔无遮挡。其设备也应参照《地面气象观测规范》的要求布设，需避开设备相互之间的影响，温度、湿度传感器应安装在百叶箱内，雨量传感器不能用横臂架设在风杆上。

（5）现场避雷应按《自动气象站场室雷电防护技术规范》（QX/T 30—2021）第7条执行，安装避雷装置，所有传感器应在避雷装置的有效保护范围内。

（6）整个自动气象站设备的机壳和连接传感器电缆的转接盒应有良好搭铁，搭铁电阻应小于4Ω；设备搭铁端与避雷搭铁网应通过地线等电位连接器连接。

（7）高速公路自动气象站必须配备气压、气温、湿度、风向、风速、雨量、能见度和路面温度八个气象要素传感器。

（8）高速公路使用的自动气象站设备应具有国务院主管部门颁发的使用许可证，或是经国务院气象主管机构审批同意用于观测业务的仪器，能够实现组网上传实时资料。数据采集器的采集速率及算法符合《地面气象观测规范》的规定。

2.不良气象条件对交通的影响

浓雾、暴雨、大雪、强烈横风和雷击等气象环境都将严重地影响交通流，导致高速公路上的交通拥挤甚至交通事故。在这些因素中，不同的气象环境对交通的影响方式和影响程度是不同的。

（1）大雾

为了保证行车安全，车辆行驶过程中驾驶员应该在一定的距离外就能清晰地确认前方车道上的障碍物。对于单向行驶车道，这个距离称为停车视距。它对于行车安全、行驶速度和通过能力等都有很大影响。停车视距是道路几何设计的重要因素。

在车道中心线距路面1.2m的高度上，驾驶员眼睛能够看到高度为0.1m的障碍物而采取制动，不撞上障碍物，且能安全停车的最短距离称为停车视距。当能见度小于行驶车速下的停车视距时，则追尾的危险加大，雾越浓，能见度就越小，驾驶员的可用反应时间越短，追尾的概率就越大。为了预防浓雾天气发生交通事故，应该检测能见度，把检测结果视为停车视距，并找出相应的行驶车速作为车速限值，通知公路上的行驶车辆在新的限速值内行驶。

大雾天气应立即关闭高速公路相关路段,由专车引导车辆下路绕行,或停放在安全地点。亦可间隔放行,控制车流密度,由专车引导车辆保持间距慢行。

(2)雨、雪

大雨与大雪给车辆行驶带来双重不利影响:一是显著降低能见度;二是湿润或冻结的路面使车辆轮胎的附着系数大大减小,路面抗滑能力大幅度下降。这种气象环境不仅给行车安全带来危害,也给视频监视带来困难。

(3)横风

强烈的横风会使车辆在行驶过程中产生不可控制的侧向移动,导致交通流混乱和诱发交通事故。高速公路隧道出口处、大型桥及高路堤处有时横向风力较大,面包车、大型客车侧面受横风作用较强,易发生危险。因此,有必要对高速公路沿线地区进行常规气象监测和预报,特别是对大气能见度、相对湿度和降雪量更应实施不间断监测。

3.气象条件检测设备

气象条件对高速公路运营存在较大的影响,检测气象参数对高速公路交通管理具有积极作用。气象检测项目有:风速、风向、气温、相对湿度、雨量、能见度等。

中小范围的气象可从公路所在地区的气象预报中获得,安装常规气象检测仪器是为了检测公路上空贴地层的气象。常规的气象检测设备应选择能连续检测、自动采集数据,显示存储,并有接口可以输出数据的仪器。下面介绍常用的气象检测器。

(1)温度检测器(图1-3-7)。铂具有良好的化学稳定性,铂电阻温度传感器也具有很好的稳定性。因此,大气温度测量常采用由薄膜工艺制作的铂电阻,路面温度检测常采用由绕线工艺制作的铂电阻。

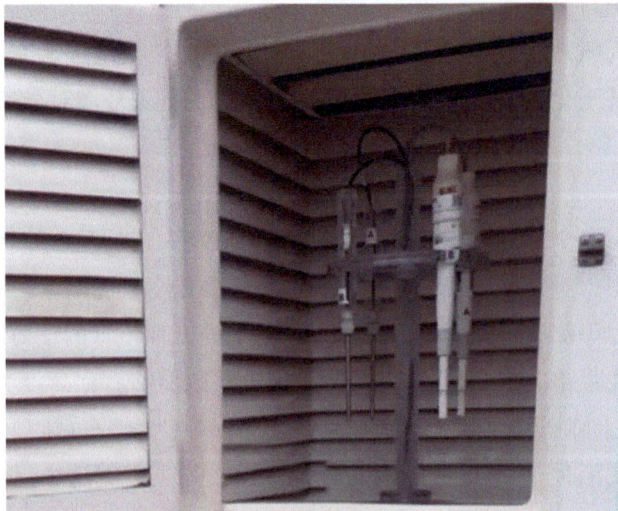

图1-3-7 温度检测器

（2）湿度检测器（图1-3-8）。湿敏元件是最简单的湿度检测器。湿敏元件的线性度及抗污染性差,在检测环境湿度时,要长期暴露在待测环境中,很容易被污染而影响其测量精度及长期稳定性。

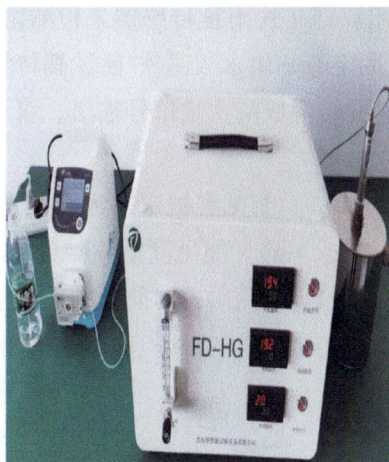

图1-3-8　湿度检测器

湿敏元件主要有电阻式、电容式两大类。湿敏电阻的特点是在基片上覆盖一层用感湿材料制成的膜,当空气中的水蒸气吸附在感湿膜上时,元件的电阻率和电阻值都发生变化。利用这一特性即可测量湿度。湿敏电阻的优点是灵敏度高,主要缺点是线性度和产品的互换性差。

湿敏电容一般是用高分子薄膜电容制成的,常用的高分子材料有聚苯乙烯、聚酰亚胺、醋酸纤维等。当环境湿度发生改变时,湿敏电容的介电常数发生变化,使其电容量也发生变化,其电容变化量与相对湿度成正比。湿敏电容的主要优点是灵敏度高、产品互换性好、响应速度快、湿度的滞后量小、便于制造、容易实现小型化和集成化,其精度一般比湿敏电阻要低一些。

（3）风速、风向检测器。风速检测器（图1-3-9）的传感元件一般为安装在轴承上的三个风杯。风杯由碳纤维增强塑料制成,质量轻、强度高,具有优良的动态和抗腐蚀性能。风杯转速由固定在转轴上的磁棒盘及霍尔电路测出并转换成频率,输出信号频率与风速成正比。

图1-3-9　风速检测器

风向感应元件是风标,其尾板用轻巧、坚韧的碳纤维增强塑料板制成,以改善动态性能。风向用固定在转轴上的导电塑料电位器测量,电位器电阻和转角具有良好的线性关系,改变电阻可以将风向转换成所期望的电压信号值输出。

(4)雨量检测器。常采用双翻斗式雨量传感器来检测雨量,每次降水达到0.1mm,计数翻斗翻转一次。翻斗上固定有一块永久磁铁,磁铁翻转使磁铁附近的干簧继电器闭合,闭合次数由计数电路测量并转换成降水量信号输出。双翻斗结构具有高分辨率和较均匀的灵敏度。

(5)能见度检测器(图1-3-10)。能见度被定义为以正常人视力能将目标物从背景中区别出来的最大水平距离(m或km)。能见度检测器分为透射型和散射型:前者将光发射器和光接收器分别安装在两地,检测出透射前后的光通量,从而得出能见度;后者考虑空气消光主要是由于散射,以测量空气的散射衰减系数来确定能见度。

图1-3-10 能见度检测器

五 路面状态检测

1. 路面状态对交通流的影响

车辆是依靠动力系统的驱动力和制动系统的制动力来控制行动的,其制动力最大值等于附着力。附着力的大小与附着系数成正比,而附着系数越小,车辆的制动距离就越大,冰冻和积雪等因素恰恰会降低路面的附着系数,使路面的抗滑能力突然降低,对车辆的正常运行产生严重的干扰。其直接表现为,制动力下降和侧向稳定性变坏,极易酿成交通事故。除了冰冻、积雪等因素以外,还有路面的干湿程度同样会导致类似的结果。因此,需要对路面温度、相对湿度、积雪厚度、冰冻等参数经常进行检测,并报送监控中心或分中心以作参考。

2. 路面状态检测器

(1)路面干/湿状态检测

路面干/湿状态检测器的工作原理:将四个路面状态检测探头均匀埋设在所检测路面的四周。探头由两组碳纤维导电板制成的电极和电极间的绝缘板组成。为了减小电极的极化,电极加交流电压。通过电极的交流电压经整流电路转换成直流电压。此电压与电极间的漏电电流有关,路面潮湿有水时,漏电电流较大,直流电压也大。将此电压与设定的门限电压相比较,就可判别探头表面是否有水和沾水的程度。用光电隔离电路将有/无积水的开关信号经过 D/A 变换器转换成模拟电压传送给采集系统。此模拟电压与表面有积水的探头数目成正比,也与探头表面沾水的程度有关。采集系统将此电压的测量值划分成 0 ~ 4 共五个等级,表示路面干湿状态。

非接触式冰冻检测器是利用冰冻表面和干燥路面对光的不同反射性质制成的。有水的潮湿路面和冰冻路面具有定向反射性质,干燥的路面具有漫反射性质。在装有表面温度计的道路上方,安装带有收光器的投光装置,从上往下对路面投射光线。当路面有水,则带水的镜面对入射光定向正反射,反射的光通量绝大部分被收光器接收。如此时路面温度大于 0℃,则说明路面有积水镜面;如此时路面温度小于 0℃,则路面有冰冻镜面;如路面干燥,则入射光被漫反射,收光器收集到的光量很少。

(2)路面积雪检测

路面积雪主要由安装在路面上方的超声波探头来检测。无积雪时,探头到路面的垂直距离一定,超声波信号的发射和接收到反射信号的时距是不变的。如有积雪存在,信号由发射到接收的时距就会随之减小,就可由之计算出积雪厚度。当然考虑到温度对声速的影响,还要进行适当的温度修正。

六　环境污染检测

高速公路的兴建在使经济效益最大化的同时,也应该注重社会效益。大量车辆的高速行驶,对公路所在地的生态、大气和声环境产生巨大的影响,重点集中表现在汽车尾气对空气的污染和噪声污染上。

环境污染检测项目有一氧化碳、氮氧化物、总悬浮颗粒物和等效连续 A 声级等。特别地,对于长隧道而言,一氧化碳和烟雾为必检项目。

第五节　交通诱导信息系统

高速公路监控系统中主要为驾驶员和监控决策人员提供信息的系统称为诱导信息系

统,它是主线控制和通道控制的一种形式。主线控制中的诱导信息系统,是为了给驾驶员提供有关高速公路路况的建议,以便其采取适当的行动,其主要手段是可视标志和诱导通信。

通过诱导信息系统,可以在高速公路监控中心与道路上的驾驶员之间建立信息的沟通渠道,通知驾驶员有关路上紧急情况的最新信息,提醒驾驶员路上有危险并为其减速慢行或变道行驶提供依据。同时,也可向驾驶员发布强制性命令,例如,限速限行或车道关闭,要求驾驶员变道行驶。面向决策(管理)者的信息显示是把收集到的各种信息进行处理后在各种显示装置(如电子地图板、监控大屏等)中显示出来,为交通管理人员制定控制策略、选择事件管理方法等提供直观的信息。显示系统所显示信息的多少,取决于系统数据采集部分所采集的信息种类、数量和频率。

目前,高速公路的信息发布和信息服务,主要是指在高速公路沿线通过可变信息标志以及在服务区通过显示屏和查询终端等设施,向出行者提供交通状态、交通管制、道路施工、交通事故以及灾害性气象等交通信息和其他信息。广义的信息发布还包括其他广播、电视、网站、手机等向社会公众发布信息的设施。

一 交通诱导信息组成

高速公路交通诱导信息,由道路设施静态信息和路况信息,以及对交通状态有较大影响的气象灾害信息等部分组成。

1. 道路设施静态信息

道路设施静态信息提供有关路面、桥梁、隧道等固定设施状况,指示高速公路进出口地点,以及道路中的陡坡、弯道和险情地段,并提示路、桥、隧道检修状况。

道路、桥梁、隧道局部的检验、维修是经常发生的事情。遇有此种情况,应通过诱导信息系统,在维修施工路段之前设立标志,通知车辆绕行。预报内容应明确说明施工地点,供过往驾驶员参考。

2. 路况信息

驾驶员在行车中希望随时了解前方道路的情况,以便选择行车路线。局部道路的拥挤、阻塞都是难以预测的随机事件,应及时通过可变信息标志通知驾驶员这些情况以及预测的持续时间,便于汽车驾驶员作出相应调整。

3. 气象灾害信息

路段较长的高速公路,跨越不同的地理条件和气候区域,雨、雪、风、霜会改变道路附着系数,影响安全行车。在这些情况下,驾驶员并不能准确预见这些自然现象的影响,因此遇有此种情况,除详细报道气象状况外,还要明确指明驾驶员的具体操作,保证运输车辆行车安全。

二　驾驶员的信息需求

驾驶员对交通信息需求的一个重要方面,就是希望获得最新信息以指导其出行,帮助其选择最佳的出行路线。驾驶员对交通信息的需求主要包括:

(1)路况(道路的等级、长度、提供的设施、天气状况等);

(2)交通状况(出行耗时的估计);

(3)沿线拥挤情况(交通流状态、交通资源的消耗情况);

(4)道路服务设施(车辆维修、充电桩、加油站、救援电话、就餐和住宿)。

三　诱导信息的提供准则

在向驾驶员提供信息时,应从驾驶员的角度出发,提供的信息应该对驾驶员的决策、操作、驾驶心理有正面效果,应遵循以下基本原则:

(1)提供的信息应具备重要性和有效性;

(2)避免意外的信息;

(3)要提前提供尽可能准确的信息;

(4)扩大信息涉及的范围,以受到驾驶员持续的关注;

(5)信息数量要保证在驾驶员可接受范围之内,过多的信息可能产生负面效果。

四　诱导信息的可靠性

只有当驾驶员相信诱导信息系统时,它才能发挥作用,因此建立并保持驾驶员对系统的信心是至关重要的。

(1)在进行实时显示时,必须尽可能满足驾驶员对信息的及时性、准确性的要求。

(2)要确保所推荐的替换道路能使交通状况有很大改善。

(3)不能试图单纯利用显示的信息来平衡交通需求与现有的通行能力之间的矛盾,这样会使驾驶员丧失对系统的信心。

(4)为确保系统的正常运行,投入一定时间并置办必要的设备是值得的。在信息显示的同时,必须进行监视确认。

(5)尽可能少显示或根本不显示没有把握的信息。

(6)必须注意操作员因情绪问题而导致不能及时更新、显示正确的信息。

五 诱导信息系统的作用

诱导信息系统的作用主要表现在：

(1)向驾驶员提供前方交通拥挤信息,以减少追尾事故;并为驾驶员提供变道信息来实现分流,以减轻拥挤程度,进而达到疏导交通的目的。

(2)平滑交通流,使同一路段上车速分布均匀,减小相邻两路段的平均速度差,从而降低事故发生的可能性(因为事故发生的外部因素主要是车速不均匀,导致超车、制动增多,从而增加了事故发生的可能性)。

(3)提供主线、匝道的开通、关闭情况,为驾驶员选择合适路线提供依据。

(4)向驾驶员提供事故、灾害、气象、施工等消息,以缓解其急躁和失望情绪,以利于行车安全。

六 交通诱导标志的信息组成

交通诱导标志一般有诱导标志、引导标志、预告标志等。交通诱导标志采用可变信息标志,显示有关高速公路状况的信息,并提供有关最佳行动步骤。交通诱导标志可设置在高速公路入口匝道处或靠近高速公路的干线街道上。

1. 诱导标志信息的组成

诱导标志信息的基本特性是向驾驶员提供足够的信息以供决策,一般由下列项目中的一个或几个组成:

(1)问题说明(事故、维修、施工);

(2)影响说明(导致的后果,包括延误、严重拥挤等);

(3)提醒某类人群注意的说明;

(4)行动说明。

2. 引导标志信息的组成

引导标志给驾驶员提供一个思考的过程,使其另选路线行驶到达目的地,或者变道绕开出事地点和有关交通拥挤地段到达目的地。这样一来,引导标志必须能够保证驾驶员按正确的路线行驶,当需要转弯时也必须提供预告信息。要完成这些目标,其基本信息应具备如下组成部分:

(1)确认目的地;

(2)确认路线和方向。

确认目的地用以保证驾驶员顺利到达目的地;确认路线和方向用以保证驾驶员沿正

确的路线和方向到达目的地,或绕过出事地点。

3.预告标志信息的组成

预告标志结合可见诱导信息显示来使用,根据对交通量的监视和分析,预告即将发生的事件,便于驾驶员采取相应的措施,其基本信息由以下几部分组成(无须按下列顺序):

(1)提醒注意的信息;

(2)信息的性质;

(3)时间延迟信息;

(4)信息所处的位置("前方"或特定的距离)。

4.公路诱导无线电预告标志的信息组成

公路诱导无线电系统要求驾驶员接收专用无线电台,因此必须有可见的预告标志。该标志应放在无线电有效接收区上游,应该用相应标志指明该接收区的起讫点。如前所述,公路诱导无线电的预告标志信息应由下列内容组成:

(1)主题说明(什么样的标志准备给驾驶员接受);

(2)采取行动说明(调谐到指定的频率);

(3)位置说明(什么地方开始广播)。

七　信息显示与信息提供装置设置

由于驾驶员看到信息时,正处于高速运行中,他们必须把精力用于注意交通和道路状况以及其他困扰的事项。因此,信息提供装置位置必须恰当,信息必须可靠简短,突出重点,告诉驾驶员是什么情况,应当做什么,并要求驾驶员在短时间内必须记住。

1.信息显示

执行交通控制的一个重要环节是将交通流和环境信息及时通知驾驶员,指示和诱导驾驶员采取相应的操作。光电技术的进步使迅速改变高亮度图文信息成为可能,故近年多采用发光二极管和光纤显示信息。

光电类信息显示屏的图文由许多不同亮度或色度的像素点表示,阿拉伯数字和英文一般用 $5 \times 7 \sim 9 \times 11$ 个像素点阵显示,一个汉字则最少用 16×16 像素点阵显示。

1)信息显示概述

(1)信息显示内容及要求

可变信息按功能划分为可变限速和可变交通信息。可变限速为具有法规性质的禁令标志,它以数字显示允许的最高车速;可变交通信息为诱导信息,它以简要的文字或图形(含动画)通告当前的交通情况和驾驶员应该采取的行动。具体参数要求如下:

①图文尺寸:可变限速标志的数字直径≥100cm;红色外圆直径≥140cm;汉字边长64~96cm。

②图文亮度:信号的亮度也应随环境变化而变化。

③图文颜色:底色为黑色,图文为黄色、琥珀色或其他颜色,可用信号闪烁增加对视觉的刺激。

④显示长度:距标志50~250m内,文字显示一般为8~10个字,文字行的中心线距路面高度为6.3~6.8m。

⑤切换时间:如需在中文和外文之间切换,信号持续显示60~120s,切换时间可选0.1~0.2s。

(2)信息显示时机

高速公路信息一般在交通出现异常才显示,而不是始终显示。这是从驾驶员的信息需求与驾驶员的心理因素来考虑的。

(3)信息显示格式

高速公路信息显示有顺序格式与连续格式两种。

顺序格式是将整个信息分成几部分来显示,每一部分在一组时间段内按顺序显示。例如,信息"前方左车道关闭,限速60km/h"可以分两部分来显示,首先显示"前方左车道关闭",接着显示"限速60km/h"。

连续格式显示就是把整个信息当作一系列连续运动的字从右到左显示。这种显示方式又称运动信息显示或连续信息显示。连续信息显示的常见例子就像在电视屏幕上频繁显示某一特殊通报一样。由于此种方式阅读时间长,对事件管理和变道信息不推荐使用。

2)信息的分割

一条8个字长的信息已达到驾驶员处理信息的极限,因此高速公路上可变信息标志句长一般为8个字,最多不超过12个字;信息显示单元不应超过3个。这样驾驶员才能完全记住。在必须显示4个单元的信息时,就要对信息进行分割。一条信息可以按顺序分步显示在一块标志板上,还可以分别在两块标志板上显示分步信息。

3)信息的冗余

冗余在这里指的是对整个信息或信息中关键字的重复。从这个意义上,要保证全部或绝大部分的驾驶员至少看到信息一次。重复就相当于给驾驶员增加一次记忆的机会。如整个信息需要显示的时间太长,一次全部显示在一块标志板上,驾驶员很难在有限的时间内读完它。此时,就要将信息分成几部分,并采用顺序显示格式,在两块标志板上分别显示信息的不同部分,或者使用两块板组合显示。条件许可时,关键字要在信息序列的第一部分或在第一标志板上重复显示。

4)可变信息控制系统组成

可变信息控制系统的组成如图1-3-11所示。

图 1-3-11　可变信息控制系统组成示意图

该系统由信息显示器、控制执行器和可变信息控制计算机组成。系统有联机和脱机两种工作方式,联机是由监控系统直接控制显示子系统的工作;脱机是指脱离中心控制,由现场控制信息显示,主要用于特殊情况和现场检测调试。

(1)发光二极管(LED)矩阵显示器(图 1-3-12)

图 1-3-12　发光二极管矩阵显示器

LED 是一种半导体固态器件,在砷、镓、磷半导体材料中掺入不同的添加剂,就可发射红、绿、黄等不同颜色的光。LED 具有制成可变信息显示器的突出优点。

①体积小。单个体积小,管径可比 5mm 还小,易于组装成光点阵。

②转换快。开关特性好,信息写入速度很快,便于信息快速自动转换。

③易控制。改变输入电流,即可改变所发出的亮度。

④能耗低。单管能耗在 25 ~ 1000mW 之间。可选用间断开闭方式节能,如亮 16ms 关断,16ms 可产生人眼无法察觉闪烁的连续光亮;又如采用亮 40ms 再关停 100ms 的方式产生闪烁效果等。

⑤亮度高。高亮度管出现后,在高照度背景(白天)中也可使用 LED 显示信息。由几个 LED 管组成的 2W 左右信号灯,可达得 25W 白炽灯的相同亮度。

⑥寿命长。由于采用新工艺,管子老化减弱,使用寿命延长,可靠性得到提高。

发光二极管矩阵显示器由若干个二极管以矩阵形式布置成显示单元模块,再由单元模块拼装成所需要的尺寸,其外部覆以玻璃镜保护作为显示器。每一个发光二极管成为一个像素,由控制器控制哪些像素通电发光,哪些像素不发光,就可以组成所需的文字和图形。

(2)光纤矩阵显示器

光纤矩阵显示器也有单元模块,不过模块上代替发光二极管的是光纤端头(像素点),端头由 2～3 根光纤末端组成。光纤矩阵显示器亮度较高,因为集中光源便于选择大光强光源;成本稍低,能源损耗也较低,一块单元模块只需一个光源。

(3)控制执行器

控制执行器主要部件是可编程微处理器,储存有各种可变信息的驱动方案。其主要功能是执行可变信息控制计算机下达的指令,调出相应的驱动方案,接通像素点阵中应该发亮的像素光源的电路,产生应该显示的图形和文字。控制器一般安装在外场监控站的机箱内,执行控制的驱动电路模块则与显示板同装在路面上方的龙门架上。架上还装有光电管,作为检测环境光强的传感器,以控制显示亮度。控制执行器应具有手动功能和与便携式计算机的接口,以便管理人员直接操作,实施脱机运行,检验显示功能。

2. 信息提供装置设置准则

信息提供装置一般按如下准则设置:

(1)一般设置准则

诱导标志位于瓶颈的上游和事件多发区。高速公路与高速公路的互通式立交是标志的主要设置地点,应考虑在这些主要立交桥前面设置可变信息标志。可变信息标志不应位于主要互通式立交区以内。要避免在高速公路与高速公路互通式立交桥上游设置可变信息标志来引导交通到立交桥下游的匝道上。

(2)一般间距准则

当选定瓶颈地段时,诱导标志之间的距离以 1.2km 为宜。对于整体系统来说,诱导标志之间的距离则以 1.6～2.4km 比较实用。在确定这类标志的间距时,出口匝道之间的距离可能是重要的考虑因素。

(3)出口匝道和预告指路标志的相对位置

诱导标志位于匝道出口方向标志的上游,用来实现变道。当出口匝道同时设有 1.6km 和 3.2km 预告指路标志时,诱导标志的推荐位置位于两个预告指路标志之间。当排队延续到匝道的上游时,诱导标志应位于两个预告指路标志的上游。

当互通式立交顺序标志设于互通式立交密集的地段时,用于匝道分流的诱导标志应至少位于两个预告互通式立交顺序标志的上游。

(4)诱导标志和预告指路标志的距离

诱导标志与其下游预告指路标志之间最小间距为 300m。诱导标志与其上游的预告指路标志之间推荐的最小间距取决于信息长度、信息格式、运行速度等因素。

(5)高速公路上不设预告指路标志情况下的标志间距

当出口指路标志过于靠近匝道三角区时,诱导标志必须引导驾驶员开始采用车道变换的运行策略。这些诱导标志可设在出口匝道上游至少 3.2km 处。

八　交通信息显示终端

要随时监视和控制高速公路的交通运行状况,就必须在中心控制室设置一套现代化的信息提供装置。常用的信息提供装置,有 CRT 显示器、模拟(或电子)地图板(屏)、参数显示设备以及动态大屏幕显示器。除此之外,在监控室中还有打印机、控制台等辅助设备。

1. 模拟地图板

模拟地图板是中心控制室内主要的信息提供装置。监控人员通过地图板可以随时监视高速公路上的交通状况、外场设备的工作状况以及控制命令的执行情况。地图板上还可显示日期、时间、天气信息以及安装电视监视器等附属设施。它直观、醒目、方便,可供多人视察,因此,被广泛采用。

地图板可用木板、金属板、有机玻璃、马赛克或聚酯薄膜等镶嵌而成。地图板控制器为微处理器。其输入口与图形计算机、紧急电话系统相连接;输出口与显示驱动部件相连。显示板长度与实际环境和互通式立交、服务区、停车场等沿线设施,以及外场监控设备类型和位置相协调。

模拟地图板主要功能如下:

(1)每隔 1min 或 5min 显示道路不同区段、车辆检测器所收集的交通参数(流量、平均车速、车辆占有率)。

(2)用颜色带显示每车道的利用情况,如车辆占有率小于 20% 表示交通正常,显示绿色;车辆占有率大于 30% 表示阻塞,显示红色;车辆占有率为 20%～30%,表示拥挤,显示黄色。显示段的划分可以根据检测、通信等设备的布设密度来确定。

(3)显示可变信息标志、可变限速标志的内容。

(4)显示紧急电话工作状态,当某紧急电话被利用时,在地图板相应的位置给出信号(如闪烁红灯)。

(5)显示外场设备工作是否正常,异常时发出警告。

2. 大屏幕投影

为扩大图像尺寸,加强活动图像效果,许多监控室内设有大屏幕投影设备。大屏幕投影是将输入的视频信号、计算机数字信号处理后,通过光学系统合成后投射到墙壁或专用高反光率的屏幕上,供更多人观看。

大屏幕显示系统已发展成为一种较成熟的新技术。它把收集到的数据、图像、视频信号经计算机处理后投影到大屏幕上,可以代替地图板,特别是几台投影机拼接可以做到实时动态显示。

投影系统有前投式和后投式两种。前投式投影器安装在屏幕的前上方,以一定的俯角投射;后投式装在屏幕的正后方。投影方式有两种:一种是多台投影机同时投射,组成一幅大画面,投射角较小,画面中心和边缘的清晰度、亮度相差不大,视感好;另一种是一台投射机投射一幅大屏幕,画面中心和边缘清晰度、亮度相差较大。

随着科技的发展,大屏幕投影也衍生出了新的信息显示设备——LED 显示屏,它是一种平板显示器,由一个个小的 LED 模块面板组成,用来显示文字、图像、视频、录像信号等各种信息。LED 显示屏作为一种交通信息显示终端,通过精确的控制系统,将各种交通信息以 LED 灯光的形式实时、准确、直观地传递给驾驶员。LED 显示屏具有多种功能,包括实时路况显示、交通诱导信息发布、交通信息宣传等,为驾驶员提供全面、准确的交通信息。

3. 视频打印机

视频打印机可印制电视屏幕上的任何图像。视频打印机是将输入的视频信号转换为数字信号,对其处理后通过由微小发热元件组成的热头,在专用的热敏纸上打印出一幅画面,如同照片一样直观。只要将视频打印机与任何标准视频信号相接,按下打印键,在几秒钟内,就可以得到高清晰度的黑白照片。它具有快速画面重现和照片保存功能,携带方便,适用于资料保存、安全管理、现场记录、文件传递等。

4. CRT 显示器

CRT 即阴极射线显像管,不仅是闭路电视系统不可缺少的组成部分,也可用作计算机的输出设备。CRT 图形显示终端除了能进行文字数字显示之外,还具有显示图形的能力,如显示匝道口几何结构。

5. 参数显示设备

这种显示设备专门用来显示与控制系统的运行和交通流条件有关的数据,计算机操纵读出装置以显示所选定的信息。可以显示的信息包括交通量、车辆占有率、运行速度、延误时间、排队长度、受控匝道口的数目、发生故障的控制器和检测器数目等数据。

第四章
通信与供配电、照明系统

本章介绍了高速公路通信、供配电、隧道照明系统的基本原理知识以及各个系统组成架构。通过对本章的学习，应掌握通信系统基本原理知识、供配电系统和照明系统基本原理以及系统架构等相关知识。

第一节　通信及通信系统的基本知识

一　通信的基本知识

1. 通信的定义

一般地说，通信是指不在同一地点的双方或多方之间进行迅速、有效的信息传递。古代的烽火就是人类最早利用光或声音进行通信的实例。

通信从本质上讲就是实现信息传递的一门科学技术。随着社会的发展，通信传递的内容已从单一的语音或文字转换为集声音、文字、数据、图像等多种信息于一体的多媒体信息，其对传递速度的要求也越来越高。当今的通信网不仅能有效地传递信息，还可以采集、处理、存储及显示信息，实现了可视图文、电子信箱、可视电话、会议电视等多种信息业务功能。

2. 通信的方式

信号在信道中的传输方式从不同的角度考虑，可以有许多种，其中最常见的包括单工传输、半双工传输和全双工传输；串行传输和并行传输；同步传输和异步传输；两点间直通传输、分支传输和交换传输等。

如果通信仅在两点之间进行，根据信号传输方向与时间的关系，信号的传输方式可分为单工传输、半双工传输和全双工传输三类。

（1）单工传输：信号只能单方向传送，在任何时候都不能反向传输的通信方式叫作单工传输,如图1-4-1a)所示。广播、电视系统就是典型的单工传输系统,收音机、电视机都只能接收信号,而不能向电台、电视台发送信号。

(2)半双工传输:半双工传输方式中,信号可以在两个方向上传输,但时间上不能重叠,即通信双方不能同时既发送信号又接收信号而只能交替进行,如图1-4-1b)所示。

(3)全双工传输:全双工传输方式中,信号可以同时在两个方向上传输,如图1-4-1c)所示。这种方式使用的也是双向信道,这种通信方式使用最多。

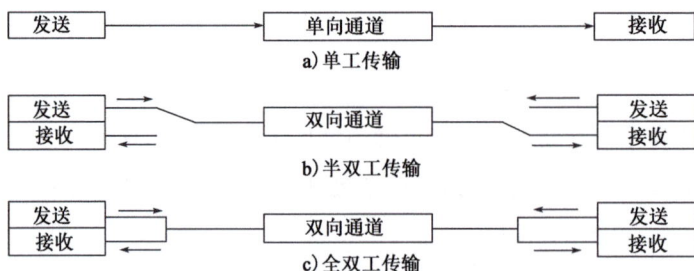

图1-4-1　单工、半双工、全双工传输

3.通信的频段划分

为了最大限度地有效利用频率资源,避免或减小通信设备间的相互干扰,根据各类通信采用的技术手段、发展趋势及社会需求量,划分出各类通信设备的工作频率且不允许逾越。按照各类通信使用的波长或频率,大致可将通信分为长波通信、中波通信、短波通信和微波通信等。

二　通信系统的基本知识

1.信息、信号及分类

消息由信源产生,具有与信源相应的特征及属性,不同的信源要求不同的通信系统与之相适应,这就形成了通信系统的多样性。信息是抽象的消息,一般用数据来表示。表示信息的数据都要经过适当的处理和变换,变成适合在信道上传输的信号(光、电)才可以传输。信号是信息的一种电磁表示方法,它利用某种可以被感知的物理量,如电压、光强或频率等来携带信息,也就是说,信号是信息的载体。

信号一般以时间为自变量,以某个参量(电信号的振幅、频率或相位)为因变量。根据信号的因变量取值是否连续,可以将信号分为模拟信号和数字信号。模拟信号就是因变量连续的随信息的变化而变化的信号,其自变量可以是连续的也可以是离散的,特点是信号的强度(电压或电流)取值随时间而发生连续的变化。数字信号(离散信号)是指信号的因变量和自变量取值都是离散的信号,由于因变量离散取值,其状态数量的取值个数必然有限。

2.通信系统的构成

通信系统包括信源、变换器、信道、反变换器、信宿和噪声源六个部分,如图1-4-2所示。

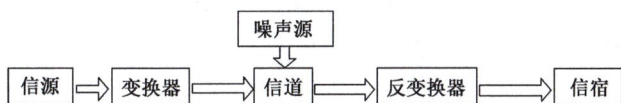

图1-4-2 通信系统组成示意图

信源和信宿:信源是信息的发出者,信宿是信息的接收者。在双工通信中,信源同时也是信宿;而在半双工通信中,信源也是信宿,但通信中的同一方是不同时地充当信源和信宿的。

变换器:把信源发出的信息变换成适合在信道上传输的信号的设备就是变换器。电话通信系统中,送话器就是最简单的变换器,它把语音信号变换成电信号传送出去。在很多通信系统中,为了更有效、更可靠地传递信息,其变换处理装置更复杂、功能更完善。

信道:信道是所有信号传输媒介的总称,通常分为有线信道和无线信道两种。双绞线电缆、同轴电缆和光纤等就属于有线信道,而传输电磁信号的自由空间则是无线信道。

反变换器:具有与变换器相反的变换功能。变换器把不同形式的信息变换处理成适合在信道上传输的信号,但这些信号形式一般情况下是不能被信息接收者直接接收的,故接收端必须通过反变换器把从信道上接收的信号还原成原来的信息形式。

噪声源:噪声源并不是一个实体,但在实际通信系统中是客观存在的。为方便分析,把噪声集中由一个噪声源表示,从信道中以叠加的方式引入。

既然信号可以分为模拟信号和数字信号,相应的通信系统也可分为模拟通信系统和数字通信系统。

(1)模拟通信系统

信源发出的信息经变换器变换处理后,送往信道上传输的是模拟信号的通信系统称为模拟通信系统。也可以说,模拟通信系统传送和处理的都是模拟信号。由于模拟信号的频谱较窄,模拟通信系统的信道利用率较高。但其抗干扰能力差,且不易实现保密通信。

(2)数字通信系统

信源发出的信息经变换处理后,送往信道上传输的是数字信号的通信系统称为数字通信系统,即传送和处理数字信号的系统就是数字通信系统。与模拟通信系统相比,数字通信系统主要具有如下优点:

①抗干扰能力强。

②可以通过差错控制编码,发现甚至纠正错误,提高了通信的可靠性。

③数字信号传输一般采用二进制,故可以使用计算机进行信号处理,实现了复杂系

统的远距离控制。

④由于数字信号易于加密处理,所以数字通信保密性强。

⑤易于集成化,体积小、质量轻、可靠性高。

但是,数字通信最突出的缺点就是占用频带宽,如一路模拟电话信号占用 4kHz 带宽,而一路数字电话信号却要占用 20~64kHz 的带宽。

3. 通信系统的主要性能指标

通信系统的性能指标是衡量一个通信系统好坏的标准,所以了解通信系统的性能指标是很重要的。通信系统的性能指标主要应从信息传输的有效性和可靠性两方面来考虑。

有效性是指信息传输的效率问题,即衡量一个系统传输信息的多少和快慢;可靠性则是指系统接收信息的准确程度。两个指标对系统的要求常常相互矛盾,但可以彼此互换。

(1)有效性

在模拟通信系统中,有效性一般用系统的有效传输频带来表示。采用多路复用技术可以提高系统的有效性,显然,信道复用程度越高,信号传输所用的频带越窄,系统的有效性就越好。

在数字通信系统中,一般用信息传输速率来衡量有效性。传输速率有码元速率和信息速率之分。码元速率又称传码率,指系统每秒传送的码元个数,而不管码元是何进制,单位为"波特"(Baud),简写为"B"。信息速率又称比特率,指系统每秒传送的信息量,单位为比特/秒,常用符号 b/s 表示。

(2)可靠性

可靠性是关于信息传输质量的指标,用来衡量收、发信息之间的相似程度,取决于系统的抗干扰能力。

在模拟通信系统中,可靠性通常用系统的输出信噪比来衡量。数字通信系统的可靠性用差错率,即误码率和误比特率来衡量。误码率是指错误接收的码元个数在传输的码元总数中所占的比例;误比特率是指错误接收信息的比特数在传输信息的总比特数中所占的比例,它表示每传输 1 比特信息被错误接收的概率。

第二节 高速公路通信系统

一 高速公路信息通信系统

1. 高速公路信息通信系统概述

高速公路信息通信系统是实现高速公路智能化管理必不可少的基础设施,是实现监控系统和收费系统的数据、语音和图像等信息准确而及时传输的网络平台。随着高速公路网规模不断扩大,信息通信系统已基本实现省级联网,对跨省互通及全国联网也已提出新的需求。

高速公路通信业务的需求也在不断增长,其特点如下:

(1)业务种类多,包括语音、数据、图像业务;

(2)业务分布均匀且流量不大,即沿线各站点均同时具有语音、数据、图像三类业务的需求,与公网相比各站点的业务流量不大,主要满足专网内部各业务的互通需求;

(3)业务流向集中,即基本均为通信站(收费站、停车区、服务区等)—通信分中心(管理处、路中心等)—通信省中心(省结算总中心、监控总中心等)的自下而上的逐级汇集型业务,为集中型业务。

高速公路信息通信系统的具体业务需求种类如下。

(1)语音业务

普通电话接入是高速公路信息通信系统中最基本的业务类型,用户遍及省监控中心、分监控中心、收费站、隧道管理所和服务区,目前主要分为办公电话、指令电话、紧急电话三种。

(2)数据业务

高速公路的数据业务主要有收费数据、监控数据、办公自动化业务数据等。

收费数据作为高速公路业务运营的主要数据,必须保证其安全性、可靠性及一致性,一般设主用通道和备用通道两路信息:一路为各收费站—收费分中心—收费总中心;另一路为各收费站—结算总中心。

办公自动化业务数据,一般包括收费站、服务区等通信站、分监控中心、省监控中心的业务数据。

(3)图像业务

高速公路图像通信业务主要包括图像监控和会议电视。

2. 高速公路信息通信系统组成

目前,高速公路信息通信系统的网络结构一般采用分级模式,由省级中心到各路段分中心为干线网,各分中心到各收费站和沿线设施为接入网。

高速公路信息通信系统主要包括传输、语音交换、数据网络等子系统。传输子系统为语音、收费、图像监控、会议电视、办公自动化等各业务提供传输通道,一般采用 IP 干线传输网络。语音交换子系统主要采用程控交换或 IP 电话组网方式,构成内部公务电话网络。数据网络主要采用以太网技术。

3. 高速公路信息通信系统设计

高速公路信息通信系统设计应考虑以下几方面:

(1)高速公路作为专网系统,其信息通信系统的建设首先要从高速公路的需求和业务特点出发,保证高速公路收费数据和监控视频数据的可靠传输,优质话路的提供以及逐步发展的会议电视系统、呼叫中心、电子商务、物流平台等业务的实现。

(2)高速公路信息通信技术以满足业务基本需求为出发点,选取先进、成熟、具有融合未来业务需求的通信技术,构建通信网络。

(3)在设备的选取和网络的建设上安排容量和功能上适度超前的建设规模和速度,为网络的演进做好准备。

随着数据业务的增加,IP技术快速发展,因此在设备选型和技术方向的选择上,应充分考虑系统的平滑演进,重点选择能向分组化、宽带多媒体过渡的设备。接入网的发展采取光缆尽量靠近用户的发展战略,积极采用光纤接入网设备,为发展宽带接入提供基础。因地制宜,采用灵活的接入方式。为改善目前高速公路通信网缺乏应急通信措施和部分单模光纤无法铺设的问题,应将宽带无线接入技术作为重点发展的技术之一。

通信网最终的建设目标是为高速公路信息网搭建一个可运营、可管理、可扩展的基础平台,各种现有的和将来可能出现的应用均可基于此平台得以最低成本化,并逐步向下一代的综合性网络过渡。

二 高速公路光纤数字通信系统

光纤通信就是将需要传递的图像、数据信号先变成光信号,再由光纤进行传输。传输技术的选择是由传输频带和传输数量、高可靠性、经济性能及可发展的潜力共同决定的。在通信网络中之所以采用光纤是因为其有着比铜线传输和无线传输更好的特性,这些特性包括传输频带宽、通信容量大、抗干扰性强、中继距离长、可靠性高、安全性好以及具有无限的发展潜力。

1. 光纤数字通信系统的构成

光纤数字通信系统是以光波为载体、光纤为传输介质的通信系统,主要由终端设备、光发射机、光接收机、光缆、光纤连接器、光经行耦合器、光纤放大器、光衰减与隔离器、光再生中继器等电光网络和器件所组成。

2. 光纤

光纤(光导纤维)是光通信系统的信号传输介质。最基本、最常用的是石英光纤,它由光纤芯和包层两部分组成,外面再加层涂覆层以保护光纤。纤芯位于光纤中心,成分是高纯度二氧化硅,并掺有少量锗;包层为含有少量掺杂剂的高纯度二氧化硅,直径(包含纤芯在内)为100~150μm;最外层是塑料保护层。

为了保证通信网的正常工作和通信质量,光纤数字通信系统的质量指标必须达到合理的要求。其主要指标有误码、抖动、漂移特性及可靠性。

三　高速公路移动通信系统

所谓移动通信,就是移动体之间的通信,或移动体与固定体之间的通信。移动通信技术源于公路车载通信系统。从20世纪80年代至今已经发展到第三代移动通信系统,可以满足任何人在任何地点、任何时间,使用任一移动终端,通过个人通信号码与任何人建立全时空的信息交换。特别是近几年来,移动通信的发展极大地弥补了公路程控电话和报警电话的不足之处,使得公路各个位置的信息传输成为可能。目前应用的是数字识别信号,即数字移动通信,在制式上则有时分多址(TDMA)和码分多址(CDMA)两种。移动通信与固定物体之间的通信比较起来,具有以下一系列的特点。

1.移动性

为了保持物体在移动状态中的通信,移动通信必须是无线通信,或无线通信与有线通信的结合。

2.电磁波传播条件复杂

因移动体可能在各种环境中运动,电磁波在传播时会产生反射、折射、绕射、多普勒效应等现象,产生多径干扰、信号传播延迟和展宽等效应。

3.系统和网络结构复杂

移动通信是一个多用户通信系统和网络,必须使用户之间互不干扰,能协调一致地工作。此外,移动通信系统还应与市话网、卫星通信网、数据网等互联,整个网络结构是很复杂的。

4.频带利用率高、设备性能好

移动通信的种类繁多,按使用要求和工作场合的不同,可以分为以下几种。

(1)集群移动通信,也称大区制移动通信。它的特点为只有一个基站,天线高度为几十米至百余米,覆盖半径为30~50km,发射机功率可高达200W。用户数约为几十到几百,可以是车载台,也可以是手持台,它们可以与基站通信,也可通过基站与其他移动台及市话用户通信,基站与市站有线网连接。

(2)蜂窝移动通信,也称小区制移动通信。它的特点是把整个大范围的服务区划分成许多小区,每个小区设置一个基站,负责本小区各个移动台的联络与控制,各个基站通过移动交换中心相互联系。

(3)卫星移动通信。利用卫星转发信号也可实现移动通信。对于车载移动通信可采用赤道固定卫星,而对手持终端的通信,采用中低轨道多颗星座卫星较为有利。

(4)无绳电话机。对于室内外慢速移动的手持终端的通信,则采用小功率、通信距离近的、轻便的无绳电话机,可以经过通信点与用户进行单向或双向的通信。

第三节　供配电及照明系统

高速公路机电系统的运行,依靠供配电及照明系统提供电能支持。随着机电系统建设的逐步完成,高速公路供配电及照明系统已经发展成为电力供电系统的一个重要分支。高速公路供配电系统分为高压供电系统和低压供电系统,是高速公路机电系统必不可少的支持系统。它的作用是保证24h不间断供电,保证正常供电的同时又能保证紧急供电。

照明系统的作用是要将良好的视觉信息传递给道路使用者,改善夜间行车条件,以达到提高通行能力、减少交通事故的目的。

设置道路照明还可使车速提高,减少运行时间,并使昼夜交通流的分布发生变化,吸引大量的车流在夜间行驶,有效地减轻白天高峰期的拥挤程度,提高道路的使用效率。合理的照明设计,还具有美化环境和道路景观的作用。

一　供配电系统

高速公路供配电系统主要由输电线路和电气设备(包括变压器、高压隔离开关、高压负荷开关、高压柜、低压柜)组成,是现代化管理系统的重要组成部分。交通管理系统对供配电系统的基本要求是可靠、稳定、小型和高效率。供配电系统为通信、监控和收费等系统供电,其可靠性是确保上述系统正常运行的基本条件。为了保证可靠供电,必须对一些重要设备采用交流不停电供电系统,对直流供电系统要采用应急电源,并要求系统各种设备的电压稳定,不能超过允许的电压范围。在对系统设施进行供电时,交流输入端必须接交流稳压电源。

交流供电系统主要包括变电站提供的交流市电,柴油发电机供给的自备交流电源,以及由整流器、蓄电池和逆变器组成的交流不停电电源(不间断电源UPS)。为了提高供电的可靠性,高压输入一般由两个变电站供给,并采用专用线引入,一路主用,一路备用。为了不间断交流供电,柴油发电机应能自动启动,对某些重要设备可以采用静止型交流不停电电源(UPS)。

直流供电系统可分为集中直流供电系统和分散直流供电系统。对于设备容量较大、比较集中的系统可以采用集中直流供电。由于各设备的电源系统相互独立、互不干扰,这就相当于给设备配置了一台直流应急电源。

为了保证系统运行的安全,其供电系统都必须有良好的搭铁装置。在交流搭铁系统中,为了避免因三相负载不平衡而使各相电压差别过大,三相电源都应直接搭铁,这种搭铁称为工作搭铁。搭铁装置与大地之间的电阻称为搭铁电阻。当变压器的容量在100kVA以下时,搭铁电阻应不大于10Ω;当变压器的容量在100kVA以上时,搭铁电阻应不大于4Ω。为了避免电源设备的金属外壳因绝缘损坏而带电,与带电部分绝缘的金属外壳必须直接搭铁,这种搭铁称为保护搭铁,保护搭铁电阻应不大于10Ω。为了防止因雷电而产生过电压损坏的系统设备,其电源系统中安装的避雷器应设有防雷搭铁装置,其搭铁电阻一般应在10~20Ω之间,同时防雷搭铁线与工作搭铁线、保护搭铁线分开。在直流供电系统中,由于系统设备的需要,直流供电源及蓄电池组的正极(或负极)必须搭铁。

1. 收费站供配电系统

由于高速公路沿线收费站、服务区、管理处所需电量一般不大于1000kVA,因此通常设一个将10kV电压降为200V/380V的降压变电所。同时考虑交通机电设施对供电可靠性有较高的要求,为保证供电的可靠性和稳定性,目前变电站的典型配置为:以一路由电力部门提供的10kV电源作主电源,并在低压侧配备自启动柴油发电机组以满足一、二级负荷的供电。

2. 大型桥梁的供配电系统

在1000m左右的大型桥梁中一般用电设备较多。除交通机电三大系统外,还有航空灯、航标灯、主塔电梯、结构内部照明和斜拉塔的景观照明等用电设备。在钢结构大桥中,还可能有内部除湿系统。这些设备的功率、使用时间、使用系数各不相同,总负荷较大。大桥变电站一般在两岸各设一座或两座,采用两路10kV进线的双电源外线方式,10kV侧采用单母线分段,0.4kV侧采用单母线分段运行方式运行,将负荷按不同的负荷等级安排在相应的低压柜内,以满足一、二级负荷的供电要求。在高低压侧均配设联络柜,正常运行时高、低压母线分段运行,并在低压侧配备自启动柴油发电机组。

3. 隧道供配电系统

隧道供电一般设有两路外电源和一套自备电源,以确保隧道供电安全可靠。在外电源发生故障的情况下,自备柴油发电机组运转发电。为使供电灵活、提高故障情况下供电的可靠性,一般采用分段母线供电,互为联络。通风、照明、监控和通信设备及事故用电各自设置单独回路。另外,需要注意的是,安装在隧道内的供电设备必须符合特殊使用条件,如必须满足湿度、废气、污物、防冻盐、高压水和雾等特定条件下的特定要求。

为保证隧道照明有稳定的电源电压,有利于提高灯具的使用寿命和保证照度稳定,对全隧道照明要采用独立的电源供电,以避免因大容量电动机启动时造成母线电压波动影响照明。

二　道路照明系统

照明可分为分散照明和集中照明两种类型,分散照明是指沿着公路走向设置灯杆照明,集中照明是在确定位置上,用高杆照明。

公路照明光源一般采用高光效气体放电灯,不应采用白炽灯。无显色性要求的部位及场所宜采用高压钠灯或其他新光源。对显色性有较高要求的部位或场所,可采用金属卤化物灯或高显色性高压钠灯。根据公路横断面和照明器具的配光性,照明灯杆能从单侧布置、双侧交错布置、双侧对称布置和中心对称布置的形式中选择。

1. 照明基本要求

(1)车行道的亮度水平(照度标准)适宜;

(2)亮度均匀,路面不出现光斑;

(3)控制眩光,主要避免光源的直接眩光、反射眩光及光幕反射;

(4)良好的视觉诱导性;

(5)良好的光源、光色及显色性;

(6)节约电能;

(7)便于维护管理;

(8)与道路景观协调。

2. 照明技术要求

1)照明技术指标

公路照明的技术指标通常采用亮度、照度、眩光限制和诱导性4项指标。其中亮度、照度、眩光都与光通量、发光强度有关。

(1)光通量。光源在单位时间内向四周空间发射出使人眼产生光感觉的能量称为光通量。其单位为流明(lm)。

(2)发光强度。光源在某方向单位立体角内的光通量称为发光强度,即光通量的空间密度,简称光强。

(3)照度。光通量投射到不同的被照面上,就不同程度地照亮了各个被照面,单位被照面上的光通量称为该表面的照度。

(4)亮度。照射到被照面上的光通量,一部分从被照面反射回来,反映到人眼里便现出物体的像,而引起视觉,被照面单位面积反射到人眼的光通量越大,所引起的视觉就越清楚。亮度即是发光表面在一定方向的发光强度与该方向的投影面的比值。

(5)反射率。从一个微小表面上反射出来的总光通量,与投射到其上的总光通量之比,称为反射率,用 p 表示。$p=0$ 相当于理想黑体,$p=1$ 相当于完全反射体。沥青路面 $p=0.1 \sim 0.12$,水泥混凝土路面 $p=0.3 \sim 0.4$。也就是说,在相同照度的情况下,因路面材料不同,相应的亮度也不一样,即水泥混凝土路面的亮度比沥青混凝土路面亮度高。一般道路照明效果是根据亮度来评价的。

(6)路面平均亮度 L。道路照明就是要把路面照亮到能看清障碍物的轮廓,为此要求有一定的路面平均亮度,这是影响驾驶员能否看清路面前方障碍物的重要因素。

（7）路面亮度的均匀度。路面亮度的均匀度即路面亮度分布的均匀程度。

（8）眩光。照明设施所产生的眩光，不仅使驾驶员感到不舒适，而且使其视距降低，故良好的道路照明，应控制眩光到不致产生不舒适感觉。眩光引起不舒适感的程度，用眩光控制指数 G 表示，其分级标准如下：

$G=1$，无法忍受；

$G=3$，干扰；

$G=5$，允许的极值；

$G=7$，满意；

$G=9$，无影响。

一般道路照明要求 $G=4\sim6$。

（9）诱导性。合理的道路照明布局，可以给驾驶员提供有关前方道路方向、线形等视觉信息，这称为照明设施的诱导性。当确定照明灯具的配置时，除了要充分考虑路面上的亮度及其分布外，还应通过透视图来检查其诱导性是否正确，即应按道路线形恰当地确定照明灯具的间距和配置。否则就会成为错误诱导的因素，这对于弯道和立体交叉等路段来说尤为重要。

2）照明标准

道路照明标准，通常用路面的水平照度值和不均匀度来表示。在道路照明中，人对物体的感觉多数以路面为背景，因而采用路面亮度值作为道路照明标准更为合理。

3）照明设置

有照明设施且平均亮度高于 $1.0\text{cd}/\text{m}^2$ 的公路进出口，应设置照明过渡段。平曲线半径大于或等于1000m 的曲线路段，其照明灯杆可按直线路段设置，平曲灯杆的间距宜为直线段的 $50\%\sim75\%$。半径越小，间距也应越小。曲线路段发生视线障碍时，可在曲线外侧增设照明灯杆。曲线路段的照明灯杆不得安装在直线路段照明灯的延长线上。

小型收费广场宜采用低杆、中杆照明，大型收费广场和互通式立体交叉宜采用高杆照明。立体交叉的照明设施，不应产生眩光，应提供良好的诱导性。

平面交叉口、分合流点附近照明灯杆的设置，应能充分显现周围环境，使驾驶员在接近交叉口时，能辨认交叉口及前方位置。

桥梁照明宜根据桥梁结构形式采用与之相适应的照明器具和设置方式。桥梁照明应防止眩光，必要时采用严格控光灯具，不得使用对船舶航行等水上交通及渔业活动造成不利影响的照明设施。

停车场宜采用高杆或中杆照明。照明灯杆应选用金属灯杆或钢筋混凝土灯杆。采用金属灯杆时，应采用热浸镀锌或铝喷涂对灯杆表面进行防腐处理。灯杆内的电气接线应采用铜芯护套线，导线截面面积不低于 1.5mm^2。

三 隧道照明系统

　　隧道照明系统主要包括入口照明、基本段照明、出口照明、接近段的减光措施、应急照明和洞外引道照明。为了使车辆在隧道内安全行驶,减少不安全感,隧道内应有足够的亮度,从而弱化隧道出入口处的"白洞""黑洞"效应。

本篇参考文献

[1] 第十届全国人民代表大会常务委员.突发事件应对法[M].北京:中国法制出版社,2007.

[2] 第八届全国人民代表大会常务委员会.公路法[M].北京:法律出版社,2017.

[3] 国务院.收费公路管理条例(国务院[2004]417号)[M].北京:中国法制出版社,2004.

[4] 国务院.公路安全保护条例(国务院[2011]593号)[M].北京:法律出版社,2011.

[5] 交通运输部.全国高速公路视频联网监测工作实施方案[R].2019.

[6] 交通运输部.全国高速公路视频联网技术要求[R].2019.

[7] 国家质量监督检验检疫总局.地面气象观测规范 总则:GB/T 35221—2017[S].北京:中国标准出版社,2018.

[8] 中国气象局.自动气象站场室雷电防护技术规范:QX/T 30—2021[S].北京:气象出版社,2021.

[9] 周以德.收费与监控[M].北京:人民交通出版社,2007.

[10] 交通专业人员资格评价中心与交通部职业技能鉴定指导中心.公路收费及监控员(初级)[M].北京:人民交通出版社,2008.

[11] 交通专业人员资格评价中心与交通部职业技能鉴定指导中心.公路收费及监控员(中级)[M].北京:人民交通出版社,2008.

[12] 交通专业人员资格评价中心与交通部职业技能鉴定指导中心.公路收费及监控员(高级)[M].北京:人民交通出版社,2008.

[13] 曾瑶辉,李冬陵.高速公路监控系统集成[M].北京:人民交通出版社,2010.

[14] 赵祥模,斩引利,张洋.高速公路监控系统理论及应用[M].北京:电子工业出版社,2003.

[15] 高速公路运营管理编委会.高速公路运营管理[M].北京:人民交通出版社,1995.

[16] 陈峻.交通管理与控制[M].2版.北京:人民交通出版社股份有限公司,2018.

[17] 王建军,严宝杰.交通调查与分析[M].北京:人民交通出版社,2004.

第二篇

高速公路监控员
职业技能实务

　　根据《公路收费及监控员国家职业技能标准(2022年版)》的职业技能要求,为了高速公路监控员的技能的提升和业务能力的提高,及满足参加国家职业技能培训的需要,本篇系统性地概述了高速公路路况监控与信息采集发布员的职业技能培训的相关知识及技能要求,内容包括路况监控与信息采集发布员从五级(初级工)、四级(中级工)、三级(高级工)、二级(技师)到一级(高级技师)的职业功能、工作内容、技能要求,以及需要掌握的相关知识的具体内容和方法,并且列举了各等级路况监控与信息采集发布员的职业技能考核要点,以期为从业人员提供一份全面系统的学习指导与业务工作指南。

　　作为广东省高速公路收费及监控员职业技能培训教材,本篇以广东省现行的高速公路监控管理的工作内容、技术方法、作业流程,以及广东省现行普遍应用的监控系统软件与平台为主进行介绍。

第一章

公 路 监 控

第一节　道 路 监 控

一　道路监控系统概述

目前,高速公路的道路监控主要以云台摄像机的视频监控为主,监测点分布在高速公路主线、出入口匝道、互通式立交、收费站出入口、收费广场及收费车道、桥下空间、桥梁及通航孔道、隧道等位置。道路监控系统主要功能是将道路交通状况通过图像传输通道实时上传至道路监控中心。在此基础上,监控中心值班人员可以及时了解各监控区域的路况,整备道路的处置资源,确保交通安全畅通。

道路监控系统一般包括:大屏拼接显示系统和事件检测分析平台。

1.大屏拼接显示系统

大屏拼接显示系统是由单元屏组合拼接而成的高亮度、高分辨率、色彩还原准确的电视墙,通过解码器对显示器进行开窗处理,以便更多的图像内容清晰地显示在电视墙上,使监控区域一目了然。

2.事件检测分析平台

事件检测分析平台是实现高速公路科技保畅的有效手段,该平台通过建立实时的预警体系和高效的应急保障体系,自动检测行人、摩托车、异常停车、道路拥堵等异常事件,通过平台弹框进行预警,提醒监控人员对该预警做出相关处置。

二　道路监控系统的功能模块

道路监控系统功能模块主要包括:实时图像浏览功能、远程控制功能、历史图像管理功能、日志管理功能、报警功能、日志信息管理功能等。

1. 实时图像浏览功能

实时图像浏览功能可实现以下内容：

(1)分屏和全屏播放；

(2)通道状态展示,包含码流、视频服务器 IP 端口、通道号、占用网络资源等；

(3)手动录像,点击录像按钮后实时视频将保存在本地内存；

(4)手动抓拍,点击抓拍按钮可将当前画面抓拍下保存到本地内存。

2. 远程控制功能

远程控制功能可实现以下内容：

(1)摄像机云台的转动和云台转动速度的调整；

(2)摄像机镜头的变焦、变倍和光圈调整；

(3)灯光及系统开关控制；

(4)预置位增加、删除、调用,设置快球巡航线路。

3. 历史图像管理功能

历史图像管理功能可实现以下内容：

(1)对指定的现场音视频信息进行记录或通过编程定时记录,能同时记录设备、通道、时间等检索信息；

(2)本地及远程查询回放,可按照指定的设备、通道、时间等要素检索历史图像资料；

(3)支持快放、慢放、暂停、抓拍、抓录等功能。

4. 日志管理功能

该功能模块可记录系统平台及监控客户端动作,形成日志信息。

5. 报警功能

该功能模块可对视频检测的交通事件做出实时告警。

6. 日志信息管理功能

日志信息管理功能可实现以下内容：

(1)记录系统内设备在线、异常、故障、恢复、关闭等状态信息及发生时间；

(2)记录操作人员进入、退出系统的时间和主要操作；

(3)进行日志信息查询和报表制作。

三 视频监控巡查作业

高速公路经营管理单位开展视频监控巡查工作前应明确视频监控巡查、应急处置、信息报送等岗位人员分工,确保职责清晰、配合紧密、交接规范,严格落实闭环管理。

1.巡查内容

根据《广东省高速公路视频巡查工作规范》(征求意见稿)相关要求,视频监控巡查内容包括日常巡查、重点巡查和异常天气巡查。

1)日常巡查

(1)道路:巡查是否出现坍塌、山体滑坡、交通事故、异常停车、行人与非机动车闯入、牲畜闯入、占道施工、交通阻塞、视频可有效辨识的抛洒物或障碍物等异常情况。

(2)互通式立交:巡查是否出现交通事故、异常停车、行人与非机动车闯入、牲畜闯入、占道施工、交通阻塞、视频可有效辨识的抛洒物或障碍物等异常情况。

(3)服务区(停车区):高速公路经营管理单位负责巡查服务区出入口匝道是否出现拥堵、交通事故、交通管制等异常情况;服务区经营管理单位负责巡查服务区内停车场、公共广场、加油站、餐厅、购物场所、车辆维修场所、旅店大堂等区域是否出现异常情况。

2)重点巡查

(1)隧道:巡查是否发生交通事故、火灾、爆炸、洪水、断电、异常停车、设备故障、占道施工等异常情况。

(2)高架桥:巡查是否发生交通事故、异常停车等异常情况。

(3)急弯陡坡路段:巡查是否发生交通事故、异常停车,缓冲车道有避险车辆驶入等异常情况。

(4)匝道出入口:巡查是否出现车辆逆行、交通事故、异常停车、行人与非机动车闯入、牲畜闯入、交通阻塞、占道施工、视频可有效辨识的抛洒物或障碍物等异常情况。

(5)改扩建施工路段:巡查是否发生交通事故、异常停车、交通阻塞等异常情况。

高速公路经营管理单位应根据重点巡查内容结合所辖路段实际情况制定并适时更新轮巡加密清单。

3)异常天气巡查

(1)雨雾天气:巡查是否发生山洪、内涝、山体滑坡、泥石流、交通事故、异常停车、路面明显积水、道路能见度低等异常情况。

(2)台风天气:巡查是否发生山体滑坡、交通事故、路面明显积水、树木倾倒等异常情况。

(3)冰冻天气:巡查是否发生交通事故、异常停车、路面结冰等异常情况。

2.巡查方式

视频监控巡查方式包括人工巡查和自动检测。

(1)人工巡查:分为手动控制与设置预置位两种操作方法。

①手动控制:巡查人员通过手动控制视频监控系统,从不同方向、不同角度、远近端焦距调控摄像枪,多方位巡查路面;隧道内使用固定摄像枪对视频进行巡查时,应依次逐个替换播放同一隧道内所有摄像枪。

②设置预置位:提前在视频监控系统调整好方向、角度、焦距等预置位,巡查人员通过点击预置位快速巡查特定方位的视频,缩短调整摄像枪时间。

(2)自动检测:由异常事件自动检测系统快速识别路面异常停车、行人闯入、车辆逆行、车辆缓行、烟雾、视频可辨识障碍物等异常情况。当系统发出报警提示音或弹窗提示后,人工对报警内容进行复核,核实完毕后在检测平台提交正/误报结论,系统后台自动保留处理记录。

采用自动检测方式应满足以下要求:

①有计划提升自动检测覆盖率。高速公路经营管理单位应制订计划,结合监控视频补点和升级改造工作,逐步提升异常事件自动检测系统覆盖率,原则上高风险路段应做到全覆盖。

②及时响应自动检测系统预警。高速公路经营管理单位应加强管理,对自动检测系统预警及时响应,并分级分类通报高速公路交警大队或路政大队前往处置。

3. 巡查频率

高速公路经营管理单位人工视频监控巡查频率应满足以下要求:

(1)日常巡查,以不低于2h/次的频率进行巡查;

(2)重点巡查隧道、高架桥、急弯陡坡、临水临崖、匝道出入口、改扩建施工等高风险路段,以不低于1h/次的频率进行巡查;

(3)异常天气巡查,属地气象部门已发布气象灾害橙色或红色预警信息的路段,以不低于1h/次的频率进行巡查。

4. 巡查流程

视频监控巡查是监控员的基本工作职责,巡查对象主要包括道路、隧道、桥梁等多种路段。巡查流程如图2-1-1所示。

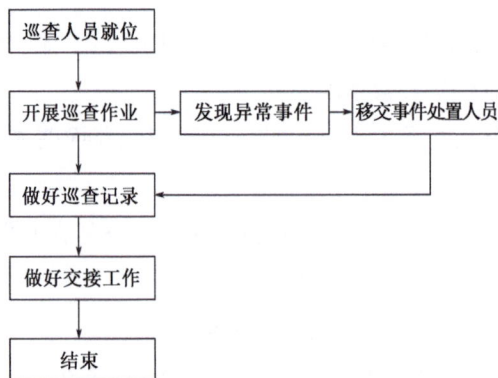

图 2-1-1　视频监控巡查作业流程图

5. 巡查要点

视频监控巡查要点包括如下几点:

（1）道路图像。

①观察掌握管辖区域通行状况，加强隧道、交通枢纽、特大桥、事故多发路段、车流密集路段、易结冰路段等重点区域，以及已发生计划性、突发性交通事件路段周边区域的轮巡。

②轮巡隧道图像时，结合隧道管理系统同步进行，观察系统设施设备显示状态与实际使用状态是否一致。

（2）设施设备运行情况，及时填报设备故障，跟进维修进度。

（3）事件上报：出现车流高峰或发生突发性交通事件时，协助应急处理，逐级报告。

（4）协调与指导。

（5）资料整理存档：根据图像轮巡和特殊事件处理情况，做好文字记录和相关影音资料备份。

四　异常事件监测与处理

1. 异常事件监测与处置

1）异常事件监测

高速公路经营管理单位视频监控巡查发现异常停车、异常天气、交通事故、占道施工等情况时应及时调控摄像枪实时关注事件进展，分级分类通报公安交管部门或路政大队前往处置，及时通过路面情报板或导航软件在前端发布相关提示信息。未实现全程监控的高速公路，应对事件地点上下游的图像进行记录，当交（巡）警、路政等部门尚未到达现场时，可通过 CCTV 判断道路交通是否完全中断；已实现全程监控的高速公路可通过调取事故所在地 CCTV 图像得知道路交通是否完全中断。

2）异常事件处置

轮巡过程中，发现车道上有交通事故、故障车、行人、障碍物、路产设施被损坏等异常情况，应及时通知交警、路政及相关部门到场处理，关注视频图像并与现场保持有效沟通，跟踪异常事件的进展及处理情况。监控中心应及时通知相关处置单位对事件进行处置，并对现场处置情况进行录像（含时间等信息）以备查。当事件达到应急预案启动条件时，高速公路经营管理单位应根据事件等级启动应急预案，配合公安交管部门做好事件现场交通管制并做好相关记录。处置流程如下：

（1）轮巡发现或接到相关部门、单位报告异常情况，做好前期处置工作（查看图像、通知相关单位到场处理、更改相关情报板信息，涉及隧道更改相关交通信号灯与指示灯）。

（2）相关处置单位到达现场做好交通安全围蔽后，及时报备现场关键信息（方向、具体桩号、位置、车牌、车辆类型、事故类型、人员伤亡情况、现场交通状况、采取措施等），监控中心接收后根据主管部门或上级单位文件要求做好信息报送工作。

（3）涉及封闭部分车道、中断交通、分流的通知相关收费站做好迎接车流高峰准备或通知相邻监控中心协助发布情报板信息。

（4）按要求及时做好路网信息填报、发布工作。

（5）确认伤亡人数后，事故发生路段负责报备县级以上人民政府应急管理部门。

（6）做好事故记录，根据要求下载录像等。

2. 异常车辆的跟踪监控与处置

（1）视频监控巡查发现或接报异常停车等突发情况后，及时调控摄像枪持续关注事件进展。

（2）通知公安交管部门、路政等相关部门前往处置，并提供具体位置和已掌握情况等详细信息。

（3）视情况通过导航软件、路面情报板在前端发布相关提示信息。

（4）配合公安交管部门做好事件现场交通管制并做好相关记录；如需公安交管部门处置，则根据该部门要求配合提供监控视频。

3. 异常事件的自动检测

高速公路经营管理单位应按要求启用异常事件自动检测系统，进一步提升视频监控巡查效率，逐步在长隧道（特长隧道）、急弯陡坡、无路肩高架、改扩建路段、流量较大（指车流量超过设计标准且应由高速公路经营管理单位与高速公路交警大队协商确定）互通式立交或收费站匝道口、大型货车占比高而路肩宽度无法满足停放要求等高风险路段实现快速自检。

五 缓行路段监控与预警

1. 缓行评价指标和分级标准

根据交通运输部颁发的《公路网运行监测与服务暂行技术要求》，将平均行程速度作为评价指标，将交通运行状态分为畅通状态、基本畅通状态、轻度拥堵状态、中度拥堵状态、严重拥堵状态 5 个等级，见表2-1-1。

主线缓行状态划分标准 表2-1-1

拥挤度/颜色示意	设计速度（km/h）		
	120	100	80
畅通（绿色）	≥90	≥80	≥60
基本畅通（蓝色）	[70,90)	[60,80)	[50,60)
轻度拥堵（黄色）	[50,70)	[40,60)	[35,50)
中度拥堵（橙色）	[30,50)	[20,40)	[20,35)
严重拥堵（红色）	[0,30)	[0,20)	[0,20)

2. 缓行路段拥堵预警流程

在所辖的收费广场、互通式立交、服务区等易堵缓行区域建立监控系统,对该区域内的平均行程速度进行实时监测。通常,以缓行持续时间 T 作为缓行预警的判别指标,对主线缓行情况进行预警。

以通过设定缓行持续时间 T,建立相应的缓行报警模型,实现缓行报警。以常见的二层级缓行报警流程为例,如图 2-1-2 所示。其中设定一级报警的缓行持续时间阈值 $T=4\text{min}$,二级报警阈值采用二倍缓行持续时间阈值 $2T=8\text{min}$。一级报警的目的在于及时发现拥堵情况,此时有关部门应该做好现场管理的准备;二级报警的目的在于确定拥堵持续发生,此时相关部门应该立即采取行动,实施必要的交通控制与诱导方案。

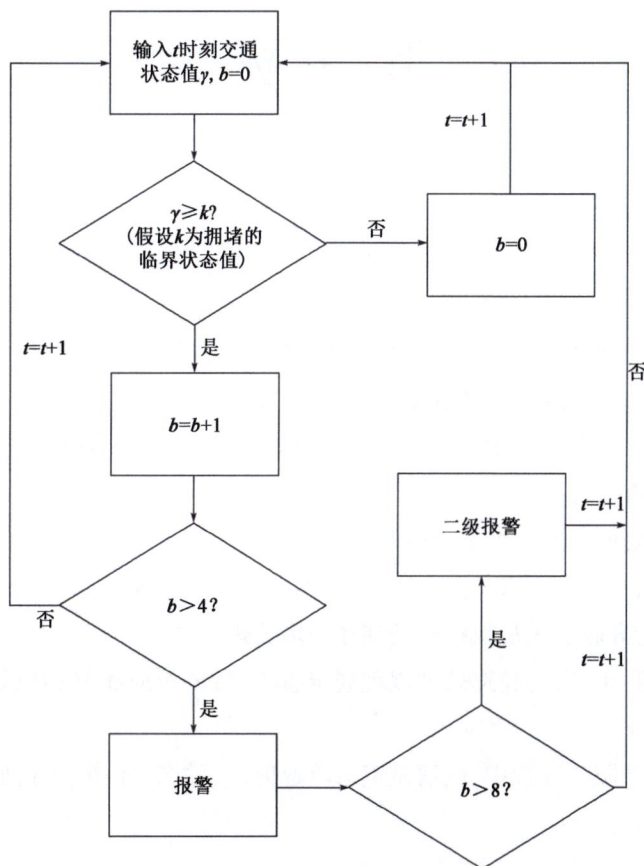

图 2-1-2 二层级缓行报警流程示意图

3. 缓行处置流程

(1)轮巡过程中,发现某一路段车流增幅或降幅明显,应不间断调控周边图像远近、前后位置查看是否发生异常事件,并通知交警、路政及相关单位前往现场巡查处理;

(2)做好前期处置工作(查看图像、通知相关单位到场处理、更改相关情报板信息);

（3）相关处置单位到达现场，及时了解缓行原因及现场情况关键信息（如事件类型、具体位置、人员伤亡情况、事件影响范围、现场交通状况、采取措施等）；

（4）监控中心根据事件类型、性质及时电话通知运营单位相关领导及业务负责人，并按上级单位信息报送规定报送信息；

（5）根据事件类型、性质，按要求做好路网信息填报工作；

（6）监控中心接收各单位报告缓行处理情况或通过监控视频实时掌握现场情况，更新续报信息、填报等内容；

（7）事件结束后，监控中心撤销情报板、更新结束短信、结束路网填报等；

（8）做好事件记录，根据要求下载录像等。

第二节 收费监控

一 收费行为的监督

1. 依据收费规范监督收费行为

（1）使用监控视频图像对现场收费、发卡规程、文明服务"五要素"和服务时限的执行情况进行定期检查监督，并有相应检查记录。

（2）轮巡收费员劳动纪律、文明服务、广场动态要根据《收费服务质量轮巡管理》（相关收费规范）内容执行。

（3）监督收费站的通行费缴存过程。

（4）监督收费人员、票管员交接班工作，纠正并记录违规行为。

（5）监督、指导收费人员执行收费现场环境管理标准。

（6）轮巡过程中，发现轮巡处理规程规定事项，按要求应做好相应处置工作，并确保轮巡情况的真实性。

（7）轮巡收费服务过程中，应清楚记录轮巡时间、站名、车道、当值监控员号、广场值勤情况等，以备核查。

2. 监督收费人员开展收费工作，纠正违规行为，记录工作情况

（1）通过监控视频图像、车道流水、抓拍图像、收费日志等监控手段，认真做好防贪堵漏工作，杜绝徇私舞弊现象。

（2）督促收费现场人员按章操作，纠正各种违规行为，确保政策法规和各项收费管理制度的落实，保证相关记录完整，资料整理规范。

（3）对于收费现场发生的各种情况做出快速反应，妥善处理，及时为现场提供正确

指引,做好各类信息的上传下达。对于涉及异常卡、丢卡、无卡车现场纠纷事件,应及时查询并反馈收费现场。

(4)协助稽核部门对特定对象进行监控和信息收集。

3. 掌握收费现场通行状况,适时发布交通诱导信息

(1)密切关注收费现场秩序,发现拥堵及时督促现场人员开启足够疏导拥堵现场的车道,视情况发布交通诱导信息。

(2)观察、掌握管辖收费站点运行状况,加强对大车流、易积水等重点区域,以及已发生异常情况收费站点的轮巡。

4. 票管(投包)室运作

票管室图像监控系统对票管室的运作情况进行监控,掌握票管室监控范围内保险柜、投包机的摆放情况。

5. 收费服务轮巡检查要求

(1)监控员轮巡检查所属路段各收费站的服务过程时,须将轮巡检查详细情况做好记录,若发现有不符合收费服务质量要求的现象时,应提醒当事人纠正,对不合格情况进行处理,并跟进当事人的改进情况。

(2)对于轮巡中的优秀服务,当值监控人员应给予相应的鼓励,并做好记录。

(3)交接班人员不得随意出入票管室,必须由班长统一组织班员进入票管室进行交接班;收费员清点资金必须在票管室金库内进行,在资金清点前必须关好铁门,无关人员不得进入清点结算范围,收费班长负责监督资金清点工作,防止清点过程中发生失误或作弊现象。否则,视为不合格服务。

6. 轮巡处理规程

(1)轮巡过程中,发现收费现场发生交通事故、收费纠纷,收费广场或票亭出现其他特殊事件造成车道堵塞时,应将摄像枪调至最佳位置进行全程录像,提醒现场开足车道;情节严重时,视现场情况通知当值站长、路政及相关联动单位前往现场处理,并做好上报工作。

(2)轮巡过程中,发现收费员劳动纪律、文明服务、广场动态不符合规范时,致电提醒当值票亭及广场人员,并将实际情况做好记录;若提醒后仍未按要求改正,按相关稽查条例做扣分处理。

7. 收费监控记录的填写

按照工作要求对收费监控相关职责内事务进行详细记录,内容包含时间、地点、记录人员、事件详情等,并准确填写监控相关记录表格,按要求配合完成月度、季度、半年、年度数据分析报告。

8. 收费监控巡查对象

收费监控巡查对象包括收费广场图像、收费车道(票亭内)图像、票管(投包)室图像等。

二 优免车辆、车队监控

1. 优免车辆监控管理要求

(1)依据《收费公路管理条例》《广东省公路条例》以及其他按照广东省人民政府、广东省交通运输厅政策性文件的相关规定判别免费车辆。各营运单位规范免费车管理,严禁违规免费放行车辆。

(2)监控中心接收优免车辆信息后,通过监控视频图像对准免费车辆核实车辆信息,确认是否属于规定优免车辆,并对最终确定的情况按车辆分类信息做好记录。

(3)监控中心应完整保存免费放行过程录像资料1个月以上、抓拍图片3个月以上,以便日常稽查工作的开展。录像或图片保存时间根据各路段实际调整。

2. 车队监控管理要求

车队指由多辆车组成的队伍。一般免费的车队有:警卫车队、军车车队、特殊车队(如抢险救灾车队)等。

(1)入口车队监控管理要求

①监控中心接报收费站入口车队消息后,通过监控视频关注车队通行情况。

②对特征明显的警卫车队、军车车队,监控中心通知收费现场快速放行。

③对上级单位临时通知的特殊车队(如抢险救灾车队等),监控中心协助收费现场核对相关信息,确保车队快速通行,并以录音电话方式通知各收费站做好放行准备,同时将车队信息告知相邻路段监控中心;信息不符的车队,则按稽核流程处理。

④按要求做好相关记录。

(2)出口车队监控管理要求

①监控中心接报出口车队信息后,对特征明显的警卫车队等,通知收费现场快速放行,并保存相关的监视视频资料,以备查询。

②对上级单位临时通知的特殊车队(如抢险救灾车队等),通过监控视频确认车队信息,信息与入口车队相符的通知收费现场快速放行,并记录出口时间、出口站名、车队车辆总数,同时将信息反馈给车队来源单位及各收费站、相邻路段监控中心。重要车队通过出口后及时向上级相关单位汇报车队已顺利出口。信息不符的车队,则按稽核流程处理。

③按要求做好相关记录。

三 收费站易堵情况的判定与处理

1. 收费站通行能力判定标准

按照各单位统一构建的收费站效能监测体系,将车流繁忙指数和效率指数等关键指标作为判定收费站通行能力的标准。

2.收费站易堵情况预判

通过监控视频图像中收费站场景及车流情况对拥堵状况进行预判。

收费站场景包括收费站设计类型、站场规模、匝道规模、车道数量、车道配比、应急设施、应急措施等因素。

车流情况包括日均总车流、高峰小时车流、单车道日均车流、单车道高峰小时车流、客货车比例等数据。

利用以上指标因素,对收费站通畅指数和效率指数进行易堵预判。除此之外,将历史流量的分析与实际流量分析相结合,通过视频检测器对交通量进行判定,也便于收费站及时做出反应,由被动变主动,在高峰流量到来前做好充分的准备。

3.收费站拥堵原因的判定

(1)空间资源不足

收费广场规模小,即双向匝道汇合车流或单向匝道车流没有充足的空间选择车道引发通行交织不畅导致拥堵。包括以下情况:

①所有车道高峰小时车流量均大于标准值,导致拥堵;

②内匝道为单车道,满足不了车流通行需求;

③双向出口匝道汇合点至车道距离短,车辆在选择车道过程中形成车流交织造成拥堵。

(2)车道类型分配不合理

同一时段,部分车道车流大于标准值,部分车道车流未达到标准值。例如,ETC车道使用率不高,同一时间段,混合车道车流大于标准值,ETC车道车流未达到标准值 $\times n\%$(n值可通过典型站获取经验值)。

(3)交通组织不畅

①ETC车道集中设置,导致ETC车流与非ETC车流频繁交织形成拥堵;

②标志标牌诱导不清晰、客货无分流、交通标线不规范等,导致车辆无法提前选择通行车道;

③车流集中时段或车道通行受阻时,工作人员没有及时介入引导,造成现场秩序混乱;

④地方道路制约:因地方道路通行不畅,车流倒灌造成高速出口拥堵;

⑤业务规则影响:受规则影响,处理特情时间较长,入口劝返车辆多、绿通车流大等;

⑥突发性事件:无法预判的车流量突然增大导致拥堵事件,包含但不限于主线倒灌(入口)、节假日车流量大、设备故障、恶劣天气或突发重大事件引发主线交通中断等。

4.拥堵等级判定标准和处理方式

1)拥堵等级判定标准

根据收费站车辆拥堵缓行距离和一天内累计时长来判定拥堵等级,共分为三级,由

低到高分别为三级、二级和一级。判定标准(以广东省交通集团标准为例)如下:

(1)三级:收费站车辆拥堵缓行距离延续至出口匝道与广场连接处(或双向匝道汇合处),并且一天内累计时长超过30min;入口拥堵缓行。

(2)二级:收费站车辆拥堵缓行距离达到200m,并且一天内累计时长超过30min;如距离小于或等于200m时,拥堵缓行车流已倒灌至主线车道则等级升级。

(3)一级:收费站车辆拥堵缓行距离达到500m或倒灌至主线车道,并且一天内累计时长超过30min。

2)交通拥堵处理方式

(1)监控人员发现或接到收费站现场上报拥堵事件,对收费站车辆通行、站场秩序情况进行监督,注意观察车道通行情况。

(2)监控人员要迅速调整广场摄像枪到车道近景状态进行抓拍,指导收费人员做好保畅工作,及时通知收费站站长、路政、交警等相关单位到现场处置。

(3)根据拥堵情况按级别将信息上报相关单位人员,同时将交通状况信息发布至相应可变信息标志。

(4)拥堵等级达二级以上,及时电话上报运营单位分管领导、监控中心主任、业务部门负责人等。运营单位领导根据事件性质授权监控中心启动运营单位相关预案。

(5)监控中心通过监控视频实时掌握现场情况并实时进行视频录像跟踪取证。

(6)事件处理完毕后,做好相关记录并附录像等证据资料形成报告。

四 车道及 ETC 门架通行交易数据监控

1. ETC 系统

ETC 系统是采用车辆自动识别技术完成车辆与收费站之间的无线数据通信,进行车辆自动感应识别和相关收费数据的交换,采用计算机网络进行收费数据的处理,实现不停车、不设收费窗口也能实现全自动电子收费。

ETC 系统通过安装于车辆上的车载装置和安装在 ETC 门架或收费站车道上的天线进行无线通信和信息交换。主要由车辆自动识别系统、中心管理系统和其他辅助设施等组成。其中,车辆自动识别系统由车载单元(又称应答器或电子标签 OBU)、路边单元(Road Side Unit,RSU)、环路感应器等组成。OBU 中存有车辆的识别信息,一般安装于车辆前面的挡风玻璃上,RSU 安装于路段 ETC 门架和收费站,环路感应器安装于车道地面下。中心管理系统有大型的数据库,可存储大量注册车辆和用户的信息。

当车辆通过 ETC 门架和收费站口,环路感应器感知车辆,RSU 发出询问信号,OBU 做出响应,并进行双向通信和数据交换;中心管理系统获取车辆识别信息,如汽车 ID 号(车辆识别代码)、车型等信息并和数据库中相应信息进行比较判断,根据不同情况产生不同的动作,如计算机收费管理系统从该车的预付款项账户中扣除此次应交的过路费,或送出指令使其他辅助设施工作。

2. ETC 车道系统及功能

ETC 车道系统作为 ETC 系统的重要组成部分,主要负责对车辆进行计费和记录。ETC 车道系统需具备以下功能:

(1)自动检测:ETC 车道系统能自动检测通过门架的车辆,确保系统正常运行;

(2)实时计费:ETC 车道系统能实时计算车辆通过门架所需支付的金额,并生成交易记录;

(3)数据记录:ETC 车道系统记录每次扣费的相关信息,便于后续查询和统计;

(4)安全防护:ETC 车道系统具备安全防护功能,防止数据泄露和恶意攻击。

3. ETC 门架通行交易流程

路段 ETC 门架通过还原车辆行驶路径,改变了以前的入口-出口最短距离收费方式,实现了按实际行驶路径分段计费。ETC 门架通行交易流程如下:

(1)用户通过车载 OBU 设备(ETC 卡片)与 ETC 门架的 RSU 进行通信,门架将信息传输至服务器;

(2)服务器接收到计费信息后,与发卡机构进行通信,完成计费信息确认后,向车载 OBU 设备(ETC 卡片)发送计费确认信息;

(3)车载 OBU 设备接收到计费确认信息后,向服务器发送扣费完成信息;

(4)服务器接收到扣费完成信息后,向发卡机构发送扣费完成确认信息。

4. ETC 交易数据查询

(1)ETC 交易数据查询方式

ETC 交易数据查询方式主要分为入口查询、出口查询和门架查询三种。

①入口查询:输入车牌、入口流水号、CPC(即高速公路复合通行卡,是一种新型的卡片,用于高速公路的通行和计费。其能够识别车辆进、出收费站的信息并精确记录车辆的实际行驶路径。)/ETC 卡的编号,查询入口信息、出口信息、门架信息、车道信息、收费员信息等分段交易流水记录;

②出口查询:输入车牌、出口流水号、CPC/ETC 卡的编号,查询入口信息、出口信息、门架信息、车道信息、收费员信息等分段交易流水记录;

③门架查询:输入车牌、门架计费交易编号、CPC/ETC 卡编号,查询入口信息、出口信息、门架信息、车道信息、收费员信息等分段交易流水记录。

(2)ETC 交易申诉事件处理

当收到 ETC 用户异常扣费申诉时,需要对该事件进行核查与处置。此时,需要查询涉事车辆对应行程的 ETC 交易数据,用于事件的处置。ETC 交易申诉事件处置流程如图 2-1-3 所示。

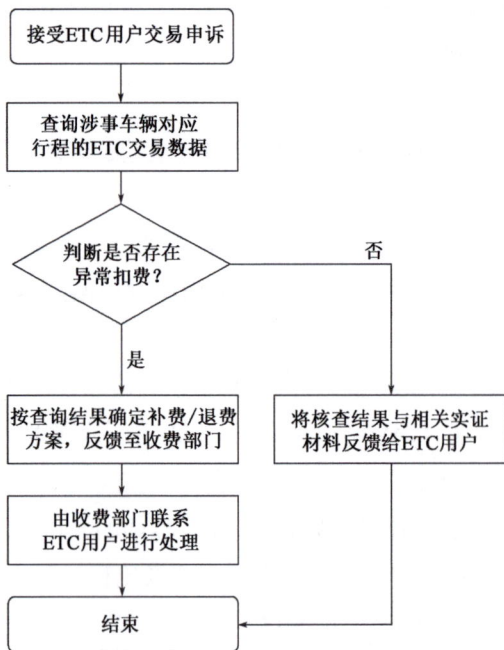

图 2-1-3　ETC 交易申诉事件处置流程图

5. 站级 ETC 通行交易数据监控业务基本要求

每天安排值班人员检查黑名单参数接收情况并做好检查记录,检查频率依据 ETC 车道流水上传情况,一旦出现数据滞留,应及时报告驻站维修员检查处理,如维修员无法,需处理及时报路段负责运维运营单位的 ETC 系统维护人员。

每周配合完成收费系统电脑(车道工控机、监控电脑等)病毒库升级工作,及对车道工控机重启一次。按要求配合完成月度、季度、半年、年度数据分析报告;配合完成 PSAM 卡的盘卡;根据全省联网收费的要求,配合其他高速公路的开通或更改营运参数,协助相关部门做好费率更新的检查工作。

第三节　隧道及特大桥梁监控

一　隧道及特大桥梁监控软件平台

隧道及特大桥梁监控系统与道路监控系统为同质系统,需掌握的关于监控系统前台软件的操作要求基本相同。本书以某监控系统一体化管理平台为例来说明。

监控系统一体化管理平台(以下简称"监控一体化平台")为某集团内部监控中心填报系统,主要包括平台门户、交通监控子系统、综合视频管理子系统、事件管理子系统、设备报障管理子系统、移动信息服务子系统、数据统计分析子系统 7 大应用模块。该平台以事件为核心,实现了交通监控、视频管理、事件处理及机电养护的业务集成,同时也将收费、通信等相关的业务数据进行了收集与展示,从而实现各种业务数据的统计与分析,为高速公路运营管理提供决策依据。

1. 交通监控子系统

交通监控子系统是监控一体化平台的"四肢"。该子系统采集高速公路主线及隧道的实时监测数据和设备状态,实现对高速公路及隧道设备的人工或联动控制。

交通监控子系统包括以下内容:

(1)提供车道指示灯方向控制的功能。

(2)提供交通信号灯控制的功能。

(3)提供隧道照明控制的功能。

(4)提供风机控制的功能。风机设备在隧道中是必不可少的,可以加速空气的流动,卷走烟雾等。

(5)提供卷帘门控制的功能。卷帘门(又名卷闸门、转闸门)位于隧道两个方向的行车洞之间,遇突发情况可以打开卷帘门行驶到隧道另一边。

(6)有火灾报警装置,火灾报警装置由火灾报警按钮和感温报警两部分组成,它们位于隧道下面的火灾报警相关设备组中。

(7)照明调光,是对已接入系统的照明调光组设备进行整组控制。

(8)提供隧道 NO 浓度实时显示。

(9)快捷执行预案,系统隧道图形机界面增加【预案执行】按钮功能。

2. 隧道安全监测功能要求

(1)二维地图展示,满足道路"保畅通"要求,提供全局监测及告警,并联通事件处置及指挥调度流程。页面分为上半区和下半区。上半区展示隧道概况,下半区展示一段隧道具体信息。

(2)三维地图展示,系统采用三维建模技术,对试点隧道进行建模,包含港湾停车区、车行横洞、人行横洞等设施。

(3)查看环境数据,系统展示隧道内 COVI、风速风向、洞内外亮度等数据。

(4)查看交通量数据,系统展示实时交通量和近 24h 车流量。

(5)查看报警信息,系统展示实时的火灾报警、视频事件报警、两客一危报警、隧道内停留超时车辆报警、设备报警信息。

(6)展示或隐藏面板与设备。

(7)切换 3D 地图,展示事件概述。

（8）播放实时摄像机图像与实时车载视频。

（9）切换桩号，编辑页面中设备设施位置。

二 隧道异常情况的跟踪监控与处置

1. 隧道拥堵、缓行等异常情况的监测

通过监控隧道车流量数据对隧道拥堵、缓行情况进行预判。监控人员应提升敏感度，并实时跟踪监控，避免造成安全生产责任隐患。

（1）对于隧道拥堵，目前最有效的方法是采用视频事件自动检测系统对隧道交通状况进行监测与跟踪，该技术通过智能联动巡检系统检测突发的异常情况，如拥堵、异常停车、行人闯入、施工等影响交通的情形，再人工判断处置的模式，确保隧道车辆的正常通行。工作人员需具备通过监控的隧道车流量数据对隧道拥堵、缓行情况进行预判的能力，并对预判情况采取处置措施。

（2）对进入隧道内的高风险重点车辆(危化品运输车辆、大型货车、大客车等)需高度重视，应进行实时跟踪预警。隧道内一旦发生危化品运输车辆事故或大客车事故，后果将不堪设想。

2. 天气因素导致交通异常的监控

雾天高速公路事故多发，特别是突发团雾对高速公路行车安全影响极大。应考虑雾天对隧道交通安全的影响，以防隧道出入口发生连环相撞事故。可按照《雾天高速公路在隧道出入口发生连环相撞事故》和《雾天高速公路交通安全控制条件》(GB/T 31445—2015)等相关规定发出不同等级的预警信息。

雨天高速公路事故多发，特别是暴雨天气对高速公路行车安全影响较大，应重点防控雨天洞口道路湿滑、边仰坡垮塌导致隧道出入口发生重大交通事故，并按照《公路交通安全态势评估规范》(GA/T 960—2011)发出不同等级预警信息。

3. 隧道异常情况的跟踪处置

（1）通过监控视频发现或接报隧道内有交通事故、行人、障碍物、路产设施被损坏等异常情况，监控员应更改相关车道指示器并通过隧道广播提醒驾驶员，同步通知路政、交警到场处理，涉及交通事故还需通知交通拯救前往处理，关注图像并与现场保持有效沟通，跟踪异常事件的进展及处理情况。

（2）轮巡过程中，发现隧道内有停车现象，监控员应更改相关车道指示器，并及时通过隧道广播提醒驾驶员立即驶离；如果驾驶员摆放警示标志，疑为车辆故障无法行驶，监控员应通过广播提醒驾驶员撤离至安全区域，并立即通知路政、交警和交通拯救到场处理及更改相关情报板信息做好提醒工作。

（3）隧道发生车辆火灾时，及时通知路政、交警、交通拯救前往处理的同时，根据具体情况通知机电隧道部、养护工程部、急救中心、消防、安监、环保到现场，并做好相应的记录。

（4）密切关注隧道车流的变化，在处理隧道事故过程中联系现场处理人员，随时掌握准确的事故信息，视情况及时上报相关部门和领导。

三 桥梁异常情况的预判依据

通过监控获得的桥梁车流量数据对桥梁异常情况进行分析与预判。

突发紧急事件时，特大桥梁受影响的路段通行能力会有一定程度下降，当通行能力数值低于服务水平要求时，桥区道路或主桥段的正常交通状况就会被打破，首先会表现为车速降低，出现偶然性拥挤，如果持续时间延长，现场得不到快速解封时，通行能力和服务水平将进一步恶化，出现严重拥堵。

特大桥梁主桥段及桥区路段在突发紧急事件时的交通流具有以下几点特征，可作为桥梁异常情况的预判依据：

1. 迅速聚集

遇到恶劣天气或交通事故等紧急事件时，短时间内会有大量的车流发生聚集，此时交通流分布不均，车辆降速峰值明显，通行需求在这一时段上高度集中。

2. 时空分布不均

特大桥梁发生紧急事件时，在不同的时间段和桥区不同段所引起的交通量具有时空分布不均匀的现象。对桥梁周边交通及各连接路网均有不同影响。其引起的交通冲击波具有辐射效应，随着与事发地距离的增加，影响将逐渐减弱。

3. 计划性事件的交通流聚集呈非均衡性

由计划性事件造成的交通量聚集事件一般会表现出规律性，可提前预判及采取措施应对。但引发的特大型桥梁区段的交通量聚集和交通延误对周边道路和交通节点的影响在时空上呈非均衡性分布，这种非均衡性影响整个与特大桥梁有联系的区域路网的合理正常运行。

四 特大桥梁异常情况的跟踪监控与处置

应及时发现特大桥梁异常情况，其跟踪监控与处置要求如下：

（1）熟悉各项监控设施及道路设施，熟练操作及正确使用各项配套应用系统，确保基础设备完好；

（2）突发事件发生时,立即在相应情报板发布信息提醒,并通知相关处置部门前往,根据事件等级启动应急响应;

（3）监控桥下空间安全问题,有监控条件的及时发现桥下空间侵占、违规倾倒、火灾等安全隐患;

（4）监控桥梁设施及结构物的完好性,对巡查人员或其他人员反馈的问题、建议及投诉进行受理并转交相关部门处理;

（5）重点监测与跟踪两客一危车辆行驶轨迹;

（6）关注台风、大雾、降雨等恶劣天气,做好预判,做好相关资源调配以应对可能发生的突发事件;

（7）重点关注通航桥梁的船舶通行,采取相应的保护措施保障桥梁结构物完好;

（8）做好信息采集与报送工作,做好资料保存。

第二章

路况信息采集与处理

第一节　信息采集与发布

一　路况信息采集与查询

1. 路况信息采集

实时路况信息采集的方式分为人工采集和智能设备采集两种。监控员应及时介入路况信息采集工作,达到上报条件时应及时将事件填报系统并发布信息。

1)人工采集

(1)现场巡查采集路况信息。巡查人员(含路政、收费站、服务区、养护、救援、清障等)在日常巡查过程中发现高速公路交通异常事件时,应在第一时间将各类事件所处路段、位置(地点、桩号、方向)、事件类型(交通事故、抛锚、大雾、结冰)等基本要素上报至路段监控中心,监控员在接收到上述信息后应在规定时间内录入交通事件报送系统,并实时更新后续路况变化情况。

(2)基于监控系统的路况信息采集。通过监控系统(道路视频、车辆检测器、气象仪)对路况信息进行采集并进行相应的处置。

(3)高速公路行业管理部门获取信息的采集。对于辖区高速交警报送或下达的交通管理指令,监控员对其进行相应的处置。

(4)交通救援部门获取信息的采集。通过对接交通救援单位救援工单系统,路段监控中心可获取高速公路救援处置状态。

2)智能设备采集

(1)导航软件获取信息的采集。监控系统通过对接导航软件、电子地图获取拥堵状态数据,自动触发交通事件工单(或提示更新、结束附近已有的交通事件工单),提示包括路段、拥堵状态、位置区间、方向等信息,并推送至相关路段监控中心。

(2)路面异常事件检测系统获取信息的采集。对于路面异常事件检测系统推送的异常停车、行人、非机动车、拥堵等异常事件,监控员须及时干预并校核正(误)报,通过实时摄像枪核实异常事件后及时通知路政、交通救援、交警等相关部门处理,并持续跟进直至事件处理完毕。

2.应用服务设施数据查询

应用服务设施数据是指收费公路信息、收费路段信息、收费站信息、收费单元信息、收费广场信息、收费车道信息、收费门架信息等,为公路的使用者提供各种服务设施的数据。

自取消全国高速公路省界收费站实现全国联网后,目前可通过交通运输部统一平台(部级稽核业务平台)的"基础参数查询"板块查询相关数据,本省数据查询也可以在本路段数据库根据2021年广东省交通运输厅发布的《取消高速公路省界收费站工程广东省数据传输接口规范》按需要字段编辑脚本查询。

二 交通阻断信息的采集与报送

1.交通阻断信息的分类与定义

(1)公路交通阻断包括公路交通阻塞和公路交通中断两种状态。

①公路交通阻塞是指因某种原因导致公路网运行受到影响但未达到交通中断的状态,此时行驶车辆处于低速行驶状态。

②公路交通中断是指因某种原因导致公路无法通行或被迫封闭的状态,此时行驶车辆处于滞留状态。

(2)公路交通阻断信息分为计划类阻断信息与突发类阻断信息。根据公路交通阻断状态,又可分为计划类阻塞信息、计划类中断信息和突发类阻塞信息、突发类中断信息四种类型。

计划类阻塞信息与计划类中断信息是指由于公路养护施工(指路基路面、桥涵、隧道、公路渡口、公路绿化与环境保护、交通工程及沿线设施等养护施工)、改扩建施工、重大社会活动等计划性事件,导致高速公路(含收费站、服务区)和普通国省干线公路(含收费站、服务区)处于交通阻塞或中断状态的事件信息。

突发类阻塞信息与突发类中断信息是指由于自然灾害(包括地质灾害、地震灾害、气象灾害等)、事故灾难(包括交通事故、危化品泄漏、车辆故障、涉桥事故、涉隧事故等)、社会安全事件、临时性抢修施工以及其他原因引发的突发性事件,导致高速公路(含收费站、服务区)和普通国省干线公路(含收费站、服务区)处于交通阻塞或中断状态的事件信息。突发类阻塞信息和突发类中断信息根据事件发展和恢复,信息类型可以相互转换。

以上四种信息类型为公路交通阻断信息报送的基本内容,信息报送包含但不限于上述规定的信息。其他严重影响路网运行与公众出行,或产生恶劣社会影响的事件信息,也应及时报送,并应按突发类中断信息填报。

2. 交通阻断信息的采集

公路交通阻断信息采集应与公路交通各部门相关业务相融合,汇总路政、路产、养护、收费等相关业务信息,加强交通运输行业内不同部门间的信息融合;公路交通阻断信息主要由省及地方各级公路管理机构、收费公路经营管理单位养护及路政巡查等人员采集。

公路交通阻断信息的采集主要包括基本情况、处置措施、恢复时间等内容。

(1)基本情况:主要包括路线名称、路线编号、阻断位置(起讫桩号、阻断方向)、阻断发生区域、路况类型、发生(发现)时间、现场情况、管养单位、行政区域及影响邻省情况等。

(2)处置措施:应尽可能详实,具备条件的应包含详细的图表资料,主要包括抢通方案(抢通力量、抢通投入)、疏散方案、绕行方案、信息发布,处置联系人与联系方式等。

(3)恢复时间:主要包括应急处置结束时间、公路交通阻断事件解除的实际恢复时间。

(4)现场图片及视频信息:报送基本情况时,应尽可能提供反映现场情况的图片或视频信息。

(5)其他必填项,按现场实际情况填报。

3. 交通阻断信息的报送与审核流程

公路交通阻断信息报送和审核工作应通过阻断信息报送系统(交通运输部路况信息管理系统或省交通运输厅指定的省级阻断信息报送系统)实现。

(1)交通阻断信息的报送

公路交通阻断信息应按照"首报快、续报准、终报全"的原则上报。首报时因信息掌握不全面或无法及时获取全部信息,可在规定时限内将事件发生时间、地点、概况等主要信息先行上报,并及时更新续报,最终填报完整、准确的恢复信息。

公路交通阻断信息在某路段内间断式产生或恢复,或事件基本情况发生变化(人员伤亡、通行状态、影响范围、里程桩号、路产损失等调整),或阻断原因发生变化(引发原因、事件类型发生变更等),或处置措施发生变化(处置进展、管制措施和疏导方案等更改)以及恢复情况发生变化(抢通便道、部分或全部恢复通行、预计恢复时间发生更改等),应按照时序逐段逐次报送并最终报送恢复信息,更新续报应在发现或接报后30min内完成,避免预计恢复时间到期仍未进行终报的情况。

(2)阻断信息报送审核流程

省及地方各级公路管理机构、收费公路经营管理单位对填报内容的真实性与准确性进行审核后,根据阻断信息不同类别进行处置与上报。

①计划类阻断信息、突发类阻塞信息由填报单位自行填报、审核后,报送至交通运输部路网监测与应急处置中心。

②突发类中断信息(含续报及恢复信息)由填报单位自行填报、审核。高速公路部分同时上报集团监控中心和部路网中心,普通国省干线公路部分同时上报路桥中心和部路网中心,集团监控中心或路桥中心完成审核确认后,再次上报部路网中心同时抄报省交通运输厅。

集团监控中心或路桥中心应重点审核填报单位上报信息的完整性、时效性和准确性,确认填报内容基本完整、无明显错漏时,应及时完成审核确认;否则应及时在阻断信息报送系统中退回信息,并注明存在问题,同时联系填报单位,督促其修改、完善,直至信息内容符合要求。

三 信息的发布

1. 道路运营信息的发布

道路运营信息是指与道路运营管理相关的各种数据、情报和知识的总称,包括路况信息、气象信息、安全信息等。

1)信息编辑

(1)信息

发布信息的基本特性就是使其能支撑驾驶员进行决策,即发布的道路运营信息,要有利于驾驶员自身行为判断和决策。为了避免过多的信息造成干扰,应对发布的信息内容以"正常默认"进行取舍,包括关联的交通管理信息、路况信息、气象信息等,以有利于对前方路况的直观判断。例如"(前方)××路段交通拥堵""(前方)××路段临时封闭,请绕行"等。

(2)信息编辑要求

①简明扼要:道路运营信息的编辑应该简洁明了,重点突出,避免使用过多的术语和复杂的句子结构,让受众能够快速了解道路运营信息。

②准确无误:道路运营信息的内容必须准确无误,包括时间、地点、道路名称、交通管制措施等信息。

③遵循事实客观原则:道路运营信息的编辑必须基于事实,客观地描述,避免夸大其词或主观臆断。

④及时更新:在道路运营信息有新的进展时,要第一时间对其进行编辑和发布,以确保信息的及时性和准确性。

⑤提供图片和视频:图片和视频可以使道路运营信息更具表现力,更真实全面地反映道路情况。

⑥发布关键信息：道路运营信息的编辑应关注关键内容，例如拥堵时间、地点、事故原因等，帮助受众快速了解道路运营情况。同时，可发布绕行提示信息。

2）信息审核

路况信息由经营管理单位审核，经营管理单位负责对路况信息的真实性、合规性、时效性进行把控，确保信息质量，避免失真（如信息错漏、路况信息及管制措施不全、未及时更新或结束路况信息、语病、错别字、描述不清、语义矛盾等）。经营管理单位以及相关单位领导同时具有信息审核权。

3）信息发布的原则与要求

（1）以向公众提供准确、便捷、实用的出行服务信息为原则，对公众出行造成影响或与其密切相关的内容均应及时对外发布，包括交通管制、占用路面、拥堵情况（"车龙拥堵"）、预警疏散、绕行措施等。

（2）交通事件对外发布前，须注意剔除有关内容，包括人员伤亡、车龙长度、突发事件详情（如车牌号、所属单位、警卫车队等），具体要求如下：

①不影响交通（未造成交通管制、行车缓慢拥堵，不对交通安全秩序造成影响）的纯伤亡、治安刑事群体事件只需内部填报，不需对外发布。

②鉴于突发事件的进展难以准确预估，其预计结束时间只作为内部掌握和参考，不需要对外发布（除非已确认事件某项进展的准确时间）。

4）信息发布流程

（1）信息收集：相关信息的收集是道路运营信息发布的第一步。信息来源包括交通管理部门、养护管理部门、路政人员及交警等。信息包括交通状况、道路施工、事故报告等。

（2）信息验证：收集的信息需要经过验证，确保其准确性和可靠性。这需要信息发布部门与其他相关部门的沟通，查证报告，并确保发布的信息是准确且最新的。

（3）信息整理：将验证后的信息整理成易于理解和传达的形式，包括整理成文字描述、图表、地图等形式，以便公众能够清晰地了解道路状况。

（4）决策制定：相关部门根据收集的信息作出相应的决策，例如是否关闭某个道路，是否进行紧急维修等。这一步涉及决策部门与其他相关部门的协调和沟通。

（5）信息发布：当信息被验证、整理并作出相关决策后，须通过多种方式发布给公众，如通过交通广播、电子显示屏、互联网网站、手机应用程序等。

（6）持续监测：信息发布之后，相关部门需要持续监测道路状况，确保信息的实时性。如果有新的情况发生，需要及时更新和通告。

（7）反馈收集：信息收集部门需要及时收集公众对发布信息的反馈，以改进信息发布流程，提高服务质量。

2. 信息发布内容的审查要点

当信息发布一切准备就绪，在发布之前，还需对信息的内容进行如下审查：

（1）是否拥护宪法所确定的基本原则；

（2）是否有危及国家安全，泄露国家秘密，颠覆国家政权，破坏国家统一的内容；

（3）是否损害国家荣誉和利益；

（4）是否有煽动民族仇恨、民族歧视，破坏民族团结的内容；

（5）是否有破坏国家宗教政策，宣扬邪教和封建迷信的内容；

（6）是否有散布谣言，扰乱社会秩序，破坏社会稳定的内容；

（7）是否有散布淫秽、色情、赌博、暴力、凶杀恐怖或者教唆犯罪的内容；

（8）是否有侮辱或者诽谤他人，侵害他人合法权益的内容；

（9）是否含有法律行政法规禁止的其他内容；

（10）是否带有任何挑战性、暗示性的图片。

第二节　数据统计与分析

一　数据统计与分析概述

数据统计与分析，指应用适当的统计分析方法对收集的海量数据进行分析，并将这些数据加以汇总、理解、消化，以求最大化地挖掘蕴含在其中的价值，发挥数据的作用。通过对海量数据进行统计、分析、研究并形成数据分析报告，可较为完整、科学地反映客观情况，为管理者提供决策依据。

1. 数据统计与分析步骤

（1）数据预处理。明确统计与分析的目的和内容、数据收集、数据分析、数据展现。

（2）数据审查。审查数据的数量（记录数）是否满足分析的最低要求以及变量值的内容是否与研究目的要求一致，是否全面。

（3）数据清洗。针对数据审查过程中发现的明显错误值、缺失值、异常值、可疑数据，选用适当的方法进行"清理"，使"脏"数据变为"干净"数据，保证后续的数据分析能得出可靠的结论。此外，数据清理还包括对重复记录进行删除。

（4）数据转换。对数据进行无量纲化处理、线性变换、汇总和聚集、适度概化、规范化、属性构造以及分类数据编码等。

（5）数据验证。利用相关分析、一致性检验等方法对数据的准确性进行验证，确保不把错误和有偏差的数据导入数据分析模型中。

2. 数据统计与分析工具

数据分析软件有 SAS、SPSS、Statistica、Stata、Excel 等，它们具有比较完备的数据存取、数据管理、数据分析和数据展现等功能。

（1）SAS 是 Statistical Analysis System 的缩写，意为统计分析系统。SAS 软件具有数据存取、数据管理、数据分析和数据展现等功能。

（2）SPSS 是"社会科学统计软件包"（Statistical Package for the Social Science）的简称，SPSS 软件具有数据管理、统计分析、图表分析、输出管理等功能。

（3）Statistica 软件，具有统计资料分析、图表分析、资料管理等功能。

（4）Excel 软件，Excel 是 Office 系列产品之一，具有表格管理、统计图制作、数据分析等功能。

3.云平台

云平台就是云计算平台，是指一种以云计算技术为基础的计算服务平台，用于提供灵活、可扩展、可共享的计算资源和系统服务。它允许用户在网络上分布式处理数据和应用程序，具有更高的可用性、更低的成本、更快的响应时间。

高速公路数据统计所用的查询平台主要是收费内网平台，常见的有路段综合收费管理平台、省中心收费营运管理系统、路段数据库等。

4.数据加工与统计分析方法

1）单纯的数据加工方法

（1）描述性统计，分为集中趋势分析、离中趋势分析和数据分布分析三大部分。集中趋势分析主要靠平均数、中数、众数等统计指标来表示数据的集中趋势。离中趋势分析主要靠全距、四分位距、方差、标准差等统计指标来研究数据的离中趋势。数据分布分析是指和正态分布相比，所得数据的直方图从形态上看是左偏的还是右偏的，从峰度上看是尖峰的还是扁平的。

（2）相关分析，是研究现象之间是否存在某种依存关系，并对具体有依存关系的现象进行相关方向及相关程度的研究。

2）基于数理统计的数据分析方法

（1）方差分析（Analysis of Variance，ANOVA），又称变异数分析、F 检验，用于两个及两个以上样本均数差别的显著性检验。

（2）回归分析（Regression），是确定两个或两个以上变量之间相互依赖的定量关系的一种统计分析方法。

（3）因子分析（Factor Analysis），指研究从变量群中提取共性因子的统计技术，主要包括参数估计和假设检验两个方面。

（4）假设检验（Hypothesis Testing），是用来判断样本与总体之间是否存在显著差异的方法。

（5）统计推断（Statistical Inference），是通过样本数据来推断总体特征的方法。

（6）时间序列分析（Time Series Analysis），是用来分析时间序列数据的动态特征和变化趋势的方法。

(7)推断性统计:根据已知的数据,通过数学方法推断出其他相关的数据。

(8)机器学习:通过机器学习算法对大量数据进行训练和学习,得出一个模型,然后利用该模型进行预测和分类等。

(9)数据挖掘:通过对大量数据进行分析和挖掘,发现数据规律。

(10)图像处理:将图像转换为数字信号,并对数字信号进行处理,以提取有用的信息。

二 公路交通量数据的分析

1. 交通量计算方法

(1)收费站交通量计算方法。

①收费站入口交通量计算方法:系统查询收费站入口车流,依此计算单站或所有站入口交通量。

②收费站出口交通量计算方法:系统查询收费站出口车流,依此计算单站或所有站出口交通量。

(2)断面交通量计算方法:系统查询断面车流,依此计算断面交通量。

(3)虚拟站交通量计算方法。

①虚拟站(主线直连):系统查询此断面车流即为虚拟站交通量。

②虚拟站(高接高互通):系统查询车流,依此计算虚拟站交通量。

(4)路段交通量计算方法:一辆车从入口至出口通行即为 1 车次交通量,以出口为准,路段交通量 = 收费站出口车流 + 虚拟站出口车流。

2. 车辆折算方法

完成高速公路交通量数据采集后,根据《公路工程技术标准》(JTG B01—2014)中"各汽车代表车型与标准小客车折算系数"(表 2-2-1)将自然车流量数据转化成标准车当量数(pcu)。折算方法:标准车当量数 = 折算系数 × 每型车车流量之和,根据标准车数据的大小与不同路段断面的交通量数据差异进行对比分析,得出不同路段断面的交通需求和服务水平高低。

各汽车代表车型与标准小客车折算系数 表 2-2-1

汽车代表车型	一类车	二类车	三类车	四类车	五类车	六类车
客车折算系数	1.0	1.0	1.5	1.5	—	—
货车及专项作业车折算系数	1.0	1.5	2.5	2.5	4.0	4.0

3. 交通量数据分析实例

交通量是指单位时间内通过道路某断面的交通量(即单位时间内通过道路某断面的车辆数目)。其具体数值由交通调查和交通预测确定。

以广东某站(含匝道)作为观测站为例,交通量数据的分析步骤如下:

(1)编辑好脚本,在相应路段数据库里面查询某观测站车流量数据。

(2)把查询出来的数据复制到符合导入交通量格式的 Excel 表格内。

(3)把 Excel 表格数据导入广东省公路交通情况调查系统里面的间隙流量表里。

(4)查看路段平均日交通量。

(5)进行数据分析:从 Excel 表中可以看出观测站波峰、波谷时段的车流量以及平均日交通量及各型客、货车的车流情况。

对于高峰车流应对,有如下建议:

(1)加强与路政、交警的沟通,通知路政、交警前往现场协助疏导交通,由路政部门协助交警进行车辆分流;

(2)加强收费广场的管理,异常情况第一时间指引车辆驶离车道到指定位置进行处理,减少车辆占用车道时间;

(3)印制宣传单并派发,让司乘人员了解车流高峰时段及绕行方案,提醒司乘人员错峰出行。

4. 交通量预测统计方法

(1)简单线性回归法:通过对历史交通量数据进行线性回归分析,建立交通量与时间或其他相关因素之间的线性关系模型,然后根据模型预测未来交通量。该方法适用于交通量变化较平稳的情况,但需保证数据样本足够且无异常值。

(2)多元回归法:将历史交通量数据与其他相关因素进行多元回归分析,建立交通量与其他相关因素之间的非线性关系模型,然后根据模型预测未来交通量。该方法适用于交通量受多个因素影响的情况。

(3)时间序列分析法:通过对历史交通量数据进行时间序列分析,建立时间序列模型,然后利用模型预测未来交通量。该方法适用于交通量变化具有时间序列特征的情况,但需要保证数据质量较高且无异常值。

(4)灰色预测法:通过对历史交通量数据进行灰色系统分析,建立灰色预测模型,然后根据模型预测未来交通量。该方法适用于数据样本较小但变化较为平稳的情况,但需要保证数据质量较高且无异常值。

(5)神经网络预测法:通过对历史交通量数据和其他相关因素进行神经网络训练,建立神经网络预测模型,然后根据模型预测未来交通量。该方法适用于交通量变化较为复杂的情况,但需要保证数据样本足够且无异常值。

三 公路通行费数据的分析

1.通行费数据的采集

高速公路运营中,通行费数据的来源有收费站、ETC 门架和省结算中心,收费站、ETC 门架产生拆分前数据,省结算中心生成拆分后数据,可通过路段综合收费管理平台、路段数据库或省中心收费营运管理系统进行有关数据查询,目前可以按照工班日或自然日进行通行费查询,并可按照客货车型或支付方式进行分类统计。

2.通行费数据的分析

通行费数据分析主要有不同车型通行费占比,相等时间长度内不同车型的通行费总额增减率,月度、季度、年度不同车型的通行费总额同比与环比增减率等。

此外,为了了解运营效果和客户消费情况,还可以计算不同车型单位时间每公里的通行费收入和单位时间的平均通行费收入。单位时间内不同车型的平均通行费收入数据可转化为不同车型的平均行驶里程。

为了实现准确分析,还可以通过统计 ETC 门架交易流水中计费里程数,得到每辆车在高速公路上行驶的总里程,筛选出各车型的通行费消费和达到某一数值以上的车辆数,分析各车型占总车流量的比例,并根据流水记录大数据计算出行驶量。

3.通行费数据分析实例

公路通行费数据是指通过收费站收集的车辆通行数据,包括车辆通行时间、通行距离、收费金额等。

本节以某路段通行费为例,其通行费数据分析步骤如下:

例:随着暑假大幕拉开,2023 年 7 月某公司车流及路费收入增长明显,环比 6 月车流增长 5% ,收入增长 8% 。为搞清楚车流、收入增长原因,需要对 7 月车流、收入进行分析。

(1)搜集数据;

(2)整理数据:分组、统计表、统计图;

(3)统计分析:运用统计方法及分析对象的有关知识,从定量与定性的结合上进行研究。

分析研究路段的路费收入、车流环比数据,客、货车流,收入环比明细,全线的门架车流数据环比情况及收费站出口车流环比明细,最终得出收入增多的原因。

四 稽核数据分析

1.稽核数据分析定义及流程

高速公路稽核数据分析是指对高速公路通行费收缴过程中出现的异常情况进行调

查、统计、分析和处理,以发现和防范偷逃通行费等违法行为,保障高速公路通行费的正常收缴。具体分析过程包括以下几个方面:

(1)数据挖掘:对高速公路交易数据进行分析和挖掘,发现异常交易数据和其他潜在的异常情况;

(2)统计分析:对异常交易数据进行统计分析,识别出其中的规律和特点,判断是否存在偷逃通行费等违法行为;

(3)图像识别:利用图像识别技术,对收费车道或 ETC 门架抓拍的车辆图像进行分析,提取车辆信息,如车牌号、车型、颜色等,以及车辆的行驶轨迹和速度等,辅助判断是否存在违法行驶行为;

(4)可视化分析:将数据分析结果以图表、报表等形式展示出来,便于管理人员查看、比较和分析;

(5)模型构建:根据数据分析结果,构建稽核模型,对高速公路通行数据进行自动化的监测和分析,提高稽核效率和准确性;

(6)结果处理:对分析结果进行整理、归纳和总结,提出相应的处理意见和建议,为管理部门提供决策支持。

通过高速公路稽核数据分析,可以有效地发现和防范偷逃通行费等违法行为,保障高速公路通行费的正常收缴,提高管理水平和效率。同时,稽核数据分析还可以净化收费环境,提高收费效率和用户体验。

2. 新型复合逃费原理及特征

自取消省界收费站实现全国联网收费以来,高速公路运营环境发生了很大变化,随着通行里程的不断延伸,偷逃通行费方式也层出不穷。为顺应时代变化和高速公路创新发展与路网变化,通过对大数据的深度剖析,建立逃费稽核模型挖掘逃费车辆是目前打击逃费行为最有效的手段之一。

(1)逃费原理

如图 2-2-1 所示,逃费车辆从收费站 B 上高速,进入主线后开始屏蔽计费信息,经过调头位后反向行驶,到达收费站 B 后停止屏蔽计费信息,门架计费开始恢复正常,写入门架⑧信息,最终在收费站 C 下高速。出口交易金额按照通行介质内累计金额进行收费,为收费站 B 费率+门架⑧费率+收费站 C 费率,实际应收金额应为收费站 B 费率+门架①②③⑤⑥⑦⑧费率+调头位费率+收费站 C 费率,少交路费为门架①②③⑤⑥⑦费率+调头位费率。同理,逃费车辆从收费站 A 下,出口交易金额则为收费站 B 费率+门架③费率+收费站 A 费率。

(2)逃费特征

①超时行驶。目前该逃费类型出口交易流水中无记录超时特情,按照系统设定,"超时行驶"为行驶里程在 80km 以内且平均时速在 10km 以下的超时车辆。

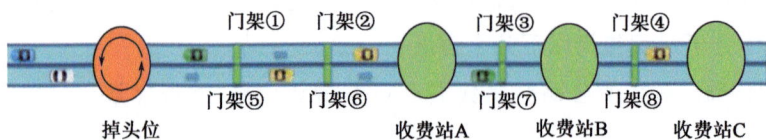

图 2-2-1 逃费金额计算示意图

②J 型行驶。该逃费类型车辆是通过掉头位实现 J 型行驶逃费,从门架车牌识别流水中可明显发现有反向通行信息。

③选择性屏蔽门架信息。该类逃费车辆上高速后根据出口目的地位置进行屏蔽计费信息,通过开关屏蔽器仅保留出入口站点正常门架信息,确保下高速时无特情产生。

按照收费规则,系统应记录超时行驶、J 型行驶、通行介质中记录门架信息过少等特情。

3. 运用"一稽二核三收"打逃体系

(1)智能化稽核:根据逃费类型设定逻辑关系筛选条件:动态超时 + 本路段入出 + 交易金额较小 + 高频次行驶,利用数据库编写 SQL 语句分析出口交易流水,有针对性地一键导出关联数据,精准筛查可疑车辆,实现稽核高效化和智能化。

(2)数字化核验:通过车辆通行出入口记录、交易记录、门架记录、牌识流水记录等,利用各类稽核平台数据进行综合交叉校验分析,寻找问题,形成数据核查和校验,最终锁定可疑逃费车辆信息。数字化核验内容包含:

①核查车辆历史轨迹。根据数据筛查出的高频次嫌疑车辆,在省级稽核系统中查询车辆通行记录,如涉及跨省通行,可通过部级稽核系统进行查询。

②核实车辆实际路径。进入车辆交易流水详情,重点核查车辆出入口时间及行驶情况,是否存在超时行驶,门架计费信息与车辆牌识流水不匹配,反向通行、门架通行累计交易金额大于出口交易金额等情况。

③收集证据链。

④按照规范收集逃费车辆证据资料,下载车辆牌识流水、路径图片、门架图片,制作逃费明细表等相关证据链,形成一车一档,为后期打击做好准备。

(3)打击逃费案例。

×年×月,一辆粤 A 牌小车多次出现短距离超时行驶情况,出口交易流水无特情,该情况引起了稽核人员的注意。经对车辆历史通行情况进行深度剖析,发现该车多次经过掉头位行驶,路径有反向通行情况;门架牌识流水正常,但计费信息仅有出入口收费站中途门架信息,拟合路径门架累计金额大于出口交易金额,涉嫌屏蔽计费信息进行跑长买短逃费。经核查,该车逃费共 257 车次,累计少交路费 9254.9 元。

随后,根据车辆行驶规律,组织人员实时跟踪并开展打击行动,×年×月×日在收费站将其成功拦截,车主对逃费现实供认不讳,并补缴路费 9254.9 元。因此,高速公路要不断优化完善系统和管理,加大高新技术运用,建立长效的管控和打击机制,实现稽查打逃从量的扩张向质的转变,最大限度减少路费损失,促进高速公路事业高效、可持续发展,努力建设人民满意交通。

4.构建稽核模型

高速公路稽核模型可以采用路网模型路径还原、镜像高速路径重现、车辆用户画像等几种关键技术,提高稽核的准确性及效率。

(1)稽核模型的底层技术通常包括大数据分析、人工智能等。通过对海量的交易流水、牌识流水等通行数据、行驶证图片等信息进行分析比对,识别出业务操作异常流水,形成稽核结论,并反馈给客服系统。

此外,全国高速公路取消省界收费站后,高速公路车辆的收费模式由计重收费改成按车型收费,计费里程由收费站和ETC门架系统根据行驶路径确定。由于计费方式的改变,新型偷逃费行为应运而生。因此,稽核模型还需要能够发现这类新型偷逃费行为,以保障高速公路的正常收费秩序。

(2)稽核模型示例。

高速公路偷逃费行为无法杜绝,逃费方式多种多样,为打击各种逃费行为必须采取有关技术手段才能取得成效。如下介绍通过建模对J型逃费车进行筛查判断。

①模型分析目的:通过模型筛选出J型逃费车。

数据来源:后台数据库、部级稽核业务平台、省级高速公路联网收费稽核管理系统。

②具体模型分析说明:该类型逃费特征为J型行驶、动态超时行驶、出口扣款无显示特情,隐蔽性强、选择性屏蔽门架信息,返程至出口收费站时则恢复门架信息,造成正常交易假象,达到少交路费目的。

③利用数据库编写SQL语句分析出口交易流水,设定逻辑关系筛选条件:动态超时+本路段入出+交易金额较小+高频次行驶,精确筛查可疑数据。结合部级和省级稽核系统重点核查车辆出入口时间及行驶情况,若出现门架计费信息与车辆牌识流水不匹配,有反向通行记录、门架通行累计交易金额大于出口交易金额等情况,即可判断为J型逃费车。

五 收费站和道路交通量变化编制分析

根据收费站和道路交通量变化编制分析要点如下:

(1)在交通量统计方面,需要对高速公路各个收费站的车流量进行统计,以了解道路交通运行情况,为编制分析提供基础数据;

(2)在交通量变化规律方面,需要掌握高速公路交通量随时间、天气等因素的变化规律,以便更好地进行编制分析;

（3）在安全管理措施方面,需要根据道路状况和交通量,制定相应的安全管理措施,确保高速公路的安全运营。

以上是高速公路根据收费站和道路交通量变化进行编制分析的几个方面,在实际应用中需要结合实际情况具体分析,制定相应的措施,以达到最优的道路管理和运营效果。

六 其他营运数据的采集与分析

1. 操作差错数据的采集与分析

收费操作差错主要包括车牌输入、车型与轴型的判断、改轴操作、特情车辆核验等直接发生于收费人员对车辆通行费收取过程中的操作。

（1）操作差错数据的采集:操作差错数据主要通过收费站和收费管理部内部审核,结合顾客投诉进行采集,方式主要有数据审核、图片审核与现场审核等。

（2）操作差错数据的分析:按照操作差错类型进行分类统计,计算出单位时间内的差错总次数,结合同时间长度内的车流量(收发卡数量)或通行费总收入计算差错率,通常以千分比或万分比来表述。还可以通过数据统计分析每一位收费员的差错率。通过分析操作差错形成的原因找到收费系统存在的问题,以便系统开发商进行优化完善。

（3）操作差错数据分析结果的应用。

①作为衡量单位时间内收费员操作质量高低的依据;

②判断收费工作中需要加强的业务操作内容,为收费人员岗前培训课件的编制提供依据,也可以为日常业务培训指明方向;

③帮助收费员寻找收费工作中的薄弱环节,有针对性地开展精准培训和帮扶,提高收费业务能力和水平;

④为设备的升级改造提供依据。

2. 营运安全生产数据的采集与分析

主要采集入口治超劝返、交通事故、行人和机动车上高速等数据,一般按照月度、季度、年度作为时间长度进行统计与分析。

（1）入口治超劝返率:主要是指单位时间内收费站入口成功劝返超限货车车流量占货车超限总车流量的比例;

（2）交通事故数量:主要通过主线事件检测系统、交警上报、监控中心巡查发现等,统计每月、每季度、每年交通事故数量并进行同比;

（3）行人和机动车上高速数量:主要通过入口事件检测、收费站巡查发现等,统计每月、每季度、每年行人和机动车上高速数量并进行同比。

营运安全生产数据的分析结果不仅能让高速公路经营管理者掌握安全生产现状,还能够使其根据相关数据进行针对性整改,排除安全隐患,降低安全事故的发生率。

数据赋能在高速公路营运管理中的应用目前还在探索利用阶段,可以肯定的是数字化管理与信息化应用相结合是实现"智慧高速"的主要手段,是促进高速公路行业生态向前发展的必然趋势。

第三节　公路交通突发事件与应急调度指挥

一　公路交通突发事件的定义与分类

1.定义

公路交通突发事件,指由于自然灾害、事故灾难、社会安全、公共卫生等原因,造成或者可能造成公路运行中断,需要及时进行抢修保通、恢复通行能力的,以及由于重要物资、人员运输特殊要求,需要提供公路应急通行保障的紧急事件。

2.分类

(1)根据突发事件的性质、发生过程和机理,突发事件主要分为以下五类:

①自然灾害。主要包括洪水、台风、干旱、地震、大雾、冰冻等自然灾害及其他不可抗力因素,可能造成运营单位管辖的生产经营业务受到阻断,较长时间不能正常运营。

②事故灾难。主要包括运营单位的各类生产安全事故以及在运营单位管理区域内发生的生产安全事故和灾难。

③生态环境污染事件。主要包括运营单位在高速公路建设(包括新建、改扩建、大修以及拆除、加固)、营运管理、维修过程中引发的生态环境污染事件。

④社会稳定事件。主要包括运营单位职工群体性事件,运营单位业务领域涉及地方群众利益的群体性事件。

⑤公共卫生及其他突发事件。主要包括发生在运营单位管理区域内的集体食物中毒、传染病疫情和群体性不明原因疾病,对外餐饮服务的食品安全事件,严重影响运营单位正常经营秩序、公众形象或造成不良社会舆论的事件及其他群体性突发事件。

(2)按照突发事件的特点、严重程度和影响范围等,突发事件分为四级:Ⅰ级(特别重大)、Ⅱ级(重大)、Ⅲ级(较大)和Ⅳ级(一般)。

①Ⅰ级(特别重大)突发事件:指事态非常复杂,已经或可能造成特别重大人员伤亡、特别重大财产损失,需交通运输部组织协调系统内多方面力量和资源进行应急处置的紧急突发事件。

②Ⅱ级(重大)突发事件:指事态复杂,已经或可能造成重大人员伤亡、重大财产损失,需交通运输部指导应急处置的紧急突发事件。

③Ⅲ级(较大)突发事件:指事态较为复杂,已经或可能造成较大人员伤亡、较大财产损失,需交通运输部参与应急处置的突发事件。

④Ⅳ级(一般)突发事件:指事态比较简单,已经或可能造成人员伤亡和财产损失,需交通运输部了解应急处置有关情况的突发事件。

二 公路交通突发事件应急处置和救援

公路交通突发事件发生后,履行统一领导职责或者组织处置突发事件的人民政府应当针对其性质、特点和危害程度,立即组织有关部门,调动应急救援队伍和社会力量,依照相关规定采取应急处置措施。

1. 应急处置流程

(1)接警:应急办或专项应急指挥机构接到突发事件报警时,做好相关记录。

(2)响应级别确定:专项应急指挥机构根据突发事件的信息,按照响应级别的分级标准确定相应的响应级别,从而采取不同的应急处置措施。

(3)信息报送:信息报送应遵循准确、全面、快速原则。包含:

①事件信息来源;

②事件发生的时间、地点等情况;

③事件涉及的单位(场所)名称、性质、行业分类等基本情况;

④事件发生的基本过程;

⑤事件影响的地区、人员,初步估计的损失以及发展趋势等情况;

⑥已投入的应急救援力量、采取的处置措施等。

(4)启动救援工作:应急响应级别确定后,相应的应急指挥机构按确定的响应级别启动应急预案,应急人员进入事故现场,开展人员救助、抢险等应急救援工作。当事态无法得到有效控制时,向上级应急指挥机构请求实施更高级别的应急响应。

(5)应急恢复:救援、抢险行动结束后,进入应急恢复阶段,包括现场清理、人员清点撤离、受影响区域的连续监测等。

(6)应急结束:由相应的应急指挥机构按照程序宣布应急解除,结束信息报送,并记录整理事件内容、保存录像等。

2. 应急处置工作基本原则

(1)以人为本,减少危害;

(2)统一领导,分级负责;

(3)分级响应,协同应对;

(4)依靠科技,提高素质;

(5)公开透明,正确引导。

三 应急调度指挥

高速公路应急调度指挥是指在高速公路上突然发生紧急情况时,通过组织、协调、指挥和调度等手段,对相关部门和人员进行紧急处置和救援的行动。高速公路监控员的应急调度指挥是保障高速公路安全运营的重要环节。在高速公路上发生突发事件时,监控员需要迅速响应并采取有效的应急调度指挥措施,以降低事故造成的后果和影响,保障道路畅通和安全。应急调度指挥处理流程如下:

(1)接警与响应:应急指挥中心接到突发事件报告后,根据事件类别和分级启动应急预案,组织各相关部门和人员迅速响应。

(2)现场勘查与信息收集:应急指挥人员到达现场后,对突发事件进行现场勘查,收集相关信息,包括伤亡情况、道路状况、车辆信息等。

(3)制定救援方案:根据现场情况和应急指挥中心的要求,制定相应的救援方案,包括救援方式、救援力量分配、救援时间等。

(4)协调与调度:协调应急处置部门,确保资源的合理分配和高效利用。同时,根据现场情况和救援方案,对应急处置部门和人员进行调度。

(5)实施救援行动:应急处置部门根据指令要求,迅速展开救援行动,包括现场控制、人员疏散、医疗救助、工程抢险等。

(6)实时监控与调整:应急指挥中心对救援行动进行实时监控,根据现场情况和反馈信息,及时调整救援方案和调度计划,确保救援工作的顺利进行。

(7)结束与总结:当救援行动结束,应急指挥中心组织相关部门和人员进行总结评估。

第三章
出 行 服 务

第一节　出行服务基本内容和要求

1. 出行服务的基本内容

接听顾客咨询电话,提供路况咨询服务、交通拯救服务及各类信息咨询服务;受理顾客意见的具体工作,包括投诉的受理、初步的沟通与解释、投诉处理表的流转、跟进投诉处理进程、电话回访、投诉资料的汇总及存档等工作。

2. 出行服务的基本要求

(1)普通话接听,受理客户咨询;

(2)在 1min 内通过信息发布平台正确录入 60 个汉字;

(3)运用规范沟通技巧了解客户需求;

(4)在 5s 内接起出行服务电话;

(5)解答公众出行咨询;

(6)进行收费政策咨询;

(7)按照业务操作规范记录路况信息;

(8)按照规范要求受理客户投诉和客户回访;

(9)根据业务规定邀请客户进行满意度调查。

第二节　客服电话处理流程

接听咨询电话是高速公路监控员重点业务内容之一。监控员应该具备良好的心理素质与职业素养,热情、认真、耐心地接听、处理、记录每一次咨询电话,具体处理流程如下:

1.通话前的准备

（1）有电话呼入时应在5 s内接听，如有打错电话，应礼貌对待；

（2）当电话接通时，要端正坐姿，调整心态。

2.通话中的礼仪

（1）接听电话时，用规范的语言问候客户："您好，××高速监控中心，请问有什么可以帮到您？"

（2）在客户陈述期间，适时使用"我明白了""我清楚了""是的""好"等语言回应。

（3）记录客户反映的情况。

（4）称呼客户要使用尊称。

①通话开始时使用尊称，代表对客户的尊重；

②对话过程中使用尊称，可在一定程度上增加亲切感；

③通话结束时使用尊称，有助于正面地结束对话；

④当客户连续不断发话或较为愤怒时，在适当的时候使用尊称，将有助于舒缓对话时的敌意。

（5）配合客户使用的语言。

①不同的客户说话时有不同的风格和特色，在对话过程中应注意自我调节，以配合客户使用的语言；

②当要表达一些专有名词时，应尽量使用简单的词句替代，避免使用深奥难懂的专业术语；

③应在适当的时候询问客户是否理解、明白。

3.结束电话

（1）在结束电话之前，应主动询问客户是否还有其他问题需要帮助，并感谢客户来电，欢迎客户随时致电；

（2）根据客户特点结束电话，结束时让客户先挂断电话，并轻轻放下话筒。

第三节 投诉处理与客户回访流程

1.投诉处理

（1）投诉处理的目的

①规范高速公路客户服务工作；

②维护道路使用者（又称客户）的合法权益，提高客户满意度；

③促进规章制度、服务承诺和管理理念的贯彻落实；

④减少并有效预防客户越级投诉的现象,消除不良影响,维护经营管理单位良好的形象,提高营运工作管理水平,丰富营运服务内涵。

(2)投诉处理的分工

12345政务服务便民热线(简称"12345热线")是指各地市人民政府设立的由电话12345、市长信箱、手机短信、手机客户端、微博、微信等方式组成的专门受理热线事项的公共服务平台,提供"7×24小时"全天候人工服务。在接到市民的投诉、咨询等事项后,12345热线会进行受理、转办、督办、反馈等流程,确保市民反映的问题得到及时解决。

省级监控中心:履行高速公路客服中心职能,负责高速公路服务投诉的统筹和监督管理。

省联合电服客服中心:作为客服资源的重要组成部分,通过设置远端座席承接客服热线投诉话务,负责投诉受理、初步的沟通与解释、投诉处理表的流转、投诉情况分析等工作。

业主单位运营管理部:指定专人负责监控客服业务,与省联合电服客服中心做好沟通、协调和衔接,通过客服系统及时了解所辖路段(服务区)的投诉情况及处理结果,出具意见,并督促下属单位改进、提升客服工作质量。

路段监控中心:负责与省联合电服客服中心日常投诉表单、资料和信息的往来工作,并将投诉处理表及时转投诉处理责任部门(单位)处理。

高速公路运营单位:是本路段收费服务、路政服务、路产养护、营运信息、服务区等服务的投诉处理责任单位,负责投诉的调查取证和结果认定、与客户联系协商处理、投诉的评估分析与整改等,具体工作由运营单位内部各相关业务部门执行。

(3)投诉的仲裁

省级层面成立日常协调机构省级和二级单位监控管理联合工作小组(简称"联合工作小组",由省级监控中心、省联合电服客服中心、各业主单位经营管理部相关人员组成),对以下存在疑义的投诉实行仲裁:

①无法与客户协商一致的投诉;

②有效性判定存在疑义的投诉;

③处置工作不完整的投诉;

④其他不确定事宜。

2. 客户投诉流程

(1)受理投诉的渠道

客服热线:020-96533、12345政务服务便民热线、各路段客服电话。

(2)现场投诉处理

对于涉及基本面(如收费标准、政策法规)、能明显判为无效的投诉,省联合电服客服中心要在第一时间做好沟通和解释,给予明确的答复,尽可能减轻路段受理投诉的负担。如解释未果,省联合电服客服中心与路段监控同步电话联动处理。

不能直接判断为无效投诉或涉及现场具体情节(如文明服务、假钞、装载货物、载重量等),需要进一步确认的投诉,由省联合电服客服中心转路段监控中心处理。

路段监控中心应及时处理各类现场投诉,做好沟通和解释工作,积极协调现场人员妥善处理,并视情况及时向相关领导请示处理意见,避免事态扩大;处理完毕后,要及时将结果如实反馈给省联合电服客服中心。

客户在现场发起投诉时,现场人员应主动将有关情况上报路段监控中心,以便省级和路段两级监控中心及时了解有关细节,提高投诉处理效率和质量。

(3)全体客服理念

树立全体客服的理念,每个客服都是投诉处理员,把客服工作前移到第一线。遇到客户投诉或产生矛盾纠纷时,现场人员要在第一时间做好沟通和解释,安抚好客户,克服依赖省联合电服客服中心或路段监控中心的推诿思想。

树立全体客服的思想,各级监控中心应起到表率,努力成为践行文明服务承诺的前沿阵地。路段监控中心面对收费现场、路政、各级监控中心以及相关业务单位,更应树立全方位的文明服务理念,把所有的通话和业务对象都看成客户,全面落实客户至上的理念。

(4)投诉的核实

①无效投诉的认定。

投诉内容经由投诉处理责任单位调查,并无违反有关法律法规、规章制度和服务承诺的,或有证据证明被投诉对象没有过错或过失的,或凭留存的相关录像、录音、出入口流水、车道日志、抓拍图片、相关人员证言等信息无法判定投诉对象有过错或违反规定的,可认定为无效投诉。

②有效投诉的认定。

投诉内容经由投诉处理责任单位调查,认定确有违反有关法律法规、规章制度和服务承诺的,或投诉人出具了确凿的证据,而被投诉对象不能提交证据证明自己没有过错或过失的,即为有效投诉。

(5)与投诉人的沟通联系

投诉处理责任单位与投诉人的沟通,应充分、直接、有效,富有诚意。首选是面谈,当面交流;其次是电话联系;最后才是短信告知。

(6)客户撤诉

如果经沟通解释,客户愿意撤销原投诉的,投诉处理责任单位回传投诉处理表并说明情况;并由省联合电服客服中心通过电话联系核实(也可由客户致电省联合电服客服中心说明情况,进行撤诉)。

(7)投诉处理表的填写

被投诉对象所属的责任部门负责人填写投诉处理表,记录投诉的调查取证和结果认定情况、与客户沟通协商的经过与结果、投诉的内部分析处理与整改意见,要求事实调查清楚,处理依据恰当,准确认定投诉有效性。如果有补充材料说明情况,可提交扫描电子版作为投诉处理表的附件,原件由路段监控中心保留。

填写核实情况时应针对客户投诉的内容逐条核实,描述清楚事件调查情况及产生原因。对于客户投诉的问题,既要分析现场情况和客观原因,也要说明被投诉对象在事件中的主观表现,包括履行职责和服务态度等情况,力求对事件进行完整、准确的还原分析。

(8)投诉的处理期限

自省联合电服客服中心受理投诉起,投诉处理责任单位完成调查取证和结果认定、与客户协商处理、投诉的评估分析与整改、回传投诉处理表等工作应在规定期限内完成。

如因特殊情况或不可抗力因素,超出投诉处理期限未完成,投诉处理责任单位负责及时联系投诉人进行解释,取得谅解,将有关情况告知省联合电服客服中心。

对于各种超时或即将超时投诉表单,路段监控中心要主动联系路段责任部门负责人进行提醒。

(9)投诉资料的存档

投诉资料的存档应力求到位,凡是能体现投诉处理过程各环节事实的资料,都应尽量留存。投诉处理过程中,如通过电话联系客户,应选择在具有录音功能的电话中进行。

投诉处理责任单位在投诉的认定和处理过程中,应将投诉核实的相关资料(包括车道广场录像、电话录音、出入口流水、车道日志、抓拍图片、文字资料等)存档备份,以备调阅查询。

(10)投诉处理的注意事项

①熟练掌握并灵活运用相关业务知识及工作中积累的丰富实际经验;

②接听处理投诉时不必紧张上火,尽量沉着应对;

③处理投诉时尽职尽责(按规定处置或按规定应答),对于一些特殊情况,视情况及时报告领导请示处理意见;

④投诉人与客服人员是平等的,要有理有据有节地大胆开展工作;

⑤对于客户的要求和意见,应做到有所回应,耐心解答;

⑥对话速度慢,服务态度好,采取适合的沟通方式(如倾听、安抚、沟通等);

⑦在处理投诉过程中,应适度地换位思考(即要有同理心,但不是放弃原则和规定);

⑧在不违反法律法规、规章制度的前提下,给予客户适当的帮助、提醒;

⑨主动沟通、化解矛盾,切勿推诿消极。

第四章
稽 核 管 理

第一节　业 务 稽 核

一　稽核管理概述

根据《中华人民共和国公路法》《收费公路联网收费运营和服务规则(试行)》《收费公路联网收费运营和服务规程(2020)》《收费公路联网收费运营和服务规程稽核管理补充细则(广东试行)(2020)》《广东省高速公路联网收费稽查省内专用名单管理细则(试行)》等规定,部联网中心、省级稽核管理单位、收费公路经营管理单位和发行服务机构均应按要求参与并开展稽核业务。

省级稽核管理单位以"组织推动、数据分析、事件审核"为主,收费公路经营管理单位和发行服务机构应以"数据分析、事件核查、图像审核、证据收集、追缴执行"为主,收费站应减少或避免现场核查造成的秩序混乱。

收费公路经营管理单位应成立稽核机构,建立稽核管理队伍。各单位可根据实际情况,分级建立稽核网络,制定合理的稽核管理制度,建立通行费稽核追缴和补缴激励机制,监督和指导稽核人员开展日常稽核业务。

1. 稽核系统

部联网中心统一建立部级稽核业务平台,省联网中心建立省级稽核业务平台和相关移动稽核应用软件,收费公路经营管理单位建立有关稽核业务系统,稽核管理人员应充分运用各级平台,结合实际开展稽核业务工作。

2. 术语

(1)优免通行数据:根据各种政策、法规和行业规则,对享受各种优惠减免通行费的车辆,按有关规定程序采集的相关信息,包括绿通车辆、联合收割机等车辆交易记录与查验信息。

(2)特情数据:指收费现场经过特殊情况处理并由系统或人工标记特情类型的入

口、出口、门架的交易数据。包括：入出口车牌或车型不一致、无入口信息、无效入口站编码、无卡、损坏卡等类型。

（3）异常通行数据：指针对已完成收费的通行数据，通过设立异常分析模型，筛选出的异常数据。包括：车辆在 ETC 车道收费车型与混合车道收费车型不一致、发行信息与车道通行图片不一致、车辆通行路径信息缺失次数较多等。

（4）追缴名单：指在收费公路通行过程中发生过依法应当交纳而少交、未交、拒交通行费等行为且证据确凿，被施行通行限制、追缴通行费的车牌名单。

（5）重点关注名单：指在路网内运营过程中存在逃费嫌疑、通行行为异常、需要持续观察等情况的车辆。

（6）通行费补缴：指通行收费公路的车辆因客户原因少交、未交、拒交通行费，在指定期限内主动补费的业务行为。

（7）通行费追缴：指欠费车辆客户经收费公路经营管理单位和发行服务机构催交后未交、补交不全或拒交，对其进行全网拦截并补缴通行费的业务行为。

二 业务稽核系统

车辆正常使用 OBU（ETC 卡）或者复合通行卡（CPC 卡）时，其入口、出口、门架通行数据通过"通行标识 ID"关联形成数据闭环。稽核管理人员应熟悉运用各级稽核业务平台查询各类数据资料，分析车辆行驶路径与缴费情况，完成日常稽核工作。

1. 部级稽核业务平台

截至 2023 年 8 月，部级稽核业务平台有稽核管理系统（图 2-4-1），主要包括内部稽核、外部稽核、稽核名单查询、异议处理、基础信息查询、部省-通行交易查询、部站-通行交易查询等功能。

图 2-4-1 部级稽核管理系统示意图

2.省级稽核业务平台

截至 2023 年 8 月,广东省稽核业务平台有"广东省高速公路联网收费稽核管理系统""广东高速公路联网收费绿通查验稽核管理系统"两个系统。广东省高速公路联网收费稽核管理系统主要功能有工作台、数据分析、工单处理、跨省追偿、名单管理、补费管理、信息查询、统计报表、信息发布、个人设置(修改密码)、运维管理等(图 2-4-2)。广东高速公路联网收费绿通查验稽核管理系统主要功能有预约名单、查验管理、复核管理、综合查询、报表管理等。

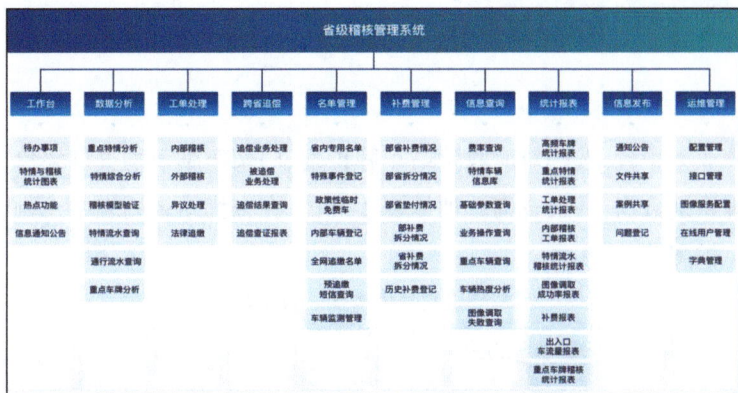

图 2-4-2　省级稽核管理系统示意图

各级稽核业务平台查询操作原理基本相同,其中部级稽核业务平台可查询跨省通行交易数据、处理稽核工单等。

三　车辆通行数据查询

1.操作过程

登录稽核业务平台,选择对应入口、出口、门架通行数据查询菜单,按各类组合条件查询入口站、出口站、门架通行数据。可在查询结果列表中选择展开一条数据详情,查看其关联的入口、出口、门架、车辆抓拍图片、路径、电子地图等信息,部级稽核业务平台还有展示费用复核功能。

2.查询示例

(1)查询 2023 年 6 月车牌号码"粤 A12345"车辆在本省所有入口通行记录

输入条件:起始时间、结束时间和车牌号码分别为"2023-6-1 00:00:00""2023-6-30 23:59:59""粤 A12345",其余条件默认为全部(平台限制条件除外)。

输出:入口流水信息列表,查看流水详情(含关联的出口流水、门架流水、图像及识别流水、路径信息、路径地图)。

（2）查询 2023 年 6 月福建省入口至西线二期的通行记录

输入条件：起始时间、结束时间、入口省份和出口路段分别为"2023-6-1 00：00：00""2023-6-30 23：59：59""福建省""西线二期"，其余条件默认为全部（平台限制条件除外）。

输出：出口流水信息列表，查看流水详情（含关联的入口流水、门架流水、图像及识别流水、路径信息、路径地图）。

四 车牌识别流水信息的查询

1. 操作过程

登录稽核业务平台，选择对应收费站车牌识别、门架车牌识别查询菜单，按各类组合条件查询车牌识别数据，一般查询选项见表 2-4-1。在查询结果列表中，可选择展开数据详情和查看抓拍图片。

车牌识别数据查询一般选项　　　　　　　　　　　　表 2-4-1

序号	收费站车牌识别	门架车牌识别
1	车牌识别流水号	车牌识别流水号
2	起始时间	起始时间
3	结束时间	结束时间
4	识别车牌号码	识别车牌号码
5	识别车牌颜色	识别车牌颜色
6	归属路段	归属路段
7	识别车型	识别车型
8	收费站	门架名称（编号）

2. 查询示例

（1）查询 2023 年 8 月 8 日 06：00—07：00"顺德—容桂"ETC 门架车牌识别流水

输入条件：起始时间、结束时间、归属路段、门架名称（编号）分别为"2023-8-8 06：00：00""2023-8-8 07：00：00""西线二期""顺德—容桂"。

输出：车牌识别流水列表，查看车牌识别流水详情（含查看图像）。

（2）查询车牌号码粤 A12345 在 2023 年 8 月的 ETC 门架车牌识别流水

输入条件：起始时间、结束时间、车牌号码分别为"2023-8-1 00：00：00""2023-8-31 23：59：59""西线二期""粤 A12345"，车牌颜色和其余选项默认为全部。

输出：车牌识别流水列表，查看车牌识别流水详情（含查看图像）。

五　重点关注名单

1. 重点关注名单模式

重点关注名单采取部、省、路段三级管理模式,各级负责本级单位重点关注名单管理工作。

重点关注名单仅作为友好提示,辅助现场业务处理,不用于追缴通行费、限制车辆通行、影响车辆收费行驶。

2. 重点关注名单类型

重点关注名单可分为通行或费用异常类、优先放行类、临界车型车种类、其他类等。其中,通行或费用异常类主要包括:

(1)有逃费嫌疑但证据不足的车辆;

(2)需要特殊提示相关信息辅助收费的车辆;

(3)路网通行时存在多次异常事件或异常行为的车辆;

(4)追缴名单车辆补交处理完毕后一段时间(观察期)内的车辆;

(5)现场发现并简易处理完毕的逃费车辆;

(6)其他业务要求提示信息车辆。

优先放行类包括绿通优免车辆、集装箱优免车辆、联合收割机优免车辆等。

临界车型车种类包括各种介于车型、车种分界值的车辆等,也包括挂车、半挂车等每次通行需要临时写入车型、轴数的车辆等。

3. 重点关注名单来源

(1)部联网中心通过数据分析等方式,筛选出具有逃费嫌疑的相关车辆信息,例如无卡次数大于或等于2次等;

(2)各相关单位对部、省级系统数据分析出的异常数据开展稽核,及对本单位生成的特情数据完成复核后,发现存在客户逃费且证据不充分的相关车辆信息;

(3)追缴名单车辆补交完所有欠费后一年内的车辆;

(4)各相关单位发现并在省、部级系统统一登记的疑似逃费车辆或异常车辆信息;

(5)各省份根据本省实际情况,通过数据分析、现场发现等方式,发现具有逃费嫌疑的相关车辆信息。

4. 重点关注名单生成

(1)省内各参与方录入的重点关注名单车辆须由所在省级稽核管理单位审核,通过后可上传至部级系统列入全网重点关注名单共享,各省可根据需要查询或下载重点关注名单,部联网中心不统一下发;

(2)已在重点关注名单中车辆,通过其他方式再次进入重点关注名单的,可更新添加,

系统自动记录逐次添加信息(录入单位、录入原因、相关证据、录入时间等)并累计记录;

(3)发现车辆具有因客户原因少交、未交通行费嫌疑,但无完整证据的,需要视频、图像、流水等至少1项证据支撑,并附清晰的判断说明,通过省级稽核管理单位审核后可列入重点关注名单。

5. 重点关注名单变更

(1)部联网中心负责对部级重点关注名单进行信息更新;省级稽核管理单位负责对本省重点关注名单进行信息更新。

(2)重点关注名单录入信息错误需要更正时,可由名单录入单位在系统中提交变更申请,省级稽核管理单位审核通过后进行变更。也可由省级稽核管理单位直接变更。

6. 重点关注名单解除

(1)省级稽核管理单位负责本省重点关注名单解除工作。

(2)收费公路经营管理单位可向本省省级稽核管理单位申请对本路段的重点关注名单进行解除。

(3)优先放行类、其他类重点关注名单最后更新时间后6个月内再无更新记录的,自动解除重点关注名单。通行或费用异常类和临界车型车种类重点关注名单最后更新时间后12个月内再无更新记录的,自动解除重点关注名单。

(4)重点关注名单解除的其他要求由各省根据实际制定实施。

7. 重点关注名单应用

省级稽核管理单位可结合重点关注名单车辆通行轨迹,在稽核或收费业务系统中做关注提示。

六 内部稽核

内部稽核是指通过数据分析和事后核查,对行业内部参与单位和业务人员的操作规范性及执行合规性等进行稽核分析,以排查是否存在因行业人为原因造成的通行费损失等问题。

内部稽核包括收费行为、运营管理、营运服务和发行等方面的稽核。收费行为稽核是指对收费操作的准确性和规范性的稽核;运营管理稽核是指对收费政策执行、通行介质、备用金、出勤等情况的稽核;营运服务稽核是指对收费工作人员在收费、稽核、追缴、通行秩序引导工作中的文明服务情况的稽核。发行稽核包括对 ETC 发行准确性、时效性、规范性等对收费准确性有影响的发行业务结果进行的稽核。

1. 收费行为稽核

(1)收费车道稽核

稽核有否路费收入、复合卡发出数(回收数)、电脑发票号与电脑数据不符。有否按规定正确判定及输入车辆的车牌、车型等;有否按规定上报特殊键使用、异常事件等情况;有否收通行费不给或少给发票、故意将假钞或残钞找给司机等情况;有否售废票、弃票未盖作废章等情况;票亭内、收费广场环境,物品摆放、公告张贴是否统一;有否其他违章行为。

(2)正常车稽核

稽核是否按实际车型、车种进行收费;是否私自放行车辆;是否改变车辆入口站;是否正确录入车牌号;是否有其他违章行为。

(3)特情车稽核

稽核入出口车牌不一致、无入口信息、无卡或坏卡、路径不可达等特情车辆出口收费与实际通行路径是否一致;无卡车是否通过在线计费服务进行收费;是否有卡车按无卡车或者人工纸券收费操作;收费员有否对入出口车型/轴数不一致的车辆进行复核;有否按要求提交稽核结论,结论是否正确;是否存在其他违规操作行为。

(4)优免车稽核

①免费车稽核。

通过广东省高速公路联网收费稽核管理系统查找相对应流水,运用出口抓拍图片结合录像稽核,稽核是否存在收费车辆按车队放行的情况;是否存在有明显假冒免费车的车辆,并按要求建立可疑逃费车档案的情况;是否存在其他违规操作行为。

②绿通车稽核。

通过广东高速公路联网收费绿通查验稽核管理系统查找相对应流水,稽核绿免照片是否符合规定,照片是否清晰展示装载货物、容积等情况,证件内容是否真实并清晰可辨;有否私自或误放行车辆;有否执行绿通查验、拍照、上报、登记工作;有否向司机索要物品或接受司机馈赠物;绿通登记系统有否操作失误;是否按要求在广东省高速公路联网收费稽核管理系统完成相关资料填写,并提交稽核结论;是否按要求保存好不符合绿色通道免费车相片、录像、流水号并核查真实性,是否存在弄虚作假的情况,不达标绿通车辆录像要求保存半年;稽核是否存在其他违规操作行为。

(5)拖车、未付车稽核

通过广东省高速公路联网收费稽核管理系统查找相对应流水,并结合录像查看是否规范操作;稽核异常记录是否登记存档;稽核是否存在其他违规操作行为。

(6)弃钞稽核

通过弃钞登记表结合录像稽核当时弃钞产生原因;弃钞的产生是否真实;是否存在实际弃钞金额与登记不符的情况;是否存在漏登记弃钞的情况;弃钞是否按要求处理;是否存在其他违规操作行为。

(7)追缴名单处理

车道系统对车辆进行追缴名单判断,判断不通过的,车道系统提示追缴名单信息,收费员正常收取本次通行费用,并按稽核业务要求处理追缴名单相关业务。

(8)通行费补缴业务

收费现场发现逃费行为的应当场进行通行费补缴并完成逃费车辆补缴操作,无证据证实逃费行为的则按正常车辆操作快速放行,并及时在系统登记。

(9)特殊事件登记

各高速公路经营管理单位现场工作人员或后台稽核人员应结合广东省交通运输厅发布的异常特殊事件分类开展日常登记与取证工作,发现相关异常情况应及时在省级稽核管理系统登记或通过省内专用移动稽核软件终端取证登记。

2. 运营管理稽核

(1)收费政策执行情况稽核

①重大节假日免费放行。

通过广东省高速公路联网收费稽核管理系统查找相对应流水进行重点稽核,运用抓拍图片结合录像进行稽核。稽核是否存在应免未免、应交未交的情况;是否严格执行国家政策要求准时实施免费放行;是否严格执行国家政策要求准时恢复收费;是否存在其他违规操作行为。

②入口超限劝返。

通过路段综合收费管理平台查找超限车辆记录流水,稽核收费站入口称重设备是否完好;超限车辆是否按规定开具告知书并劝返;有无违规私放超限车上高速;是否将冲入高速超限车辆行驶情况报相关部门处置;是否存在其他违规操作行为。

(2)通行介质的稽核

稽查是否有按指令进行 CPC 卡调拨;入口车道是否发放无入口信息或预先写入信息的 CPC 卡;是否违规发放纸质通行券。

(3)备用金稽核

稽核人员会同收费站票管员开启被稽核人员钱箱,开展备用金、定额路票稽核工作,稽核有否备用金或定额路票挪作他用;有否将假钞、残钞转移到备用金;钱箱是否放有与收费工作无关的用品,有否废票未及时处理;有否备用金(定额路票)账实不符;定额路票的使用有否按规定登记;备用金借用与退还有否按规定登记;有否其他违章行为。

(4)出勤稽核

通过收费系统结合实际出勤人员情况,稽核是否存在系统号与当班人员不相符的情况。

3. 营运服务稽核

(1)站容站貌稽核

稽核收费站场各类标志标牌是否符合管理规定;收费站场物品是否按规定摆放;收费现场环境卫生是否符合规范。

（2）文明服务稽核

通过现场或对录像进行抽查，稽核收费系列人员的着装、发型、仪容、仪表、仪态是否符合规范；收费、发卡时对来车是否做好相关文明服务；收费人员是否熟悉全省联网收费的常识与规则，掌握路费收缴政策与法律，了解本路段周边地理环境、交通条件及全省高速路网的情况；现场值守人员对司乘人员咨询的问题是否耐心回应或解释。

（3）劳动纪律稽核

通过录像或现场调查，稽核有否携带私款上岗；有否藏匿、侵吞、转移入口卡、路票、路费等行为；有否看书、睡觉、携带手机等违反站场纪律的行为；有否携带与收费无关的其他物品；有否向司机索要物品或接受司机馈赠物；有否按规定操作收费车；有否故意遮挡或躲避录像行为；有否其他违章行为。

4. 发行稽核

（1）发行稽核包括对 ETC 发行准确性、时效性、规范性等对收费准确性有影响的发行业务结果进行的稽核。

（2）发行准确性稽核包括稽核客户信息和车辆信息采集的准确性及 OBU、ETC 内信息写入的准确性等；发行时效性稽核包括对发行、变更、挂失、过户、挂起、注销、信息上传等业务操作时效性的稽核；发行规范性稽核包括对审验、安装、激活等环节流程规范性的稽核。

（3）发行服务机构至少每周对新增客户发行信息进行全量稽核，对客户首次通行图片与发行信息进行全量比对核验，重点查验大车小标、货车客标、非法安装等违规行为。

（4）发行服务机构应积极配合各级稽核管理单位开展稽核工作，不得以各种理由推诿、拒绝，并配合各参与方提供相关信息以备核查。

（5）如因发行服务机构原因造成"大车小标""车种错误"的，应由省级发行服务机构负责先行垫付损失通行费，并对有问题的网点进行全量稽核；对由客户原因造成的通行费差错，应由发行服务机构负责处理。

（6）部联网中心与省级稽核管理单位应对发行不规范、失误较多导致全网收费额损失较大的发行服务机构定期通报，可酌情通报省级交通运输主管部门责令整改，并视情况上报部级交通运输主管部门停止其发行业务。

5. 稽核方式与流程

（1）内部稽核方式

内部稽核的对象主要以收费系列人员为主，主要方式有：

①定期与不定期稽核相结合，发现问题及时纠正。

②班组内自查。班组内开展自查自纠，促进整体业务素质不断提升。

③专职和兼职相结合。除由专业稽核人员组织进行专门业务稽核外，应培训其他业务能手参与稽核工作，辅助收费管理工作顺利开展。

（2）内部稽核业务流程

内部稽核业务流程如图 2-4-3 所示。

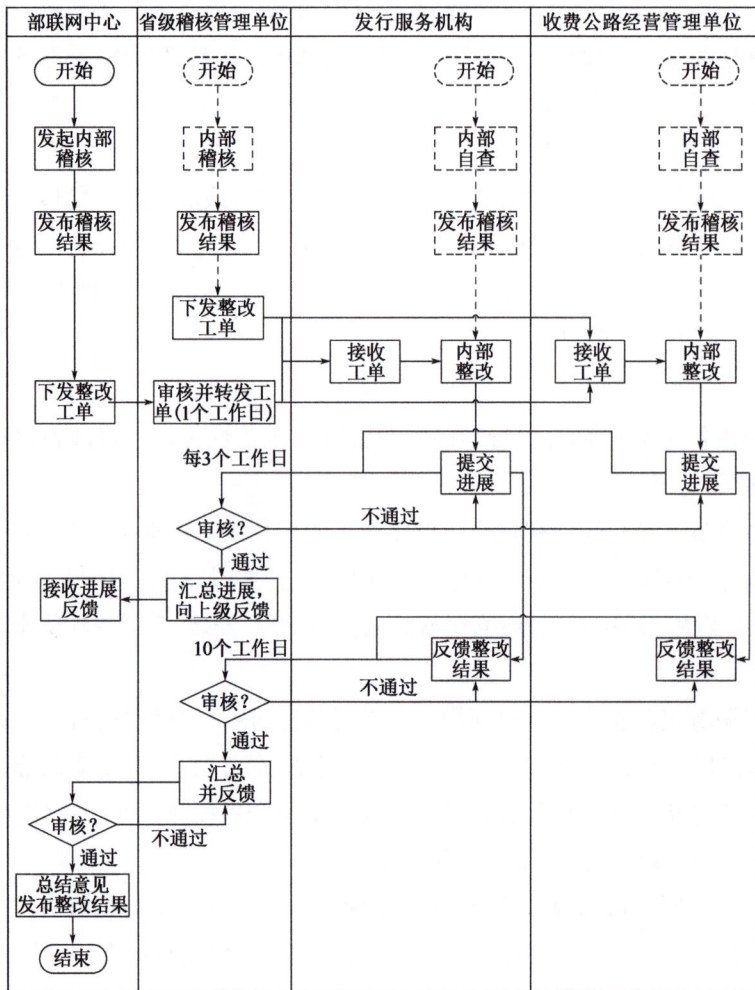

图 2-4-3　内部稽核业务流程示意图

第二节　逃费稽核与追缴名单

一　常见的逃费方式

1.常见漏逃费类型

在数据分析的基础上，可以进一步判断出可能存在漏逃费的类型及特征，其中包括改变车型车种(如大车小标、货车利用客车 OBU)、改变缴费路径逃费、假冒优免车辆逃费、其他偷逃费等。以下是常见的漏逃费类型。

1)改变车型(车种)逃费

判定依据:发行系统、ETC 卡及 OBU 设备中写入的车型(车种)与车辆有效证件或公安交管信息登记的车型(车种)不符。

证据文件:ETC 交易流水、入出口通行记录、ETC 门架通行记录、车辆通行图像信息、客户信息、车辆证件信息、公安交管车辆数据、通行轨迹数据等。

改变车型(车种)逃费包括如下类型:

(1)货车改客车,指客户办理时发行错误或客户利用假证、违规安装、拆卸标签等方式造成卡内写入为客车而车辆实际为货车。具体偷逃费行为如下:

①使用假证件办理客车 OBU,挂在货车上使用,正常行驶 ETC 车道完成交易,以达到少交路费的目的。

②私自将小客车 OBU 换到货车使用,入口使用非现金支付卡,行驶 MTC 或 ETC 车道,出口行驶 ETC 车道完成交易,以达到少交路费的目的。

货车改客车的漏逃费行为特征如下:

①收费系统会出现客货不符异常流水。

②交易图片对比,流水记录为客车,但实际图片显示为货车。

(2)大车小标,指客户办理时发行错误或利用假证、违规安装、拆卸标签等方式造成卡内写入车型小于车辆实际车型(图2-4-4)。大车小标的偷逃费行为如下:

①大客车使用小客车 OBU 行驶 ETC 车道,出口按小客车标准扣款。

②使用假证件改变座位数降低车型办理 OBU 套装,达到少交通行费的目的。

图 2-4-4　大车小标逃费车辆示意图

大车小标的漏逃费行为特征如下:

①收费系统后台数据会出现出入口车牌不符异常流水。

②通过肉眼观察,车辆通过 ETC 车道时,较为明显的大型车显示器显示 OBU 为一型车。

③通过后台数据排查,OBU 为黄色车牌的车辆交易记录为一型车。

(3)货车利用客车OBU逃费,指私自将小客车OBU拆卸换到货车使用,行驶ETC车道或混合自动交易,按客车OBU车型计算通行费,以达到少交通行费的目的。注:该类客车OBU有部分为使用假证件办理。

货车利用客车OBU逃费行为特征如下:

①收费系统会出现客货不符异常流水。

②货车能正常通过ETC车道。

③交易图片对比,流水记录为客车,但实际图片显示为货车。

(4)稽核打逃案例。

对于改变车型(车种)逃费,本书以车种逃费案例为例说明。

例:2021年6月,发现一台6轴(粤A××××)大货车在浔峰洲站经过出口ETC车道时,系统按3型货车扣费。经过核查,该车为集装箱,使用假行驶证办理3型普通货车的粤通卡,属于大车小标逃费行为,通过稽核组努力,司机补缴通行费4455.97元,并要求司机按正确的车型重新办理粤通卡。

针对大车小标逃费的打逃措施如下:

①对粤通卡发行进行稽查。通过日常稽核发现OBU车型、客货车种等信息与实际车辆信息不符,通过开发系统拦截,利用入口轴数与普通货车车型进行比对,出现不符时,ETC车道拦截,入口发CPC卡,出口按准确的车型收费,挽回路费损失。

②每月将疑似为大车小标的车辆信息发广州区域汇总后再由联合电服下发黑名单,限制其粤通卡使用,在其OBU更改为正确车型、车种后才能正常使用。通过上述措施,目前大车小标的情况已逐渐减少。

③对计费车型与实际轴数不符车辆通行数据进行全量复核。

④通过门架抓拍及车辆多次通行交易等有效信息综合判定车辆实际轴数,及时保存异常车辆出站视频、PassID等数据。

2)改变缴费路径逃费

判定依据:路径缺失严重,入出口收费站、计费门架数据丢失,现场检查中发现干扰收费设施等行为。

证据文件:车辆通行图像信息、客户信息、公安交管车辆数据、通行轨迹数据等。

改变缴费路径逃费包括如下类型:

(1)调换通行卡逃费

调换通行卡逃费是指通行收费公路的车辆通过"跑长买短、倒换通行介质"等方式达到少交、逃交通行费的目的。常见的逃费方式有多车换卡、套牌换卡等。多车换卡和套牌换卡按行驶方向可分同向行驶换卡和反向行驶换卡。

①多车换卡逃费。

多车换卡的逃费行为:同类型车辆之间互换入口卡(有时互换入口卡的同时换上同

一车牌),其目的是跑长买短。而隐蔽性较强的是利用绿色通道免费车辆与其他交费车辆中途在服务区、加油站或入口匝道处互换通行卡进行逃费。

多车换卡的逃费特征:在收费操作过程中,收费系统会显示该车出入口车牌不符、客货不符、车型不符等异常事件。

②套牌换卡逃费。

套牌换卡的逃费行为:车主一般拥有两辆以上同颜色、同型号的车辆,从不法分子手中购买假牌照和假行驶证,使每辆车都用两套甚至多套相同手续的车牌照。行驶在高速公路上时,其中两辆车分头对发,在中途互换通行卡,并换上与通行卡读取信息中对应的车牌号,以达到逃缴通行费的目的。目前套牌车辆的车型、外观及颜色等外观特征都极为相似,很难通过出入口图片比照确认,此类逃费车辆主要是跑长途的大型货运车。

套牌换卡逃费的主要特征:在收费操作过程中会出现出入口图片对比有细节差别(驾驶员、车内摆设、年审税费等)。

(2)利用无入口信息卡逃费

主要利用联网收费电脑设施查询功能不完善,以及收费站保畅通压力大的因素,使用无入口信息的 CPC 卡、非现金支付卡进行交费,以提供虚假入口站信息来达到少交通行费的目的。

①车辆利用无入口信息卡的逃费行为。

a.司机在入口站取 CPC 卡,出口收藏 CPC 卡改为使用未刷入口信息的非现金支付卡交费,提供虚假入口站信息,以达到少交通行费目的;

b.人为损坏入口 CPC 卡,导致出口读卡无反应,提供虚假入口站信息,以达到少交通行费目的。

②车辆利用无入口信息卡的逃费特征。

a.操作 CPC 卡时收费电脑显示该卡无入口信息、坏卡或读卡无反应;

b.收费系统事后会出现"有入口无出口"异常流水;

c.询问司机从哪个入口站上高速时,司机往往提供的入口站信息距离出口站较近,与通过 ETC 门架计费查询到的行驶路径相差较大。

(3)有入口无出口逃费

有入口无出口逃费是指在通行交易数据中显示有入口无出口的通行车辆,经核查确定为逃费的行为。收费公路经营管理单位应对稽核管理系统判定的"多次入口覆盖"车辆,进行重点标记,跟踪稽核。

①车辆有入口无出口的逃费行为。

a.入口站正常取卡,出口站冲卡逃费;

b.入口站正常取卡,出口站套用假冒免费车牌通行;

c.入口站正常取卡,出口站使用假冒免费标牌通行;

d.入口站正常取卡,出口站使用无入口信息非现金支付卡,并提供虚假入口站信息进行扣款,私藏或丢弃通行卡。

②车辆有入口无出口的逃费特征。

a.有车辆入口取 CPC 卡交易记录,但该卡长时间未正常流通;

b.有车辆入口取 CPC 卡交易记录,无该卡出口相应交易记录;

c.有车辆入口刷非现金支付卡交易记录,无出口交易记录。

(4)屏蔽(干扰)计费设备逃费

①车辆屏蔽(干扰)计费设备的逃费行为。

a.屏蔽 ETC 车载装置:通过采用各种手段故意屏蔽、阻断 ETC 车载设备(ETC 标签和 ETC 卡)与高速公路门架或收费站设备读写收费的方式,少交、未交、拒交通行费;

b.屏蔽 CPC 卡:通过采用各种手段故意屏蔽、阻断 CPC 卡与高速公路门架或收费站设备计费的方式,少交、未交、拒交通行费;

c.干扰收费公路计费设施:通过采用各种手段干扰收费公路门架或收费站计费/收费设施正常计费/收费的方式,少交、未交、拒交通行费。

②车辆屏蔽(干扰)计费设备的逃费特征。

a.OBU 总累计应收金额异常,金额偏小;

b.出口省 OBU 本省实收累计金额异常;

c.OBU 或 CPC 卡累计计费里程异常;

d.ETC 卡累计金额异常,金额偏小。

(5)甩挂逃费

甩挂逃费是指货运挂车客户通过甩挂、加挂等方式带挂车通行,交费时无挂车或加挂通行。

①车辆甩挂逃费的行为:半挂列车进入高速公路时带挂车驶入,在高速公路途中卸下挂车,或将挂车倒换给其他车辆,通过此种甩挂、倒挂等方式,少交、未交、拒交通行费。

②车辆甩挂逃费的主要特征:由于车辆在服务区停留,有可能在出口缴费时产生超时;出入口车辆轴数不一致。

(6)网内循环行驶(超时停留)逃费

①网内循环行驶逃费的行为:通过屏蔽 OBU 设备、CPC 卡或遮挡、更换车牌等方式,长时间在路网内循环行驶,从事倒客、倒货等运输行为;

②网内循环行驶逃费的主要特征:在出口缴费时提示超时或车牌不符。

(7)私开道口逃费

私开道口逃费是指车辆通过私开道口、从服务区或施工区域驶入/出收费公路以达到少交、逃交通行费的行为。

①车辆私开道口的逃费行为。

a. 服务区地方通道：通过高速公路服务区与高速公路以外区域连接的通道驶离高速公路，少交、未交、拒交通行费；

b. 施工点缺口：通过高速公路施工路段的施工开口处驶离高速公路，少交、未交、拒交通行费；

c. 沿线设施缺口：通过高速公路沿线设施漏洞缺口与高速公路以外区域连通的路段驶离高速公路，少交、未交、拒交通行费；

d. 未开通收费站：通过建设中或建设完成尚未开通收费站与高速公路以外区域连接的缺口段驶离高速公路，少交、未交、拒交通行费；

e. 破坏设施私设开口：通过破坏高速公路与以外区域隔离设施，私自开通道口驶离高速公路，少交、未交、拒交通行费。

②车辆私开道口逃费的主要特征：有进入高速公路的信息，但无出口信息。

（8）冲卡逃费

冲卡逃费是指车辆跟车、插队、强行通过收费车道的逃费行为，可通过车牌、视频、车辆特征等信息追查车辆。在收费站出口采用暴力冲卡和尾随前车冲卡。暴力冲卡即直接冲撞自动栏杆通行以逃缴通行费，多以货车为主；尾随前车冲卡即紧跟在前车后面，当前车没有完全驶离后线圈时，尾随已缴费车通行，此类车辆多以小车为主。

①车辆冲卡逃费的行为。

a. 通过出口 MT3ETC 车道时，强行撞断自动栏杆进行逃费；

b. 通过出口 MT3ETC 车道时，紧尾随前车强行从收费车道冲出，以达到逃缴通行费的目的。

②车辆冲卡逃费的特征。

a. 冲卡行为多发生在车流高峰期或值班人员较少的晚间时段；

b. 冲卡逃费车型主要以一类小客车及大型货车为主；

c. 收费系统有时会出现闯关记录：安装有 ETC 防逃费系统车道的冲卡逃费，会出现闯关、实际车牌与系统识别车牌不符或无该车交易流水的情况。

（9）稽核打逃案例

对于改变缴费路径逃费，本书以粤通卡坏卡逃费为例说明。

例：9 月 1 日浙 D 车牌出示粤通卡，该卡损坏，系统不能识别和读取入口信息，司机称在华快广园进入，在线计费为 13.08 元，现场发现该车行驶时间异常，通过在线查询，该车是从浙江柯桥取 CPC 卡进入高速，遂要求司机交出 CPC 卡，司机一开始不承认有取卡，最后稽核人员调取入口照片，司机才假装找到卡并交出，刷卡后入口为浙江柯桥站，按实际路径缴费 3022 元，如图 2-4-5 所示。

图 2-4-5 粤通卡坏卡逃费示意图

针对粤通卡坏卡逃费的打逃措施如下：

①出现粤通卡坏卡时，必须核查入口是否取 CPC 卡，如有，要求车主出示 CPC 卡缴费；

②通过在线计费，核实该车的真实路径；

③入口如取卡的，未缴卡需收取卡成本；

④ 跟踪该车 CPC 卡的缴费情况，核实是否存在换卡逃费的嫌疑。

2. 假冒优免车辆逃费

判定依据：行为人采取不正当手段将应交费车辆假冒成绿色通道、抢险救灾、进行跨区作业的领有号牌和行驶证的联合收割机（包括插秧机）及其专用的运输车辆等通行费优免车辆；收费从业人员内外勾结将应交费车辆判定为免费车辆。

证据文件：ETC 或 CPC 卡入出口通行记录、车牌识别数据、ETC 门架通行记录、车辆［车头、车尾（如有则提供）］抓拍图片、现场查验货物图片等。

假冒优免车辆逃费包括如下类型：

（1）假冒粤 O 牌车

①车辆假冒粤 O 牌车的逃费行为：悬挂伪造或伪装的粤 O 车牌逃缴通行费。

②车辆假冒粤 O 牌车逃费特征如下：

a. 粤 O 车牌只针对特定车辆发放，是广东省的省级党政机构、公检法、国安、司法系统等行政用车，且数字及字母顺序有特定要求，正常情况下粤 O 牌车后三位数一般不会出现英文字母；

b. 假冒粤 O 牌车一般车款比较残旧、车身脏，经常在夜间行驶；

c. 假冒粤 O 牌车车主有的因做贼心虚，在经过收费站时，会停在离收费窗口较远处或停在自动栏杆下，逃避车道录像抓拍，有时急催收费员快速放行；

d. 部分地方牌车辆通过磁铁等手段，将地方牌第一个字母贴成 O 字假冒粤 O 牌车，达到蒙混过关的目的；

e. 可能会产生在途卡的情况。

（2）假冒军车

①车辆假冒军车的逃费行为：悬挂伪造的军车牌照通行。

②车辆假冒军车逃费的特征如下:

a. 假冒车牌大多印制粗糙,字体喷墨不均匀,欠缺专用识别技术,部分只悬挂前车牌或把车牌放置于挡风玻璃前。

b. 假冒军车缺少"车辆年审合格"标志,及车辆所属单位、车号及有效期等信息。

c. 军队一般没有高档车辆,且以绿青色为主,夜间较少行车,车辆车身非常干净,军人仪容仪表较严肃端正。假冒车辆车身颜色多样化,车身破旧且不整洁,夜间行驶较多。

d. 可能会产生在途卡的情况。

"2012 式"新式号牌使用后,军车应用了高速公路 ETC 技术,安装 OBU 装置从 ETC 车道通行。

(3)假冒医院救护车

①车辆假冒医院救护车的逃费行为:通过伪装或改装成医院救护车以达到免缴通行费的目的。

②车辆假冒医院救护车逃费的特征。

a. 真救护车车身颜色以白色为主,有固定报警装置,车身印有明显的"红十字"标志及使用单位名称。车内部各类救护设施较完善,有固定位置的担架或活动病床、急救箱、氧气、自动抽吸设备、骨折固定板、毛毯等配备,配有专业医务人员,着装较正规。真救护车车辆行驶证上注明的使用性质为救护,且使用单位为正规医疗单位。

b. 假冒救护车一般车身没有完整的固定装置,内部救护设施比较陈旧或无,车上人员一般着便装。假冒救护车行驶证上注明的使用性质为营运或非营运。

(4)假冒绿色通道免费车

①车辆假冒绿色通道免费车的逃费行为:通过混装货物或伪造证件逃缴通行费。

②车辆假冒绿色通道免费车逃费的特征如下:

a. 混装货物逃费。在车厢四周摆放属于绿色通道范畴的货物以应对查验,而里面其实装载其他非绿色通道货物。混装是目前假冒绿色通道车辆最常见的方式,其隐蔽性较强,肉眼和简易工具难以查验,混装方式五花八门。混装方式如下:

方式一:货物包装严实,外层以篷布或棉被包裹,仅在露出的角落放置绿色通道产品掩人耳目,隐蔽地方装载其他物品,以达到蒙混过关的目的。

方式二:车厢四周放置绿色通道产品,应对查验时仅打开车门或四周篷布,可多点应对查验。

方式三:包装箱内加隔板,在包装箱上层或一侧装少量的绿色通道产品,另一侧装载其余货物,隐蔽性较高。

b. 持假证件逃费。按照规定,运输鲜活农产品的货运车辆,必须整车合法装载,要求货运车辆证件须齐全,各项税费已缴讫,不超限,不超载装载。

（5）重大节假日假冒政策性免费车逃费

根据《关于批转交通运输部等部门重大节假日免收小型客车通行费实施方案的通知》（国发〔2012〕37号）要求，春节、清明节、劳动节、国庆节四个国家法定节假日期间，对7座及以下小型客车实施免费放行政策。而部分不符合免费条件的车辆，假冒政策性免费车辆，在节假日实施政策性免费放行期间偷逃通行费。

①假冒政策性免费车逃费的行为：节假日实施政策性免费放行期间，不符合条件的小客车，假冒政策性免费车辆行驶专用免费通道，达到逃缴通行费的目的。假冒政策性免费车主要以8~9座小客车居多。

②假冒政策性免费车逃费的主要特征：类似7座但实际为8座或9座小客车，行驶专用免费通道企图蒙混通过出口车道。部分的士驶入货车行驶的专用免费通道，假装看不到收费员示停，企图蒙混通过出口车道。

（6）假冒联合收割机

收割机运输车辆在转移过程中，经过公路、桥梁等收费站时，要遵守收费站区管理规定，主动停车出示联合收割机（插秧机）跨区作业证（以下简称"作业证"），自觉服从收费站工作人员的检查和审证。使用假冒、伪造作业证的，根据《收费公路管理条例》被确定为拒交、逃交、少交车辆通行费的收割机运输车辆，车辆号牌录入高速公路信用黑名单，在补交应缴纳通行费前，可拒绝其通行。同时，联合收割机号牌推送至全国农机化综合服务系统，交由农机管理部门处理。

（7）假冒抢险救灾车

假冒抢险救灾的车辆是指通行收费公路时经查验不符合抢险救灾专用运输车辆要求，认定为逃费的车辆。

（8）稽核打逃案例

对于假冒优免车辆逃费，本书以非鲜活农产品假冒绿通车逃费为例说明。

例：有货车在个别货箱里存放了新鲜的菜，但实际大部分为腐烂大白菜，不符合鲜活农产品的要求；另外，为了降低逃费成本，部分车辆固定使用一批不新鲜的水果做掩饰，实际运载货物为非农产品（图2-4-6）。

图2-4-6　非鲜活农产品假冒绿通车示意图

针对非鲜活农产品假冒绿通车逃费的打逃措施如下：

①认真核查货厢货物，多点查验。

②对于不新鲜的货物要警惕，可能存在混装，一般不会以不新鲜的为主要运输货品。另外对于泡沫箱比较残旧的，可能为重复使用，里面的货物也有可能是"掩饰"。

③上报监控中心，录入广东省内重点关注名单或路段名单进行提醒，精准查验。

3.其他偷逃通行费行为

（1）故意 U/J 形行驶，指通过通行交易数据分析发现的多次 U/J 形行驶，经确认为逃费的。车辆故意 U/J 形行驶的逃费行为如下：

①U 形行驶：车辆进入高速公路入口收费站并在路网内长途行驶后，通过各种作弊手段又在同一收费站驶出，却未交纳实际行驶里程通行费的行为；

②J 形行驶：车辆进入高速公路入口收费站并在路网内长途行驶后，通过各种作弊手段又从入口收费站的相邻或距离较近收费站驶出，却未交纳实际行驶里程通行费的行为。

车辆故意 U/J 形行驶的主要特征：出口收费时提示 U/J 形行驶。

证据文件：ETC 或 CPC 卡入出口通行记录、车牌识别数据、ETC 门架通行记录、车辆通行图像信息等。

（2）车牌不符，指通过现场或数据分析发现车辆 ETC 卡及 OBU 设备中写入的车牌号码、车牌颜色等与车辆实际情况不符或车辆入出口车牌信息不匹配。

证据文件：ETC 或 CPC 卡入出口通行记录、车牌识别数据、ETC 门架通行记录、车辆通行图像信息等。

（3）不可达（不合理）路径，指通过通行交易数据分析发现车辆行驶路径不符合常规通行路径，且无法做出合理解释。

证据文件：ETC 或 CPC 卡入出口通行记录、车牌识别数据、ETC 门架通行记录、车辆通行图像信息等。

（4）一车多签（卡），指通过系统稽核或现场发现的同一辆车使用多个 OBU（多张 ETC 卡）通行收费公路的行为。

证据文件：ETC 交易流水、ETC 门架通行记录、车辆通行图像信息、客户信息、客户状态名单信息、公安交管车辆数据、通行轨迹数据等。

（5）遮挡、套用号牌，无车牌，假车牌等通行行为，指车辆在通行收费公路时采用遮挡号牌、套牌、无牌或使用假牌方式少交、逃交通行费的行为。

证据文件：ETC 或 CPC 卡入出口通行记录、ETC 门架通行记录、车辆通行图像信息、车牌识别数据等。

（6）稽核打逃案例。

对于其他偷逃通行费行为，本书以遮挡车牌逃费为例说明。

例:一台二型货车经常在沙贝、浔峰洲站进出,有意用蓝色的"工作进行中"铁牌遮挡车牌(图2-4-7),引导收费员按一型货车收费,导致出入口车型不符,实际该车为黄牌二型货车,经过现场人员查证后,要求车主按二型车缴费。

图2-4-7 遮挡车牌逃费车辆示意图

针对遮挡车牌逃费的打逃措施如下:

①遇到遮挡车牌的车辆必须要求车主拆除遮挡物,再判定车型;

②联系该车的所在单位,要求规范行车,不得遮挡车牌上路;

③对屡教不改的录入广东省内重点关注名单或路段名单进行提醒。

4. 漏逃费车辆的治理

随着高速公路联网收费一张网的实施,车辆逃费问题尤其突出,部分司机基于巨大的利益驱使,铤而走险地采取各种手段偷逃通行费,造成收费公路通行费的大量流失。为维护高速公路营运单位合法利益,营造良好的行业秩序,完全有必要组织专人进行逃费车辆打击治理。

1)后台稽查内容

下列内容为收费后台稽查基本内容,开展收费后台稽查应包含但不限于下列内容:

(1)影音资料稽查。对通行车辆出入口图像及相关信息进行核查;监听对话信息,排查异常情况。

(2)收费操作稽查。复核收费人员收费过程,重点核查免费车、修改车型及异常卡等收费异常事件。

(3)收费数据稽查。对收费数据作分析对比,重点排查收费异常数据。

(4)"绿色通道"稽查。对免费率偏高的站点、班组、个人及可疑收费异常数据进行重点观察;比对现场拍摄图像或照片与实际操作、现场三证(驾驶证、行驶证、营运证)查验情况、记录信息是否相符。

(5)举报信息稽查。对投诉举报信息或监控人员、内部人员等反映的异常情况进行核查,并筛选重点稽查对象。

(6)协助调查弄虚作假、贪污作弊行为,搜集车辆逃缴、漏缴通行费信息。详细记录事件要素、稽查过程、稽查结论。及时移交相关部门并跟踪事件进展。

2)打逃作业

（1）后台打逃作业

根据收费现场上报或稽查出来的疑似逃费行为,通过收费稽核系统查询车辆相关信息,通过运营平台查询通行操作流水,获取或挖掘相关数据,对数据进行录入、汇总和分析比对,生成黑名单,将黑名单分发收费现场或者执法部门通过司法程序进行处理。

（2）收费现场打逃作业

根据逃费车辆黑名单或现场发现的逃费嫌疑车辆,利用稽核系统进行路径查询并上报监控中心核查,确认属于逃费车辆后进行现场拦截,调取车辆逃费证据,与逃费司乘人员进行沟通交涉,追缴所逃通行费;逃费司乘人员拒不配合处理的,可视情况报公安协助处理或通过司法程序进行处理。

①打逃作业范围。对无卡车、异常卡车、车型车牌不符车、冲卡车、黑名单车、假冒各类免费车等进行稽查、查询,经确认为逃费车的进行打击。

②打逃作业内容。查看入口图片、查询行驶路径、查看 ETC 门架抓拍的高清图片、对比车辆特征、登记与上报逃费车辆信息、追缴或收取通行费、建立逃费车辆档案和黑名单、路段共享逃费资源、执法部门建立打逃机制、移交派出所驾驶员逃费案件、分析打逃数据与图片、记录打逃事件、总结汇报打逃工作。

③打逃作业形式。现场拦截、后台稽查与取证、联合行动、会议探讨、走访调查、法律诉讼等。

④打逃作业方法。观察法、站岗法、阻拦法、试验法、调查法、数据统计法、信息匹配法、筛选排除法、查询挖掘法、综合行动法等。

二 创建稽核模型

稽核管理人员对路网内各类可能逃漏通行费方式进行探讨,结合特情流水进行分析,提取各项稽核数据要素,构建稽核数据筛查模型,挖掘逃漏通行费车辆。

1. 特情流水筛查

稽核管理人员应充分运用入口站、出口站和门架记录的特情,对有入无出、入口多次覆盖、无卡、坏卡、无入口信息、OBU 拆卸、OBU 车牌与识别车牌不符、ETC 卡与 OBU 车牌(含颜色)不符、ETC 卡与 OBU 车型不符、出入口车辆状态标识(货车 ETC)不符、出入口车型不一致、出入口车牌不一致、出入口车种不一致、超长时间行驶、路径不可通达、U/J 形车、计费金额小于全网最小费额、卡内累计金额异常大等特殊事件进行分析,结合图像视频资料进行排查,积累各类稽核数据要素,深入挖掘逃漏费可疑车辆。

2. 稽核逃费类型

稽核逃费类型主要包括改变车型(车种)逃费、改变缴费路径逃费、利用优免政策逃费或者其他逃费。根据《广东省收费公路"省-站"数据传输接口规范》,相关定义见表2-4-2。

稽核逃费类型分类表 表2-4-2

一级	二级	三级(省级增加)	备注
改变车型(车种)逃费	大车小标		
	货车客标(货车改客车)		
	专项作业车改客车		
	出入口车型不符		
	改变缴费路径		
	其他改变车型(车种)逃费		
改变缴费路径逃费	倒换卡		
	有入口无出口		
	闯关		
	私开道口	服务区地方通道	省级细分
		施工点缺口	省级细分
		沿线设施缺口	省级细分
		未开通的收费站	省级细分
		破坏设施私设开口	省级细分
	网内循环行驶(超时停留)		
	屏蔽(干扰)计费设备	屏蔽ETC车载装置	省级细分
		屏蔽CPC卡	省级细分
		干扰收费公路计费设施	省级细分
	假冒计费信息		
	其他改变缴费路径逃费		
利用优免政策逃费	假冒军警车	假冒军车	省级细分
		假冒警车	省级细分
	假冒紧急车		
	假冒联合收割机		
	假冒抢险救灾车		
	假冒绿色通道免费车	假冒行驶证	省级细分
		假冒相关证明文件	省级细分
		装载产品质量不合格(变质)	省级细分
		超限超载(含外廓尺寸)	省级细分
		装载容积不足80%	省级细分
		混装减免目录外货物超过20%	省级细分
		其他假冒"绿色通道"逃费	省级细分
	假冒应急车		
	其他假冒优免车辆		

128

续上表

一级	二级	三级(省级增加)	备注
其他逃费	恶意 U/J 形行驶		
	车牌不符		
	一车多签(卡)		
	不可达(不合理)路径		
	遮挡车牌		
	套用车牌		
	假车牌		
	无车牌		
	假通行卡券	假通行卡	省级细分
		假通行纸券	省级细分
	假冒 OBU		
	假冒非现金卡		
	移动 OBU		
	互换 OBU		
	多次出口丢卡		
	多次入口信息覆盖		
	其他	损坏路产逃费	省级细分
		恶意堵塞车道,拒交通行费	省级细分
		威逼、利诱收费员逃费	省级细分
		协查车辆	省级细分
		多次超限	省级细分

注:1.部级分类为一、二级目录,三级目录属于广东省细化分类。

2.重点关注名单车辆,或者有其他嫌疑的车辆可参考本表分类。

3.稽核模型的构建

根据稽核数据要素,分类构建相应功能脚本,可将稽核模型嵌入各级平台,并根据实际情况变化不断迭代优化,提高模型应用效率。

重大节假日应缴费车假冒免费车稽核模型的创建:

(1)整理临界车型车辆基础信息

①从 ETC 门架计费记录(Gantry Pass Data)和入出口站数据(EnPass、ExPass、Other Trans)中提取车辆号牌、座位数、轴数、长宽高、车型作为基础参考信息。有部分 OBU 车辆基础信息发行时填写不统一或交易流水填写错误(包括座位数、轴数、长宽高、车种),要适当甄别剔除明显错误的数据。

②由省级发行服务机构从车管库中获取车辆基础信息(座位数、轴数、长宽高、车型、车种)。

(2)创建 SQL 脚本,筛查重大节假日期间非7座及以下小客车未交费驶离的可疑记录。

(3)结合图像视频资料对可疑记录进行核实,整理嫌疑车辆的逃漏费证据链和上传工单。

4. 追缴金额计算规则

为了客观计算嫌疑车辆逃漏的通行费金额,确保合理、公平,计算规则如下:

(1)入口站、门架、出口站有确定路径信息的,按原路径计算通行费;

(2)有入口站和出口站信息,但无门架信息的,按最小费率计算通行费;

(3)信息不全等特殊情况下站点信息的认定,认定类型如下:

①有入口站但无出口站信息的,出口站定为按合理自然时间顺序至最后门架后的最近一个收费站;

②有出口站但无入口站信息的,入口站定为按合理自然时间顺序倒推至最前门架前的最近一个入口站。

三 追缴名单的提交

1. 追缴名单的有关要求

(1)追缴名单用于因客户原因存在少交、未交、拒交通行费且证据确凿的车辆,对其限制通行收费公路并追缴通行费。

(2)完成通行费全额追缴的车辆,将从追缴名单中解除;未完成通行费全额追缴的车辆,仍在追缴名单内继续追缴。

(3)追缴名单中车辆的各条通行记录信息应与系统要求相匹配,不匹配则无法录入追缴名单。

(4)各参与追缴单位发起通行费追缴时,应确定发起的稽核类型及各自判定责任主体,稽核类型包括改变车型(车种)逃费、改变缴费路径逃费、利用优免政策逃费、其他等。责任主体包括客户、发行服务机构、收费公路经营管理单位。

(5)只有因客户原因造成的少交、未交、拒交通行费车辆才可加入追缴名单,因行业参与方原因造成的通行费损失不得加入追缴名单。

(6)部联网中心、省级稽核管理单位、收费公路经营管理单位、发行服务机构等单位均可将通过数据筛查、现场排查、跨省协查方式发现的因客户原因少交、未交、拒交通行费车辆加入追缴名单。

2. 追缴名单录入

(1)稽核发起后,将符合追缴行为的车辆与相应的逃费记录录入部级系统自动生成追缴名单;

(2)录入追缴名单的车辆应提供车辆基本信息(车牌号码、车牌颜色、车型、车种等)、原始交易流水(交易时间、入出口站、完整路径信息、已交通行费)、稽核确认的通行记录(逃费时间、入出口站、路径信息、责任主体、已交通行费、应交通行费、逃交通行费、费率计算版本号)、ETC 卡及 OBU 信息(ETC 客户)、逃费类型、其他证据信息、验证享受优免情况等;

(3)相关参与方在录入追缴名单信息时,应仔细核对录入信息,避免出现信息录入错误、重复录入等;

(4)已在追缴名单内的车辆,发现存在其他逃费行为且证据确凿时,可在已有的追缴名单追加录入合并追缴;

(5)省级稽核管理单位应保证追缴名单信息准确、完整、详实;

(6)各省录入的追缴名单和重点关注名单车辆证据均应按文件命名规则进行编号,防止出现证据错乱。

3.追缴名单的提交流程

1)发起工单

(1)查询稽核数据。

(2)选择已核实逃漏费记录创建稽核工单,或者人工创建工单。待发起工单见图2-4-8。

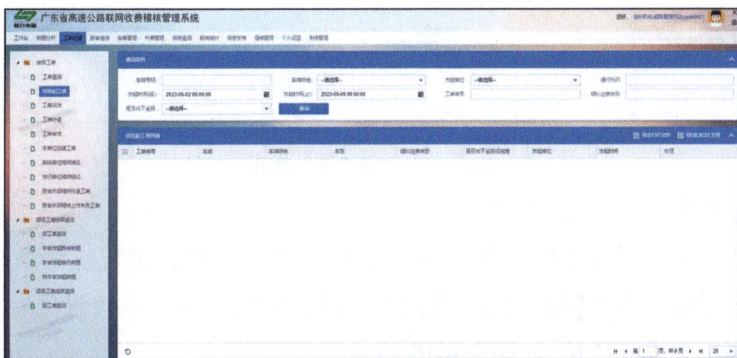

图2-4-8 待发起工单示意图

按照格式导入通行数据,在通行数据预览列表查看并确定导入正确的通行数据。可以分批导入通行数据。操作步骤如下:

①点击【创建稽核数据】按钮,系统对通行数据进行校验。若某条数据不符合规定未能发起工单时,该通行数据将在预览列表中被标记。提示异常的通行数据删除,后再点击【创建稽核数据】,进入工单信息填写页面。

②选择疑似逃费类型。对不同的疑似逃费类型,填写相应的稽核工单信息。

(3)完成稽核工单信息填写后,提交工单。

2)撤销工单

创建的稽核工单在待派发或者待发起状态时,发起单位可进行工单撤回操作。

（1）进入撤销工单列表页，点击"外部稽核"菜单下的【工单撤销】。

（2）在撤销工单列表中找到目标工单并选中后，点击【撤销】按钮完成撤销。

3）派发工单（省中心收费营运管理系统）

由经营管理单位或者发行服务机构发起的外部稽核工单，由发起单位所在的省中心收费营运管理系统（简称"省中心"）进行工单的派发。

（1）选择"外部稽核"菜单下的"工单派发"子菜单

进入工单派发页面（图2-4-9），查找到所需工单后，点击【处理】链接进入工单派发页面，该页面包括工单概况、通行车辆信息（相关数值取自通行流水）、实际车辆信息（相关数值来自发起方填写的值）、确定逃费类型、稽核数据列表。在工单派发页上，点击【派发】按钮，系统标记工单"待处理"状态，根据途经路段派发稽核任务，更新稽核任务状态为"待处理"。若有发行方协查则先进行发行方任务派发，否则派发路段稽核任务。

图2-4-9　工单派发示意图

（2）回退工单

若发起方省中心判定工单信息内容不正确，需要发起单位进行工单修改的，可以对工单进行回退操作。点击【返回】，在弹出的回退工单窗口填写审核意见后点击【确认】将工单回退至工单发起单位，如图2-4-10所示。

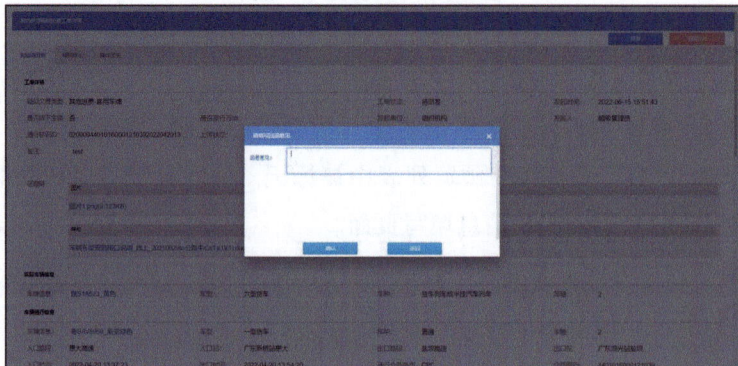

图2-4-10　回退工单示意图

（3）添加协查单位

在稽核数据列表中，每一条稽核数据均有统计对应的协查单位数量，点击协查单位数量进入协查单位详情查看页面。查找所需的单位并勾选，点击【一】将选中的单位加入工单协查单位。

（4）查看稽核数据详情

派发过程中，可以查看工单中涉及的各通行数据的详情，点击稽核数据列表中对应的数据编号即可。

4）重发工单

被省中心在派发阶段退回或者发行服务机构驳回的工单，可以修改后重新发起。

选择"外部稽核"菜单下的"待发起工单"子菜单，查看被省中心回退或者被发行服务机构驳回的工单。

重新提交工单：查找到所需工单后，点击【处理】，进入工单发起页面，对工单信息进行修改，点击【提交】重新提交工单，如图 2-4-11 所示。

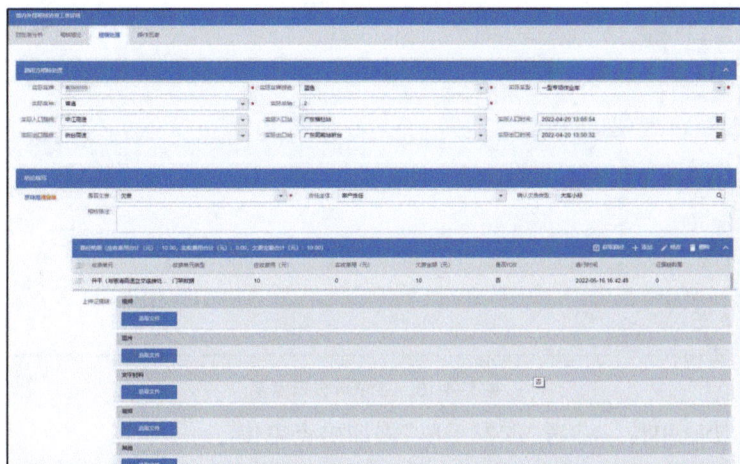

图 2-4-11　重新提交工单示意图

四　追缴名单的审核

省级稽核管理单位应对本省录入的追缴名单信息进行审核并承担相应责任，审核通过后自动生成追缴名单，审核不通过则返回至录入方。

省中心需要对本省发行方/路段提交的稽核结论进行审核。

（1）发行方结论审核。点击【外部稽核】菜单下的【发行方结论审核】，进入发行方结论审核工单列表。

（2）路段结论审核。点击【外部稽核】菜单下的【路段结论审核】，进入路段结论审核工单列表,如图2-4-12所示。

图2-4-12 路段结论审核示意图

(3)查看审核工单(图2-4-13)。查找到所需审核的工单后,点击【处理】进入审核工单查看页面,该页面包括工单概况、通行车辆信息、实际车辆信息、金额详情、稽核数据列表、确定逃费类型等。

图2-4-13 工单审核示意图

(4)添加协查单位。参考"派发工单"添加协查单位。

(5)在稽核数据维度批量审核。可在工单审核列表页勾选多条稽核数据(即多选所有可审核的稽核结论进行批量审核),点击【批量审核】,在弹出的批量审核确认框中填写审核意见以及审核结果后,点击【提交】完成批量审核稽核结论操作。

(6)在稽核结论维度审核结论。在工单查看页,点击【审核】进入该条稽核数据的审核列表页。

(7)单条审核。在稽核结论审核列表页,点击某条稽核结论前的【审核】,进入该条稽核结论的审核页面。审核意见为通过时,选择填写审核意见,点击【通过】按钮,完成该条稽核结论审核操作;审核意见为回退时,填写审核意见,点击【回退】按钮,完成该条稽核结论审核操作。

(8)提交审核。当所管辖的发行方或路段都已提交稽核结论并且均无须返回修改后,可在审核工单查看页面填写"审核意见"并点击【提交】,即认可该工单中的发行方或路段所有稽核结论,完成审核。对于存在需发行方处理的稽核数据,省中心将需要分别对发行方和路段提交的稽核结论进行审核操作,最少审核两次。

当省中心提交审核时,系统会对该省内所有路段稽核结论进行一致性判断,如发现单条稽核数据(单次通行时)的责任主体存在不一致,系统将自动回退该条稽核数据对应的所有路段稽核结论至相关路段单位。

如当工单所有省中心完成审核时,系统会对工单内所有路段稽核结论进行一致性判断,如发现单条稽核数据(单次通行时)的责任主体仍存在不一致,系统将自动回退该条稽核数据对应的所有路段稽核结论至相关路段单位。因不一致被系统自动回退的稽核结论,省中心需重新审核。

五 追缴名单的处理

1. 处理工单(发行方)

针对 ETC 车辆通行发起的外部稽核工单,先由发行服务机构(发行方)进行工单处理,如图 2-4-14 所示。

图 2-4-14 (发行方)工单处理示意图一

(1)选择"外部稽核"菜单下的"工单处理"子菜单

查找到所需处理工单后,点击【处理】进入工单处理页面,该页面包括工单概况、通行车辆信息(相关数值取自通行流水)、实际车辆信息(相关数值来自发起方填写的值)、稽核数据列表、确定逃费类型等。

查看数据详情。查看工单中涉及的各通行数据的详情,点击稽核数据列表的对应的数据编号即可。

卡编号核查。系统要求 ETC 卡编号必须是 20 位,故进行发行方工单处理前,需要确保 ETC 卡编号为 20 位。点击【卡编号核查】按钮,进入卡编号核查页面,点击【修改编号】,在弹出的修改卡编号的界面填入正确的编号后,点击【确认】即可。

（2）进入发行方工单处理页面（图2-4-15）

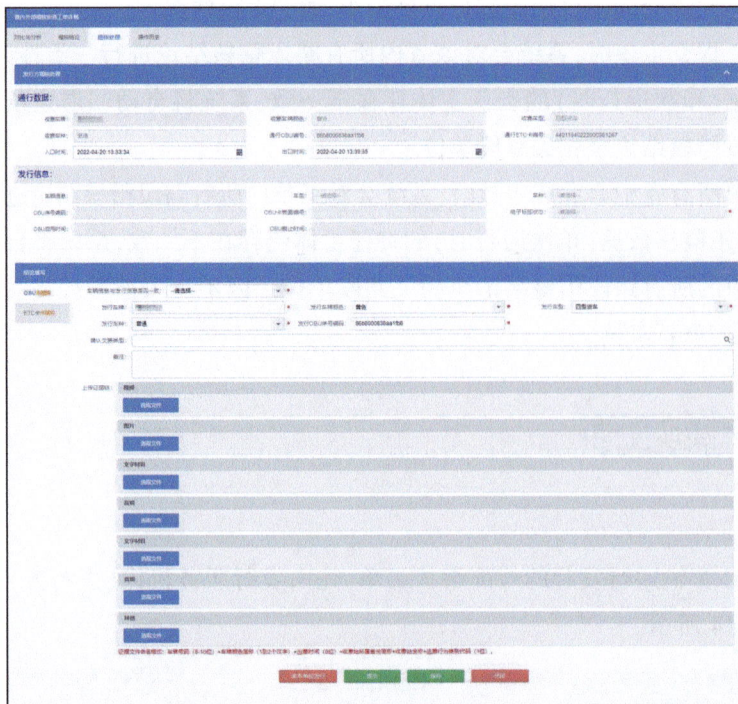

图2-4-15 （发行方）工单处理示意图二

当工单下存在多次通行数据时，可针对不同的通行数据填写不同的稽核结论，默认情况下针对工单中的所有通行数据统一填写稽核结论，可根据需要分批选中特定通行数据来分批填写稽核结论。选中通行数据后，点击【发行稽核】按钮，进入发行方反馈页面，系统将展示本次工单涉及的该发行方相关的OBU及ETC卡通行信息及发行信息情况。

（3）填写发行方稽核结论

发行方判断发行信息与通行信息是否存在不一致情况，完成发行方稽核结论的填写。

（4）稽核结论填写限制说明

当车辆信息与发行信息一致时，责任主体为只读状态，实际车牌号、实际车牌颜色、实际车型、实际车种必填；证据是否充足、证据链为非必填项。

当车辆信息与发行信息不一致，并且"责任主体"选择为客户时，证据是否充足必须为"是"，证据链、实际车牌号、实际车牌颜色、实际车型、实际车种为必填。

当车辆信息与发行信息不一致时，并且"责任主体"选择为发行方时，证据是否充足、证据链、实际车牌号、实际车牌颜色、实际车型、实际车种为必填。

（5）补充证据链

点击【添加】按钮，在弹出的"添加证据"框中选择文件并填写相关信息，点击【提交】完成证据链上传。要求必须上传该OBU/ETC卡所属车辆办理时提供的行驶证照片，如选择"责任主体"为客户时，应补充除行驶证外更多的证据资料如图2-4-16所示。

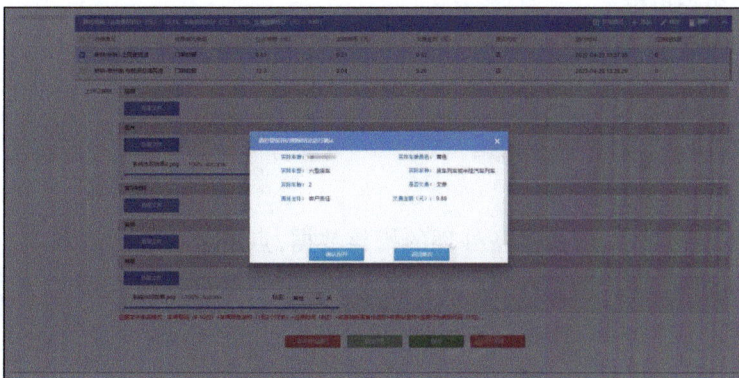

图 2-4-16　证据资料上传示意图

（6）驳回稽核工单

若 OBU 及 ETC 卡不是用户单位发行时，可驳回工单。点击【非本单位发行】，系统将该工单回退至工单发起单位。

（7）保存稽核结论

通过系统提供信息及人为判断后填写发行方稽核结论，包括"车辆信息与发行信息是否一致"、"责任主体"、实际车辆信息等信息，点击【保存】按钮，完成稽核结论保存。系统保存该稽核结论后，用户仍可以继续修改。

（8）提交稽核结论

通过系统提供信息及人为判断后填写发行方稽核结论后，如确认该稽核结论不再修改，点击【提交】按钮，完成稽核结论提交操作。提交后，用户将不可修改。

2. 处理工单（路段单位）

（1）选择"外部稽核"菜单下的"工单处理"子菜单

查看处理工单：查找到所需处理工单后，点击【处理】进入处理工单查看页面，该页面包括工单概况、通行车辆信息（相关数值取自通行流水）、实际车辆信息（相关数值来自路段单位填写的值）、稽核数据列表、确定逃费类型等，如图 2-4-17 所示。

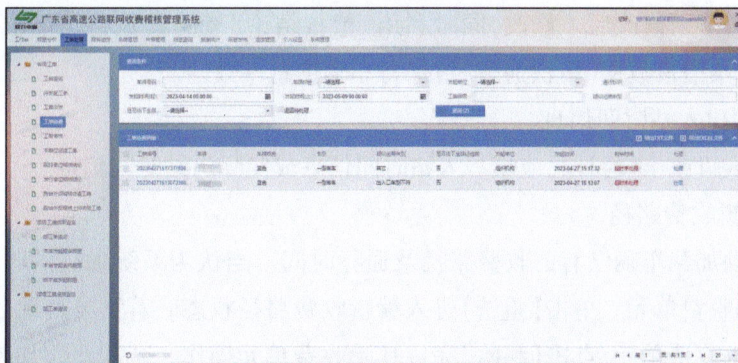

图 2-4-17　（路段单位）工单处理示意图

（2）添加协查单位

参考"派发工单"添加协查单位。

（3）查看证据

点击"查看工单详情"查看证据。

（4）进入处理页面

在稽核数据列表中，查找准备处理的稽核数据，点击对应操作列表中【处理】按钮，进入路段稽核处理页面，该页面分有几个信息框，包括：数据概况、出入口数据、省内通行信息、门架数据、识别数据、稽核结论、稽核结论状态。

（5）未通过本路段处理

如果经过核实，认为该车辆没有经过本路段，点击【未通过本路段】按钮，完成稽核处理。如果选择了【未通过本路段】，用户若有填写稽核结论都将默认无效。

（6）填写路段稽核结论

对于管辖多条路段的路段运营管理单位，车辆信息统一填写，但通行结论则需逐条路段分开填写，可点击通行结论中的路段名称切换稽核结论填写页。当某路段完成通行结论填写时，在"通行结论"中对应路段后方的"待处理"标识将更改为"处理中"或者"已提交"。

（7）修改实际车辆信息

实际车辆信息（实际车牌、实际车牌颜色、实际车种、实际车型、实际车轴、实际入口站、实际出口站）默认取路段单位填写的值，为不可修改状态；若实际车辆信息跟路段单位填写的值不一致需要修改，点击【修改车辆信息】按钮，系统弹出修改原因框。在上述弹框描述修改车辆实际信息的原因后，才可进行实际车辆信息的修改。所填写的修改车辆信息原因可以在操作记录 Tab 页查看。

（8）注意事项

路段稽核结论中的实际车辆信息（实际车牌、实际车牌颜色、实际车种、实际车型、实际入口站/时间、实际出口站/时间）在工单处理过程中会进行实际一致性判断，如不一致则需要路段单位重新填写稽核结论。为减少该类不一致情况出现，建议路段单位稽核过程中确认是否必须修改后才修改，同时利用"稽核结论"查阅其他路段单位提交的稽核结论，以使单条稽核数据（单次通行时）保持车辆信息一致性。

（9）填写出入站时间信息

如属于入口或出口路段，应填写入站时间信息或实际出站时间信息。

（10）编辑收费路径

系统自动加载车辆已有的收费路径及通行时间。当认为系统加载的收费路径有误时，需要增删收费单元。单击【重选】进入编辑收费路径状态。若需要移除收费单元，查找需要移除的收费单元，点击【移除】完成移除收费单元操作。若需要添加收费单元，单击【添加】，在弹出的"添加收费单元"框中，选择目标收费单元，填写所选的收费单元的通行时间,并添加相关证据后确认即可完成收费单元的添加。

(11)计算应收费用

确认收费单元后,进行应收费用的重新计算,单击【重选】进入编辑状态,点击【计费】计算路径应收费用,系统在"计费信息"框中返回新路径及其计费信息,如确认该计费结果与实际相符,点击【使用计费结果】;填写实收费用:本路段实收为必填字段,需要用户根据实际情况填写。补充证据链:若有相应的证据资料,可在"证据链"上传证据,点击【添加】按钮,在弹出的"添加证据"框中选择文件并填写相关信息,点击【提交】完成证据链上传。如属于入口或出口路段,证据链必填。

(12)保存稽核结论

进入稽核处理页面,该页面包括车辆信息、通行结论、稽核结论、收费路径、证据链、备注说明,填写以上信息,点击【保存】按钮,完成稽核结论保存。系统保存该稽核结论后,用户仍可以继续修改。

(13)提交稽核结论

填写完整稽核结论后,点击【提交】按钮,系统会将该次通行当前已提交或已保存的结论进行弹框展示,可以查阅与其他路段单位提交或保存的稽核结论中实际车辆信息是否一致,再确认是否提交结论,如果确认提交,点击【继续提交】按钮,完成结论的提交。

第三节　收费特情业务

一　稽核业务查询

1.重点关注名单查询

点击部级稽核管理系统中的【稽核名单查询】—【重点关注名单查询】,页面如图2-4-18所示。

图2-4-18　重点关注名单列表示意图

（1）查询重点关注名单：选择查询条件查找相应稽核灰名单数据。查询条件支持如下：

①输入车牌号码，查询范围将限定在该车牌于重点关注名单中的历史记录；

②选择车牌颜色，查询范围将限定在该车辆标识（车牌号码＋车牌颜色）于重点关注名单中的历史记录。

（2）查看车辆档案：点击"车辆标识"链接进入车辆档案详情页面，查看车辆档案描述。

（3）查看证据链：点击"查看"链接即可查看各省上传的与该车辆相关的证据链文件。

2.追缴名单查询

点击部级稽核管理系统中的【稽核名单查询】—【追缴名单查询】，页面如图 2-4-19 所示。

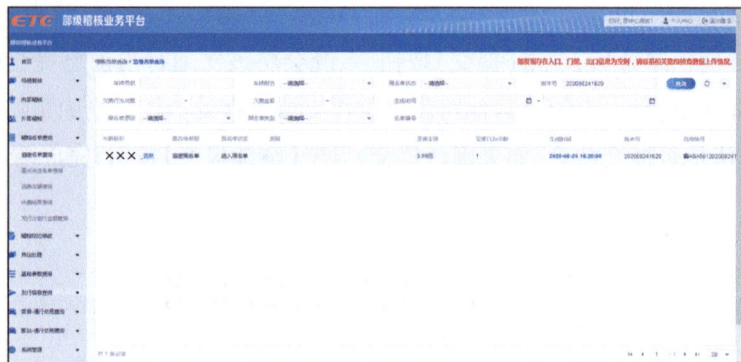

图 2-4-19　追缴名单查询示意图

（1）查询追缴名单：选择查询条件查找相应稽核追缴名单数据。

①输入车牌号码，查询范围将限定在该车牌于追缴名单中的历史记录；

②选择车牌颜色，查询范围将限定在该车辆标识（车牌号码＋车牌颜色）于追缴名单中的历史记录。

（2）查看车辆档案：点击"车辆标识"链接进入车辆档案详情页面，查看车辆档案描述。

（3）查看生成追缴名单工单：点击"生成时间"链接进入该车辆加入追缴名单时关联的外部稽核工单或稽核结论修改工单（可查看发起单位、发起时间、欠费金额、欠费理由等信息）。

3.省内三类流水查询

点击省级稽核管理系统中的【数据分析】—【交易流水查询】，即可查询相应流水信息。

选择查询条件查找相应车辆行驶路径数据。点击【查询】,界面显示查询结果。

点击【入口处理编号】或【出口处理编号】,界面跳转到流水详情界面,可查看同一次通行(PassID 一致则认为是同一次通行)具体流水参数信息,包含入口流水、出口流水、门架流水、图像及识别流水、路径信息、路径地图等具体详情。

(1)流水详情——入口流水,点击【入口流水】可查看车辆基本信息,如图 2-4-20 所示。

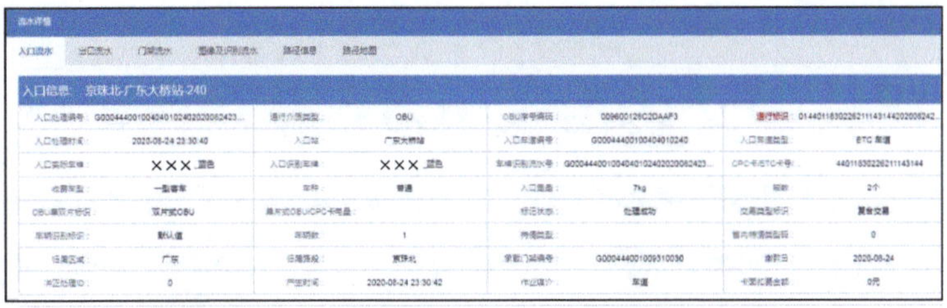

图 2-4-20 流水详情——入口流水示意图

(2)流水详情——出口流水,点击【出口流水】可查看车辆基本信息,详见图 2-4-21。

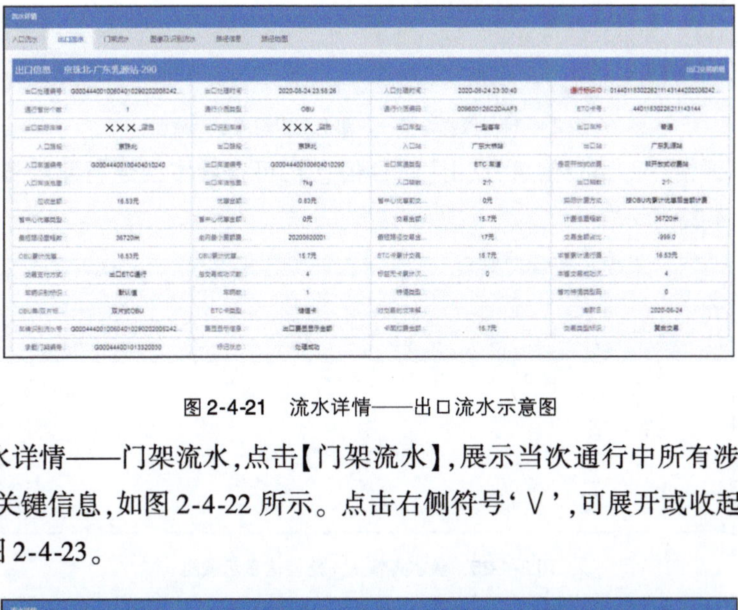

图 2-4-21 流水详情——出口流水示意图

(3)流水详情——门架流水,点击【门架流水】,展示当次通行中所有涉及的门架流水记录以及关键信息,如图 2-4-22 所示。点击右侧符号'∨',可展开或收起对应门架流水详情,见图 2-4-23。

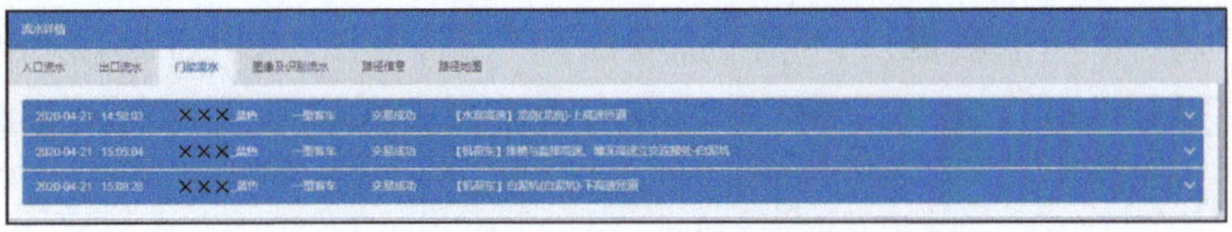

图 2-4-22 流水详情——门架流水示意图

(4)流水详情——图像及识别流水,点击【图像及识别流水】可查看入口图像、出口图像、门架流水图片以及查询 ETC 门架车牌识别流水数据,见图 2-4-24。

图 2-4-23　门架流水的详情示意图

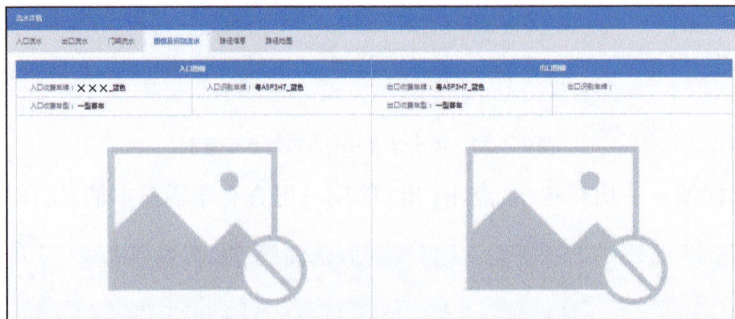

图 2-4-24　流水详情——图像及识别流水示意图

（5）流水详情——路径信息，点击【路径信息】，可查看本次通行路径概况以及路径对比，如图 2-4-25 所示。

图 2-4-25　流水详情——路径信息示意图

①路径概况，展示信息包括：车牌（含颜色）、车型、车种、入口、出口、入口时间、出口时间。该部分信息以出口流水为准，若没有对应出口流水则从入口流水获取，如果都获取不到则展示为空。

②路径对比，展示现有的入出口通行流水、门架通行计费流水、入出口及门架识别流水的标识点信息，并对相邻标识点之间的行驶路径进行拟合，展示缺失流水的标识点信息，从而形成路径对比信息。（"√"表示当前路径类型有该标识点记录；"×"表示当前路径类型没有该标识点记录。点击路径表中的"√"，可跳转至该通行流水或识别流水

的详情信息界面。若两点之间的拟合超过 15 个点,则认为拟合失败,该行以"－"表示)

点击【发起外部稽核工单】按钮,可进入流水分析界面,该界面可提供发起工单功能。

点击【导出 excel】,可导出路径概况和路径对比表格的内容。

点击【费额对比】,可将当前路径标识点自动加载至拟合路径费率查询中,方便对大车小标等逃费车辆的重新计费。

路径:各流水详情—路径对比栏—拟合通行路径与出口交易收费明细路径对比(按钮,右侧),增加收费路径与拟合路径对比表,且用不同颜色标记差异操作。

点击按钮,进入对比界面(图 2-4-26)。

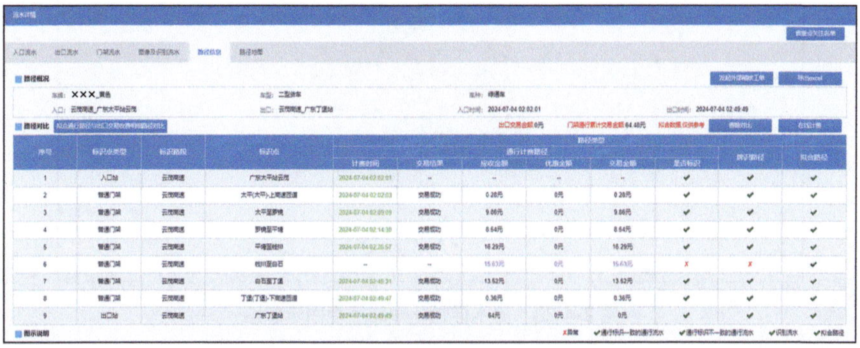

图 2-4-26 对比界面示意图

点击【导出 excel】,按照界面样式导出数据(图 2-4-27)。

图 2-4-27 数据导出界面示意图

点击【说明信息】按钮,可查看路径组成说明。具体内容如下:

拟合通行路径,分别从门架计费流水、车牌识别流水中获取标识,各个标识根据时间进行排序,再进行两点之间拟合,拟合结果无对应计费时间。

"计费交易时间"绿色字体表示该标识点从门架计费流水中获取;

"计费交易时间"蓝色字体表示该标识点从车牌识别流水中获取;

"计费交易时间""—"表示该标识点通过拟合获取,所以无对应时间点信息;

143

"计费单元名称"红色字体则表示拟合通行路径与出口交易收费明细路径差异。

金额信息获取:应收金额、优惠金额、交易金额中黑色字体表示该笔金额从门架计费流水中获取展示;紫色字体表示该笔金额信息通过费率计算获取展示。

注:只有出口交易流水数据才展示该信息。

(6)流水详情——路径地图:如图2-4-28所示,右下角展示各种类型的标识点,勾选可在地图展示,点击地图标识点可展示标识点详情。点击【拟合路径演示】,展示拟合路径的线路。

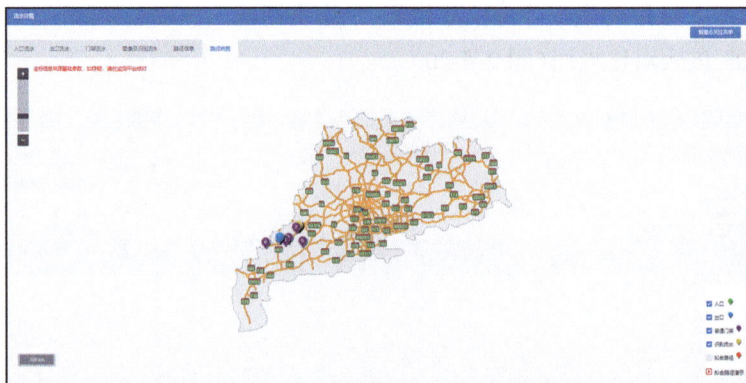

图2-4-28 流水详情——路径地图示意图

4. 车辆行驶路径查询

点击省级稽核管理系统中的【数据分析】—【行驶路径查询】,界面如图2-4-29所示。选择查询条件查找相应车辆行驶路径数据,点击【查询】,界面显示查询结果。

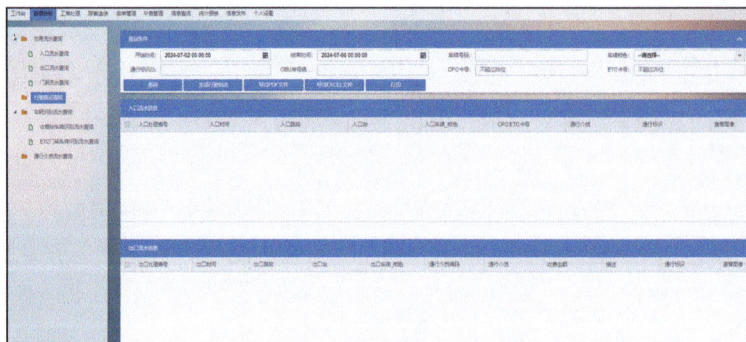

图2-4-29 行驶路径查询界面示意图

5. 车牌识别流水查询

(1)收费站车牌识别流水查询

点击省级稽核管理系统中的【数据分析】—【车辆识别流水查询】—【收费站车牌识别流水查询】,界面如图2-4-30所示。选择查询条件查找相应车辆行驶路径数据。点击【查询】,界面显示查询结果,可查看车辆途经收费站入出口抓拍到的图片及记录。

144

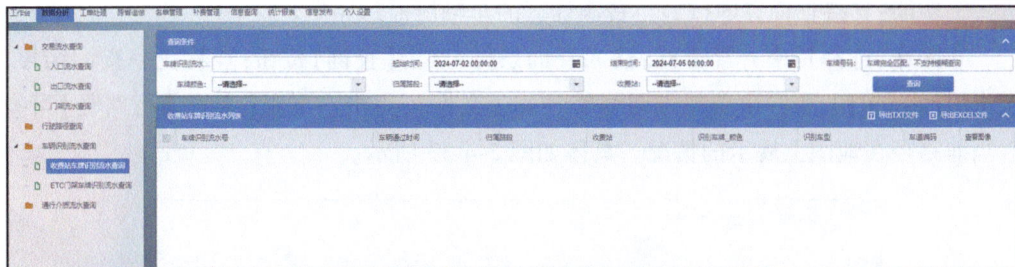

图 2-4-30　收费站车牌识别流水查询示意图

（2）ETC 门架车牌识别流水查询

点击省级稽核管理系统中的【数据分析】—【车辆识别流水查询】—【ETC 门架车牌识别流水查询】。选择查询条件查找相应车辆行驶路径数据。点击【查询】，界面显示查询结果，如图 2-4-31 所示，可查看车辆途径门架抓拍到的图片及记录。

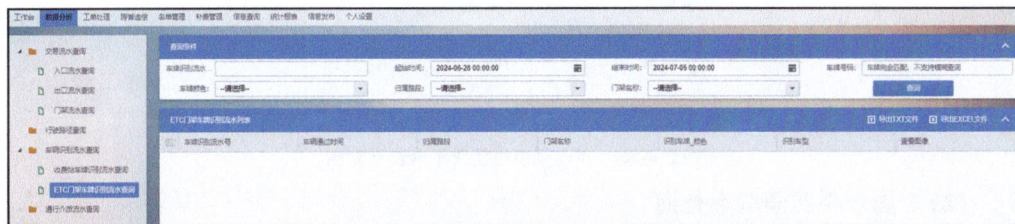

图 2-4-31　门架车牌识别流水查询示意图

6. 通行介质流水查询

（1）点击省级稽核管理系统中的【数据分析】—【通行介质流水查询】，界面如图 2-4-32 所示。选择查询条件查找相应卡片行驶路径数据。点击【查询】，界面显示查询结果。

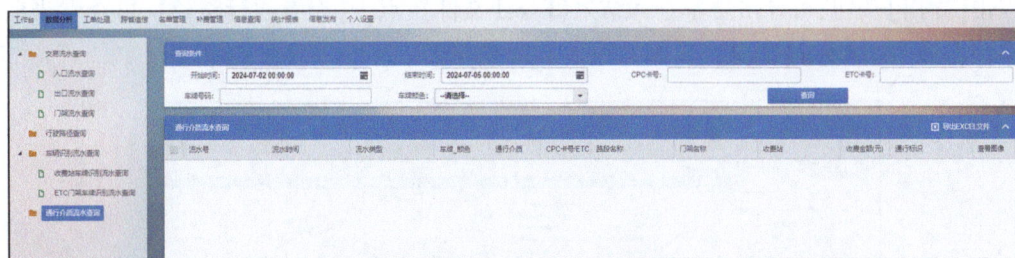

图 2-4-32　通行介质流水查询示意图

（2）点击【流水号】，界面跳转到流水详情界面，可查看同一次通行（PassID 一致则认为是同一次通行）具体流水参数信息，包含入口流水、出口流水、门架流水、图像及识别流水、路径信息、路径地图等具体详情。具体详情信息参照"入口流水查询"。

7. 费率查询

（1）省内最小费额费率查询

①路径：省级稽核管理系统中【信息查询】—【费率查询】—【省内最小费额费率查询】。

②功能:支持查询省内按最小费额计算的车辆所需过路费。

③操作:选择费率计算方式;输入查询条件;点击【查询】按钮;查看费率查询结果;点击【导出】按钮,可导出费率查询结果(Excel 文件);点击右下角【查看通行路径】可查看当前路径在地图上展示的情况。具体如图 2-4-33 所示。

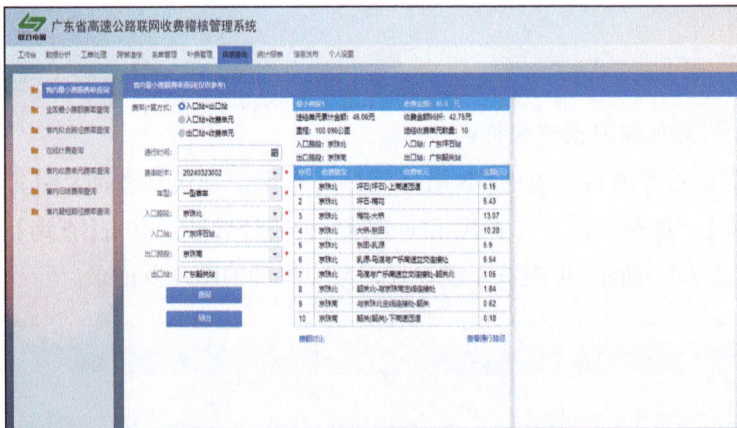

图 2-4-33 省内最小费额费率查询示意图

(2)全国最小费额费率查询

①路径:省级稽核管理系统中【信息查询】—【费率查询】—【全国最小费额费率查询】。

②功能:支持查询从外省入、广东省出的通行路径费额。

③操作:选择费率计算方式;输入查询条件;点击【查询】按钮;查看费率查询结果;点击【导出】按钮,可导出费率查询结果(Excel 文件);点击【查看通行路径】,可查看当前路径在地图上展示的情况。具体如图 2-4-34 所示。

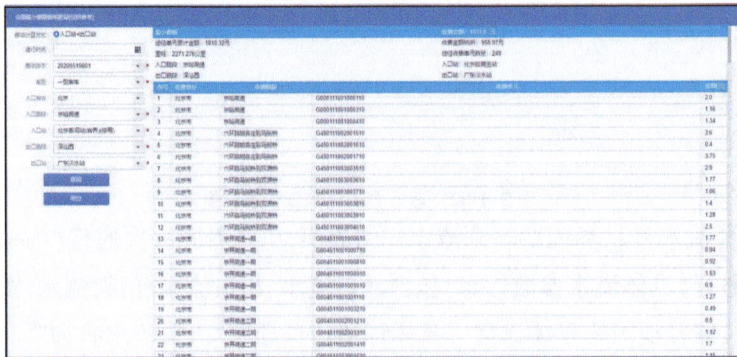

图 2-4-34 全国最小费额费率查询示意图

(3)省内拟合路径费率查询

①路径:省级稽核管理系统中【信息查询】—【费率查询】—【省内拟合路径费率查询】。

②功能:支持按用户输入的收费站或收费单元来拟合路径并展示费率。

③操作:选择费率计算方式,包括两点找最短路径、多点找最短路径、单点找最近入口、单点找最近出口;输入查询条件;点击【查询】按钮,查看费率查询结果;点击【导出】按钮,可导出费率查询结果(Excel 文件);点击【查看通行路径】,可查看当前路径在地图上展示的情况。具体如图 2-4-35 所示。

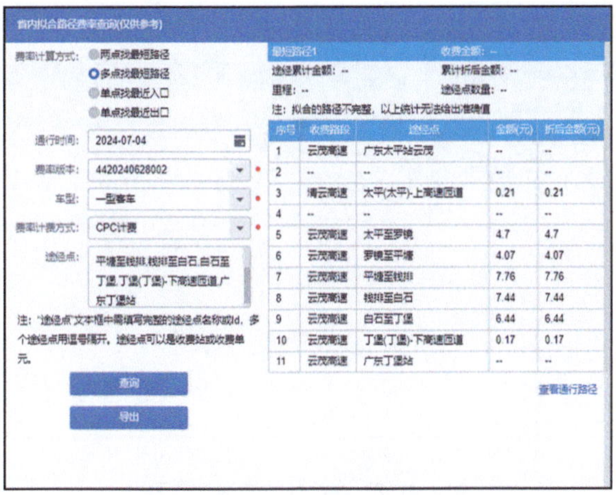

图 2-4-35 省内拟合路径费率查询示意图

对于六型货车增加轴数填写;对于大于六轴的货车,根据实际填写轴数并在原有基础费率上按每增加一轴收费系数增加 0.17 计算最终通行费用,如图 2-4-36 所示。

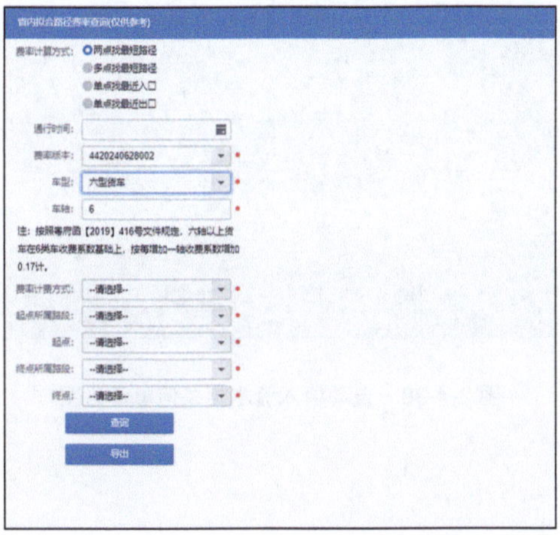

图 2-4-36 六型货车增加轴数计算通行费用查询示意图

(4)在线计费查询

①路径:省级稽核管理系统中【信息查询】—【费率查询】—【在线计费查询】。

②功能:支持用户使用在线计费方式计算路径费率。

③操作:进入在线计费查询页面,可手动输入字段信息,点击【查询】按钮调取在线计费接口查询费率信息。进入在线计费查询页面,输入通行标识 ID,点击【获取流水】,

系统从流水中获取相关字段信息后,用户根据实际情况补充信息,点击【查询】按钮调取在线计费接口查询费率信息,如图 2-4-37 所示。点击【在线计费费额】按钮,系统跳转至"费率查询—在线计费查询"页面,并自动填入流水相关信息(图 2-4-38),点击【查询】按钮调取在线计费接口查询费率信息,点击【导出】,可将查询结果以 Excel 格式导出。

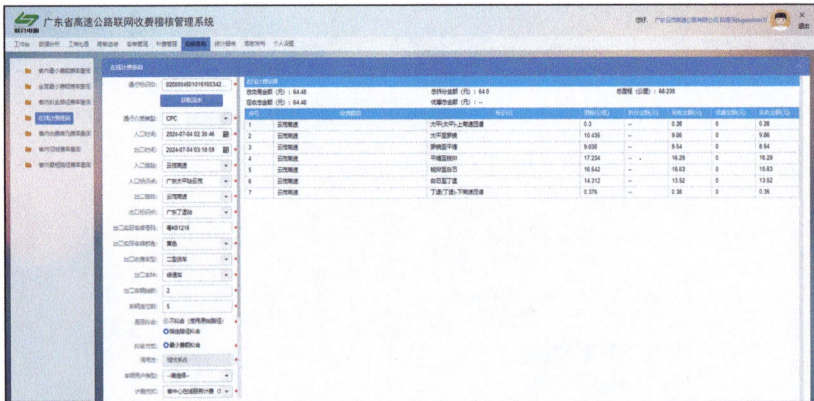

图 2-4-37 在线计费查询示意图

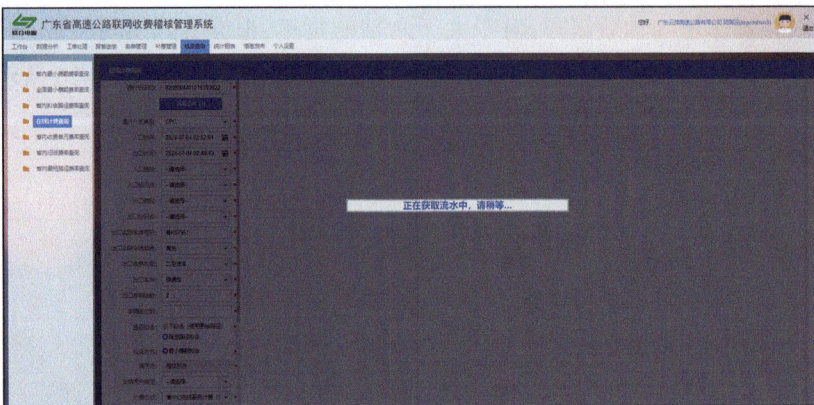

图 2-4-38 自动填入流水相关信息示意图

8. 车辆信息查询

(1)车辆档案查询

①路径:省级稽核管理系统中【信息查询】—【特情车辆信息库】—【车辆档案查询】。

②功能:可根据车牌查询车辆档案,包括异常车辆基本信息、省内注册车辆信息、省内发行车辆信息、异常通行频率统计、稽核工单统计、特殊事件频率统计。

③操作:输入车牌号和车牌颜色,点击【查询】按钮,查看车辆档案,如图 2-4-39、图 2-4-40所示。

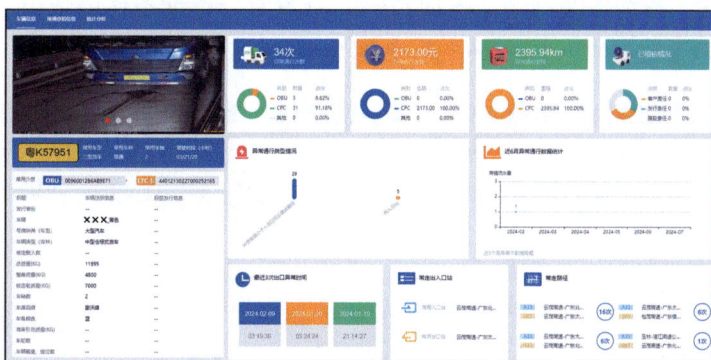

图 2-4-39 特情车辆信息库示意图

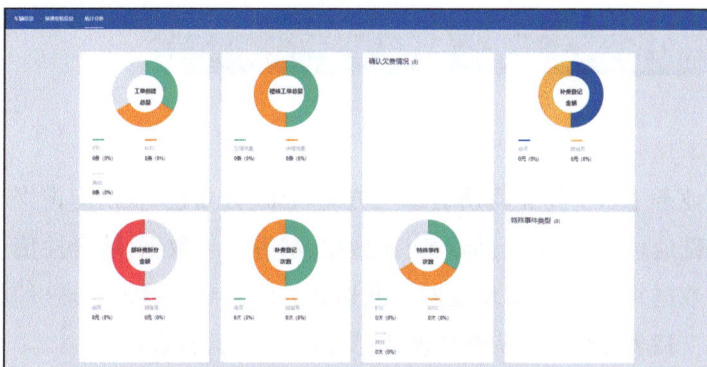

图 2-4-40 车辆档案查询示意图

（2）车辆注册信息查询

①路径：省级稽核管理系统中【信息查询】—【特情车辆信息库】—【车辆注册信息】。

②功能：支持查询省内注册车辆信息详情。

③操作：输入查询条件；点击【查询】按钮，查看符合查询条件的记录；点击"车牌号"链接可查看该车辆的更多详情信息，如图 2-4-41 所示。

图 2-4-41 车辆注册信息示意图

（3）车型信息查询

①路径：省级稽核管理系统中【信息查询】—【特情车辆信息库】—【车型品牌信息】。

②功能：支持查询车型信息。

③操作:输入查询条件;点击【查询】按钮,查看符合查询条件的记录;点击"产品型号"链接可查看该车型的更多详情信息,如图 2-4-42 所示。

图 2-4-42　车型信息查询示意图

二　收费特情业务处理(部省级稽核业务系统常规操作)

1.部级稽核业务平台功能介绍

部级稽核业务平台支持全网所有参与方有权限、分角色、在所有内网环境访问。支持全网各类基础信息、发行信息、部站交易数据、部省交易数据、综合性信息查询。建立全网稽核名单数据共享机制,实现全网协调追缴。建立全网异议处理机制,支持各种渠道异议处理。支持多种组织机构管理模式;支持各类统计报表。

(1)部站-通行交易查询

①路径:首页的【部站-通行交易查询】-【入口通行查询】/【出口通行查询】/【门架通行查询】/【门架车牌识别查询】/【收费站车牌识别查询】/【出口闯关查询】/【绿通查询】。

②操作:点击要查询的方式,输入查询条件,即可检索对应流水。门架通行查询流水如图 2-4-43、图 2-4-44 所示。

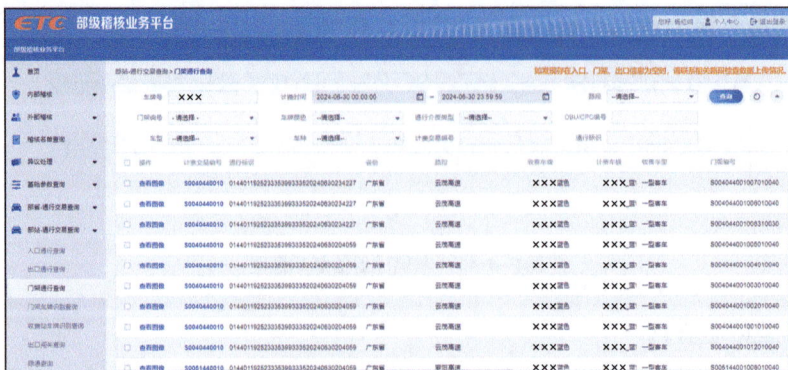

图 2-4-43　门架通行查询示意图

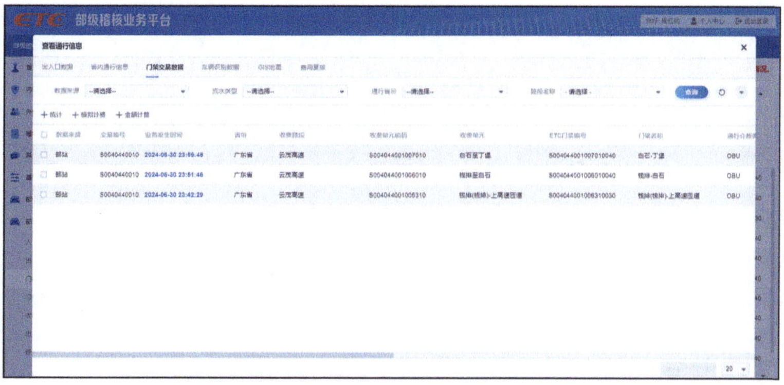

图2-4-44 门架通行流水详情示意图

通过以上操作,即可查询车辆在全国省份通行路径。

（2）部省-通行交易查询

①路径:首页【部省-通行交易查询】-【跨省门架交易查询】/【单省门架交易查询】/【跨省出口其他交易查询】/【单省出口其他交易查询】/【跨省出口 ETC 交易查询】/【单省出口 ETC 交易查询】。

②操作:类同上述"部站-通行交易查询"。跨省门架交易查询界面如图 2-4- 45 所示。

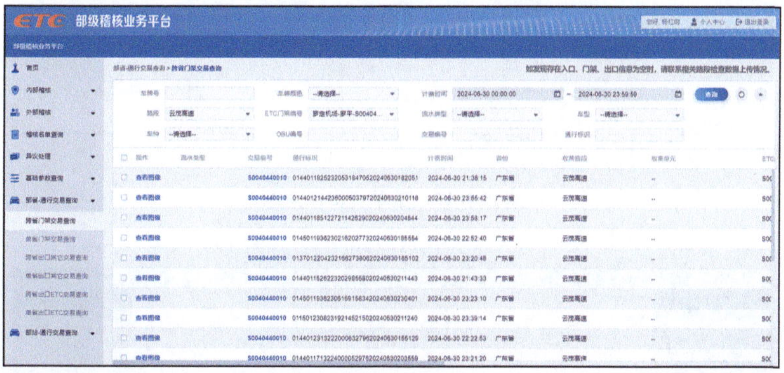

图2-4-45 跨省门架交易查询示意图

（3）基础参数查询

①路径:首页【基础参数查询】—【收费公路查询】/【收费路段查询】/【收费站查询】/【收费单元查询】/【收费广场查询】/【收费车道查询】/【收费门架查询】/【费额查询】（图2-4-46）。

②操作:类同上述交易查询操作。

（4）工单查询

①路径:首页【外部稽核】—【工单查询】。

图 2-4-46　收费公路查询示意图

②操作:类同上述其他查询方法,输入条件,点击【查询】,结果如图2-4-47～图2-4-50所示。

图 2-4-47　工单查询示意图

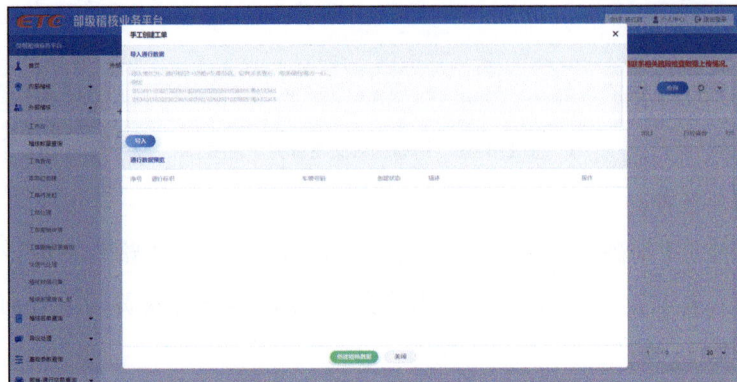

图 2-4-48　手工创建工单示意图

图2-4-49 填写工单信息示意图

图2-4-50 查看工单示意图

（5）稽核名单查询

①路径：首页【稽核名单查询】（查询正在追缴的信息）。

②操作：类同上述查询信息方法。稽核名单查询界面如图2-4-51所示。

图2-4-51 稽核名单查询示意图

2.省级稽核业务平台功能介绍

省级稽核管理系统主要负责对省内通行流水数据进行初步的异常筛选,再通过路径拟合分析手段,二次筛选逃费流水,实现省级稽核的 AI 精确打逃,形成省内工单稽核、稽核结论证据链,并对接上传部中心,由部级稽核管理系统根据欠费工单信息形成车辆追缴名单;提供特殊事件、重点关注名单等违规行为登记,形成省内重点关注名单。进一步打击各种偷逃高速公路通行费的违法、违规行为,降低各业主单位通行费损失。省级稽核业务平台主要功能包括:

(1)首页工作台

用户登录进入本系统后,页面跳转至主界面——"稽核工作台",如图 2-4-52 所示。

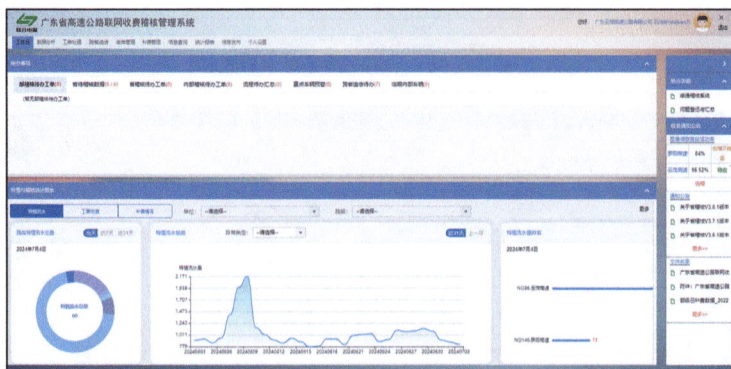

图 2-4-52　稽核工作台示意图

功能:展示当前用户的各项待办事项、图表统计数据并提供跳转至常用功能界面的快捷入口。

(2)数据分析

重点特情分析:点击【数据分析】—【重点特情分析】,输入查询条件,即可以查询各类特情的情况,进行稽核,如图 2-4-53 所示。

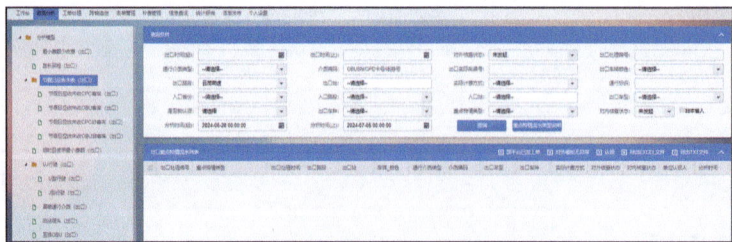

图 2-4-53　重点特情分析示意图

特情流水查询:点击【数据分析】—【特情流水查询】,选定时间、地点等信息,可以检索对应特情流水,如图 2-4-54 所示。点击图片缩略图可查看该条流水相关的图片信息。

进入流水页面后,核对信息,对流水进行稽核。根据稽核情况对流水进行判定,若为无异常流水,则点击【对外稽核无异常】;若流水有异常,则优先查询工单是否已经发起,已发起则点击相应选项,若未发起,则发起工单。流水详情如图 2-4-55 所示。

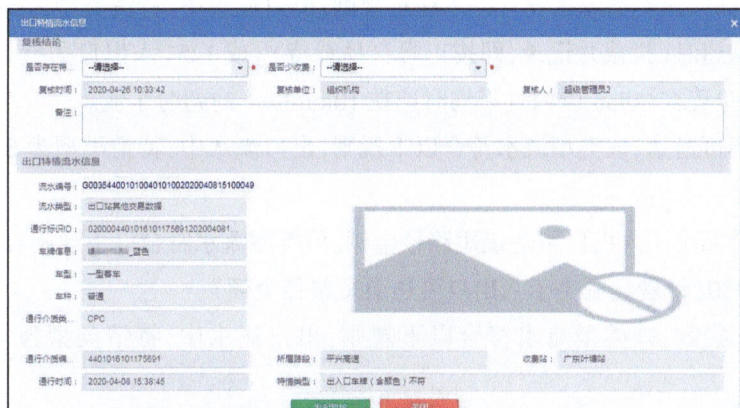

图 2-4-54 特情流水查询示意图

图 2-4-55 流水详情示意图

特情流水类型说明:

①ETC 卡与 OBU 车牌(含颜色)不符,该类型流水符合以下规则:出口流水中,特情类型为 41[ETC 卡与 OBU 车牌(含颜色)不符]。

②ETC 卡与 OBU 车型不符,该类型流水符合以下规则:出口流水中,特情类型为 42(ETC 卡与 OBU 车型不符)。

③出入口车辆状态标识(货车 ETC)不符,该类型流水符合以下规则:出口流水中,特情类型为 53[出入口车辆状态标识(货车 ETC)不符]。

④出入口车牌不一致,该类型流水符合以下任意规则:出口流水中,特情类型为 52[出入口车牌(含颜色)不符]且出口流水中入口车牌与出口车牌不一致的流水。

⑤出入口车型不一致,该类型流水符合以下任意规则:出口流水中,特情类型为 51(出入口车辆车型不符)。

⑥出入口车种不一致,该类型流水符合以下规则:出口流水中入口车种、出口车种不一致的流水。

⑦超时行驶,该类型流水符合以下任意规则:出口流水中,特情类型为58[从进入路网到离开路网超时(拦截并记录,即按正常交易看待)]或125(入出口通行超时)。出口流水中,行驶里程在80km以内且平均时速在10km以下的超时车辆。

⑧路径不可通达,该类型流水符合以下规则:出口流水中,特情类型为59(路径不可通达)。

⑨计费金额小于入出口可达最短路径金额,该类型流水符合以下规则:出口流水中,特情类型为130(计费金额小于入出口可达最短路径金额)。

⑩U形车拦截,该类型流水符合以下规则:出口流水中,特情类型为111(U形车拦截)。

⑪节假日免费,该类型流水符合以下规则:出口流水中,特情类型为116(节假日免费)。

⑫无入口信息,该类型流水符合以下规则:出口流水中,特情类型为26(ETC/CPC卡无入口信息)。

⑬无卡,该类型流水符合以下规则:出口流水中,特情类型为5|36|56(OBU无卡|无CPC卡|入口标签无卡或读卡出错或入口储值卡余额为0)。

⑭坏卡,该类型流水符合以下规则:出口流水中,特情类型为35(CPC卡损坏)。

⑮OBU拆卸,该类型流水符合以下规则:出口流水中,特情类型为2(OBU拆卸)。

⑯OBU状态名单,该类型流水符合以下规则:出口流水中,特情类型为6(OBU在状态名单中)。

⑰稽核追缴名单,该类型流水符合以下规则:出口流水中,特情类型为118(车牌在追缴黑名单中)。

⑱稽核重点关注名单,该类型流水符合以下规则:出口流水中,特情类型为127(车牌在追缴灰名单中)。

⑲入出口轴数不一致,该类型流水符合以下任意规则:出口流水中,特情类型为入出口轴数不一致。出口流水中,入口轴数、出口轴数不一致的流水。

⑳按全网最小费额计算,该类型流水符合以下规则:出口流水中,"实际计费方式 = 按全网最小费额计算"的流水。

㉑出口纸券通行,该类型流水符合以下规则:出口站其他交易数据,"通行介质类型 = 纸券"的流水。

㉒有入无出,该类型流水符合以下规则:入口流水中,剔除无效的冲减和被冲减流水,获取5天前入口站通行数据与出口站ETC通行数据、出口站其他交易数据、ETC门架省界出省流水进行通行标识ID(PassID)匹配,对无法匹配的数据,形成有入无出特情流水。

(3)特情流水查询

点击【数据分析】—【通行流水查询】进行流水查询。

①入口特情流水查询。

a. 功能：支持查询省内入口通行流水，展示符合查询条件的记录，支持查看详情。

b. 操作：输入查询条件；点击【查询】按钮，查看符合查询条件的记录，如图 2-4-56
所示。

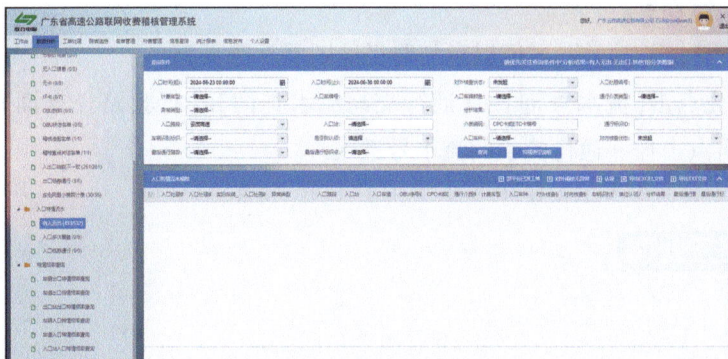

图 2-4-56　入口特情流水示意图

②出口特情流水查询。

a. 功能：支持查询省内出口通行流水，展示符合查询条件的记录，支持查看详情。

b. 操作：同"入口特情流水查询"，如图 2-4-57 所示。

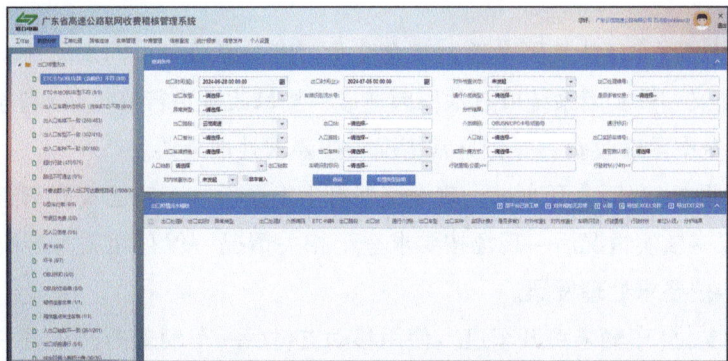

图 2-4-57　出口特情流水示意图

③门架流水查询。

a. 功能：支持查询省内门架流水记录，支持查看详情。

b. 操作：同"入口特情流水查询"。

④行驶路径查询。

a. 功能：输入车牌号，同时查询该车的入口、出口、门架以及车牌识别流水信息。

b. 操作：同"入口特情流水查询"。

⑤收费站车牌识别流水查询。

a. 功能：识别收费站入口、出口车牌号。

b.操作:同"入口特情流水查询"。

⑥通行介质流水查询。

a.功能:查询 CPC 卡或者 ETC 卡的通行情况。

b.操作:输入 CPC 卡号或者 ETC 卡号进行查询。

⑦流水详情查看。

a.功能:查看流水详情、图像展示与路径地图展示等页面。

b.操作:先点击【流水查询】—【通行交易流水查询】/【行驶路径查询】/【通行介质流水查询】,再点击任一通行流水的流水号进入。

三 退费业务处理

1.定义

(1)退费:指车辆现金支付通行费后,司机对通行费提出异议,经核实为收费系统故障、费率异常或收费员操作失误,造成实缴通行费比应缴通行费多,须将多收部分通行费退回司机。

(2)退费业务:指现金退费和非现金退费。

2.CPC 卡退费流程

(1)现金收费(车辆未离开车道):现金交费打出发票后→车辆未离开车道→司机对通行费提出异议→核实因系统或其他原因造成→按修改键进行修正(以利通收费软件为例)→按正确费率重输收费→登记异常情况→按要求处理废票。

(2)现金收费(车辆离开车道):现金交费打出发票后→车辆已离开车道→司机对通行费提出异议→核实情况后→现场按要求登记相关情况→保存相关车道流水证据→退回多收路费→按要求处理发票。

(3)移动支付(车辆未离开车道):使用移动支付后→车辆未离开车道→司机对通行费提出异议→核实因系统或其他原因造成→按修改键以原支付渠道退款→重新输入正确收费信息及费率→重新使用移动支付。

(4)移动支付(车辆离开车道):使用移动支付后→车辆已离开车道→司机对通行费提出异议→核实情况后→现场开具"收费现场相关信息处理表"→协助司机发起退款申诉→在非现金卡 App 或微信小程序上传"收费现场相关信息处理表"进行工单登记申述(或由路段向省收费管理中心提出退款申请)→省收费管理中心核实符合退款条件后按原支付渠道退款。

3.非现金卡退费流程

(1)本省非现金卡退费:车辆通行 ETC 车道扣款或混合车道已扣款→司机对通行费

提出异议→核实情况后→现场开具"收费现场相关信息处理表",登记相关信息内容→协助司机发起退款申诉→在非现金卡 App 或微信小程序上传"收费现场相关信息处理表"进行工单登记申述(或由路段向省收费管理中心提出退款申请)→省收费管理中心核实符合退款条件后按原支付渠道退款。

(2)非本省非现金卡退费:车辆通行 ETC 车道扣款或混合车道已扣款→司机对通行费提出异议→核实情况后→现场开具"收费现场相关信息处理表",登记相关信息内容→协助司机发起退款申诉→相关上级部门通过后台核实相关数据→符合退款条件的将按原支付渠道退款。

四　补费业务处理

1.补费业务处理流程

1)稽查名单车辆信息查询

被拦截车辆的追缴信息可从两个渠道进行查询。

(1)部级稽核业务平台。

登录部级稽核业务平台→稽核名单查询→追缴名单查询→查看车辆是否属于欠费车辆,及所有欠费记录和车辆相关信息。

(2)补费 App:包括"通行费补费"App 和"通行费补费"微信小程序两种。

①"通行费补费"微信小程序:司机在微信搜索"通行费补费"小程序→采用电话号码或微信授权方式登录→查询车辆欠费记录;

②"通行费补费"App:收费站工作人员登录"通行费补费"App→点击"通行费补费"→选择"待补费"→查看录入车辆的欠费记录和欠费详情。

(3)注意:当补费信息不足时,可登录部级稽核平台查询相关信息进行验证。

2)稽查名单车辆补费操作

(1)用户自行补费:司机自行登录"通行费补费"微信小程序→输入行驶证、车辆识别代号等信息添加待补费车辆→查询欠费记录→勾选欠费交易记录进行补费。

(2)收费站操作补费:收费人员登录补费 App→查询车辆待补费记录→勾选欠费记录→与用户沟通确定支付方式(现金支付还是微信支付)。

①现金补费:收费人员在补费 App 提交补费人与车辆信息后→向用户收取现金并确认已完成支付→随后补费 APP 会发送相应的补交凭证链接至补费号码。具体如图 2-4-58 所示。

②微信支付:收费人员在补费 App 提交补费人与车辆信息后→向用户出示生成的补费二维码→司机扫码完成付款→系统会提示支付成功→补费 App 发送相应的补交凭证链接至补费号码。具体如图 2-4-59 所示。

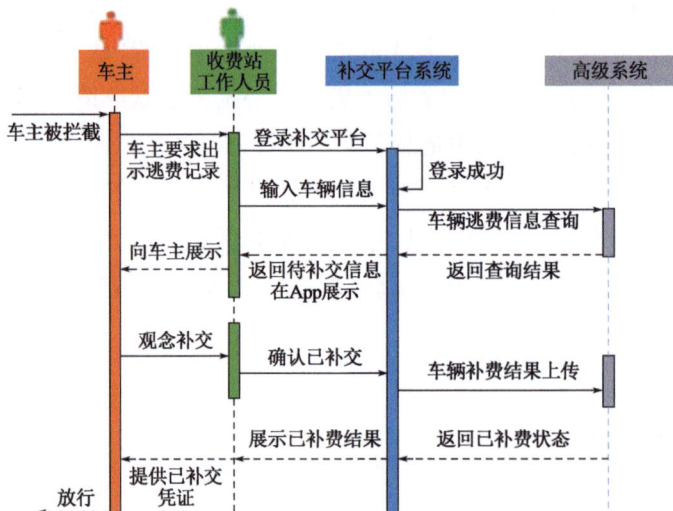

图 2-4-58　现金补费流程示意图

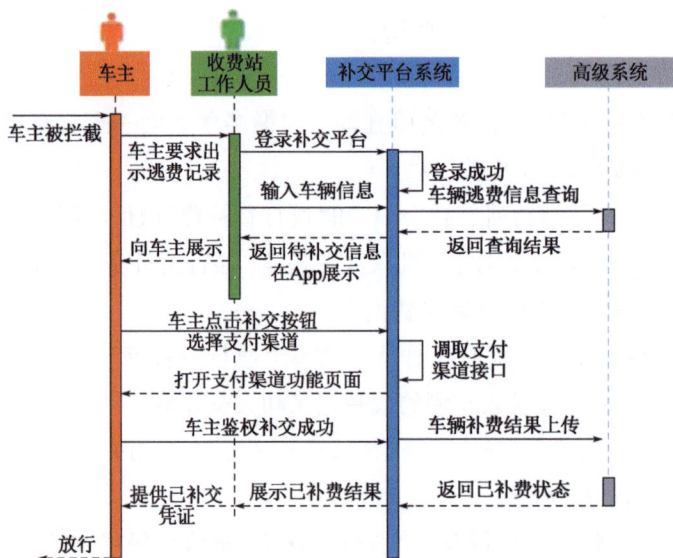

图 2-4-59　非现金补费流程示意图

3）开具发票

ETC 或 MTC 司机使用补费时预留的手机号码登录"通行费补费"微信小程序，查看已补费订单信息，选择需要开票的补费记录，录入发票抬头和接收邮箱等信息申请开具电子发票。

2. 通行费补费业务

1）一般要求

（1）通行费补费分为补交和追缴两种形式，所有需补费 ETC 车辆的折扣和加收金额可按照地方政府批复的相关法律法规执行。

（2）对于 ETC 客户,应由发行服务机构通知限期补交,未按期全额补交的,列入追缴名单进行追缴。

（3）非 ETC 客户少交、未交、拒交通行费的,直接列入全网追缴名单进行全网追缴。

（4）部联网中心向各省共享追缴名单信息及通行费补费信息。

（5）全网向少交、未交、拒交通行费的客户提供部、省两种补费渠道,其中部联网中心建立部级线上补费渠道,为各级稽核管理单位及所有少交、未交、拒交通行费客户提供补费服务,支持客户完成跨省交易补费;各省发行方可建立线上与线下补费渠道,向本省发行的 ETC 客户提供补费服务,支持现金补费。

（6）各补费渠道在供客户补费前,应向客户展示补费信息及相关证据,并具备异议申诉功能。

（7）客户提交异议后,受理省份应遵循首问负责制,负责全程协助客户处理异议及补费投诉相关工作。

（8）客户全额补交完成后,系统自动解除追缴名单,提示客户“追缴名单将在 4h 内解除”并自动向客户提供全网统一的补费确认单据,各收费公路经营管理单位在核对完单据后应放行用户。

（9）各省（区、市）发行服务机构通过线上、线下等模式为客户办理挂失、解挂、更换卡签、销户、账户解约等业务时,需先查证该客户是否存在欠交通行费情况,若欠费需完成补交后才可办理其他业务。

（10）全网内任一入出口收费站均应为用户提供补费服务。

2）补费告知

（1）ETC 用户补交告知

①对 ETC 客户,应由发行服务机构以电话、短信或公告等方式告知开户人、所有人或所属企业法人代表。告知内容包括:通行时间、路径、金额以及补交渠道。

②各参与方均应将告知方式、告知时间、告知结果等共享至部级稽核业务平台,作为发行方工作的考核记录。

③ETC 客户在被告知后拒不补交的,可通过律师函、支付令（司法部门简易督促程序文书）等方式再次告知。

④电话告知应使用录音电话,并做好音频资料保存和告知登记。告知登记应详细记录告知时间、对象、方式、内容等,保存时限 1 年。

⑤短信告知应保存系统发送的短信相关内容,如时间、内容、告知对象等,保存时限 1 年。

⑥告知书、律师函和支付令应保存原件,并做好文书材料寄出时间、收件人等信息登记。

⑦被告知人拒绝补费的,必要时可进行诉讼追缴。

（2）追缴名单用户现场告知

已进入追缴名单用户，在补费现场，应自行登录补费 App 查看补费证据及补费消息。不具备操作能力的用户，由收费人员现场向用户展示通行时间、路径、金额以及补交渠道。

3）通行费补费业务流程

（1）站场补费操作

在手机等移动端上安装补费 App 后，打开软件进入登录页面，输入用户名和密码登录进入主界面，如图 2-4-60 所示。

通过车牌查询车辆的待补费信息、已补费信息、异议中信息，并实现通行费补费和异议工单的发起。补费操作如下：

①输入车牌号。

点击【通行费补费】，进入车牌输入界面，输入正确车牌号和车牌颜色（图 2-4-61），点击【查询】。

图 2-4-60　通行费补费 App 主界面　　　　图 2-4-61　输入车牌号码界面

②查看车辆待补通行费信息详情，如图 2-4-62 所示。

③补费。

在通行费信息详情界面点击【去补费】或在待补费信息列表界面选择多条记录后点击【去支付】，进入补费界面，当前主要支持微信支付及现金支付两种支付方式，如图 2-4-63 所示。

a. 如采用现金支付（图 2-4-64），输入补费人姓名、补费人手机号码、验证码、证件照（选填），确认无误后，点击【提交】。支付过程中，将会提示是否完成支付，点击【是】，则完成现金支付流程；点击【否】，则返回支付页面。

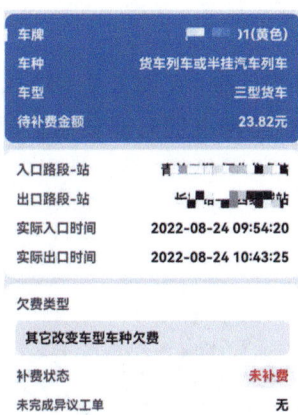

图 2-4-62　通行费信息详情界面　　　　　图 2-4-63　补费界面

b. 如采用微信支付,输入补费人姓名、补费人手机号码、验证码、证件照(选填),确认无误后,点击【提交】,页面跳转至微信相应收款二维码,客户可通过微信扫码进行支付,如图 2-4-65 所示。

图 2-4-64　现金支付界面　　　　　　图 2-4-65　微信支付界面

④获取补费凭证。

客户完成补费后,系统以短信形式发送一条补费凭证链接,客户可通过补费凭证向收费站证实已补费,收费站工作人员可通过扫码辨别真伪。

⑤发起异议工单。

a. 若客户对逃费信息存在异议,则可在通行费信息详情界面中点击【发起异议工单】,提交异议申请,如图 2-4-66 所示。

b. 工作人员向客户了解情况后,选择异议类型,进入异议工单信息填写界面。填写好相关信息后,点击【提交】,完成异议工单提交。

（2）客户自行补费操作

①查看欠费和进行补费。

a. 客户可通过扫描收费公路通行费补费平台的二维码（图2-4-67）或微信搜索"通行费补费"小程序，点击【添加车辆补交通行费】后，使用电话号码或微信授权方式登录，如图2-4-68所示。

图2-4-66　发起异议工单界面

图2-4-67　收费公路通行费补费平台的二维码

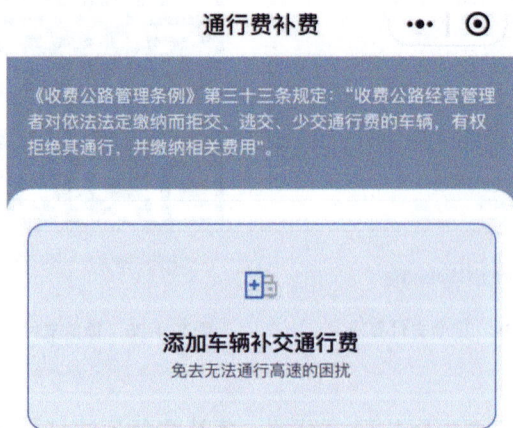

图2-4-68　通行费补费提示界面

b. 点击【添加车辆补交通行费】，输入车辆信息（行驶证、车辆识别代号、发动机号码），查询是否有欠费记录。如有，勾选欠费交易记录进行补费。

c. 选择【已补费查询】，可查看该车辆已补费信息列表。

②开发票。

登录"通行费补费"小程序，查看已补费订单信息，选择需要开票的补费记录，录入

164

发票抬头和接收邮箱等信息申请开具电子发票。

③获取补费凭证。

完成补费后,将根据客户补费时所填写的手机号码以短信形式发送一条补费凭证链接。

④客户异议处理流程。

a. 如客户对欠费信息存在异议,可登录"通行费补费"小程序,点击"补费信息详情"页面左下角的【发起异议工单】按钮,按页面提示填写相关信息,并上传相关证据后,可发起异议工单。

b. 客户如需查询异议工单处理进展,可在"通行费补费"小程序中点击【我的】—【查看异议处理】,即可查看发起的异议工单详情和最新的处理情况。

第五章

设备使用与维护

第一节　监控系统设备

一　监控系统软件

1.监控系统软件介绍

收费监控、道路监控系统软件包括系统软件和应用软件两部分,其中系统软件由主操作系统、数据库管理系统和网络管理系统软件组成。应用软件分为车道应用软件、收费站应用软件、收费分中心应用软件和收费中心应用软件。二者联合起来为监控系统提供运行保证。

(1)系统软件

①服务器:Windows NT,Unix,Linux 等;

②管理计算机:Windows NT Work Station,Windows 2000 Professional 等;

③车道机:Windows NT Work Station,Windows 2000 Professional 等;

④数据库:ORACLE,SQL Server;

⑤网络管理软件:Opview 等。

(2)应用软件

应用软件一般由专业软件运营单位组织开发,其功能和特点在不同的地区有一些区别,但大致的特征和组装大致类似。

2.监控系统软件的功能

(1)车道应用软件:对过往车辆收取通行费,打印票据,控制外部设备,抓拍图像,上传数据到收费站数据库。

(2)收费站应用软件:对车道应用软件上传的数据进行收费结算、收费统计、票据管理和图像稽查,并进行系统管理,下传基础数据到车道机。

(3)收费分中心应用软件和收费中心应用软件:

166

①接收和下传联网收费监控系统运行参数；

②收集管辖区内每一个收费站上传的数据与资料；

③处理收集的资料形成统计报表；

④票证的管理；

⑤数据库系统维护和网络管理；

⑥数据、资料的存储与备份和安全保护；

⑦通行费的拆分等。

3.服务器和磁盘阵列应用

（1）高速公路服务器

高速公路服务器通常是指高性能的计算机服务器，用于提供网络服务、托管网站和处理数据等。其工作原理包括以下要点：

①硬件配置：高速公路服务器通常配备了高性能的处理器、大容量的内存和高速网络接口卡，以处理大量的请求和数据流量。

②操作系统：通常采用专门的服务器操作系统，如 Linux 或 Windows Server，以保证稳定性和安全性。

③网络连接：服务器通过高速网络连接与客户端或其他服务器通信，它们可以连接到互联网或私有网络。

④应用程序和服务：服务器上运行各种应用程序和网络服务，例如 Web 服务器（如 Apache 或 Nginx）、数据库服务器（如 MySQL 或 PostgreSQL）、邮件服务器等，以满足不同的需求。

⑤请求处理：当客户端请求到达服务器时，服务器将根据请求的类型和内容执行相应的操作，并向客户端发送响应。

⑥负载均衡和高可用性：在高流量情况下，可使用负载均衡技术将服务器请求分发到多台服务器以提高性能和可用性。

（2）磁盘阵列

磁盘阵列是一组硬盘驱动器的集合，它们组合在一起以提供高容量、高可用性或高性能的数据存储解决方案。其工作原理包括以下要点：

①硬盘驱动器：磁盘阵列包括多个硬盘驱动器，通常是磁盘驱动器或固态驱动器（SSD）。

②数据分布：数据被分布在多个硬盘驱动器上，以提高性能和冗余性。不同的 RAID（冗余磁盘阵列）级别提供不同的数据保护和性能优化。

③RAID 级别：常见的 RAID 级别包括 RAID0、RAID1、RAID5、RAID6 等，它们定义了数据如何分布和冗余。

④控制器：磁盘阵列通常包括一个磁盘控制器，负责管理数据的读写、RAID 配置和

故障处理。

⑤性能和可用性:磁盘阵列可以通过条带化数据、镜像和冗余来提高性能和可用性。不同的配置适用于不同的用例。

高速公路服务器用于处理网络请求和提供各种服务,而磁盘阵列用于数据存储,提供数据冗余和性能优化。它们通常一起使用,以构建高性能和高可用性的服务器基础架构。

二 UPS 设备操作方法

UPS(Uninterruptible Power Supply,不间断电源,见图 2-5-1)操作方法如下。

图 2-5-1　UPS 设备

1. 开机步骤

(1)检查 UPS 所有空气开关是否处于断开状态;

(2)闭合 UPS 市电电源空气开关:30s 后,DCBUS 电压建立,会听到"砰"的一声,直流接触器吸合,查看液晶屏幕内显示的直流电压值高于直流额定电压输入值;

(3)闭合 UPS 电池开关;

(4)闭合 UPS 备用电源空气开关,此时风扇开始转动,两台主机输出端存在电能;

(5)开启逆变器:依次同时按下前面板逆变器开关"ON"与方向键,进入菜单状态项查看 UPS 状态是否开启,约 40s 之逆变器输出电源。

2. 关机步骤

(1)确认负载允许断电;

(2)断开 UPS 输出空气开关,系统停止给负载供电;

(3)关闭 UPS 逆变器,同时按下逆变器开关"OFF"和方向键,逆变器关闭;

(4)断开 UPS 备用电源空气开关;

(5)断开 UPS 市电电源空气开关,约 5min 后直流电能释放完毕;

(6)断开 UPS 电池开关,此时 LCD 液晶显示屏幕熄灭,表明 UPS 完全关机。

第二节　设备日常维护

一　日常清理维护

1. 使用清洁用品用具的意义

清洁用品用具包括清洁卡、清洁盘、清洁巾、清洁袋、清洁专用工具等。计算机等仪器设备使用半年左右,其表面就会有一层灰尘、油渍等。例如,打开主机箱,内部会发现有很多灰尘,尤其是电源风扇、CPU 风扇等处。若不及时清理,灰尘可能阻塞风扇导致其停转。轻则造成计算机在运行时经常死机或者重新启动,引起数据资料的损失;重则导致烧毁机器硬件,引起经济上的不必要损失。使用清洁用品用具能迅速消除电脑、程控交换机、数据通信、主控数据中心、自动化控制设备等各种精密电子仪器、设备上的灰尘、油污、盐分、湿气、饰面静电、金属粉末等有害物质。

由于程控交换机、移动通信设备、微波通信设备、无线寻呼设备、电脑系统、自动化控制设备等在运行过程中时刻受到污秽及静电的侵害,形成电路(板)漏电电化学腐蚀静电放电引起的元器件击穿,重则造成元器件介质硬击穿、烧毁或永久性失效,轻则造成器件性能劣化或参数指标下降。清洗用品用具应用可以迅速、彻底清除各种精密设备电路表面及深层的灰尘、油污、炭渍盐分、潮气、金属尘埃及各种带电粒子,有效消除"软性故障",避免电路短路、产生电弧、散热不良,影响信号的准确性和稳定性,保证设备最佳工作状态和稳定运行,防止重大恶性事故发生等。

2. 系统设备维护

1)日常检查

日常检查通常在每天的交接班时进行,其目的是及时了解设备的运行情况,及时发现故障,防止故障的扩大。

日常检查无论有无发现故障,当班值机员都要将检查结果记录在台账中。

(1)监控室计算机设备

检查多媒体计算机、CPC 卡管理机、管理计算机的功能是否正常,是否有报警,其声音是否正常。检查网络设备是否正常(交换机及路由器指示灯是否正常,有无报警)、车道数据是否正常传输(传输速度,有无网断)。检查 UPS 工作状态、UPS 电池是否正常。

(2)通信机房通信设备、监控设备

主要检查供电是否正常,查看 ONU 供电电流[光网络单元(Optical Networt Unit, ONU)在工作时所需要的电流值]是否正常、有无报警(查看 ONU 指示灯的显示与平时是否一致），检查监控传输设备供电是否正常、有无报警（查看指示灯的显示与平时是否一致）。

（3）车道计重设备、车道机、栏杆机

打开备用车道，正常通过 2~3 辆车，检查设备是否正常。如不能工作，首先要检查有无供电，电源指示灯是否正常。注意在晚上 11 点以后开放新的车道要输入正确的日期，以防止收费数据统计错误。最好在晚上 11 点以前检查备用车道（由当班收费员协助检查）。

2）日常维护

日常维护每周至少一次，收费站必须有相应的值日制度。日常维护情况也应记录在台账中。日常维护内容主要为车道计重系统、收费亭（图 2-5-2）、监控摄像头、监控室。有关主管部门不定期对维护情况进行检查。

图 2-5-2　车道收费亭

（1）对车道收费亭设备进行清扫

①收费车道机柜。

收费车道机柜由于平时不能正确进行清扫，所以积灰较为严重，严重影响收费系统的正常工作。具体清扫办法是：

a.通过键盘关闭车道机及其后边电源；

b.从监控室关闭亭内电源；

c.打开车道机柜，将电吹风伸入机柜内部，将灰尘吹出，尤其对车道控制机下方及后方的空间要重点清理；

d.用湿的抹布（拧干水）擦拭车道机柜表面和内部；

e.拆下车道机正面风扇前的防尘面板，拆下过滤用的海绵，将海绵用清水洗净、晾干，最后重新安装好。

②收费台面显示器。

对收费台面上的显示器的外壳要用干燥的软布擦拭，对显示器屏幕要用专用擦镜纸擦拭。

③收费亭内部的其他设施。

对于收费亭内部的其他设施应用干燥的软布擦拭其表面,保证表面没有积累灰尘。

(2)对监控摄像机进行清扫

监控摄像机分为亭内和亭外。

将亭内摄像机(图2-5-3)球罩旋下,先将其用软的湿布拭净(或用清水洗),再用干燥的软布将水迹擦净,然后将其旋回原位。安装时注意不要让球罩内的防反光黑塑料片罩住摄像机。

图2-5-3　亭内摄像机

将亭外摄像机(图2-5-4)前罩的镜片和橡胶垫片卸下,再将它们用清水清洗或用湿布拭净,再用干燥的软布将水迹擦净,然后重新安装回原位(注意安装时不可将镜片损坏)。

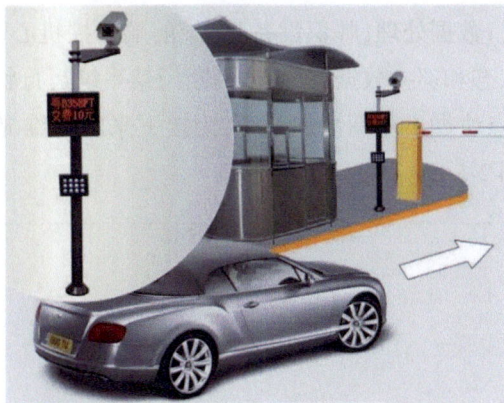

图2-5-4　亭外摄像机

以上操作过程中,不能移动摄像机镜头,以防止图像模糊。

(3)对监控室进行清扫

由于监控室的监控台面经常清扫,所以只介绍怎样清理电视墙。用干燥的软布将监视器、交换机、路由器、矩阵分割器、视频分配器等设备的外壳及四周擦拭干净(注意不要触电)。对监视器屏幕要用软布擦拭。

(4)对站区电缆井进行清扫

要求不定期清理电缆井,以保持电缆井(图2-5-5)干净,做到无积水和杂物。

图2-5-5 电缆井

二 ETC 门架系统维护

1. ETC 门架设备状态监测

门架系统提供了简易的服务器后台辅助页面,可对相关软件状态、实时监测数据、运行日志等进行查看,具体包括部署日志、运行日志、数据监测(当日)、RSU 日志、版本信息、接口调试、离线配置、数据处理、牌识设备日志、前端工控机心跳,以及门架省和门架部等。通过查看软件状态和巡检数据,可初步判断门架系统运行状态和外场设施设备状态,对异常软件和故障点位做出范围性的判断,为接下来的运维提供修复方向。ETC 门架主后台辅助页面如图2-5-6 所示。

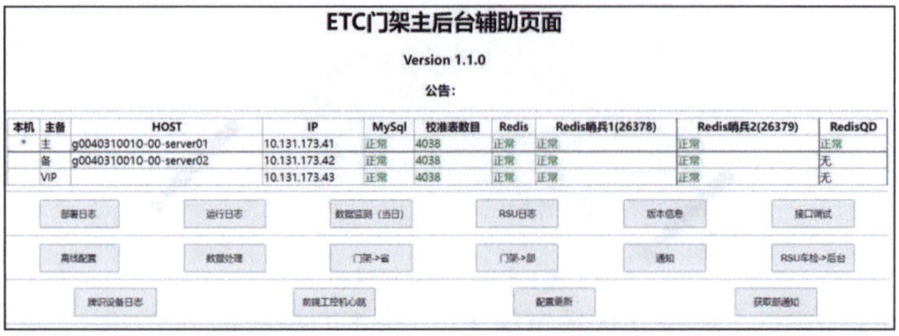

图2-5-6 ETC 门架主后台辅助页面示意图

门架上传数据和心跳信息的链路分为两路:一路为省站链路,通过省站链路向省中心上传数据和心跳信息;一路为部站链路,通过部站链路向部中心上传数据和心跳信息。

(1)通过门架心跳信息,查看门架运行的整体状态,心跳信息包括了门架相关设备(前端系统、后端系统)的运行状态;

(2)通过门架数据上传情况(未传、传失败、已传),判断网络链路是否连通;

(3)通过分析未传数据,判断是否发生网络延时或丢包等情况;

(4)通过分析传失败数据,判断是否发生重传、网络带宽达上限、服务端未响应等情况,排除异常情况;

(5)确认已传数据的质量是否符合省中心和部中心的要求,进行验证处理。

ETC 门架后台数据监测如图 2-5-7 所示,牌识设备状态监测如图 2-5-8 所示。

省-后台数据上传（当日）　传省心跳（3.2.2）

门架编号	3.2.1			3.2.2			3.2.3			3.3.1			3.3.2		
状态	未传	传失败	已传	未传	传失败	已传	未传	传失败	已传	未传	传失败	已传	未传	传失败	已传
G004031001000110010	0	0	0	2	0	340	1	0	339	0	0	0	0	0	0

部-后台数据上传（当日）　传部心跳（2.2.2）

门架编号	2.1.1			2.1.3			2.1.4			2.1.5			2.1.6			2.2.1			2.2.2		
状态	未传	传失败	已传	未传	传失败	已传	未传	传失败	已传	未传	传失败	已传	未传	传失败	已传	未传	传失败	已传	未传	传失败	已传
G004031001000110010	3	0	8223	0	0	0	2	0	5924	0	0	29	0	0	26	2	0	0	2	0	340
G004031001000110	0	0	0	0	0	0	0	0	0	0	0	0	0	0	0	0	0	0	0	0	340

图 2-5-7　ETC 门架后台数据监测示意图

牌识设备最新心跳

门架编号	相机编号	车道编号	采集时间	积压图片流水数	积压图片数	连接状态	工作状态	补光灯的工作状态	识别成功率	固件版本	软件版本	运行时间(秒)	厂商名称	设备型号	状态码	状态描述	当日抓拍流水数
G004031001000110010	101	12	2022-02-24 14:11:00.0	0	0	1	1	1	99.99	2.00	2.722.10AY000.0.R	47258242	Dahua	ITC902-AF4F	0	正常	0
G004031001000110010	102	12	2022-02-24 14:12:46.0	0	0	1	1	1	99.99	2.00	2.722.10AY000.0.R	47254941	Dahua	ITC902-AF4F	0	正常	0
G004031001000110010	103	12	2022-02-24 14:11:51.0	0	0	1	1	1	99.99	2.00	2.722.10AY000.0.R	47277141	Dahua	ITC902-AF4F	0	正常	0
G004031001000110010	104	12	2022-02-24 14:12:43.0	0	0	1	1	1	99.99	2.00	2.722.10AY000.0.R	47308946	Dahua	ITC902-AF4F	0	正常	0
G004031001000110010	201	12	2022-02-24 14:19:34.0	0	0	1	1	1	99.99	2.00	2.722.10AY000.0.R	47254650	Dahua	ITC902-AF4F	0	正常	0
G004031001000110010	202	12	2022-02-24 14:11:10.0	0	0	1	1	1	99.99	2.00	2.722.10AY000.0.R	47288544	Dahua	ITC902-AF4F	0	正常	0

图 2-5-8　牌识设备状态监测示意图

2. 门架状态信息采集

只有当门架所有组成设备都正常运行时,各系统支撑软件才能正常运行,整套系统才能正常使用。门架各项硬件设备状态的实时监测尤为关键。在门架数据上传过程中,需要采集设备的心跳状态,将心跳信息定时发送给服务端,对接收的心跳信息进行筛选、分类、自定义规则,保证各项设备良好运转。目前,部中心制定规则,每 15min 发送一次心跳。以此为标准制定各项指标。

门架连通状态:每 15min 发送至少 1 次心跳,统计 24h 内发送的心跳数量,对数据进行验证。按照部中心的要求,心跳数量(按 15min 记 1 次)比例大于或等于 80% 视为连通合格,否则为不合格。

门架 RSU 正常率:通过 RSU 向中心上传心跳数据,对数据进行验证。按照部中心的要求,心跳信息中 RSU 状态正常比例大于或等于 80%,视为门架 RSU 状态正常,否则为不正常。

门架车牌识别设备正常率:通过车牌识别设备向中心上传心跳数据,对数据进行验证。按照部中心的要求,门架发送的心跳信息中,车牌识别设备状态正常比例大于或等于80%视为门架车牌识别设备状态正常,否则为不正常。

参照运行监测平台,导出各项指标,监测各项设备的状态信息,确保硬件运行良好。

三 视频监控系统设备制作与安装

1. 视频监控系统设备定制的工艺要求

(1)监控系统的定制设备包括电子设备,机箱、电视柜、操作台等钣金加工设备等。

(2)印刷电路板应满足 ANS/IPC-600C 中"印刷电路板可行性"的第三类要求。相邻印刷导体间最小间隙应为 0.3mm。

(3)电气元件焊接应符合 ANS/IPC-S-815A 中"电子互相连接点焊接通用要求"的第三类要求。

(4)印刷电路板采用被认可的方法从气候条件、防尘、防潮上给予保护。插入式电路板要有保护措施,保证正确接触并能防止被插入错误位置。

(5)接触材料保证在长期没有使用或长期存储、经常拔插条件下还能正常使用。部件的识别号码在插入的位置上要明显。

(6)设备中相同的部件采用统一标准,可以互换。

2. 设备机箱、电视柜、操作台的工艺要求

(1)控制台各部分尺寸比例恰当,造型美观、大方,布局设计符合《电子设备控制台的布局、型式和基本尺寸》(GB/T 7269—2008)的要求。电视墙尺寸符合《高度进度为 20mm 的面板、架和柜的基本尺寸系列》(GB/T 3047.1—1995)的要求。

(2)设备机箱、操作台等用优质的冷轧型钢制成。门和面板边缘平滑有导角,不允许有任何毛刺。所有的焊缝应做到干净、整齐和平滑。机箱的外表面镀铅处理或进行其他不易磨损的表面处理。固定机箱的结构应牢固,经得住长期使用,机箱留有较大的门,以便于维修或更换,门上有锁具。操作台面应选择不易受损的、阻燃防火型材料。

(3)机箱与机芯间有滚动轮或低摩擦系数的滑动器,滚动轮或滑动器有制动装置,方便维修。

(4)全部设备有防止无线电干扰措施。如果需要,还将防止来自其他设备的正常操作干扰。台、柜内搭铁排安全、可靠,以降低电磁干扰。

(5)所有危险标志和警告牌选用耐久材料,字迹清晰、耐磨,并采用被认可的方法进行永久性安装。

(6)设备中相同的部件采用统一标准,可以互换。

3. 设备安装的基本要求

承包人应按业主及监理批准的施工进度计划部署设备安装工作。设备安装的基本要求如下:

（1）施工前检验设备、预埋件安装位置，按施工图要求进行测量，保证工程误差在许可范围之内。检查光缆、电缆敷设管道，以保证管道内畅通、清洁无砂石，管口无毛刺。设备安装均有良好的搭铁措施。

（2）所有电缆的引线端子及接线端子应采用冷压工艺，用螺钉紧固。外场设备的接线全部在接线箱内连接。柜、箱、台布线整齐并牢固地装在支持用绝缘线槽中，不能影响其他设备的安装。

（3）设备与控制箱严格按图施工；可更换部件的机械精度在允许误差内；所有相同设备从整体到部件具有互换性；所提供的设备外表完整无损、外涂层在工作环境下可防止物理性破坏和化学性分解。

（4）显示器、监视器等设备安装在机箱、机柜上时应平直，背部有支架定位，以防正面操作时将设备推入。电源线和信号线必须固定，搭铁线必须按规定连接。

（5）机器在机柜内的安装应考虑必要的间距，以保证有良好的散热条件。机器在机柜和控制台上（内）应按联合设计确定的位置安装，保证安装牢固稳定、美观整齐、对号入座、完整无缺。

（6）机器在机柜内的接线应按强电、弱电分别捆扎成线把。在机柜内每隔 20～30cm 捆扎一次，并固定在机柜上。强电、弱电线把应避免交叉；平行走线时，间距不得小于 10mm。

（7）特殊线缆的接插件，如 RJ45 头、BNC 头等，必须用专用工具安装。

（8）控制台内应安装线槽，并可靠地固定在控制台内。强、弱电线应安装在不同的线槽内。为避免可能发生的电磁干扰，必要时可设置多条弱电线槽。每台机器的接地都有一条单独搭铁线与机柜的搭铁母排直接相连，搭铁线有效导电截面面积不得小于 $10m^2$。严禁机器的搭铁线互相串接。

（9）机器与机柜功能接线模块的所有连接线必须是独立完整的导线，不得有任何形式的接续。接线完工后必须进行线对的连接检查，确保连接无误，做好检查记录。线对连接检查无误后，可按照随机技术文件的规定，通电检查。

4.设备安装

（1）线槽、桥架的安装

原则上，线槽、桥架应采用专业厂家生产的标准产品。桥架的规格尺寸、组装方式和安装位置均应符合设计规定和施工图的要求。

封闭型桥架顶面距天花板下缘不应小于 0.8m，距地面高度保持 2.2m，若桥架下不是通行地段，其净高度可不小于 1.8m。安装位置的上下左右保持端正平直，偏差度尽量降低，左右偏差不应超过 50mm；与地面必须垂直，其垂直度的偏差不得超过 3mm。垂直安装的桥架穿越楼板的洞孔及水平安装的线槽穿越墙壁的洞孔，要求其位置配合相互适应，尺寸大小合适。

在设备间内如有多条平行安装的线槽,应保证强电的线槽与弱电的线槽分开敷设,没有交叉,强电线槽与弱电线槽的间距不得小于20mm。

线槽的水平度偏差每米不超过2mm,应用膨胀螺栓固定在地板上。除设备机架内可以采用塑料线槽外,其余必须采用金属线槽。为了保证金属线槽的电气连接性能良好,除要求连接必须牢固外,节与节之间也应接触良好,必要时应增设电气连接线(采用编织铜线)并应有可靠的搭铁装置。

所有线槽敷设完工后均应记录在册,并作为机械完工文件的一部分。

(2)机房内盘、箱、柜、桌的安装

机房内盘、箱、柜、桌的安装包括配电盘、电力开关通信配线箱、地图屏、接线柜(架)、电视墙、标准(19寸)机柜、控制台(桌)的安装和进出盘、箱柜桌线缆的接续。

施工前应对所安装的盘、箱、柜、桌的型号规格、数量、标志、标签进行复核,复核无误后方可安装。机架的排列位置和设备朝向都应按设计安装,并符合实际测定后的机房平面布置图的要求。

机房内盘、箱、柜、桌的安装必须稳固、牢靠、垂直、安全。垂直偏差不大于1%,水平偏差不大于3mm,机柜之间缝隙不大于1mm;为便于施工和维护,机架和设备前应预留1.5m过道,其背面距墙面应大于0.8m。相邻机架和设备应互相靠近,机面排列平齐。

小型配线箱、分线箱、配电箱宜采用暗敷方式,其箱体埋装在墙内。为此,房屋装修施工时,在墙壁上需按要求预留洞孔,先将箱体埋装于墙内,布线系统施工时安装接续部件和面板,这样有利于分别施工。如无条件暗敷时,也可采用明敷方式,以减少凿墙打洞和影响房屋建筑强度。小型配线箱、分线箱、配电箱安装高度应适于接线施工,一般地,其箱顶部到地面距离不超过2000mm为宜。

除控制台外,所有盘、箱、柜都必须直接安装在水泥地板或墙壁上,严禁借用静电地板作为固定点,要求机架和设备安装牢固可靠,如有抗震要求时,必须按抗震要求加固。螺钉必须拧紧,无松动、缺少和损坏,保证机架没有晃动现象。

同一机柜内的跳线环等设备部件安装牢固,其横竖、上下、前后均应平直一致。接线端子应按标准规定和缆线用途划分连接区域,以便连接,且应设置标志,以示区别和醒目。

机柜内如采用接续模块等接续或插接部件时,其型号、规格和数量都必须与机架和设备配套,并根据用户需要配置,做到连接部件安装正确、牢固稳定、美观整齐、对号入座、完整无缺;缆线连接域划界分明,标志完整、清晰,以利于维护和日常管理。

缆线与接续模块等接插部件连接时,应按工艺要求标准长度剥除缆线护套并按线对顺序正确连接。如采用屏蔽结构的缆线时,必须注意将屏蔽层连接妥当,不应中断,并按设计要求做好搭铁。

所有金属箱体必须有可靠搭铁,所有与地线连接处应使用接地垫圈,垫圈尖角应对向铁件,刺破其涂层,必须一次装好,不得将已装过的垫圈取下重复使用,以保证搭铁回路通畅无阻。

各盘、箱、柜、桌内均应有搭铁母排,该搭铁母排直接通过搭铁线连接到机房的搭铁母排上,搭铁线有效导电截面面积不得小于 $25mm^2$。进、出机柜的接线完工后必须进行线对的连接检查,确保连接无误,做好检查记录,并作为机械完工文件的一部分。

5. 电缆施工工艺

（1）信号电缆敷设

电缆的曲率半径大于电缆直径的 15 倍。电缆和接头均应安装在电缆托架上。管道中不允许有接头。电缆金属屏蔽层的两端必须搭铁,搭铁电阻在主配线架侧要求小于 40Ω。在外场设备侧应与外场设备基础平台接地端牢固连接。电缆在布设过程中应用力均匀,不得损伤电缆外皮。施工人员进出入孔不得踩踏电缆,严禁车辆碾压电缆。

（2）信号电缆接续

核对电缆程式、对数,检查端别,如有不符合规定者应及时返修,合格后方可进行电缆接续。电缆芯线接续不产生混线、断线、地气、串音及接触不良,接续后应保证电缆的标称、对数全部合格。电缆芯线的直接、复接线序必须与设计要求相符,全色谱电缆必须按色谱、色带对应接续。全塑电缆屏蔽层必须用专用屏蔽线连接。填充型全塑电缆的清洗应使用专用清洗剂。

（3）电力电缆敷设

①敷设前。

应对电缆进行外观检查及绝缘电阻测试。1kV 以下电缆不低于 $10M\Omega$。电缆型号、规格及长度均应与设计资料核对无误。电缆不得有扭绞、损伤现象。工具及施工用料准备充分。

②施工时。

在电缆终端头与接头处附近可留有备用长度,接头处预留 1.5m,终端头处预留 5m左右的余量。电缆的弯曲半径不应小于 10 倍电缆外径。电缆敷设时,电缆应从盘的上端引出,应避免在支架上及地面摩擦拖拉,且不得有未消除的机械损伤。电缆敷设时,不宜交叉,应排列整齐,并加以固定。

③电缆头的制作。

电力电缆的终端头、中间接头的外壳与该处的电缆金属护套及铠装层均应良好搭铁。搭铁线应采用铜绞线,其截面面积不应小于 $10mm^2$。剥切电缆时不得伤及线芯绝缘。包缠绝缘时应注意清洁,防止污染及潮气侵入绝缘层。电缆头从开始剥切到制作完毕必须连续进行,一次完成。电缆终端头及中间接头的制作要符合工艺要求。

6. 光缆施工工艺

光缆在接续盒接续时均为一进一出形式。为使光缆安装后光信号衰减最小,光缆应在人井或手井外的清洁的环境下接续,同时应使用高品质的接续设备,例如全自动熔接机。

手井中所使用的光缆接续盒为防水型,具有可重复开启功能,以利于维修,同时可保护光缆接头免受水浸。

光缆接续盒用在两条以上的光缆连接处,并应安装在人井或手井中规定的高度位置。

光纤因太细,无法每芯均进行标识,但在竣工文件中要详细记下每一接续点中各光纤的编号及色标。每个接线箱中均贴有接线表,注明编号、接点位置、色标等以方便维修。

机房内光缆与传输设备之间应配置光纤配线架,用光纤活动连接器连接,以便能妥当处理配线,光纤不能直接接在光收发器上。

每条光缆均会在站内终端接续盒做接续,在光缆终端盒内,各光纤与尾纤熔接后,插入光纤配线架上的光纤适配器中,终端盒内余留的光纤应小心盘绕,尽量减少盘纤损耗。

施工人员对终端盒引出的尾纤进行统一编号,编号的原则参考光缆结构断面图。施工结束时施工人员将编号的详细记录以竣工文件形式提交给业主。

在室内外光缆接续过程中,对光纤熔接质量进行实时监测,并对每个接续点的每芯光纤熔接损耗作详细记录。每段长的光缆接续完成后,对该段光缆进行整体测试,并把详细的测试报告提交给业主。

(1)光缆敷设

光缆的曲率半径应大于光缆外径的20倍。光缆和电缆平行排列,不得交叉或重叠。敷设后的光缆应平直、无扭转、无明显刮痕和损伤。光缆穿孔保护管的管口处应封堵严密。

(2)光缆接续

①接续时使用有自动校准功能的光纤熔接机,可以将线路损耗降到最低。光链路上大部分的信号损耗来自熔接点及终端熔接点损耗,因此,该项工作应熟练使用工具进行。所有接续点在施工操作后须马上密封,否则潮湿空气进入会造成信号损耗增加。

②核对光缆程式、接头位置并预留足够长度。核对光缆的端别,核对光纤并做永久性标记。检查质量合格后方可进行接续。

③严禁用刀片去除一次涂层或用火焰法操作,而应用专用工具。采用专用清洁剂去除填充物,严禁用汽油清洁。开剥光缆外护层,不得损伤光纤。

④光纤接续采用熔接法,光缆接头应配有单独的护套。护套连接要符合相关技术要求。光缆加强芯的连接应根据接头盒的结构夹紧、夹牢,并能承受与光缆同样的拉力。接续后用仪器测量,其损耗应小于0.1dB。

⑤采用机构性能优良,具有防潮、防水性能的光缆接头盒。接头盒封装应严格按工

艺要求进行。

⑥关联接续应严格执行操作工艺要求。套管内应装防潮剂和接头责任卡。

7. 外场摄像机的安装工艺

外场摄像机是贵重设备,在施工中要注意按设计图纸审查与基础预埋及立杆安装有关的各固定孔尺寸,检查外场立杆及摄像机的接地系统,在立杆顶设置避雷针。将摄像机控制线缆和视频线穿好并绑扎稳固。吊装立杆时,应保证高杆与基础垂直,拧紧高强度螺母。

安装摄像机控制箱,安装完后检查箱内的电源线、信号线的紧固程度。

(1)搭铁和固定

所有暴露在外的金属部分和非电子电路的金属部分,例如设备外壳、电缆支架等应依据布线规则连接在一起搭铁,并加装电缆钢护套或提供牢固的搭铁端子。搭铁和固定连接件是螺栓型的。

系统应提供"干净"的搭铁回路。"干净搭铁"是指与其他连接和搭铁完全绝缘并保持在搭铁电极连接点上。对于"干净搭铁",在每一绝缘极、接点、端接点处都标上特殊记号。所有电缆的钢护套、穿线管、电缆托架等连接在一起搭铁。搭铁体和搭铁电极的测试根据规范进行,测试结果要记录下来。

(2)调试与运行

调试与运行是整个系统完成的最后技术阶段,也是技术性强、环节复杂、易出现各种问题的阶段。比较好的调试顺序应该是分设备调试(或自检)、分系统调试、系统联调。

①调试设备与仪器。

常用的调试设备和仪器:万用表,示波器(用于各种信号波形及其参数的测量),场强仪(用于射频传输系统),逻辑笔(用于数码信号的测量),小型监视器(携带方便,用于室外分系统或摄像机的测试),彩色信号发生器(或方格机)。

专用设备:噪声发生器(噪声测量仪,用于系统信噪比的测量),波形监视器(用于系统中心的测试图像等级评估等),扫频仪(用于频带宽度的测量),光纤传输用的专用测试设备等。

一般来说,上述常用的设备与仪器已能满足调试的需求。

②单项设备的调试。

单项设备的调试一般应在设备安装之前进行。有些单项设备自身可能不便于进行调试(例如总控制台上的操作键盘),这类设备可与配套的设备共同进行单项调试或测试。单项设备在安装之前如能调试或测试完毕,在完成整个系统的安装之后进行分系统调试或整个系统联调时,就既能做到心中有数,又能起到事半功倍的作用。能够进行单项调试的设备及调试内容有:摄像机某些电气性能的调试(如电子快门、逆光处理、校正、增益控制、ABL调整等)、配合镜头的调整(包括后截距的调整)、终端解码器的自检、云台转角限位的测定和调试、放大器(视频放大器或射频放大器)的调试,以及其他一些能独立进行调试的设备、部件的调试或测试。

在单项设备的调试中,要注意同类同型号设备性能的一致性。某些同类同型号的设备性能不能调试一致时,如果估计会影响系统整体性能,应考虑更换或设法用与其相连接的设备或部件进行补偿。

③分系统的调试。

分系统的调试包含两个方面的概念,一个是按其功能或作用划分;一个是按所在部位或区域划分。比如,传输系统的调试,就是按功能和作用划分的一种分系统调试。某一路信号或某一个区域信号(如图像信号、控制信号等)的调试就是既按功能划分,也按部位或区域划分的一种分系统的调试。总之,为了在整个系统联调时做到心中有数,并且按分块解决问题的简化原则,分系统调试是非常必要的。每个分系统都调试完毕,也就意味着整个系统的联调即将胜券在握了。

分系统调试的难点一般在于传输系统,特别是摄像机路数多,传输距离又远的系统。但是,如果在安装过程中能做到精心施工,严格按操作规范进行线路的敷设,合理准确地使用传输部件,并且每条线路都能保证质量,进行过通路、断路、短路测试并做出标记,那么传输系统的调试就会较顺利地进行。在保证线路质量的前提下,传输系统在调试中常遇到的问题就是噪声干扰。另外一个问题是阻抗匹配问题,即当由于传输线本身的质量原因(例如分布参数过大,特性阻抗非 75Ω 等)或与传输线两端相连的设备输入输出阻抗非 75Ω 导致与传输线特性阻抗不匹配时,会产生高频振荡而严重影响图像质量。

④系统联调及综合性能测试。

当单项设备的调试及分系统的调试完毕后,就可以进入整个系统的联调了。如果前两项的调试都完成得很好,那么一般来说系统的联调会很顺利。

在系统联调过程中,最重要的一个环节就是供电电源的正确性(不能短路、断路,供电电压要符合设备的要求)。经验证明,这是一个既常见又重要的问题。其次就是信号线路的连接正确性、极性的正确性、对应关系的正确性(例如输入、输出的对应关系)。当系统联调出现问题时,应判断是哪一个分系统出现问题,这样就能化整为零地去解决问题。在系统联调的过程中,也可以同时完成某些性能指标的测试,这样既利于系统的调试,又利于在调试中出现问题时作为分析判断问题的依据,同时也可作为系统综合测试的一些项目的参数。

8. 制作同轴电缆 BNC 接头

BNC 接头有压接式、组装式和焊接式,制作压接式 BNC 接头需要专用卡线钳和电工刀。压接式比较方便快捷,是目前经常使用的视频 BNC 接头制作方法。压接式 BNC 接头制作步骤如下。

（1）剥线

同轴电缆由外向内分别为保护胶皮、金属屏蔽网线（接地屏蔽线）、乳白色透明绝缘层和芯线（信号线）。芯线由一根或几根铜线构成，金属屏蔽网线是由金属线编织的金属网，内外层导线之间用乳白色透明绝缘物填充，内外层导线保持同轴故称为同轴电缆。剥线用小刀将同轴电缆外层保护胶皮剥去 1.5cm，须注意不要割伤金属屏蔽网线，再将芯线外的乳白色透明绝缘层剥去 0.6cm，使芯线裸露。

（2）连接芯线

BNC 接头由 BNC 接头本体、屏蔽金属套筒、芯线插针组成，芯线插针用于连接同轴电缆芯线；剥好线后将芯线插入芯线插针尾部的小孔中，用专用卡线钳前部的小槽用力夹下，使芯线压紧在小孔中。

可以使用电烙铁焊接芯线与芯线插针，焊接时芯线插针尾部的小孔中置入一点松香粉或中性焊剂，注意不要将焊锡流露在芯线插针外表面，否则会导致芯线插针报废。

注意：如果没有专用卡线钳可用电工钳代替，但是不要使芯线插针变形太大，且要将芯线压紧以防止接触不良。

（3）装配 BNC 接头

连接好芯线后，先将屏蔽金属筒套入同轴电缆，再将芯线插针从 BNC 接头本体尾部孔中向前插入，使芯线插针从前端向外伸出，最后将金属套筒前推，使套筒将外层金属屏蔽线卡在 BNC 接头本体尾部的圆柱体。

（4）压线

保持套筒与金属屏蔽网线接触良好，用卡线钳上的六边形卡口用力夹，使套筒变为六边形。重复上述方法在同轴电缆另一端制作 BNC 接头即完成同轴电缆 BNC 接头的制作。使用前用万用电表检查一下，断路和短路均会导致无法使用。

注意：制作组装式 BNC 接头需使用小螺丝刀和电工钳，按前述方法剥线后，将芯线插入芯线固定孔中，再用小螺丝刀固定芯线，外层金属屏蔽线拧在一起，用电工钳固定在屏蔽线固定套中，最后将尾部金属拧在 BNC 接头本体上。

制作焊接式 BNC 接头需使用电烙铁，按前述方法剥线后，只需用电烙铁将芯线和屏蔽线焊接在 BNC 接头的焊接点上，套上硬塑料绝缘套和软塑料尾套即可。

第三节　机电设备的维护管理与故障排除

设备维护与管理，目的是使机电系统达到最佳的状态和实现最高的运行效率，实现高速公路最合理、最高效的整体运作能力，提升整体经济效益。因此，为了保持运行中的机电设备的功能和性能,需对机电设备按照标准规范或技术说明书进行必要的检查、检测、保养、调试、故障预防或维修等活动。

(1)检查:通过目测方式对机电设备的现场环境、外观、基础和完整性等进行的巡视查看。

(2)检测:通过使用检测仪器对机电设备的功能指标、性能参数按照标准规范或技术要求进行对比或试验的过程。

(3)保养:为了保持机电设备的功能和性能,对机电设备按照标准规范或技术说明书进行的清洁、预防性护理等过程。

(4)日常巡查:通过监测软件等信息化方式或人工现场检查方式每天对机电设备的运行状态进行查看。

(5)定期巡检:在一定时间间隔(通常有1月、1季度、半年、1年等)内主要通过目测方式对机电设备的现场环境、外观、基础和完整性等进行的巡视检查。

(6)定期养护:在一定时间间隔(通常有1月、1季度、半年、1年等)内对机电设备进行检查(包括对内部关键功能部件和机箱等附属部件进行的详细检查)和保养等工作,依据检查及检测的结果对机电设备进行调试和维修。

一 设备巡查流程

(1)通过监测软件巡检/人工巡检/定期巡检。

(2)故障登记及上报业主并将信息填报至运维平台。

(3)养护人员现场检查及作出评估(现场修复/更换设备等)。

(4)设备领用/采购备件进行修复或更换,完成故障处理,机电运维平台闭环处理。

二 服务器和磁盘阵列维修

1.服务器维修

(1)服务器测试

检测服务器的基本性能,包括CPU、内存、磁盘性能,以Linux服务器为例进行说明。

①CPU使用率。

CPU使用率是单位时间内服务器CPU的使用统计,可以用除CPU空闲时间外其他时间占总CPU时间的百分比来表示,即CPU使用率 = 1 - CPU空闲时间/总CPU时间。

命令:#top //top工具间隔3s会动态滚动更新一次数据(图2-5-9)。

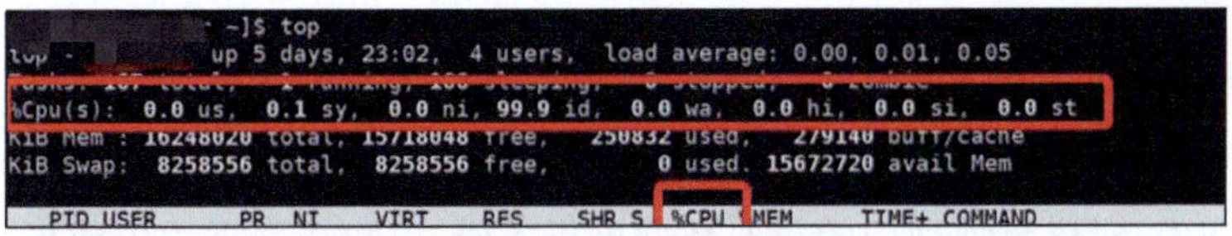

图 2-5-9　CPU 使用率计算程序

说明：

us：用户占用 CPU 的百分比；

sy：系统（内核和中断）占用 CPU 的百分比；

id：CPU 空闲的百分比。

在性能测试中，系统整体的 CPU 使用率可以用 1 − id 来计算。一般情况下，如果 CPU 使用率小于或等于 70%，就可以认为系统的运行状态良好。

②内存占用率。

命令：#top（图 2-5-10）。

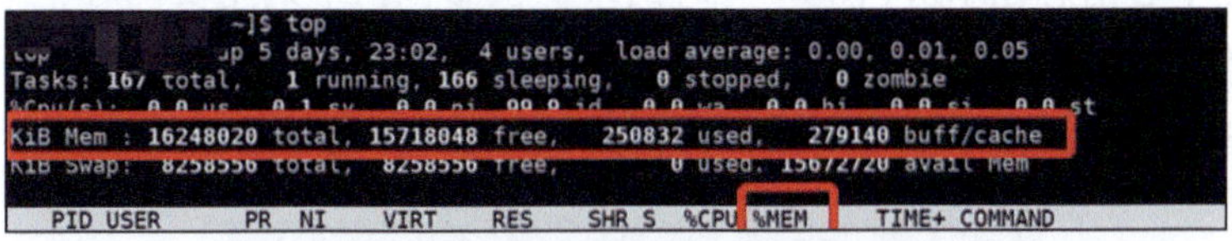

图 2-5-10　内存占用率计算程序

一般情况下，如果内存占用率小于或等于 70%，就可以认为系统的内存使用情况良好。

（2）服务器维修

①检查机房服务器以及存储上的硬盘指示灯，报红或报黄时，排查原因，若硬盘损坏或将要损坏，应及时对相应硬盘进行更换。

②检查服务器运行情况，包括内存负载，存储负载，CPU 负载，网络负载，负载过高时进行资源释放操作，或者对资源进行扩容。

③检查机房温度，确保机房空调的制冷以及送风功能正常；检查机房湿度，确保机房的空调水能正常从管道排出，防止湿度过高影响服务器的电气性能。

④定期更换账户密码，不使用弱口令。

⑤定期做好数据备份工作。

⑥定期进行服务器的补丁修补、应用程序更新工作。

2.磁盘阵列维修

（1）磁盘性能

命令：#iostat-x-k 2 5//每隔2s 输出磁盘 IO 的使用情况，共采样 5 次。

（2）磁盘阵列维修

①预防性维护：对机电设备进行日常巡检、定期维护，及时发现并解决潜在问题，以

预防设备故障。

②故障维修：当磁盘阵列出现故障时，需要尽快进行故障诊断和修复，以恢复设备的正常运行。

③数据备份：对磁盘阵列中的重要数据进行备份，以防止数据丢失或损坏。

④升级更新：根据需要，对磁盘阵列的硬件和软件进行升级更新，以提高设备的性能和稳定性。

⑤环境维护：保持磁盘阵列所在环境的清洁和干燥，避免灰尘、潮湿等因素对设备的影响。

三 道路监控系统设备检测及故障排除

1. 监控中心信息显示屏（地图屏、投影显示屏）检修内容及故障排除

（1）监控中心信息显示屏（图2-5-11）的维护检修包括下列主要内容：

①检测信息显示屏的显示及自检功能；

②检查线缆与接插件。

图2-5-11 监控中心信息显示屏示意图

（2）监控中心信息显示屏故障及排除方法见表2-5-1。

监控中心信息显示屏的故障及排除方法　　　　表2-5-1

序号	故障现象	故障原因	排除方法
1	信息屏亮度低	LED 灯损坏	更换故障 LED 灯
2	无显示、有乱码	光收发器故障，或代码转换器故障，或传输线路、接口松动	①通过自检的方式,检查设备;②检查代码转换器的电源和线路接头;③重新更换接头
3	部分无显示	①控制电源故障;②本地代码转换器死机;③远程网关故障;④远程设备通信模块故障	①检查电源,确保工作电压正常;②重新启动软件和代码转换器;③检查远程网关;④启动自检程序,发送指令检查远程通信模块

续上表

序号	故障现象	故障原因	排除方法
4	显示文字跳动闪烁	①远程设备像素控制模块损坏；②远程设备通信线路信号衰减；③软件故障	①更换远程设备像素控制模块；②检查通信光纤收发器的工作状态，用无水酒精清洁光纤接头；③检查后台数据库，再看指令是否下发成功

2. 闭路电视系统检修内容及故障排除

（1）闭路电视系统（图2-5-12）的维护检修包括下列主要内容：

①摄像机立柱、爬梯、机架和维修工作台的检查与防锈；

②摄像机杆顶的避雷针和接地电阻测量；

③检查摄像机防护罩与控制箱的防尘、防雨、防振动、防干扰的功能；

④检查摄像机、光端机、云台功能；

⑤检查编解码器功能与性能；

⑥检查视频切换器的功能与性能；

⑦检查外场摄像机除霜和自动加温的功能；

⑧检查摄像机限位装置和风扇的工作是否正常；

⑨检查电源线、视频线接头有无松动、脱落，线路外皮有无破损、老化等情况；

⑩检测系统传输质量。

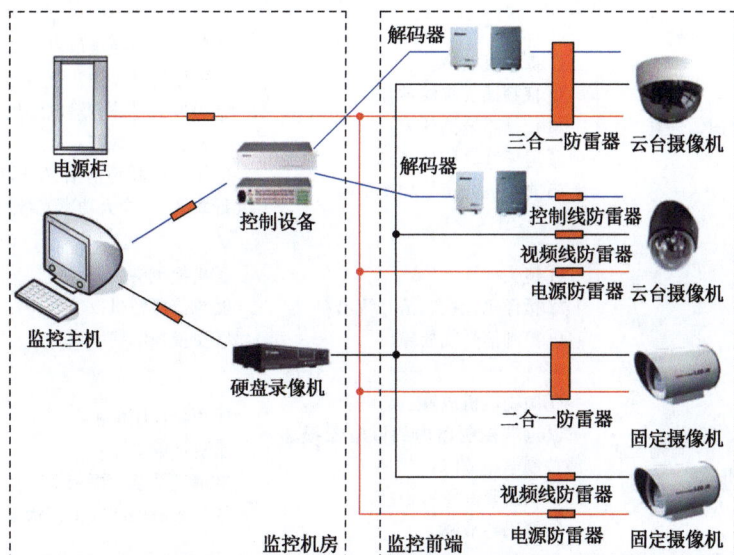

图2-5-12　闭路电视系统示意图

（2）闭路电视系统的故障及排除方法见表2-5-2。

闭路电视系统的故障及排除方法 表 2-5-2

序号	故障现象		故障原因	排除方法
1	全部监视器无图像、无光栅		电源故障	检查电源电路,排除故障点
2	全部监视器无图像、有光栅		视频信号中断	检查视频光端机、数字传输设备和光缆线路传输系统的故障,并排除
3	监视器无图像,有雨花状闪点		电视摄像机无信号输出或系统传输电路部分故障	①用示波器检查摄像机有无图像输出;②用光功率计测试光端机的工作是否正常;③用光时域反射仪 OTDR 测试光缆线路有无故障
4	监视器图像模糊,有花斑及水痕迹		①显像管老化、聚焦或高压电路部分故障;②视频信号传输衰减大;③摄像机镜头故障(如自动光圈失灵);④摄像机镜头有霉点或污迹;⑤焦距未调好;⑥防护罩表面不洁净;⑦光端机光信号功率不够	①更换显像管,调整聚焦电路;②调整功率放大器,检查、排除线缆故障;③调整或更换镜头;④擦洗或更换镜头;⑤调整焦距;⑥清洗防护罩表面;⑦无水乙醇清洁光纤跳线端面,更换尾纤
5	主监视器无法进行画面切割		画面切割器控制部分故障	用功率更大的光端机更换或修理画面切割器
6	监视器图像失真		①摄像机故障;②视频插头接触不良;③传输系统消耗大;④通信线路信号衰减;⑤光端机光信号功率不够	①修理或更换摄像机;②插紧视频插头;③检修并排除传输电路故障;④检查通信线路;⑤用工业酒精清洁光纤跳线端面;更换光纤跳线,更换大功率光端机
7	摄像机	自动光圈故障	①镜头损坏;②摄像机无控制信号输出;③控制信号线故障	①更换镜头;②维修摄像机;③更换控制线
		雨刷无法控制	①雨刷电机故障;②远端控制器内的继电器损坏或控制电路故障;③雨刷紧固螺钉松动;④解码器故障	①更换雨刷电机;②更换继电器;③清理及紧固雨刷螺钉;④检查解码器的工作状态
		不能调焦	①远端控制器电路故障;②变焦控制纳电器损坏;③镜头故障;④控制线断裂或接触不良	①更换远端控制器内损坏的零件;②更换继电器;③排除变焦镜头故障;④查寻控制线和接线端子

续上表

序号	故障现象			故障原因	排除方法
8	图像与字符叠加不上			①字符发生器故障; ②远端控制机接地不良; ③字符叠加器与计算机通信线路故障	①修理或更换字符发生器; ②重新安装接地线路; ③检查并修复通信线路
9	无法控制摄像机			①控制器故障; ②监控工作站软件故障; ③通信线路故障; ④摄像机故障	①检查控制器电源、控制器板元器件; ②重新启动监控工作站软件; ③检查光收发器、解码器的工作状态; ④检查摄像机工作状态,检查摄像机地址编码控制部分
10	云台转动失灵			①云台转动机构故障; ②云台控制继电器故障; ③控制线断; ④接线端子损坏或接触不良; ⑤不能接收控制指令	①清理云台,注入润滑油; ②修理或更换控制继电器; ③清理、紧固接线端子,加中性润滑剂; ④检查控制线和接线端子; ⑤检查光收发器、解码器的工作状态
11	控制台对视频无法切换			①控制台电源故障; ②控制台 CPU 控制板损坏; ③控制器个别组件损坏; ④视频矩阵设置不当; ⑤控制数据线路不通	①排除电源故障; ②用示波器检测控制板各工作点波形; ③查找及更换损坏器件; ④重新分配视频矩阵信号; ⑤检查并修复控制数据线路
12	视频分配后图像变差			①视频分配器不良; ②视频信号变弱	①更换视频分配器; ②在视频防雷器后面加视频放大器
13	录像机	硬盘	自动开启不正常	敏感度设置太低或太高	调整录像设置的敏感度值或监视区照明度
			回放质量差	压缩率太高	调整录像设置中压缩水平
			传感器有信号但工作不正常	传感器连接不正确,或传感器故障,或设置不正确	检查传感器,调整设置
14	编解码器		指示灯不亮	①电源未供电; ②数据传输异常,硬盘未处于正常工作状态; ③网络故障	①检查电源; ②根据操作手册检查或送修; ③检查网络,如为编解码器问题则送修
			无图像	①网络故障; ②切换不正确; ③相关设备故障	①检查线路或网络卡,确定原因; ②切换到正确位置; ③检查相关设备
			声音故障	①切换不正确; ②连接问题; ③声音不同步	①切换到正确位置; ②检查线路及连接情况; ③调整同声抑制器的延迟

3.车辆检测器常见故障及排除方法

车辆检测器主要用于测量高速公路主线上和收费站出口车道行驶车辆的交通参数,如交通量、平均车速、车道占有率、车头时距等,作为交通监控中心采集、分析、判断交通情况,提出交通管制方案的重要依据。

常见的车辆检测器有环形线圈检测器、视频车辆检测器、雷达检测器、超声波检测器等。

(1)环形线圈检测器

环形线圈检测器常见故障及排除方法见表2-5-3。

环形线圈检测器常见故障及排除方法　　　　　　　　　　　　表2-5-3

序号	故障现象	故障原因	排除方法
1	环形线圈检测器无法启动	检测器的工作电压不正常	检查输入的工作电压是否为220V;如没有达到,检查为设备供电的配电柜中对应的开关是否闭合,且有220V输出;如果有输出,则是供电电缆故障,断开开关测量电缆中每根芯的通断情况,找到故障点,修复故障点
		检测器的电源模块损坏	更换电源模块
2	环形线圈检测器可以启动,但无法进行检测	线圈损坏,不能检测	用欧姆表和电感表分别测量线圈的阻值及电感值,如有异常需要重新埋设线圈,更换检测板
		检测板损坏,不能检测	更换检测板
3	监控计算机不能接收检测数据	数据线接口接触问题	紧固数据线或更换接头
		处理板损坏	更换处理板
		调制解调器损坏	更换调制解调器
		数据传输通道故障	检修通信系统提供的通道(线路)

(2)超声波检测器

超声波检测器常见故障及排除方法见表2-5-4。

超声波检测器常见故障及排除方法　　　　　　　　　　　　表2-5-4

序号	故障现象	故障原因	排除方法
1	超声波检测器无法启动	检测器的工作电压不正常	检查输入的工作电压是否为220V;如没有达到,检查为设备供电的配电柜中对应的开关是否闭合,且有220V输出;如果有输出,则是供电电缆故障,断开开关,测量电缆中每根芯的通断情况,找到故障点,修复故障点
		检测器的电源模块损坏	更换电源模块

续上表

序号	故障现象	故障原因	排除方法
2	超声波检测器可以启动,但无法进行检测	发射器损坏	更换发射器模块
		接收器损坏	更换接收器模块
		时控电路损坏	更换时控电路模块
3	检测数据不能上传	数据线接口接触问题	紧固数据线或更换接头
		处理板损坏	更换处理板
		调制解调器损坏	更换调制解调器
		数据传输通道故障	检修通信系统提供的通道(线路)

（3）红外检测器

红外检测器（图2-5-13）是波束检测装置的一种,有主动式红外检测器和被动式红外检测器两种。

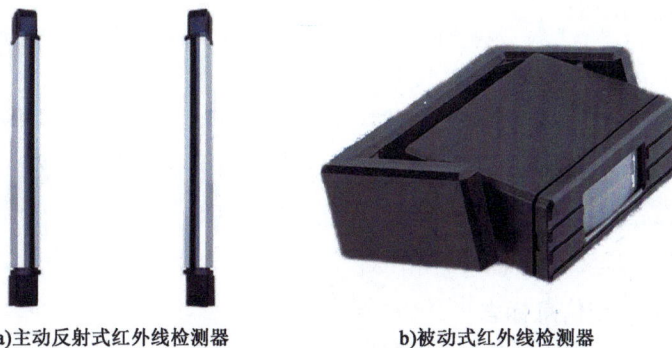

a)主动反射式红外线检测器　　　　b)被动式红外线检测器

图2-5-13　红外检测器

红外检测器常见故障及排除方法见表2-5-5。

红外检测器常见故障及排除方法　　　　　　　　　表2-5-5

序号	故障现象	故障原因	排除方法
1	红外检测器无法启动	检测器的工作电压不正常	检查输入的工作电压是否为220V;如没有达到,检查为设备供电的配电柜中对应的开关是否闭合,且有220V输出;如果有输出,则是供电电缆故障,断开开关,测量电缆中每根芯的通断情况,找到故障点,修复故障点
		检测器的电源模块损坏	更换电源模块
2	红外检测器可以启动,但无法进行检测	发射器损坏(主动式)	更换发射器模块
		接收器损坏	更换接收器模块
3	检测数据不能上传	数据线接口接触问题	紧固数据线或更换接头
		处理板损坏	更换处理板
		调制解调器损坏	更换调制解调器
		数据传输通道故障	检修通信系统提供的通道(线路)

189

（4）视频车辆检测器

视频车辆检测器常见故障及排除方法见表2-5-6。

视频车辆检测器常见故障及排除方法　　　　　　表2-5-6

序号	故障现象	故障原因	排除方法
1	摄像机没有视频图像	摄像机的工作电压不正常	检查输入的工作电压是否为220V；如没有达到，检查为设备供电的配电柜中对应的开关是否闭合，且有220V输出；如果有输出，则是供电电缆故障，断开开关，测量电缆中每根芯的通断情况，找到故障点，修复故障点
		摄像机的电源模块损坏	更换电源模块
2	镜头不受控	驱动、传动系统故障	更换同规格变焦镜头
		解码器没有控制信号输出	更换解码器
		视频光端机数据口没有接到控制信号	检查光通信线路，如没有问题则更换光端机
3	图像不能上传到中心	数据线接口接触问题	紧固数据线或更换接头
		视频光端机视频接口损坏	更换视频光端机
		光纤中断	用OTDR测量，找到断点，接续光纤

4.公路可变标志常见故障及排除方法

（1）无法控制可变信息标志

①通信线路故障：更换通信设备，检查通信线路连接；

②可变信息标志（图2-5-14）通信板卡损坏：更换通信板卡。

图2-5-14　可变信息标志示意图

（2）可变信息标志黑屏

①供电故障：检查控制器供电是否为220V交流电；

②操作系统失控：关开机复位，仍无效，重新下载系统；

③控制板故障：更换控制板。

（3）显示屏某一像素管不亮

拆下该像素管所在的模块,更换像素管。

（4）一个模块不亮

①检查主电源及控制电路5V电源是否正常,调节或更换;

②检查上一模块板有无输出,无输出则需更换。

（5）模组中某一列不亮

检查数据控制板一路有无输出,无输出则需更换。

（6）一个模组全不亮

①检查该模组及5V电源是否正常,调节或更换;

②检查数据控制板有无输出,无输出则需更换。

（7）多模组显示不正常

①检查数据接收板是否正常工作;

②检查数据控制板输出是否正常;

③检查数据控制板至数据接收板的连接信号线接触情况。

（8）所有模组显示不正常

①检查交流供电电源工作状态,正常为三相220V;

②检查数据接收板是否正常工作;

③检查数据控制板输入信号线接触情况;

④检查数据控制板供电电源工作情况;

⑤检查数据控制板工作状态,是否有输出信号。

5. 气象检测器常见故障及排除方法

（1）无数据传回监控中心

①检查主板上的显示,显示不正常时应更换主板;

②检查通信线路,使用笔记本与气象站维护端口相连,用程序检查是否有数据传输,若没有数据传输则存在通信线路故障,进一步检查光端机工作状态,最后检查光缆。

（2）风向和风速数据不正常

①检查风杯组件/翼部组件是否旋转时有摩擦噪声,若有则更换轴承;

②检查风杯组件/翼部组件电缆、电压、信号接头。

6. 能见度检测器维护

（1）能见度检测器技术参数

能见度检测器(图2-5-15)是针对监控6m至80km范围内的能见度状况面设计的。检测器包括模拟和数字输出功能,及警报输出功能,警报输出可以按照用户预定的能见度临界值进行警报。两个警报通道是标准的,通过设置合适的临界值,可指示好/中等/差的能见度。数字输出提供RS-232或RS-422接口。

图 2-5-15 能见度检测器

该设备适用于高速公路、机场、灯塔、港口、船舰及其他海上平台等领域。其主要技术参数如下：

监测范围：6m 至 80km；

精度：±10% 或 3m 散射角度；42°标称光源；红外 LED 输出；

模拟：0 ~ 1V,0 ~ 5V,0 ~ 10V,4 ~ 20mA；

警报：2 路 TIL 输出；

码流：RS-232 或 RS-422,300 ~ 38400bit/s；

温度：-40 ~ +55℃；

湿度：0 ~ 100% 相对湿度；

能耗：12W 标称,17W 标称带 ALS；

遮光罩加热器能耗：25W；

尺寸：978mm(宽) ×343mm(高) ×425mm(深)；

质量：8.75kg。

(2)能见度检测器维护方法

①放置在无尘、无腐蚀的常温环境中；

②放置不用时,应关掉电源,长时间不用时,应一个月充电一次；

③仪器出现过载时应进行调试,否则会造成传感器的损坏,致使表面无法运用；

④传感器归于高精密商品,硅膜片表面切勿与固体磕碰,否则会损坏传感器；

⑤没有专业的查看技术和查看设备,切勿打开机盖进行修补,更不容许调整内部器材及更换材料,否则无法确保表面的可靠性；

⑥勿让电烙铁等其他发热体靠近显示屏,以防烫坏塑脂材料；

⑦液压部件要按时查询油液的剩余情况；

⑧每隔 3 个月进行热机,防止各部件生锈。

7. ETC 门架系统故障及排除方法

(1)门架工控机常见故障及排除方法

①系统丢失(损坏)：重装系统；

②硬盘损坏：更换硬盘。

（2）门架摄像机常见故障及排除方法

①网络不通：检查摄像机网络配置是否正常，网线接头、网线是否损坏；

②无法抓拍：检查摄像机是否损坏，更换摄像机；

③抓拍效果差：调整抓拍参数以及补光灯的角度。

（3）门架天线常见故障及排除方法

①网络不通：检查天线网络配置是否正常，网线接头、网线是否损坏，重启天线控制器；

②无法交易：检查天线是否损坏，更换天线；

③交易成功率低：调整天线参数、角度等。

8.隧道监控设备维护及故障排除方法

1）隧道监控设备

（1）隧道监控设备的维护应包括下列主要内容：

①检查一氧化碳浓度、烟雾透过率等环境检测装置及风机的控制性能与功能；

②检查照明系统及其控制功能；

③检查火灾报警装置性能和功能；

④检查车辆超高检测器和交通信号设施的工作状态；

⑤检查设备的防锈、线缆与接插件的连接、螺栓的紧固等；

⑥检查广播和分区广播工作状态。

（2）隧道监控系统故障及排除方法见表2-5-7。

隧道监控系统的故障及排除方法　　　　　　　　　　表2-5-7

序号	故障现象	故障原因	排除方法
1	一氧化碳检测仪、烟雾浓度探测仪无输出	①电源电压不正常；②线路中断；③接口松动；④检测器损坏	①调整电压；②修复线路；③紧固接口；④更换检测器
2	风机出现振荡现象	电机启闭次数过频	减少电机启闭次数
3	火灾报警器不报警	①探测器上有障碍物；②本地通信线路故障；③联动触发器故障	①清除障碍物，清洁探测器；②检查本地网关、光收发器的工作状态；③更换联动开关
4	隧道中间段连续坏2盏灯以上	自然损坏或外力损坏	及时更换或维修
5	洞口加强段连续坏3盏灯以上	自然损坏或外力损坏	及时更换或维修

2)隧道射流风机

隧道射流风机(图2-5-16)的保养与检修内容如下:

(1)风机在运行过程中必须定期检查,以防止由于振动、潮湿和污垢而产生损害和故障。

(2)风机运行100h后应进行一次检修:检查螺栓螺母扭紧力矩是否合适;检查风机振动情况,更换损坏或锈蚀的螺栓螺母;检查控制风机的电接头是否良好。

(3)每年进行一次综合性维护:清除风机内外污垢;检查机体油漆是否损坏,对损坏处进行局部处理后补漆;给电机轴承加润滑油脂,前后轴承各加20g。

图2-5-16 隧道射流风机

9. 特大桥梁监控设备维护及故障排除方法

(1)特大桥梁的监控(图2-5-17)、收费和通信系统的维护除按《公路机电系统维护技术指南》的有关规定执行外,还应包括下列主要内容:

①检查车重测量仪、测力传感器、挠度检测仪等桥梁结构检测装置;

②检查设备机箱外壳有无破损、锈蚀,螺(栓)钉是否松动;

③检查电源、信号线路;

④车重测量仪的计量检测。

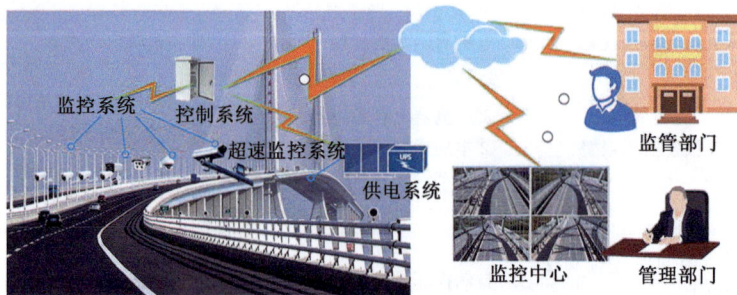

图2-5-17 特大桥梁监控系统示意图

(2)特大桥梁监控设备的故障及排除方法如表2-5-8所示。

特大桥梁监控设备的故障及排除方法　　　　表 2-5-8

序号	故障现象	故障原因	排除方法
1	机箱外壳破损、锈蚀	腐蚀或碰撞	除锈、防腐
2	线路损坏、接头不可靠	腐蚀或振动	修复线路、调整接头
3	传感器螺钉松动	车辆振动	紧固螺栓
4	显示屏无显示	①传感器故障；②数据检测器异常；③通信线路异常；④软件故障	①检查线圈的电阻值和电感值；②复位数据检测器；③检查主机和检测器之间的通信线路；④检测主机串口的工作状态，重新启动软件
5	车重测量仪通信故障	通信线路故障	①检查通信线路；②检查轮胎识别器主机；③检查数据采集器的接口模块，进行放电处理
6	不能打印	①通信线路故障；②端口设置不当	①检查数据采集器接口模块；②调整称重主机打印端口设置
7	积水或杂物		清除
8	桥梁检测装置损坏	无测试数据输出	修理或调换
9	接地不可靠	—	修复

四　通信系统设备故障诊断与排除

1. 电路板故障诊断与排除

（1）故障现象：电路板故障以下面一个例子来说明。

有一个电脑室经常出现一部分电脑不能访问服务器的现象。一开始以为是网络布线不规范和网卡设置被学生修改了，所以机房管理员经常对网线进行测试和重新设置系统的网络配置。但是经过反复维修，这些电脑的网络连接还是时好时坏，最后，这一组电脑全部不能上网了，同时也发现连接这组电脑的交换机的所有连接指示灯都在不规则地乱闪。

（2）故障原因：交换机一般由主电路板和供电电路板组成，造成这种故障一般是因为这两个部分出现了问题。而造成电路板不能正常工作的主要因素有：电路板上的元器件受损或基板不良，硬件工注不合适和硬件更新后以及由于兼容问题而造成电路板块类型不合适等。

（3）解决方法：首先确定究竟是主电路板还是供电电路板出现问题，先从电源部分

195

开始检查,用万能表在去掉主电路板负载的情况下通电测量,看测量出的指标是否正常,若不正常,则换用一个 AT 电源,输入电源到主电路板,交换机前面板的指示灯恢复正常的亮度和颜色,而连接这台交换机的电脑正常互访,就说明是供电电路板出现了问题。若以上操作无效的话,问题就应该出现在主电路板上。

2. 端口故障诊断与排除

(1)故障现象:整个网络的运作正常,但个别机器不能正常通信。

(2)解决方法:一般情况下,端口故障是个别的端口损坏,先检查出现问题的计算机,在排除了端口所连计算机的故障后,可以通过更换所连端口来判断是否为端口问题,若更换端口后问题能解决,再进一步判断是端口的何种缘故。关闭电源后,用酒精棉球清洗端口,如果端口确实被损坏,那就只能更换端口了。此外,无论是光纤端口还是双绞线的 RJ-45 端口,在插拔接头时一定要小心,建议插拔时最好不要带电操作。

3. 模块故障诊断与排除

(1)故障现象:交换机由很多模块组成,如堆叠模块、管理模块(即控制模块)、扩展模块等,这些模块都有不同的外部接口,若发生故障都比较容易发现,有些可以直接查看出来,有的可以通过模块上的指示灯来辨别。

(2)解决方法:交换机功能模块发生故障的概率很小,不过一旦出现问题,就会造成巨大的经济损失,所以在保持电源稳定的前提下,拔插模块或搬运交换机时要加倍小心。在排除此类故障时,首先确保交换机及模块的电源正常供应,然后检查各个模块是否插在正确的位置上,最后检查连接模块的线缆是否正常。而解决此类故障的方法,就只能是与相关供应商联系争取更换了。

4. 背板故障诊断与排除

(1)故障现象:外部供电环境正常,但交换机的各个内部模块都无法正常工作。

(2)解决方法:如果外部电源正常供电,但交换机的各个内部模块都无法正常工作,那就可能是背板故障,这种故障的解决方法,只有一个,那就是更换背板。为了有效防止这种故障的发生,最重要的是为交换机提供一个符合厂商所提供的标准指标的工作环境。

5. 配置不当诊断与排除

(1)故障现象:将某工作站连接到交换机上的几个端口后,无法 Ping 通局域网内其他电脑,但桌面上"本地连接"图标仍然显示网络连通。

(2)解决方法:先检查这些被 Ping 的电脑是否安装有防火墙,三层交换机可以设置 VLAN(虚拟局域网),不同 VLAN 内的工作站在没设置路由的情况下无法 Ping 通,因此要修改 VLAN 的设置,使它们在一个 VLAN 中,或设置路由使 VLAN 之间可以通信。这类故障有时很难发现,需要一定的经验积累,在配置之前,最好先阅读说明书。如果不能确保用户的配置无问题,请先恢复出厂默认配置,然后一步一步地配置。

6. 系统数据错误诊断与排除

（1）故障现象：交换机出现满载、丢包、错包等情况，甚至造成系统全方位的故障，影响局域网的通信。

（2）解决方法：交换机系统提供了诸如简单文件传输协议 TFTP 等方式来下载并更新系统，所以有关管理人员要多关注设备厂商的网站，如果推出新的系统或新的补丁，应当及时更新，以防止错误的发生。

7. 设备故障排除实例

（1）某收费站所辖下的门架、车道流水到部中心存在滞留

排查方法：

①在收费站级服务器后台 Ping 部中心 MV 地址，网络延迟较大且不稳定，判断部站传输在用备用 4G 网络，MV 网络故障；

②现场检查运营商的光转设备 MV 接线端口发光不亮或是红光，初步判断 MV 线路故障；

③联系运营商确认 MV 线路故障，下工单给当地运营商运维人员进行修复。

（2）站与站之间网络故障

排查方法：

①交换机相应光口故障灯亮；

②排查站与站之间尾纤表面无明显破损，用红光笔确认尾纤光路可通；

③进一步使用 OTDR 测试站与站之间的光缆存在断点，确定断点位置，使用熔纤机进行熔纤恢复。

（3）路段监控中心到省监控中心网络故障

排查方法：

①登录骨干网网管系统，查看相关告警信息，网元脱管则初步判断线路存在故障，先排查外部线路是否正常，后排查中心光纤通信传输设备单板是否故障；

②网元正常，查看到路段监控中心到省监控中心光路连接正常，但网络不通，查看告警显示光衰过大，一般为光缆线路遭到弯折导致光衰过大引起，使用 OTDR 寻找光衰过大点位进行修复。

五　供配电系统设备维护与检修

1. UPS 设备日常维护与检修

1）UPS 电源系统

UPS 电源系统（图 2-5-18）因其智能化程度高，储能电池采用了免维护蓄电池，这虽给使用带来了许多便利，但在使用过程中还应在多方面引起注意，才能保证使用安全。

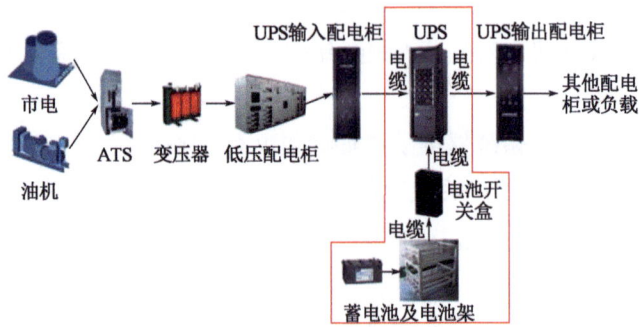

图 2-5-18　UPS 系统配置示意图

2）UPS 设备维护

（1）UPS 电源在正常使用情况下，主机的维护工作很少，主要是防尘和定期除尘。特别是气候干燥的地区，空气中的灰粒较多，机内的风机会将灰尘带入机内沉积，当遇潮湿空气时会引起主机控制紊乱，造成主机工作失常，并发生不准确告警，大量灰尘也会造成器件散热不良。一般每季度应彻底清洁一次。其次就是在除尘时，检查各连接件和插接件有无松动和接触不牢的情况。

（2）虽说储能电池组目前都采用了免维护蓄电池，但这只是免除了以往的测比、配比、定时添加蒸馏水的工作。而不正常工作状态对电池造成的影响没有变，这部分的维护检修工作仍是非常重要的，UPS 电源系统的大量维修检修工作主要在电池部分。

3）UPS 维护实例

交接班时检查 UPS（以某品牌 UPS 为例）工作状态，正常情况下 UPS 处于在线状态，此时市电指示灯和逆变指示灯亮，旁路指示灯不亮，无报警声。面板结构如图 2-5-19 所示。

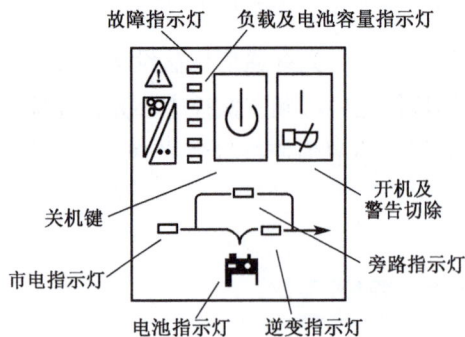

图 2-5-19　面板结构图

如旁路指示灯亮，则说明系统供电没有通过 UPS，要及时开启 UPS（按开机键 10s）。

①检查有无报警，如临时停电，有报警声音是正常的。

②如 UPS 不正常，未处于在线状态，应立即通知维修。

③电池每 3 个月需充放电一次,具体办法见放电维护试验的实施步骤,放电维护需在通行量较少时进行;3 台 UPS 要分开进行,每天一台。

4)放电维护试验的实施

为电池组做定期的放电维护试验,对延长电池组的使用寿命尤为重要,一般情况下放电维护试验采取如下几个步骤:

(1)首先分别观察 3 台 UPS 电池箱(在 UPS 旁边)后面的空气开关是否处于 ON 状态。如处于 OFF 状态,应及时把开关拨到 ON 状态,然后分别关掉电源开关箱上的UPS1、UPS2、UPS3 空气开关。

(2)分别观察 UPS 主机面板指示灯,如市电指示灯灭,电池指示灯亮,逆变指示灯亮,则表示市电已停电,UPS 主机处于电池组供电状态。

(3)UPS 主机由电池组供电时,UPS 主机会发出"嘟"的报警声。在电池组供电状态,负载及电池容量指示灯的一个灯代表电池容量的 20%,观察负载及电池容量指示灯是否 5 个灯全亮,如全亮代表电池组容量是满的。一般情况下对电池组放电至负载及电池容量指示灯从下往上数第二个灯灭为止,这时应及时合上电源开关箱上的空气开关。

(4)合上空气开关以后,市电指示灯亮,电池指示灯灭,逆变指示灯亮。在市电供电状态下,负载及电池容量指示灯的一个灯代表所带负载的 20%,观察负载及电池容量指示灯是否变回最初的状态,若是则代表 UPS 主机已从电池组供电状态转换为市电供电状态。

(5)从关掉空气开关到合上空气开关这段时间,就是 UPS 电池组的延长时间。

特别注意:出现旁路指示灯亮、逆变指示灯灭时,应及时长按 4s 以上开机键复位等待逆变指示灯点亮。如不能恢复请及时报修。故障指示灯,在任何情况下都不允许点亮,出现亮时应及时报修。

2. 太阳能设备维护与检修

太阳能电源维护与检修包含以下内容:

(1)检查太阳能板(图 2-5-20)的表面有无损坏,损坏后应及时修复。

图 2-5-20 太阳能板

（2）检查太阳能板的固定螺栓。

（3）太阳能板的除尘与保洁。

（4）检查充电控制器。

六　网络故障诊断和排查方法

1. 网络防护安全管理

网络防护安全管理是确保计算机网络和相关资源安全的一系列措施和实践。它包括保护网络免受恶意攻击、保护敏感数据的机密性和完整性，以及响应和恢复网络安全事件，具体如下：

（1）防火墙（Firewall）设置：使用防火墙来监控网络流量，并根据预先设定的规则过滤和阻止潜在的恶意访问和网络攻击。

（2）强密码和认证：确保所有用户账号都使用强密码，并实施双因素认证等额外的身份验证措施，防止未经授权的访问。

（3）更新和修补系统：及时更新操作系统、应用程序和网络设备的安全补丁，以修复已知的漏洞和安全弱点。

（4）数据加密：对敏感数据进行加密，确保即使在传输或存储时被获取，也无法被未经授权的人读取或使用。

（5）安全备份和恢复计划：定期备份重要数据，并确保备份数据存储在离线和安全的位置。同时，制订恢复计划，以便在发生数据丢失或网络中断等事件时能够快速恢复业务运作。

（6）网络监控和日志记录：监控网络活动和登录日志，及时检测和应对异常行为和安全事件。同时保存和分析日志记录，以获取对网络安全问题的更深入了解。

（7）培训和增强意识：定期进行网络安全培训，向监控员和用户提供有关安全最佳实践和防范方法的教育，增强他们对网络安全风险的意识。

（8）威胁情报和漏洞管理：通过订阅威胁情报和漏洞管理服务，了解最新的网络安全威胁和漏洞情况，并采取相应的措施来缓解风险。

（9）访问控制和权限管理：实施适当的访问控制措施，限制用户和设备对敏感系统和数据的访问权限，并根据需要进行权限管理和权限审查。

（10）安全策略和合规性：制定和落实网络安全策略，确保符合适用的法规和合规性要求，并定期进行安全审计和评估。

以上是网络防护安全管理的一些基本措施和实践。请注意，网络安全是一个不断演进的领域，因此及时跟踪最新的安全趋势和技术是保持网络安全的关键。最好咨询专业的网络安全专家来制定适合自身组织和环境的网络安全管理策略。

2. 网络安全巡检与防护

（1）网络安全巡检定义

安全巡检是指使用多种手段,对网络设备、服务器、操作系统、应用系统进行周期性的状态检查、安全扫描、日志分析、补丁管理并提交巡检报告及安全建议的过程。

（2）安全巡检的重要性

安全巡检的目的在于长期和持续地保持 IT 系统良好的运行状况,定期的安全巡检有助于及时发现长期运行的系统安全隐患、新的安全漏洞,并进行及时修复,能够保障系统、设备的安全和高可用性,能够掌握当前网络、系统的威胁,从而采取有针对性的安全措施。

（3）安全巡检流程

安全巡检主要分为三个阶段,分别为巡检准备、巡检实施、巡检记录。

（4）安全巡检内容

①检查安全设备状态。

查看安全设备的运行状态、设备负载等是否正常;检查设备存放环境是否符合标准;对设备的软件版本进行检查,看是否有升级的必要;梳理分析设备的策略,清理过期无效策略,给出优化建议;查看安全设备是否过维保期等。根据网络安全等级保护的要求,对安全策略和配置做好调整和优化。

②安全漏洞扫描。

对网络设备、主机、数据库、应用系统进行漏洞扫描,并根据扫描结果进行综合分析,评估漏洞的危害大小,最终提供可行的漏洞解决方案。定期为用户信息系统内安全设备产生的海量日志进行深度挖掘、分析和梳理,发现潜在的风险点。通过提供日志分析,及时掌握网络运行状态和安全隐患。

③补丁管理。

在前期安全扫描的基础上,对存在严重系统漏洞的主机进行补丁更新,从而及时消除因为系统漏洞而产生的安全风险。

（5）网络安全防护

①终端设备安全防护:关闭不必要的服务、端口、来宾组等,为不同用户开放较低权限,防止安装过多应用软件及、木马等病毒程序的自运行。

②进程运行监控:对运行以及试图运行的进程进行监视、控制。防止病毒、木马等恶意程序调用进程。及时了解操作系统开启服务与程序情况,防止恶意程序后台运行。

③操作系统监控:对操作系统内存、CPU 利用率等基本性能的监控有助于了解对系统资源占用过大的程序,从而鉴定其是否正常运行或为正常程序。

④终端外设监控:采用物理手段或软件防护封禁 USB 接口,关键设备禁止外接存储设备,防止因滥用计算机外接存储设备造成木马等病毒的泛滥传播等。

⑤操作系统密码监控:定期改变具有一定复杂度的密码及密码策略。

⑥网络配置监控:统计核心计算机网卡的 MA3IP 地址、计算机路由器的接口信息。

⑦计算机安全防护:开启防火墙,建立多级备份机制,工程备份借助云服务或移动硬盘等大存储设备。

⑧服务器安全防护:所有服务器操作系统必须及时更新,修补漏洞,远程管理端口及系统登录密码不定期更改,服务器开放指定端口进行互通访问,数据库服务器不接通外网,应用程序和数据服务尽量安装至不同服务器中,通过内网互通访问。

⑨交换机安全防护:交换机设置安全管理策略,保障故障点准确定位,及时处理。交换机网络配置定期备份,定期改变具有一定复杂度的密码。

⑩无线网络安全防护:设置白名单,禁止私接无线路由设备,无线设备密码定期更换。

⑪IP 安全管理:IP 使用遵循运营单位规定,使用 IP 设备位置、用途向相关部门报备。多台 PLC(可编程逻辑控制器)设备协同作业时,需配备独立网络接口或管理交换机进行 IP 隔离。

⑫硬件选型管理:设备选型需业主方认可品牌,如:网络设备。

⑬设备密码管理:所有设备不得加密或提供永久性密码。

⑭生产网、IT 网管理:接入生产网络设备遵循运营单位 IP 规则,不允许设备接通外部网络。IT 网下不允许访问生产网络系统及设备,生产网和 IT 网直接加装防火墙隔离访问,如需互访通过白名单设置。

⑮网络维护细则:建立设备信息台账,包括设备名称、型号配置、操作系统安装日期、数据版本,部署软件当前资源利用率,以便故障诊断和分析。

⑯机房安全管理:网络工程师离开机房及时上锁;未经网络管理人员同意,其他人员禁止擅自更改设备配置;其他人员进入机房需网络管理人员陪同;未经网络管理人员同意禁止在机房内计算机上网。

⑰网络巡检管理:管理物理设备(UPS、防火墙、交换机、服务器、路由器、灭火器);应用系统[工业操作系统:MES(工厂制造执行系统)、SCAD1(数据采集与监视控制系统)、DCS(分布式控制系统)等;办公系统(OA)等];环境(温度、湿度)。

⑱网络管理员管理:网络管理人员不得私自更改现有网络架构,不得私自架设与业务无关网络服务;不得私自修改网络配置;定期检查操作系统升级报告,定期检查防火墙日志。

3. 高速公路网络故障及排查方法

(1)高速公路网络故障类型

①收费分中心数据不能上传至收费中心;

②通信故障;

③计算机故障。

（2）故障诊断和排查方法

①检查设备或设备参数是否正常；

②检查服务器是否运行正常；

③检查 Modem（调制解调器）是否正常；

④检查 HUB（集线器）是否正常；

⑤查看各运行参数是否正确，不正确要重新设置或安装；

⑥检查 Modem 设置参数是否正确，若不正确要重新设置；

⑦检查路由器是否正常，电源是否正常，不正常则电源线重新连接。若指示灯显示不正常，则要更换路由器。

4.局域网故障点诊断和排查方法

（1）重新启动计算机；

（2）车道参数不对，重新设置；

（3）HUB 断电，重新上电；

（4）用万用表或光缆检测仪检测线路是否接通，不通则检查断开点，重新连接或换线；

（5）RJ45 接口用酒精清洁或重新拔插；

（6）与 HUB 口连接不通，把该连线接口换接到其他已连通的接口，通则 HUB 某一接口坏；如该 HUB 上连线全不通，则更换 HUB，否则是网卡问题；

（7）网卡重新插拔或与线缆接口重新清洁后插拔，不通则更换网卡。

七 线缆熔接、测试仪器

1.线缆熔接、测试仪器

（1）光纤剥线钳

光纤剥线钳（图 2-5-21）是一种用来剥离紧包光纤的光纤工具，一般用于熔接光纤时将紧包光纤剥离开。

（2）红光笔

红光笔（图 2-5-22）是用于检测光纤的连通性以及定位光纤故障点的一种光纤测试工具。通常情况下为了避免光纤连接之后网络无法正常运行，在连接光纤跳线之前会使用红光笔对每根光纤跳线的连通性进行检测，若红光笔恒亮则表示光纤连通性良好，可使用。另外，当光纤断裂、弯曲等造成网络故障时，则可使用红光笔对光纤跳线进行检测，可快速有效查找出故障光纤跳线，及时更换光纤跳线，使网络维护更加方便。

图 2-5-21　光纤剥线钳

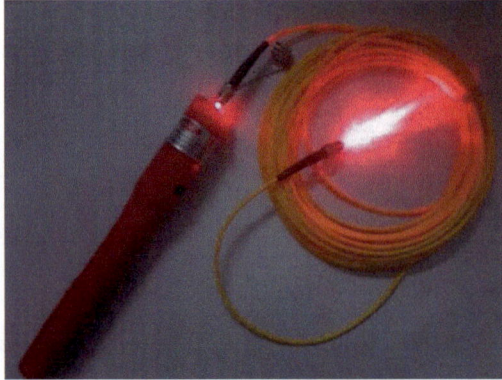

图 2-5-22　红光笔

（3）光功率计

光功率计（图 2-5-23）是一种用于测量绝对光功率和某一段光纤光功率相对损耗的光纤测试工具。通常情况下光功率计一般与稳定光源搭配使用，可测量光纤跳线的损耗，检验其连续性以及检测光纤链路传输质量。

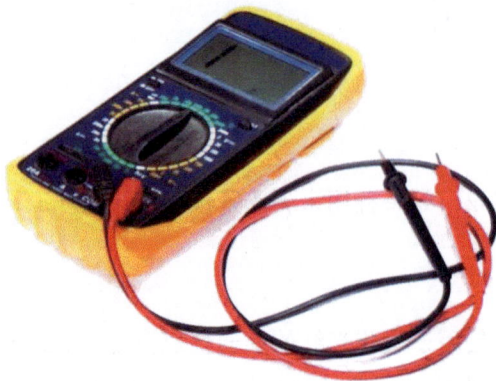

图 2-5-23　光功率计

（4）OTDR

OTDR（图 2-5-24）主要用于测量光纤线路特性，是光纤测量中最主要的仪器之一，被广泛应用于光缆线路的维护、施工之中，可进行光纤长度、光纤传输衰减、光纤接头衰减等的测量和故障定位。

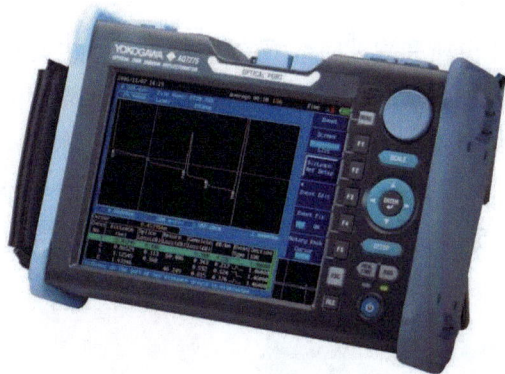

图 2-5-24 OTDR

主要测试步骤:打开仪器→连接光纤→进入 OTDR 测试界面→设置测试条件与模式→点击测试按钮测量→查看测试结果(事件列表、测试曲线)。

(5)光纤熔接机

光纤熔接机(图 2-5-25)主要用于光通信中光缆的施工和维护,所以又叫光缆熔接机。一般工作原理是利用高压电弧将两光纤断面熔化的同时用高精度运动机构平缓推进让两根光纤融合成一根,熔接后的光纤具备低损耗、高机械强度的特性,从而得以实现光纤模场的耦合,实现信号有效传输。

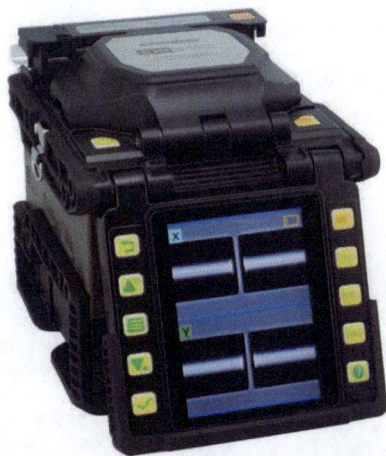

图 2-5-25 光纤熔接机

主要操作步骤:剥开光缆,并将光缆固定到盘纤架上→将剥开后的光纤分别穿过热缩管→打开熔接机电源,选择合适的熔接方式→制备光纤端面→将光纤放在熔接机的 V 形槽中,盖上防风盖→按放电键接续光纤→取出光纤并用加热器加固光纤熔接点→盘纤并固定。

2.常用仪器基础知识

（1）网络仪器基础知识

①网络分析仪：用于分析和测试网络中的信号传输性能，如图2-5-26所示。了解如何设置和校准网络分析仪，包括选择合适的测量参数、频率范围和测量端口；熟悉如何进行信号捕获和分析，包括测量信号的幅度、频率响应和时域特性等。

②电缆测试仪：用于测试和诊断网络电缆的连通性等性能，如图2-5-27所示。学习如何正确连接电缆测试仪，并进行连通性测试、线序识别以及电缆长度测量和故障检测等。

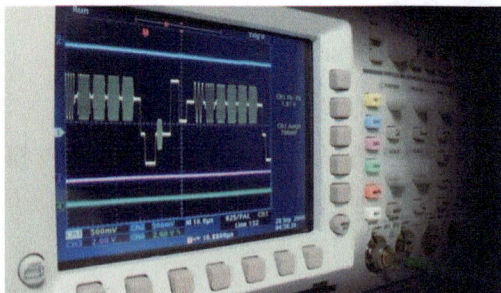
图2-5-26　网络分析仪

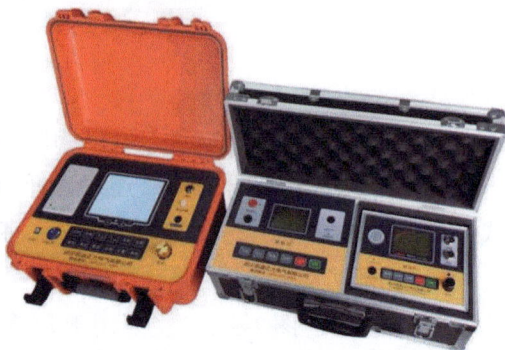
图2-5-27　电缆测试仪

③光纤测试仪：用于测试和分析光纤通信系统中的光信号质量和性能，如图2-5-28所示。了解如何使用光纤测试仪来测量光功率、衰减、损耗、传输距离和信号的光谱特性。

④无线信号测试仪：用于测试和分析无线网络的信号强度、覆盖范围、速率和干扰等，如图2-5-29所示。熟悉如何设置和操作无线信号测试仪，以及如何收集、分析和解释无线网络数据。

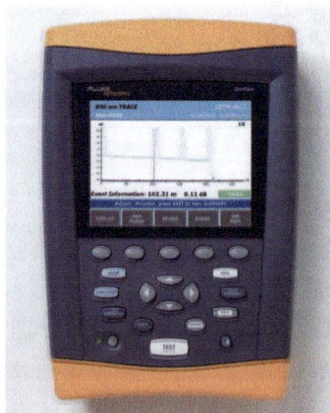
图2-5-28　光纤测试仪

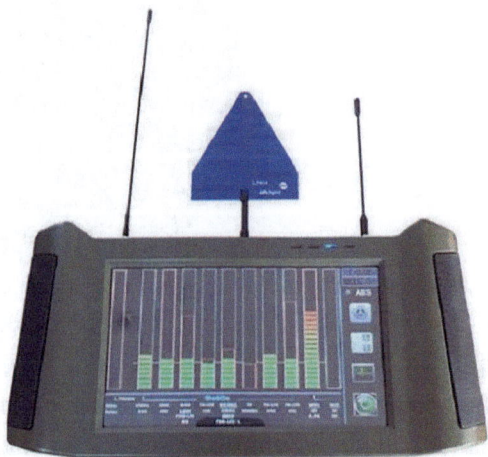
图2-5-29　无线信号测试仪

⑤网络探针:用于监测和分析网络中的流量、延迟和吞吐量等。了解如何安装和配置网络探针,以收集和分析网络流量数据,并进行网络故障排除和性能优化等。

(2)电气仪器基础知识

①数字多用表(图 2-5-30):用于测量电压、电流和电阻等电气参数。熟悉如何选择适当的测量范围和功能,正确连接测量引线,以及解读和记录测量结果。

图 2-5-30　数字多用表

②电能质量分析仪(图 2-5-31):用于监测和分析电力系统中的电能质量问题,如谐波、电压波动和电压中断等。掌握如何正确安装和连接电能质量分析仪,收集和分析电力质量数据,并进行故障诊断和改进分析。

③绝缘电阻测试仪(图 2-5-32):用于测量电气设备和电路的绝缘电阻。了解如何正确连接绝缘电阻测试仪,进行绝缘电阻测量,并解读和评估测量结果。

图 2-5-31　电能质量分析仪　　　　图 2-5-32　绝缘电阻测试仪

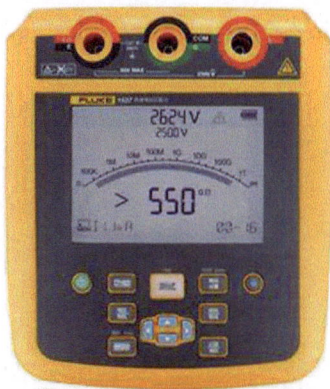

④接地电阻测试仪(图 2-5-33):用于测量电气设备和系统的接地电阻。学习如何正确设置和操作接地电阻测试仪,进行接地电阻测量,并评估接地系统的性能。

⑤电流钳式表(图 2-5-34):用于测量交流电流,无须中断电路。熟悉如何连接和使

用电流钳式表,并正确选择适当的测量范围和功能。

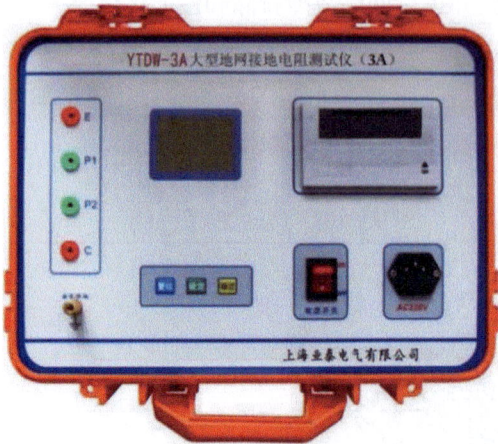

图 2-5-33 接地电阻测试仪

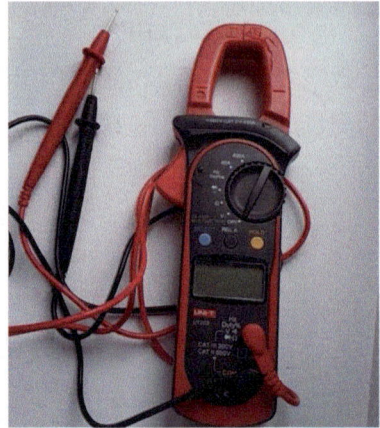

图 2-5-34 电流钳式表

上述仪器都是在网络和电气领域中常用的工具,了解它们的基本原理和正确的使用方法,有助于进行测试、故障排查和优化工作。请记住,在使用任何仪器之前,要阅读并遵循相关的安全注意事项和操作指南,确保测量结果的安全和准确。

第六章
培训与技术指导

第一节 培 训

一 培训计划制订

1.培训计划的编写

培训计划是从组织的战略出发,在预算充足的情况下,在全面、客观的培训需求分析基础上作出的预先设定。培训计划的编写应包括培训目的、培训时间、培训地点、培训对象、培训方式等项目。

(1)培训目的:通过培训拟达到某种成效或者取得证书,以满足生产经营需要或者提高管理水平需要。

(2)培训时间:根据实际需要安排,可以分为短期和长期,要考虑白天还是晚上、工作日还是周末、旺季还是淡季、何时开始和何时结束等。

(3)培训地点:可以选择在营运单位内部、培训机构、酒店会议室等,要根据培训的内容来选择培训场所。

(4)培训对象:可以是全员参与,亦可以是某位特定的监控员参与。

(5)培训方式:根据营运单位自身的需求,可以安排内训、外训。

(6)培训课程:先根据营运单位的需求制定相应的课程,再聘请专业的讲师授课。

(7)培训讲师:既需要具备较强的理论知识储备,又要有丰富的实践经验。既要有扎实的培训技能,又要有吸引人的高尚人格。可以是运营单位内部监控员,亦或是聘请的专业讲师。

(8)培训教材:一般由培训师确定,可以是市场公开出售的教材、营运单位内部的培训教材、培训机构开发的教材、培训师编写的教材(如 PPT、手册)等。

(9)培训考评:对培训对象进行培训效果考评,可采取培训测试、总结汇报、演讲等形式。

（10）培训费用：根据实际情况设定。

（11）注意事项：可以包含天气预报的提醒、交通路线的指引等。

2. 培训计划编写案例

（1）培训目的：为提升监控员职业等级，拟开展监控员二级/一级培训，力求达到培训预期，以更好地为营运单位和社会服务，并提供监控业务指导。

（2）培训时间：2023 年×× 月×× 日—2023 年×× 月×× 日，共×× 天。（二级培训为 48 课时/一级培训为 60 课时）；上课时间为：上午 8:30—12:00，下午 2:30—5:30，晚上 7:00—8:30。

（3）培训地点：×× 省×× 市×× 区×× 大酒店三楼会议中心/×× 省×× 市×× 区×× 培训中心三楼 301/×× 省×× 市×× 区×× 有限运营单位三楼会议室。

（4）培训对象：已经取得三级/二级职业资格证的监控员。

（5）培训方式：培训将采取内训和外训相结合的方式，并有实操演练。

（6）培训课程：根据需要设定。

（7）培训讲师：根据需要聘请。

（8）培训教材：根据需要准备。

（9）培训考评：

①笔试。考试时间为 90 分钟，60 分及格。

②论文答辩。答辩时间为 30 分钟，二级 70 分以上为及格，一级 80 分以上为及格。

③演讲加提问。设定若干评委，演讲 10 分钟以内，评委打分；提问环节 20 分钟，设定若干小问题，评委打分；综合总成绩，得分 70 分以上为及格。

④无领导小组讨论。设定若干题目，以小组为单位，自行安排角色进行小组讨论，评委通过摄像头观看现场直播进行考核评定。得分 70 分以上为及格。

考评可以是一种也可以是多种形式相结合，根据实际情况设定。

（10）培训费用。根据实际课程设定。

（11）注意事项：

①做好到达酒店/培训中心/单位的路线设定；

②做好天气情况/随身证件/衣物雨具等的提醒工作。

三 培训讲义编写

1. 培训讲义编写方法

讲义是为讲课而编写的教材。讲义的编写没有固定格式和固定内容，需要根据不同的主题编写。可按如下步骤编写。

（1）确定讲义大纲

根据培训需求确定培训内容,包括课次、课时、课题等。

（2）编写讲义

①设定讲义目录;根据课程需要设定一定数量的各级目录;

②设定讲义内容:设定文字式教案、表格式教案、提问论述式教案、互动式教案、案例分析式教案等;

③设定课堂提问:在一定时间内设定几道小问题,进行随堂提问,查验学习成效;

④设定课后习题;在培训完成后,设定一定数量的习题,巩固所学知识。

培训讲义排版应满足结构合理、重点突出、实用性强、图文并茂、统一风格等要求。

2. 培训讲义编写案例

（1）确定讲义大纲

根据参训单位要求,对监控员培训讲义（课件）进行设定。具体包括:

①课题:与监控业务/监控管理/实操演练等相关即可。

②课次:可以在一年内分几次进行培训,直到完成相应的总课时。

③课时:每一课次的培训天数,转换为课时,1 个小时为 1 课时。需要按照二级/一级的要求按时完成相应课时,方能进入考评、评定取证环节。

（2）编写讲义

①设定讲义目录。

根据课程需要设定一定数量的各级目录,如图 2-6-1、图 2-6-2 所示。

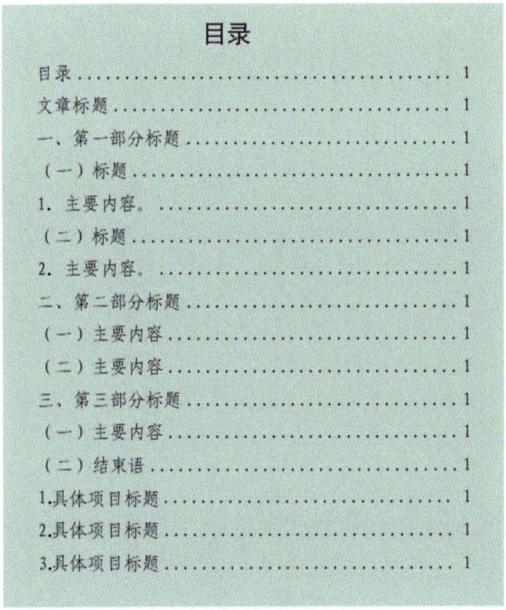

目录

目录......................................1
文章标题................................1
一、第一部分标题........................1
（一）标题..............................1
1.主要内容。............................1
（二）标题..............................1
2.主要内容.............................1
二、第二部分标题........................1
（一）主要内容..........................1
（二）主要内容..........................1
三、第三部分标题........................1
（一）主要内容..........................1
（二）结束语............................1
1.具体项目标题..........................1
2.具体项目标题..........................1
3.具体项目标题..........................1

图 2-6-1　目录

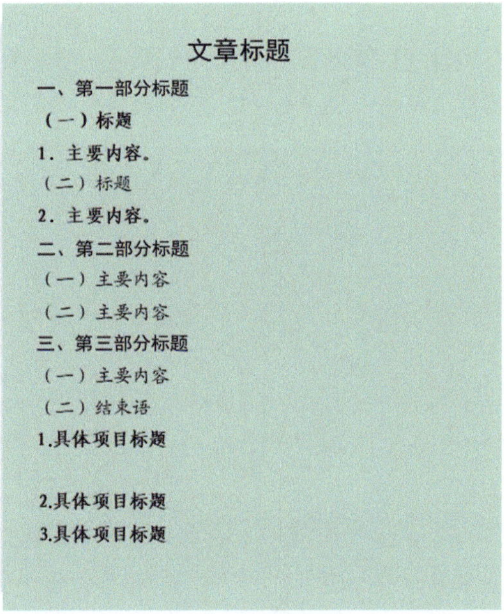

文章标题

一、第一部分标题
（一）标题
1. 主要内容.
（二）标题
2. 主要内容.
二、第二部分标题
（一）主要内容
（二）主要内容
三、第三部分标题
（一）主要内容
（二）结束语
1.具体项目标题

2.具体项目标题

3.具体项目标题

图 2-6-2　文章标题

②设定讲义内容。

文字式教案见图2-6-3;表格式教案见图2-6-4。

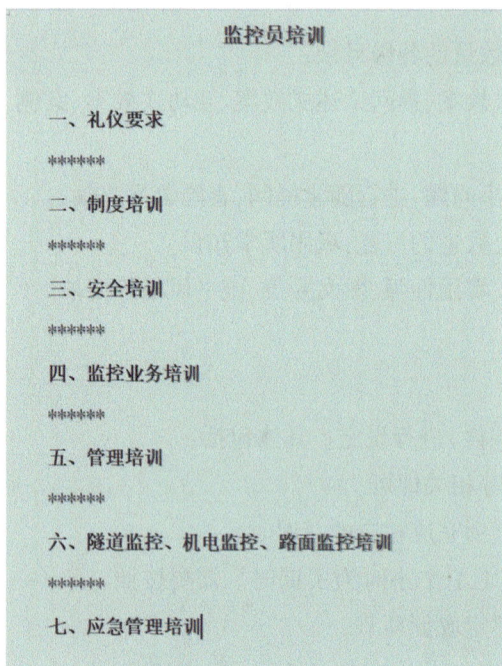

图2-6-3 文字式教案

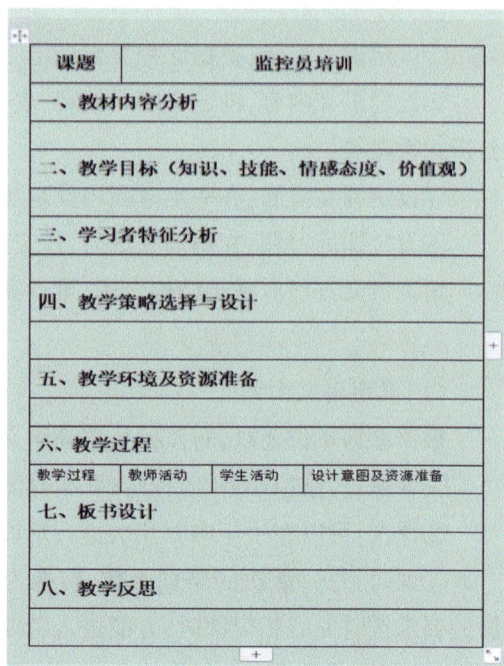

图2-6-4 表格式教案

互动式教案见图2-6-5;案例分析式教案见图2-6-6。

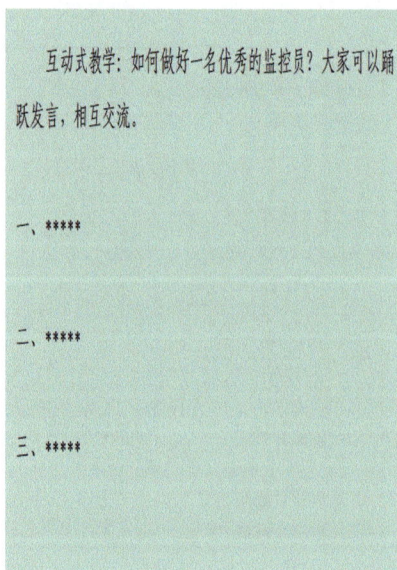

图2-6-5 互动式教案

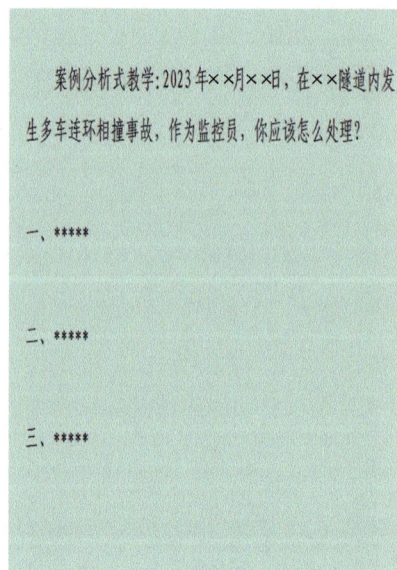

图2-6-6 案例分析式教案

③设定课堂提问。

在一定时间内设定几道小问题,进行随堂提问,查验学习成效,如图 2-6-7 所示。

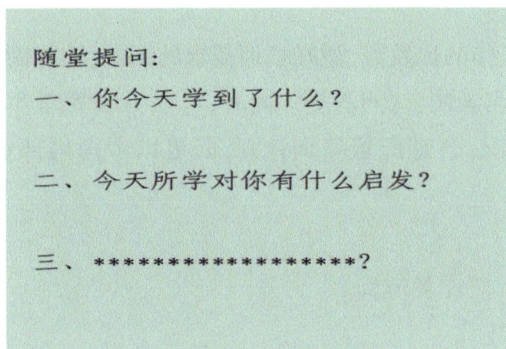

图 2-6-7　随堂提问

④设定课后习题。

培训完成后,设定一定数量的习题,巩固所学知识,如图 2-6-8 所示。

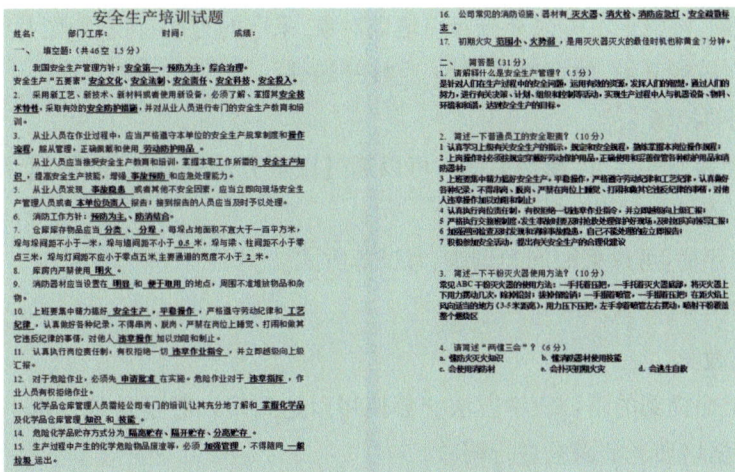

图 2-6-8　课后习题

三　培训教学与组织

1. 培训教学与组织

培训教学与组织是培训的重要环节,主要包括以下内容。

1)培训教学

培训教学有现场讲授法、演示展示法、分析研讨法、图片视听法、案例分析法、技能教学法、参观交流法、角色扮演法和情景模拟法等。因各种培训的方法具有各自的优缺点,为了提高培训质量,可以交替运用。

2)培训组织

(1)培训需求调研

培训需求是培训工作的出发点,做好培训需求的调研,才能确保培训达到好的效果。可以采取问卷调查法、座谈法、访问法等。同时,可以听取管理者、监控员或者讲师的意见,根据实际的资源情况,合理配置培训计划,既可以考虑内部资源,也可以考虑外部资源。

(2)培训计划设定

参考"培训计划制订"相关流程。

(3)培训前的准备工作

包括培训通知(包括时间、地点、形式、讲师、培训对象、注意事项等内容)的下发,设施设备、餐食、茶歇、住宿的准备/安排等。

(4)培训的开场

万事开头难,开场做得好不好,决定了接下来培训的效果。开场可以选择时下热门话题、热点新闻、潮流词汇等来充分吸引培训对象,采取的方法有视频/图片开场、故事开场、问题开场、游戏开场、数据调查开场、直接开场等。

(5)培训的控场

活跃培训现场气氛,控场是关键。可以通过以下方法进行控场:提问、随堂测试、奖惩、游戏互动、分组 PK 等。

(6)效果评估:可以采取问卷调查、考试等方式。

2. 培训教学与组织示例

(1)培训教学

根据对上面提到的培训教学方法交替使用以达到培训教学效果。本书不限于以上方法,实际根据培训老师需求进行调整。

(2)培训组织

①培训需求调研。培训需求调查表如图 2-6-9 所示。

②培训计划设定。参考前面"培训计划编写案例"。

③培训前的准备工作。

a.发放培训通知(图 2-6-10)。

b.培训课前准备检查,如图 2-6-11 所示。

c.餐食、茶歇、住宿的准备/安排根据实际情况配备。

d.培训的开场、培训的控场由授课老师掌握。

e.效果评估,如图 2-6-12 所示。

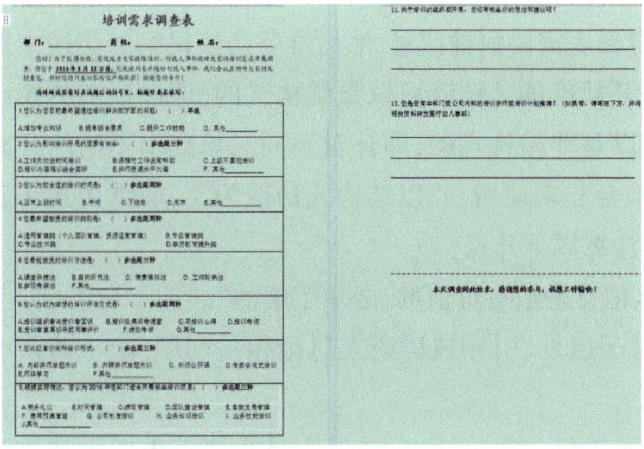
培训需求调查表

部门：________ 岗位：________ 姓名：________

请将问选答案写在认同后的括号里，标题答案填写：

1.您认为您目前最希望通过培训解决您方面的问题：（　）单选

A.增加专业知识　B.提高综合素质　C.提升工作技能　D.其他____

2.您认为影响培训开展的因素有哪些：（　）多选限三种

3.您认为较合适的培训时间是：（　）多选限两种

A.正常上班时间　B.午间　C.下班后　D.周末　E.其他____

4.您最希望接受的培训类别是：（　）多选限两种

5.您最能接受的培训方法是：（　）多选限三种

6.您认为较为理想的培训评估方式是：（　）多选限两种

7.您比较喜欢哪种培训形式：（　）多选限三种

8.根据实际情况，您认为2016年您部门适合开展哪些培训项目：（　）多选限三种

本次调查到此结束，感谢您的参与，祝您工作愉快！

图2-6-9　培训需求调查表

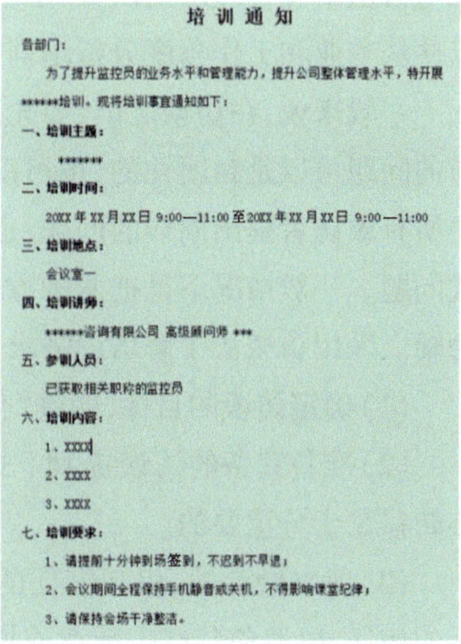
培 训 通 知

各部门：

为了提升监控员的业务水平和管理能力，提升公司整体管理水平，特开展*****培训，现将培训事宜通知如下：

一、培训主题：

******

二、培训时间：

20XX年XX月XX日9:00—11:00至20XX年XX月XX日9:00—11:00

三、培训地点：

会议室一

四、培训讲师：

*****咨询有限公司 高级顾问师 ***

五、参训人员：

已获取相关职称的监控员

六、培训内容：

1、XXXX

2、XXXX

3、XXXX

七、培训要求：

1、请提前十分钟到场签到，不迟到不早退；

2、会议期间全程保持手机静音或关机，不得影响课堂纪律；

3、请保持会场干净整洁。

图2-6-10　培训通知

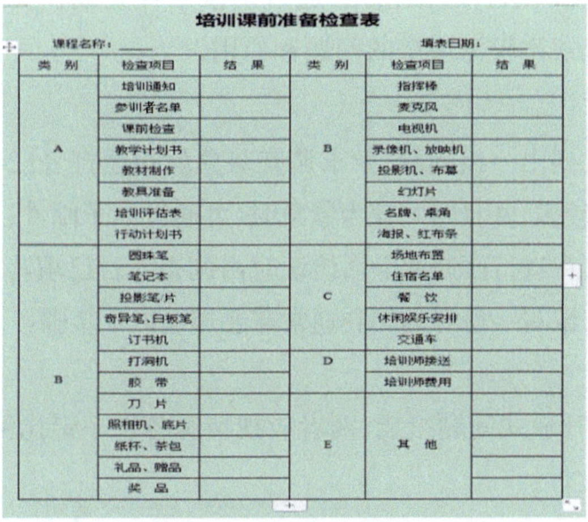
培训课前准备检查表

课程名称：____　填表日期：____

类　别	检查项目	结　果	类　别	检查项目	结　果
A	培训通知		B	指挥棒	
	参训者名单			麦克风	
	课前检查			电视机	
	教学计划书			录像机、放映机	
	教材制作			投影机、布幕	
	教具准备			幻灯片	
	培训评估表			名牌、桌角	
	行动计划书			海报、红布条	
B	圆珠笔		C	场地布置	
	笔记本			住宿名单	
	投影笔/片			餐　饮	
	奇异笔、白板笔			休闲娱乐安排	
	订书机			交通车	
	打洞机		D	培训师接送	
	胶　带			培训师费用	
	刀　片		E	其　他	
	照相机、底片				
	纸杯、茶包				
	礼品、赠品				
	奖　品				

图2-6-11　培训课前准备检查表

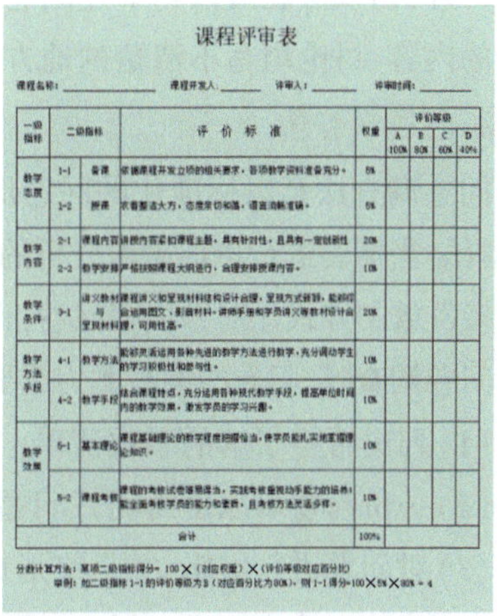
课程评审表

课程名称：________ 课程开发人：____ 评审人：____ 评审时间：____

一级指标	二级指标		评 价 标 准	权重	评价等级 A 100%	B 80%	C 60%	D 40%
教学态度	1-1	备课	依据课程开发立项的相关要求，各项教学资料准备充分。	5%				
	1-2	讲课	衣着整洁大方，态度亲切和蔼，语言流畅准确。	5%				
教学内容	2-1	课程内容	讲授内容紧扣课程主题，具有针对性，且具有一定创新性	20%				
	2-2	教学安排	严格按照课程大纲进行，合理安排授课内容。	10%				
教学条件	3-1	讲义教材与呈现材料	课程讲义和呈现材料结构设计合理，呈现方式新颖，能综合运用图文、影音材料，讲师手册和学员讲义等教材设计合理，可用性高。	20%				
教学方法手段	4-1	教学方法	能够灵活运用各种先进的教学方法进行教学，充分调动学生的学习积极性和参与性。	10%				
	4-2	教学手段	结合课程特点，充分运用各种现代教学手段，提高单位时间内的教学效果，激发学员的学习兴趣。	10%				
教学效果	5-1	基本理论	课程基础理论的教学程度把握恰当，使学员能扎实地掌握理论知识。	10%				
	5-2	课程考核	课程的考核试卷难易得当，实践考核重视动手能力的培养；能全面考核学员的能力和素养，且考核方法灵活多样。	10%				
合计				100%				

分数计算方法：某项二级指标得分=100×（对应权重）×（评价等级对应百分比）

举例：如二级指标1-1的评价等级为B（对应百分比为80%），则1-1得分=100×5%×80%=4

图2-6-12　课程评审表

四　培训需求分析方法

培训需求分析是指采用科学的方法弄清最需要培训的对象、培训的目的、培训的内容等问题，并进行深入探索研究的过程。培训需求分析的方法有许多种，本书主要介绍9种可供选择使用的培训需求分析方法：访谈法、问卷调查法、观察法、关键事件法、绩效分析法、经验判断法、头脑风暴法、专项测评法和胜任能力分析法。

1. 访谈法

访谈法即通过与被访谈人进行面对面的交谈来获取培训需求信息。应用过程中，可

以与营运单位管理层面谈,以了解组织对人员的期望;也可以与有关部门的负责人面谈,以便从专业和工作角度分析培训需求。

一般来说,在访谈之前,要先确定到底需要何种信息,然后准备访谈提纲。访谈中提出的问题可以是封闭性的,也可以是开放性的。访谈可以是结构式的,即以标准的模式向所有被访者提出同样的问题;也可以是非结构式的,即针对不同对象提出不同的开放式问题。一般情况下是把两种方式结合起来使用,并以结构式访谈为主,非结构式访谈为辅。采用访谈法了解培训需求,应注意以下几点:

(1)确定访谈的目标,明确"什么信息是最有价值的、必须了解的"。

(2)准备完备的访谈提纲。这对于启发、引导被访谈人讨论相关问题,防止访谈中心转移是十分重要的。

(3)建立融洽的、相互信任的访谈气氛。在访谈中,访谈人员需要首先取得被访谈人的信任,以避免其产生敌意或抵制情绪。这对于保证收集的信息的正确性与准确性非常重要。

另外,访谈法还可以与下述问卷调查法结合起来使用,通过访谈来补充或核实调查问卷的内容,讨论填写不清楚的地方,探索比较深层次的问题和原因。

2. 问卷调查法

问卷调查法是以标准化的问卷形式列出一组问题,要求调查对象就问题打分或做是非选择。当需要进行培训需求分析的人较多,并且时间较为紧急时,可通过电子邮件、传真或直接发放的方式让对方填写问卷,也可在进行面谈和电话访谈时由调查人自己填写。在进行问卷调查时,问卷的编写尤为重要。编写一份好的问卷通常需要遵循以下步骤:

(1)列出希望了解的事项清单;

(2)一份问卷可以由封闭式问题和开放式问题组成,两者应视情况各占一定比例;

(3)对问卷进行编辑,并最终形成文件;

(4)请他人检查问卷,并加以评价;

(5)在小范围内对问卷进行模拟测试,并对结果进行评估;

(6)对问卷进行必要的修改;

(7)实施调查。

3. 观察法

观察法是通过到工作现场,观察监控员的工作表现,发现问题,获取信息数据。运用观察法的第一步是要明确所需要的信息,然后确定观察对象。为提高观察结果的准确性,观察时应该尽量隐蔽并进行多次观察。运用观察法时应该注意以下几点:

(1)观察者必须对被观察监控员所进行的工作有深刻的了解,明确其行为标准,否则,无法进行有效观察;

(2)进行现场观察不能干扰被观察者的正常工作,应注意隐蔽;

(3)观察法的适用范围有限,一般适用于易被直接观察和了解的工作,不适用于技术要求较高的复杂性工作;

(4)必要时,可请陌生人进行观察,如请人扮演顾客观察终端销售人员的行为表现是否符合标准或处于何种状态。

4.关键事件法

关键事件法可用以考察工作过程和活动情况以发现潜在的培训需求。被观察的对象通常是对组织目标起关键性积极作用或消极作用的事件。确定关键事件的原则是:工作过程中发生的对营运单位绩效有重大影响的特定事件,如系统故障、获取大客户、大客户流失、产品交期延迟或事故率过高等。

关键事件的记录为培训需求分析提供了方便且有意义的消息。关键事件法要求管理人员记录监控员工作中的关键事件,包括导致事件发生的原因和背景,监控员特别有效或失败的行为,关键行为的后果,以及监控员自己能否支配或控制行为后果等。进行关键事件分析时应注意以下两个方面:

(1)制定保存重大事件记录的指导原则并建立记录媒体(如工作日志、主管笔记等);

(2)对记录进行定期分析,找出被培训对象在知识和技能方面的缺陷,以确定培训需求。

5.绩效分析法

培训的最终目的是改进工作绩效,减小或消除实际绩效与期望绩效之间的差距。因此,对个人或团队的绩效进行考核可以作为分析培训需求的一种方法。运用绩效分析法需要注意把握以下四个方面:

(1)将明确规定并得到一致同意的标准作为考核的基线;

(2)集中注意那些希望达到的关键业绩指标;

(3)确定未达到理想业绩水平的原因;

(4)确定通过培训能否达到的业绩水平。

6.经验判断法

有些培训需求具有一定的通用性或规律性,可以凭借经验加以判断。例如,人力资源部门仅仅根据过去的工作经验,不用调查就知道那些刚进入运营单位的新监控员需要进行哪些方面的培训;在运营单位重组或兼并过程中,有关决策者或管理部门不用调研,也能大致知道要对相关人员进行哪些方面的培训。

采取经验判断法获取培训需求信息在方式上可以十分灵活,既可以设计正式的问卷表交由相关人员,由他们凭借经验判断提出培训需求。还可以通过座谈会、一对一沟通的方式获得这方面的信息。培训部门甚至可以仅仅根据自己的经验直接对某些层级或部门人员的培训需要作出分析判断。

7.头脑风暴法

在实施一项新的项目、工程或推出新的产品之前需要进行培训需求分析时,可将一群合适的人员集中在一起共同工作、思考和分析。在运营单位内部寻找具有较强分析能力的人并让其成为头脑风暴小组的成员。还可以邀请运营单位以外的有关人员参加,如其他路段运营单位或上级专业人员。头脑风暴法的主要步骤如下:

(1)将有关人员召集在一起,通常是围桌而坐,人数不宜过多,一般十几人为宜。

(2)让参会者就某一主题尽快提出培训需求,并在一定时间内进行自由讨论。

(3)只许讨论,不许批评和反驳。观点越多、思路越广越好。

(4)所有提出的方案都当场记录下来,不作结论,只注重产生方案或意见的过程。

事后,对每条培训需求的迫切程度与可培训程度提出看法,以确认当前最迫切的培训需求信息。

8.专项测评法

专项测评法是一种高度专门化的问卷调查方法,设计或选择专项测评表并进行有效测评需要大量的专业知识。通常,一般的问卷只能获得表面或描述性的数据,专项测评表则复杂得多,它可通过深层次的调查,提供具体而且较系统的信息,比如可测量出监控员对计划中的运营单位变化的心理反应以及接受培训的应对准备等。由于专项测评法操作要求极高,并需要大量的专业知识作支撑,运营单位一般外请专业的测评运营单位来进行。

9.胜任能力分析法

胜任能力是指监控员胜任某一工作所应具备的知识、技能、态度和价值观等。许多运营单位都在依据经营战略建立各岗位的胜任能力模型,从而为其监控员招聘与甄选、培训、绩效考评和薪酬管理提供依据。基于胜任能力的培训需求分析有两个主要步骤:

(1)职位描述:描述出该职位的任职者必须具备的知识、技能、态度和价值观;

(2)能力现状评估:依据任职能力要求来评估任职者目前的能力水平。

使用这一方法的运营单位或培训经理普遍认为,当职位应具备的能力和个人满足职务的实际能力得到界定后,确定培训需求就变得容易了。

最后,运用以上方法分析培训需求时,需慎重考虑每一种被使用的方法的具体使用效果。

五 培训规划编制

培训规划是指根据运营单位的发展规划,针对监控员工作过程中出现的各种现象,结合运营单位发展规划和总体发展战略,大力提升监控员素质,突出人才培养及专业技术力量储备培训。其主要包括以下内容：

（1）明确培训目标和需求：首先需要对整个培训的目标和需求进行定位和确认，包括培训受众、培训内容、培训时间和地点等。

（2）制订培训计划：确定培训时间节点、流程、人员分工、预算和资源等。

（3）编写培训大纲：根据培训目标和需求编写培训大纲，包括培训课程、培训方式、培训教材等。

（4）设计培训课件：根据培训大纲，逐步设计培训课件，包括PPT、视频、案例等。

（5）确定培训师资：确定培训师资，包括内部教师、外部教师或专家等。

（6）组织实施培训：组织培训，包括培训的前期准备、培训的具体实施和培训后的总结与评估等。

（7）制定培训评估方案：不断跟踪和评估培训过程和效果，统计培训反馈、培训成效等数据，用于下一次培训的改进。

（8）总结和归档：对整个培训项目的过程和效果进行总结，并将汇总的资料进行归档和保存。

六　培训方案制订与实施

1. 培训方案制订

培训方案是根据运营单位培训的目的在进行培训需求调查分析的基础上所制订的。其主要包括需求分析、目标设定、确定培训师资和教材等内容。

（1）需求分析：首先需要对组织或监控员的培训需求进行分析。可通过问卷调查、监控员反馈、绩效评估等方式来了解。

（2）培训费用：根据培训需求和计划实际情况，确定培训费用。

（3）目标设定：明确培训的目标，确保培训内容与组织的战略目标和监控员个人发展目标相一致。目标可以从知识、技能和态度三个方面进行设定。

（4）内容设计：根据目标设定，确定培训内容和形式。培训内容可以包括专业知识、技能训练、团队合作、沟通技巧等。根据不同的培训内容，选择合适的培训方法，如面授、在线学习、实践培训等。

（5）确定培训师资和教材：根据培训内容和要求，确定合适的培训师资和教材。培训师应具备相关行业经验和专业知识，并能够灵活运用教学方法和手段。

（6）时间和地点安排：根据监控员的工作安排和培训方式，合理安排培训的时间和地点。可选择在工作时间内进行培训，或者安排在非工作时间进行。

（7）培训评估：在培训结束后进行评估，了解培训效果和参加培训人员的满意度。可以通过考试、问卷调查、观察等方式进行评估，并根据评估结果优化培训方案。

(8)持续改进:培训方案不是一成不变的,须根据监控员的反馈和组织的变化,不断调整和改进培训方案,以保持其有效性和适应性。

2. 培训实施案例

(1)培训目标:通过组织对运营单位的监控从业人员的上岗和监控员职业技能晋级培训,使其具备相应的公路监控员职业理论及操作水平,进而提升业务素质,为取得职业技能等级打下基础。

(2)培训内容:《公路收费及监控员国家职业技能标准(2022年版)》路况监控与信息采集发布员(技师/二级及以下)职业技能内容。

(3)培训方式:可采用多形式培训方式,并根据培训方式设计培训课程和课件。

①理论培训:通过讲座、培训课程等方式传授相关理论知识;

②实操训练:通过模拟实操等方式演练实际工作场景;

③案例分析:通过分析实际、典型案例,培养解决问题和应急处置的能力;

④角色扮演:通过模拟工作情境,提高应变和沟通能力;

⑤小组讨论:设定研讨课题,促进交流和学习,共同成长。

(4)培训师:单位监控员一级/高级技师。

(5)培训地点:会议室/培训室。

(6)培训时间安排:×年×月×日×时—×年×月×日×时。一般分多批次多阶段进行。

(7)培训学时:五级/初级工56标准学时;四级/中级工80标准学时;三级/高级工80标准学时;二级/技师120标准学时。(根据各等级晋级条件,做好培训学时统筹)

(8)参加培训人员:单位监控从业人员,包括新上岗、具二级/技师及以下职业资格监控人员。

(9)培训通知:尽量提前7天发布培训通知,并说明培训各类事项,预留充足时间给参训单位及人员做好相关准备,如人员安排、后勤等事宜。

(10)实施培训:根据培训课程设计,有序开展培训工作。

(11)培训评估。

①阶段性考核:设置阶段性考核,检验参训人员对培训内容的理解和应用。

②考核项目包括理论知识考试、技能考核等。

③培训结束后进行综合评估,对学员的综合素质和专业能力进行评价。

④开展课程评估。通过问卷调查、访谈、考评等形式开展课程评估。

⑤培训结束后培训负责部门、培训师要及时进行总结和评估,及时调整和改进培训课程设计和方案。

(12)持续改进。

①定期对培训方案进行评估和改进;

②结合学员的反馈意见,及时调整培训计划和内容;

③关注高速公路监控技术的更新和发展,不断更新培训内容;

④培训结束后进行跟踪调研,了解学员在实际工作中的表现和需要改进的地方。

七 培训指导规范制定

编写培训指导规范时,应遵循科学、客观、实用的原则,确保规范具有权威性和可操作性,以提高监控员职业技能的培训质量和鉴定效果。编写时应遵循以下步骤:

(1)确定编写目的:明确编写的目标和范围,确定培训指导规范的适用对象和要求。

(2)收集行业信息:了解监控员职业特点、工作流程、技能要求等方面的信息,通过调研、采访行业专业人士或从相关文献中获取相关信息。

(3)制定指导原则:根据收集的信息,确定监控员职业的核心技能和标准,制定合理的指导原则,以帮助培训人员准备培训材料。

(4)组织内容结构:将监控员的职业技能分解为不同的部分,按照逻辑顺序和层次编排,确保培训指导规范的结构清晰、层次分明,并能够顺利进行教学。

(5)制定培训材料:根据组织好的结构,编写相关培训内容,包括理论知识、实操技能和案例分析等,并选择合适的教学方法和教学资源。

(6)确定评估标准:确定监控员职业技能鉴定的评估标准,包括能力要求和评估方法,并相应地编写鉴定指南。

(7)预测试和修订:对编写的培训指导规范进行预测试,根据测试结果进行修订,确保规范的准确性和实用性。

(8)发布和推广:根据组织的需求,将制定好并修订完善的培训指导规范发布和推广应用。

(9)格式及其他要求。

①依法合规:规范应正确体现法律法规、相关政策及行业标准要求,不得与上述规范性文件存在矛盾或冲突。

②全面具体:规范应将所涉及的业务逐一阐明,内容尽量细化,明确流程,体现闭环管理的思想。其所规定的适用范围、操作步骤、评价标准等要具体、明确。

③严谨规范:规范应严格依照公文模板编写,符合格式规范。行文用语应尽量准确,不使用弹性语言和模糊性描述。

④标题规范:规范统一按照"适用范围 + 规范内容 + 体现规范属性的名称"进行命名。

⑤规范一般包括以下内容:

a.第一章为总则;

b. 第二章为组织与职责;

c. 关于规范的执行监督、检查以及相应的考核、奖惩等是关键内容,一般应独立成章,置于附则之前;

d. 最后一章为附则,包含一般名词术语解释、所属单位、实施说明、生效日期、解释权、修订记录等未尽事宜;

e. 附则之后,给出规范的附件列表。

⑥根据内容的复杂程度,层级结构可依次分为"章""节""条""款""项"。

a. "章"是规范内容划分的基本单元,以中文数字配合文字依次表述,如"第一章""第二章"。编号应从"总则"章开始直到"附则"结束。

b. "节"是章的细分,以中文数字配合文字依次表述,如"第一节""第二节"。每章中至少需包含两节,单独一节不能成章。

c. "条"是节或章的细分,每章或每节中至少需包含两条,单独一条不能成章或成节。

d. "款"是条的组成部分,表示一个独立的内容,或对前一款内容的补充。"款"的表现形式为"条"中的自然段,每个自然段为一款,"款"前不编序号。

e. "项"是以列举的形式对前段文字的说明。含有项的条目,其前段文字中一般都有"下列"二字或相应的文字表述。"项"前冠以中文数字加括号依次表示,如(一)、(二)、(三)。

⑦章节标题和条目标题应能够言简意赅地体现本章节的内容主旨。章节必须有标题。若条目内容不便归纳,或仅是操作性说明,则可不撰写条目标题,直接撰写条目内容。使用细分标识的条目,则必须使用条目标题对内容进行归纳,使文档更加清晰。

第二节　技术经验总结及考核方法

一 操作经验和技能总结方法

操作经验和技能总结是根据工作实践活动中的具体情况,对公路监控员职业技能操作进行总结、验证、提炼、加工,使之系统化、理论化,形成一套可操作性强、行之有效的经验的过程。在总结经验时,一定要观点鲜明、正确,既有先进性、科学性,又有代表性和普遍意义。

操作经验和技能总结方法如下:

（1）精华提炼法

通过筛选和抽取信息的精髓来进行总结，只保留最重要的部分。比如，从一篇长文章中提取关键词和核心观点，然后用一两句话概括。

（2）渐进式总结法

在操作过程中，把新发现的信息与之前已经掌握的知识结合起来，逐步进行总结。比如，从初步的了解开始，逐渐深入掌握更多的信息，然后总结出一个完整的知识体系。

（3）归类总结法

将大量信息归类整理，以便更容易记忆和理解。比如，把词语按照不同的词性分类，或者把知识点按照不同的主题归类，以此来加强记忆和理解。

（4）逻辑关系总结法

通过发掘信息中的逻辑关系来进行总结，以便更好地理解和记忆。比如，从因果关系、条件关系、比较关系等方面入手，把信息串联成一个完整的逻辑结构。

（5）图表总结法

通过图表形式展示信息，以此来加深记忆和理解。比如，用表格、流程图等形式来展示信息，以便更好地理解和记忆。

（6）小结法

通过不断地对信息进行小结，在记忆过程中反复强化，以便确保信息的深入记忆。比如，每读完一章节的内容后，总结其中的重点和难点，然后把这些信息组织成一个完整的知识框架。

二 理论基础知识水平考核

二级监控员需具备对完成培训任务的学员按照国家职业技能标准、行业以及营运单位评价规范开展公路监控员职业技能考核的能力。对于公路监控员职业技能考核，要求考核人员具备丰富的公路监控员职业经验和专业知识，同时应该根据被考核人员报考等级制定不同的考核方案，以确保考核评估的准确性。

1. 考核的方法

（1）观察法：考核人员直接观察被考核人员在实际操作中的表现，根据操作流程的正确性、操作技能的熟练程度等因素评分；

（2）实操法：被考核人员在模拟或真实的工作环境中进行具体操作，考核人员根据操作规范和标准评分；

（3）经验法：针对一些需要较长时间和多次实践才能掌握的技能，考核人员通过对被考核人员在实践中表现的多次观察和评估，判断其技能水平和能力；

(4)问答法:考核人员提出问题,要求被考核人员回答并解释相关的操作技能知识和原理。

2.考核的要求

(1)规范考务管理和考试题库管理,强化考核过程质量监管。

(2)技能考核一般采用现场模拟操作等方式进行。通过现场模拟实际操作,检验参考人员对实际操作的熟练程度,包括信息发布、参数设置、设备维护等,考评人员根据考核指标评定参考人员分值,总分值在60分以上为达标。

三 技能培训与技能水平考核

1.专业技术理论知识

专业技术是指某种特定领域、岗位的技能和知识,这些技能和知识通常通过实践经验积累而成,具有一定的实用性和针对性。

2.技能培训

(1)职业技能培训是为了提升劳动者职业技能素质,培养高素质技能人才,对参训人员开展的职业道德、技术业务知识和实际操作能力等方面的培训,以助力营运单位持续稳定发展。

(2)职业技能培训规范管理是提升培训质量效果、确保培训资金有效运用的重要举措。树牢精准培训、高效培训、规范培训、安全培训的理念,不断提升职业技能培训管理的规范化、信息化水平。

(3)一级/高级技师应能够在日常生产经营中,根据实际工作需求,制订职工培训计划,开展岗前培训、在岗培训、业务研修、岗位练兵、技术比武、技能竞赛等多种形式的职业技能培训和指导。

(4)指导营运单位完善本职业培训管理制度,完善与培训相适应的,符合安全要求的场所、设施、设备,按计划开展职业技能培训和指导。

3.职业培训指导

监控员职业培训指导专业技术理论知识应该包括以下内容:

(1)熟悉监控设备:了解监控室内的各类设备,包括摄像机、监控软件、服务器等,掌握设备的基本工作原理和操作方法。

(2)能够进行设备调试:掌握监控设备的安装和调试方法,包括设置摄像机的位置、调整镜头焦距和角度、设置监控区域大小等。

(3)掌握监控软件的使用:熟悉监控软件的各项功能和操作流程,包括视频监控、录像回放、报警处理等,能够熟练使用监控软件完成各项工作任务。

(4)了解视频数据存储和管理:了解监控视频数据的存储方式和管理方法,包括存储设备的选择和规划、数据备份策略等,保证监控数据的安全和可靠性。

(5)掌握故障排除和维护方法:能够识别监控系统可能出现的故障,并迅速采取相应的排除措施,保证监控系统的正常运行。同时,定期进行设备的维护和保养,确保设备的性能和稳定性。

(6)培养应急处理能力:了解应急处理流程,掌握突发事件时的应急处置方法,包括处理报警情况、协助调度指挥等,能够及时有效地响应和处理各类突发情况。

(7)学习相关法律法规:了解关于视频监控和隐私保护的相关法律法规,遵守法律规定,正确履行自己的工作职责。

4. 对监控员职业技能水平进行考核

按照国家职业技能标准、行业以及营运单位评价规范开展职业技能评价。对于职业技能考核,要求考核人员具备丰富的职业经验和专业知识,同时应该根据被考核人员报考等级制定不同的考核方案,以确保考核评估的准确性。

四 技术革新

1. 技术革新的定义

技术革新是指生产技术上的改进,如工艺规程、机器部件等的改进,以提高生产技术水平。对于高速公路监控中心而言,技术革新是在熟练掌握监控知识、现有技术、专业技术、设备功能的基础上,通过大数据、人工智能、区块链等新技术与交通行业深度融合,对未来发展的需求进行预测,对现有技术或流程进行梳理、归类,对原有的技术加以改造和提高,把新设想、新技术、新成果成功付诸实施并获得更好效益的过程。

2. 技术革新的方法

(1)趋势外推法

趋势外推法是依据现在的技术、经济信息、设备信息,在分析判断其发展趋势和规律将继续的前提下,推演未来发展趋势,同时利用相关条件、参数、因果关系数据和其他信息,建立数据库模型,通过梳理、分析、试验、调整、总结等流程,推进技术不断完善,使新方法符合营运单位实际运用环境。

(2)需求分析法

在技术创新的过程中,需求分析是非常重要的一步。只有深入了解营运单位的需求,才能够开发出真正符合市场需求的产品或服务。在需求分析阶段,可以采用用户调研、市场调研和竞品分析等方法,收集并分析相关数据。通过这些方法,可以更好地把握用户的需求,为技术创新提供指导和依据,可以采用原型开发、试验验证和模拟仿真等方法,不断改进和优化技术创新方案。同时进行技术可行性分析,评估技术创新的可行性和可靠性,最后将技术创新转化为实际产品或服务,实现技术创新。

（3）经验交流法

行业活动是一个非常好的获取信息和交流的平台，专业技术人员应该积极参加行业活动、行业会议和研讨会，了解行业动态和最新技术发展，开展头脑风暴、开阔视野，使自己的职业发展更高、更广。

（4）管理技术改进法

组织以技术骨干为核心的团队，充分发动职工积极参加，密切结合生产经营实际，抓住关键和薄弱环节，合理规划，及时做好分析、评价、总结，通过成果鉴定达到提高工作效率的目的。

（5）自我提升法

职业技能的提升需要不断学习和培训，专业技术人员应该时刻关注新的技术发展和业务需求，并不断地学习新的技能和知识，通过结合自己所从事的工作领域开展实践活动，并且通过实践研究如何将新知识融入实际工作中，提高自己的技能水平，从而更好地满足工作需要，实现创新。

3. 相关技术应用

（1）引入先进的视频监控技术

随着科技的不断发展，高清摄像头、红外摄像头、夜视摄像头等先进设备的应用可提高监控中心的监控效果。这些设备能够提供更清晰、更广阔的视野，并能在低光照环境下获取更优质的图像，从而提高监控中心的监测能力。

（2）引入智能识别与分析技术

通过人工智能技术，对监控视频进行智能识别与分析，可以实现车牌识别、交通事件检测、行为分析等功能，提升监控中心的自动化处理能力。例如，可以利用智能识别和分析技术实时检测交通事故、违规超速行驶、危险驾驶等行为，并及时进行报警和处置。

（3）实现数据融合与共享

将高速公路监控中心与其他相关部门（如交通管理部门、警务部门等）的监控系统进行数据融合与共享，可以实现跨部门的信息互通共享，提升监控中心的综合协同能力。通过共享数据，可以更加及时准确地掌握路况状况、事故信息等，从而更好地指导交通管理和应急处置工作。

（4）引入无人机技术

利用无人机进行高空监控，可弥补传统监控设备的盲区，对高速公路进行全方位的监控。同时，无人机还具备远程巡航、目标跟踪等功能，提供更精准的监控数据，增强监控中心的监测能力。

（5）应用大数据与云计算技术

通过应用大数据和云计算技术，对监控数据进行存储、分析和挖掘，可以提取有价值的信息和规律。监控中心可以借助这些技术，对历史数据进行回放和分析，为改进交通管理、提升安全性等提供决策支持。

（6）增强网络安全保障

随着信息化水平的提升，高速公路监控系统也面临着网络安全威胁。因此，技术革新还需要注重网络安全的保障，采取加密通信、防火墙等措施，确保监控数据的安全性和完整性。

第七章
数智技术及规范

第一节　数智技术理论与应用方法

一　电子技术

1. 电子技术发展历程

电子技术是 19 世纪末 20 世纪初发展起来的一种新兴技术。由于物理学的重大突破,电子技术得以迅猛发展和广泛应用,并促使人类科学技术水平上了一个新台阶。

1883 年美国发明家爱迪生发现了热电子效应,随后在 1904 年 J. A. Fleming 利用这个效应制成了电子二极管,并证实了电子二极管具有"阀门"作用,其首先被用于无线电检波中。1906 年美国的 L. D. Forest 在 Fleming 的二极管中加入了第三个电极——栅极而发明了电子三极管,树立了早期电子技术上最重要的里程碑,即使人类进入了电子管时代。

电子管制造成本高、体积大、能耗高、寿命短、噪声大,并且制造工艺也十分复杂。为了解决这些问题,科学家们进行了各种尝试。1948 年美国贝尔实验室的布拉顿、巴丁和肖克利所在的研究小组发明了一种点接触晶体管。这是一种全新的半导体器件,它体积小,电性能稳定,功耗低。这项发明自从 1948 年问世起,很快就应用于通信、电视、计算机等领域,促进了电气和电子工程技术的飞速发展,使人类进入了晶体管时代。

1958 年,利用单晶硅材料,世界上第一片集成电路在美国得克萨斯州诞生了,使人类进入了集成电路时代。

到 20 世纪 60 年代末,在大约四分之一英寸见方的小硅片上可以集成 6800 个晶体管和数千个其他元件。

从 20 世纪 70 年代起,集成电路技术飞速发展,各种大规模集成电路和超大规模集成电路层出不穷。至今集成电路的集成度已提高了 500 万倍,特征尺寸缩小 200 倍,单个器件成本下降 100 万倍。集成电路由于成本低、尺寸小、可靠性高、电性能优良等优点,引起了工业系统、通信系统、控制系统、计算机系统、测量系统以及生物医学系统的革命性发展。

电子技术在交通方面的应用主要表现在智能交通系统和智能汽车,实现交通的 GPS 定位,自动缴费。

2. 电子技术概述

现阶段电子技术的发展主要以 DSP 技术、EDA 技术和嵌入式技术三种技术为主。

（1）DSP 技术

数字信号处理（Digital Signal Processing,DSP）是指将模拟信号通过采样进行数字化后的信号进行分析、处理,它侧重于理论、算法及软件实现。要实现这些算法,特别是实时完成某些算法,就需要有特殊的硬件支持,这就是数字信号处理器（Digital Signal Processor）。DSP 是一门涉及许多学科而又广泛应用于许多领域的新兴学科,随着计算机和信息技术的飞速发展,数字信号处理技术应运而生并得到迅速的发展,特别是数字信号处理已经在通信等领域得到极为广泛的应用。数字信号处理是利用计算机或专用处理设备,以数字形式对信号进行采集、变换、滤波、估值、增强、压缩、识别等处理,以得到符合人们需要的信号形式。DSP 产品将向着高性能、低功耗、加强融合和拓展多种应用的趋势发展,DSP 芯片将越来越多地渗透到各种电子产品当中,成为各种电子产品尤其是通信类电子产品的技术核心。

（2）EDA 技术

电子设计技术的核心就是 EDA 技术,即电子设计自动（Electronic Design Automation）技术。EDA 技术利用大规模可编程逻辑器件作为设计载体,采用硬件描述语言为主要逻辑描述方式,以计算机、开发软件及实验开发系统为设计工具,通过自动化设计流程,实现从电路设计、逻辑综合、仿真测试到硬件实现的整个电子系统设计过程。EDA 技术不仅提高了设计效率,减少了设计错误,而且缩短了产品上市时间,对电子产业的发展起到了重要的推动作用。

（3）嵌入式技术

嵌入式系统是一种专用的计算机系统,可作为装置或设备的一部分。通常,嵌入式系统是一个控制程序存储在 ROM 中的嵌入式控制器。事实上,所有具有数字接口的设备都使用了嵌入式系统,有些嵌入式系统还包含操作系统,但大多数嵌入式系统由单个程序实现整个控制逻辑。嵌入式控制器因其体积小、可靠性高、功能强、灵活方便等许多优点,已深入应用到工业、农业、教育、国防、科研以及日常生活等各个领域,对各行各业的技术改造、产品更新换代、提高生产率等方面起到了极其重要的推动作用。

3. 高速公路收费系统主要设施

高速公路收费系统由 MTC 车道设施、ETC 车道设施、计算机网络设施、闭路电视监视设施、计重收费设施、不间断电源设施等组成。

MTC 公路半自动车道收费系统,是现有的人工收费系统。MTC 车道由汽车自动分类系统(AVC)、读卡器、显示设备、视频监控设备、自动栏杆和计算机软件系统组成。读卡器可以采用接触式或非接触式。当汽车进入 MTC 车道时,汽车自动分类系统(AVC)将车辆信息自动分类,然后告知软件系统该车属于哪一类型,软件系统根据此信息告知读卡器应该收取多少数额的通行费,当交易完成后,软件系统向自动栏杆发出命令,让车辆通过,完成收费。

ETC 实现高速公路或桥梁自动收费。通过安装在车辆挡风玻璃上的车载电子标签与收费站 ETC 车道上的微波天线之间的专用短程通信,利用计算机联网技术与银行进行后台结算处理,从而达到车辆通过高速公路或桥梁收费站无须停车就能缴纳通行费用的目的。

高速公路收费系统属于一种较为分散的系统,尤其是对于一些封闭式的收费站和路网收费系统而言,高速公路收费系统一般由分布在不同地点上的多个子系统构成。高速公路收费系统主要包括车道级收费系统、收费站系统、收费科系统、公路处系统,各个级别的系统借助网络形成了一个分散的分布式系统,网内所有的系统之间既相互联系,又可以独立运行。

为保障高速公路的安全,高速监控摄像作为一种重要的监控手段已经被广泛应用。目前道路沿线两侧按照平均每 1~2km 间距设置全程视频监控,摄像机采用 1080P 高清网络摄像机,在特长隧道的出入口、特大桥梁,以及枢纽等重要位置可采用高性能红外夜视网络摄像机,以实现对这些重要地段的 24h 实时监控。

为了在收费站实现计重收费和超限检测功能,在收费车道前安装一套收费车道低速高精度称重系统,向收费系统计算机传输轴重、整车重、车速、车轴数量、车型、轴距、车道号和行驶方向、日期和时间、数据记录序号、车辆加速度、超限判别标识等信息,实现计重收费和超限检测功能。

在高速公路交通各机电系统中,其主电源需采用交流不间断电源 UPS 装置来保证正常运行。高速公路供配电系统给沿路各收费系统、通信系统、隧道通风照明、运行监控提供可靠的电力保障,这些负荷从不同角度保证整个高速公路的安全可靠运行和营运单位的正常经营。收费站的不间断电源向收费、通信和监控等系统供电;隧道的不间断电源向应急照明、通信、监控及消防等系统供电。

二 大数据技术

随着互联网的发展,数据量呈现爆炸式增长,数据的价值也越来越受到重视。大数据作为一种新兴的技术和应用,正在逐渐改变着我们的生活和工作方式。

1.大数据的定义

大数据是指数据量巨大、类型多样、处理速度快、价值密度低的数据集合。大数据的定义并没有一个统一的标准,但通常认为,大数据的数据量至少在 TB 级别以上,甚至达到 PB、EB 级别。大数据的数据来源包括传感器、社交媒体、移动设备、云计算等多种渠道。

2.大数据的特点

(1)数据量大。大数据最显著的特点就是数据量大,数据量的增长速度也非常快。这种数据量的增长速度远远超过了传统的数据处理方式所能承受的范围。

(2)数据类型多样。大数据的数据类型非常多,包括结构化数据、半结构化数据和非结构化数据。这些数据类型的处理方式也各不相同,需要采用不同的技术和工具进行处理。

(3)处理速度快。大数据的处理速度非常快,需要采用高效的处理方式和技术。传统的数据处理方式已经无法满足大数据的处理需求,通常采用分布式计算、并行计算等技术。

(4)价值密度低。大数据的价值密度低,需要利用数据挖掘、数据分析等技术进行深度挖掘和分析,才能发现其中的价值。

3.大数据的挑战

随着大数据技术的不断发展和完善,大数据的应用前景也将越来越广阔。但同时,大数据也面临着诸多挑战和问题,需要我们不断进行探索和研究,才能更好地应对这些挑战和问题。

(1)数据安全。大数据的数据量非常大,数据来源也非常多,数据安全问题非常突出。大数据的安全问题包括数据泄露、数据篡改、数据丢失等方面。

(2)数据质量。大数据的数据质量也是一个非常重要的问题。由于数据来源的多样性和数据处理的复杂性,大数据的数据质量往往难以保证。

(3)技术挑战。大数据的处理需要采用分布式计算、并行计算等高级技术,这对技术人员的要求非常高。同时,大数据的处理也需要采用高性能的计算机和存储设备,这也对技术人员的要求非常高。

三 云计算技术

1.云计算的定义

云计算是分布式计算的一种,指的是通过网络"云"将巨大的数据计算处理程序分解成无数个小程序,然后,通过多部服务器组成的系统处理和分析这些小程序得到结果并返回给用户。早期的云计算就是简单的分布式计算,解决任务分发,并进行计算结果的合并。因而,云计算又称为网格计算。通过这项技术,可以在很短的时间内(几秒钟)完成对数以万计的数据的处理,从而可存储、集合相关资源并按需配置,向用户提供个性化服务。现阶段所说的云服务已经不单单是一种分布式计算,而是分布式计算、效用计算、负载均衡、并行计算、网络存储、热备份冗杂和虚拟化等计算机技术混合演进并跃升的结果。

"云"实质上就是一个网络,从狭义上讲,云计算就是一种提供资源的网络,使用者可以随时获取"云"上的资源,按需求量使用,并且可以看成是无限扩展的,只要按使用量付费就可以。从广义上说,云计算是与信息技术、软件、互联网相关的一种服务,这种计算资源共享池叫作"云",云计算把许多计算资源集合起来,通过软件实现自动化管理,只需要很少的人参与,就能让资源被快速利用。也就是说,计算能力作为一种商品,可以在互联网上流通,就像水、电、煤气一样,可以方便地取用,且价格较为低廉。

总之,云计算不是一种全新的网络技术,而是一种全新的网络应用概念,云计算的核心概念就是以互联网为中心,在网站上提供快速且安全的云计算服务与数据存储,让每一个使用互联网的人都可以使用网络上的庞大计算资源与数据中心。

2. 云计算的优势及特点

云计算是继互联网、计算机后在信息时代又一种新的革新,云计算是信息时代的一个大飞跃,未来的时代可能是云计算的时代,因为它具有很强的扩展性和需要性,可以为用户提供一种全新的体验。云计算的核心是可以将很多的计算机资源协调在一起,与传统的网络应用模式相比,其具有如下优势与特点:

(1)虚拟化技术

必须强调的是,虚拟化突破了时间、空间的界限,是云计算最为显著的特点。虚拟化技术包括应用虚拟和资源虚拟两种。众所周知,物理平台与应用部署的环境在空间上是没有任何联系的,正是通过虚拟平台对相应终端操作来完成数据备份、迁移和扩展等。

(2)动态可扩展

云计算具有高效的运算能力,在原有服务器基础上增加云计算功能能够使计算速度迅速提高,最终实现动态扩展。

(3)按需部署

计算机包含了许多应用、程序软件等,不同的应用对应的数据资源库不同,所以用户运行不同的应用时需要较强的计算能力对资源进行部署,而云计算平台能够根据用户的需求快速配备计算能力及资源。

(4)兼容性强

目前市场上大多数IT资源、软件、硬件都支持虚拟化,比如存储网络、操作系统和开发软、硬件等。虚拟化要素统一放在云系统虚拟资源池当中进行管理,可见云计算的兼容性非常强,不仅可以兼容低配置机器、不同厂商的硬件产品,还能够外设以获得更高性能计算。

(5)可靠性高

倘若服务器故障也不影响计算与应用的正常运行。因为单点服务器出现故障可以通过虚拟化技术将分布在不同物理服务器上的应用进行恢复,或利用动态扩展功能部署新的服务器进行计算。

(6)性价比高

将资源放在虚拟资源池中统一管理在一定程度上优化了物理资源,用户不再需要昂贵、存储空间大的主机,可以选择相对廉价的 PC 组成云,一方面减少费用,另一方面计算性能不逊于大型主机。

(7)可扩展性

用户可以利用应用软件的快速部署条件来更为简单快捷地将自身所需的已有业务以及新业务进行扩展。如,计算机云计算系统中出现设备故障,对于用户来说,无论是在计算机层面上,还是在具体运用上均不会受到阻碍,可以利用计算机云计算具有的动态扩展功能来对其他服务器开展有效扩展。这样一来就能够确保任务有序完成。在对虚拟化资源进行动态扩展的情况下,还能够高效扩展应用,提高计算机云计算的操作水平。

四 项目技术报告与论文的撰写方法

1. 项目技术报告撰写方法

项目技术报告是一种详细阐述特定项目所使用的技术、方法、成果和经验的文档,旨在向项目团队、管理层和其他利益相关者提供关于技术项目的详细信息。以下是一个项目技术报告的基本结构:

(1)引言:在引言部分,简要介绍报告的目的、项目的背景和重要性。明确项目的目标,以及报告的结构和内容。以下为公路收费及监控领域的技术报告示例:

①目的:详细描述公路收费和监控技术的现状,并探讨未来发展趋势。这包括对现有收费系统进行详细分析,比较不同技术的优缺点,以及预测未来技术的发展方向。同时,报告也会对监控技术的实施进行全面讨论,包括技术的选择、安装和维护等方面。

②背景:报告的背景主要涉及公路收费和监控技术在现代交通系统中的重要性。例如随着交通量的不断增加,有效的收费和监控系统对于确保道路安全和顺畅运行至关重要。此外,随着技术的发展,新型的收费和监控系统不断涌现,为提高道路管理效率提供了新的可能性。

③必要性:报告的必要性在于提供一份全面、最新的技术报告,为决策者、研究人员

和从业者深入了解公路收费和监控技术提供参考。报告将根据现有数据和趋势进行预测,帮助读者更好地了解未来发展趋势,并为公路收费和监控技术的进一步发展提供依据和支持。

(2)项目概述:提供项目的总体描述,包括项目的目标、范围、时间表和预算。简要介绍项目的关键技术、方法、产品或解决方案。撰写时应注意以下几点:

①文字精练简洁:概述部分应该简洁明了,突出重点。通过简短的语言,清晰地表达项目的目的、范围、时间表和重要信息。

②灵活应用图表:在概述中适当地使用图表可以帮助读者更好地理解项目。比如,可以使用流程图展示项目的作业流程,使用表格展示各项设备和技术的详细信息。

③具有针对性:根据报告的目的和受众,调整概述的表达方式。例如,如果报告是为决策者准备的,概述应该突出项目的战略价值和预期收益。如果报告是为技术人员准备的,概述应该更侧重于技术和设备细节的介绍。

④引用具体数据:在概述中,使用具体的数据和案例可以帮助读者更好地理解项目。例如,可以引用实际道路的交通量数据来支持收费系统设计的必要性。

⑤强调项目特点:在概述中,强调项目的独特特点和优势。例如,可以介绍项目所采用的先进技术、创新性的设计等。

(3)技术细节:技术细节部分应该详细地介绍各项技术和设备的使用方法、性能参数、优势和局限性等,包括新技术、算法或流程。提供技术的详细说明,包括技术选择的理由和优势。撰写技术细节除了要有针对性、使用数据及图表展示技术优势外,还可以进行实践、与现有的技术进行对比,突出所采用技术的优势和特点。这有助于读者更好地理解新技术的优势和适用性。

(4)实施过程:实施过程部分应该详细地介绍项目的实施计划、步骤和方法,包括各个阶段的实施内容、时间表、责任人、风险评估和应对措施等,并提供项目的时间表、里程碑和关键事件。以下为一个实施过程撰写的简要示例:

①前期准备:包括设备采购、人员培训、场地布置等。该阶段预计需要 1 个月的时间。

②系统安装和调试:包括收费系统和监控系统的安装、调试和测试等。该阶段预计需要 2 个月的时间。

③系统集成测试:包括收费系统和监控系统的集成测试,以及与现有系统的对接测试等。该阶段预计需要 1 个月的时间。

④试运行和优化:包括在部分路段进行试运行,收集用户反馈,并进行系统优化和改进。该阶段预计需要 2 个月的时间。

⑤正式上线运行:包括系统正式上线运行,以及相关人员的培训和交接等。该阶段预计需要 1 个月的时间。

（5）成果描述：描述项目的主要成果，包括项目产生的任何新技术、产品、解决方案或知识。提供成果的详细说明，包括成果的功能、技术的实现方式、功能的实现细节、特点和优势，多应用图表及具体数据展示其优越性。

（6）技术挑战和解决方案：总结整个过程中遇到的技术挑战和解决方案，分享项目中的经验教训，以及可以改进和优化的地方。可描述在项目实施过程中所遇到的技术挑战，包括技术难点、问题所在、影响范围等，以及针对所遇到的技术挑战采取的解决方案，包括解决方案的原理、实现方法、实施步骤等，还可分析所介绍解决方案的优缺点，包括实施难度、效果、可持续性等。

（7）技术影响和未来发展：评估项目对组织、行业和市场的潜在影响，以及项目成果的未来发展趋势。预测未来的机会和挑战，以及可能的改进和发展方向。

（8）结论：总结报告的主要内容，重点强调报告的核心观点、技术和价值，以及提出未来发展的建议。

（9）参考文献：列出报告中引用的所有文献和资料，以证实报告的准确性和可信度。

在撰写项目技术报告时，要确保使用专业、清晰和准确的语言，合理组织报告的结构和内容，使其易于阅读和理解。同时，根据项目的特点和目标，可以适当地调整报告的章节结构和内容。

2. 技术论文撰写方法

技术论文和前文的项目技术报告在内容、形式和用途上有显著的区别。技术论文是一种学术论文，主要用于发表在学术期刊或会议上，以展示作者在某一领域的技术研究成果。技术论文需要提出新的技术、方法或理论，并经过同行评审和实验验证，证明其有效性和可靠性。技术论文的目的是推动学术和技术的发展，而项目技术报告则是一种实践性的报告，主要用于向工程实践者提供实用的技术信息和方法。项目技术报告的内容通常包括对现有技术、方法或实践的描述、分析和评估，以及具体的实施方案和技术细节，其目的是解决实际工程问题，提高工程实践的效率和安全性。

总的来说，技术论文更注重理论创新和学术水平，不同于实验报告、阶段报告和工作总结，而应对实验工作素材有整理和提高，要形成论点。报告和工作总结多属于如实地汇报实验工作过程，可以没有创新成果和见解，可以模仿和重复前人必要的结果，可以不作判断和推理，不形成论点。技术论文应提供新的科技信息，有所发现、有所创新，而不是重复、模仿、抄袭前人工作。而项目技术报告更注重实践应用和解决问题的能力。两者在写作形式、内容和目标读者上都有所不同。以下是一个技术论文的基本结构：

（1）标题：简明扼要地概括论文主题，使人一看便知道论文的主要内容，突出论文的创新性和实用性。例如："基于××理论的公路收费系统设计与实现""基于××方法的公路监控系统数据传输的安全性保障技术研究"。

（2）摘要与关键词：简明扼要地介绍论文的主要内容，包括研究目的、方法、结果和结论。摘要应具有独立性和自含性，即读者即使不阅读全文也能够了解论文的基本信息。关键词部分，需从标题和摘要中提炼 4～6 个关键词，供检索性期刊或数据库使用，选词要有一定专业性，避免使用"交通""公路"这类范围过大的词汇。

（3）前言或引言：技术论文的引言部分是用来介绍论文的研究背景、目的、意义和研究方法等内容的。它需要让读者了解研究的背景和意义，引出研究问题，并阐述研究的贡献和创新点。以下为技术论文引言部分的典型组成。

①研究背景和意义：介绍该研究领域的背景和现状，阐述研究的必要性和意义，为研究的课题提供合理的理由和依据。

②文献回顾或综述：文献回顾或综述是技术论文的重要组成部分，它是对已有研究成果的总结和评价，同时也是自身论文研究的基础和依据。以下是撰写文献回顾的技巧：

选择适当的文献：选择与论文主题相关的文献，包括学术论文、技术报告、期刊文章、会议论文等。同时，需要注意文献的时效性和权威性。

组织文献：将所选文献按照一定逻辑关系进行组织，如按照时间、主题分类等。需要确保文献之间的联系和差异清晰明了。

总结文献：对所选文献进行总结和评价，包括研究目的、方法、结果和结论等。需要抓住文献的核心内容和贡献，同时指出其不足和局限性、指出其未解决的问题和未来研究方向，通常其不足之处就是自身论文需要解决的问题。

③研究问题：明确提出研究的问题，并阐述该问题的复杂性和挑战性。同时，可以简要介绍问题的解决方法和技术路线。

④研究目的：针对研究问题，明确阐述研究的目的和目标，说明研究的主要内容和预期结果。

⑤研究方法：简要介绍所采用的研究方法和技术手段，包括实验设计、数据采集和分析方法等。

⑥研究贡献和创新点：简要概括研究的实践结果，简述研究的贡献和创新点，突出研究的价值和意义。

在撰写引言时，要注意引言部分与论文其余部分的相互衔接，保持逻辑性和连贯性，不可与论文内容相脱节或言过其实，引导读者进入论文的主题内容。

（4）正文：正文是技术论文的主体，包括研究方法、实验和结果分析等内容。正文需要突出论文的创新性和实用性，严谨、深入地论述研究结果和结论。具体包括以下结构：

①研究方法：清晰地描述研究方法，包括实验设计、数据采集和分析方法等。需要详细说明所使用的技术和工具，以及方法的可行性和可靠性，必要时需引用相关的文献以支持方法的可靠性和有效性。

②实验或实践结果:严谨地分析和讨论实验结果,包括数据的统计和分析结果、图表等。需要详细说明实验过程中遇到的问题和解决方法,以及实验结果的可靠性和准确性。同时,需要与已有研究成果进行比较和分析,找出自身的优势和不足。

(5)结论:总结研究结果和结论,强调研究的实用性和理论意义。结论应简洁明了,不要重复论文中实验的内容,而是强调研究的价值和意义。

(6)参考文献:列出所有引用的文献,以供读者查阅和验证论文中的信息。

五　工程现场管理和项目验收

1. 工程现场管理

工程现场管理是公路收费及监控工程的重要环节,良好的现场管理可以确保工程各环节的质量,提高工程整体质量。同时,通过现场管理,可以制定和执行安全生产规章制度,排查和消除安全隐患,确保工程施工安全。现场管理还可以协调各个环节的施工进度,确保工程按计划进行,避免延误和浪费时间,提高工作效率。规范的现场管理还可以有效地控制工程成本,包括采购、人力、设备等成本,避免浪费和超支。工程现场管理包含以下内容:

(1)人员管理:包括对工程管理人员、施工队伍、保安员等人员的培训、考核和管理,确保他们具备相应的技能和素质,能够按照标准和规范进行操作和管理。具体包括人员培训、人员考核、人员管理、人员调配、人员安全等内容。

(2)设备管理:包括对监控设备、收费设备、通信设备等设备进行采购、验收、保管、维修和报废等管理,确保设备的质量和运行状态符合要求。具体包括设备运行管理、设备维护管理、设备更新和改造、设备安全管理、设备档案管理等内容。

(3)安全管理:包括制定安全生产规章制度,进行安全教育和培训,排查和消除安全隐患,确保工程施工安全。主要包括制定安全规章制度、开展安全培训、组织安全检查、安全防护设施管理、危险源辨识和风险评估、应急预案管理等内容。

(4)质量管理:包括对工程原材料、施工过程、成品等进行质量管理和控制,确保工程符合设计要求和质量标准。主要包括构建质量管理体系、编制质量计划、质量检验、质量记录、质量监督、质量改进等工作内容。

(5)信息管理:包括对工程信息资料进行收集、整理、归档和保存等管理,确保信息的准确性和完整性,以提高工程的管理效率和工程质量,为决策提供数据支持,提高决策的科学性和准确性。主要包括信息收集、信息存储、信息安全管理、信息处理等管理要点。

(6)环境管理:包括对工程施工现场的环境,如噪声、扬尘、污水、废弃物等进行管理和控制,确保工程施工符合环保要求。主要包括环境评估、环境污染防治、环境监测、环境管理计划、环境教育等环境管理要点。

2.工程项目验收

工程项目验收的意义在于保障工程项目的质量和安全可靠性,保护双方的权益,为后续的维护和管理提供保障。其重要性主要体现在以下几个方面:

(1)确认工程项目的质量和功能符合需求及达到合同规定的技术指标。

(2)及时发现并纠正问题和错误,确保工程项目的质量和安全可靠性。

(3)确认工程项目是否符合规定的质量标准和要求。

(4)完成合同规定的任务和义务,以确保双方的权益得到保障。

(5)为后续的维护和管理提供保障,降低潜在的风险和损失。

工程项目验收工作一般包含以下几个方面:

(1)施工前检查:在工程项目验收中,施工前检查是一项非常重要的工作,目的是确保工程项目的施工条件和施工环境符合要求,确保施工质量和安全。

(2)施工验收(随工验收):施工验收是工程项目验收的重要环节之一,主要是对工程施工过程的验收,包括对施工工序和施工成果的全面检查和评价。

在施工验收过程中,通常会进行多次验收,包括分项工程验收、分部工程验收、单位工程验收等。每次验收都需要对之前的验收内容进行复核,确保工程施工质量的稳定性和可靠性。同时,在施工验收过程中,还需要注意发现和解决潜在的问题和隐患,确保工程的安全性和稳定性。

(3)技术验收:主要是对项目的技术性能进行全面的检查和评估,以确保项目的技术性能符合设计要求和相关标准。

技术验收是工程项目验收的重要环节之一,通过技术验收,可以确保项目的技术性能符合设计要求和相关标准,保证项目的质量和安全可靠性。同时,技术验收也是对工程施工过程的一次全面检查和评价,可以发现和解决潜在的问题和隐患,确保工程的安全性和稳定性。

(4)资料审查:对施工记录、检测报告、验收文件等进行审查,确认是否齐全、准确。在公路收费及监控工程的验收中,资料审查是非常重要的一环,它可以确保工程资料的完整、准确和合规,反映工程的真实情况,保证符合设计要求和相关标准。

(5)竣工验收:竣工验收是工程项目验收的最后一个环节,主要是对项目的整体竣工验收,以确定项目是否达到设计要求和相关标准,是否可以投入使用。

六 创新技术应用方法

1.创新技术

创新是当今社会发展的动力。通过应用创新技术,可以提高工程项目的质量,解决技术难题,提高营运单位的经济效益,拓宽其业务领域,推动营运单位的持续发展和持续创新。同时,通过创新技术的应用,营运单位可以更好地满足市场需求,提高产品的附加值,提升客户满意度。

技术创新通常要经过下述阶段:

(1)发现问题、确定创新点:首先需要明确工程中的创新点,可以通过分析工程实践中的技术难题、瓶颈、市场需求或技术优化等方面来确定创新点。

(2)搜集资料:针对确定的创新点,广泛搜集相关资料,包括学术论文、专利、技术报告等,或以往的工程经验。

(3)确定技术方案:根据搜集的资料和分析结果,制定相应的技术方案,包括技术创新点、技术路线、实验方案等,这也是实施创新技术的关键一步,方案需根据实施结果进行反复优化。

(4)实施技术方案:按照制定的技术方案,进行实验验证和技术实施,通常还需与市面已有的技术方案进行效果对比。如实施效果不佳,需总结经验、突破难点,及时对技术方案进行修正。

(5)评估效果:对实施的技术方案进行评估,包括技术的可行性、可靠性、经济性等方面。

(6)推广应用:如果技术方案效果良好,可以进行推广应用,例如撰写技术报告或论文、申请软件著作权或专利,将技术创新应用于更广泛的领域。

在应用创新技术的过程中,需要持续关注技术的动态发展和市场需求变化,不断优化和调整技术方案,以适应不断变化的市场需求和技术环境。当前,区域与区域、乡镇与乡镇、城市与城市之间的资源运输与人文交流不断增多,公路交通因其在城域运输系统中的主干位置而受到极大关注。相关技术创新源源不断,对公路收费与监控领域工作者而言,可着眼于以下领域的技术创新应用。

(1)智能收费系统:该系统提供了集电子技术、图像处理、射频识别、计算机、网络通信、自动控制等技术于一体的交通收费管理解决方案,能够自动识别车辆并记录车辆的详细信息,如车型、车牌号码、颜色等,实现了车辆的快速通过和收费的自动化管理。该系统提高了收费效率和准确性,减少了人工操作和收费排队等待时间。

(2)智能交通监控系统:视频监控系统是目前高速公路运营监控的主要手段,基于AI技术的视频识别系统,可以实时监测公路交通量、车速、车道占有率等交通参数,通过交通事故自动识别与报警,以及对交通运行状况的分析及交通发展态势预测,可以为高速公路紧急救援、交通疏导、交通指挥调度提供依据,对提高高速公路的运行安全及通行效率具有重要作用。

(3)车路协同技术:车路协同是指采用先进的无线通信和新一代互联网等技术,全方位实施车车、车路动态实时信息交互,并在全时空动态交通信息采集与融合的基础上开展车辆主动安全控制和道路协同管理,以实现人-车-路的有效协同,保证交通安全,提高通行效率,从而形成安全、高效和环保的道路交通系统。

2. 系统升级改造及更新

针对不同场景、不同等级的高速公路,制订升级改造、更新等专项计划。

1)收费站拥堵治理

(1)存在日常拥堵缓行的高速公路收费站,应根据收费站的地理环境、衔接路网交通特征、收费广场布局及车道设备配置等情况,融合采用各类技术,形成有针对性的拥堵治理措施。

(2)收费站拥堵治理的措施包括但不限于:

①车流量大于最大通行能力的收费站。

a.具备扩建条件的,应优先增加收费车道数量并辅以其他措施;

b.不具备扩建条件的,宜设置复式收费车道,提高车道通行能力;

c.货车占比较小的,经安全论证并增加安全措施后,可对收费岛及收费车道的几何尺寸、设备布局重新进行优化设计。

②货车占比较高、入口称重耗时较长导致拥堵的收费站。

a.具备条件的,入口治超宜与地方道路非现场执法系统联动,提高入口治超处理效率;

b.宜在入口合理设置货车 ETC 车道,在满足货车 ETC 业务交易功能的前提下,对 ETC 货车实现有条件自动交易放行,提高车道通行效率。

③衔接路网存在通行瓶颈的收费站。

a.应优化收费站的标志、标线、信息诱导设施布设,对车辆开展精准诱导;

b.应加强与衔接的路网管理方、地方交通管理部门的协调,提高衔接路网的通行能力。

④出入口潮汐车流差异特征明显的收费站。

a.可根据实际车流特征设置 1 条或数条潮汐收费车道;

b.可采取分时段差异化收费的方式,引导车辆错峰通行。

⑤ETC 交易特情较多的收费站,应在车道配置 ETC 特情处理终端,提高特情处理效率。

⑥MTC 车辆占比较大的收费站,宜推广使用电子发票,提高车辆通行效率。

(3)可采用雷达视频数据拟合、VR、数字孪生等技术对黑名单车辆、ETC 交易异常率较高的车辆开展动态跟踪,提高处置效率。

(4)宜建立车辆诚信档案,适当设置诚信车道,对收费信用等级较高的车辆或固定线路的物流运输车辆、班线客车实行先行后付,提高车道通行效率。

2）收费稽核业务

（1）路段单位应采用大数据、AI 分析等技术，构建全流程、全体系的收费稽核业务闭环体系，辅助开展收费稽核、追缴工作；

（2）收费稽核系统应具备车辆异常行为分析模型，能自动对车辆的各类异常行为进行甄别和分析，并形成车辆疑似偷逃费行为记录；

（3）收费稽核系统能智能甄别的车辆异常行为包括但不限于表 2-7-1 所列；

（4）收费稽核系统应能将偷逃费车辆的通行信息整合成完整的证据链，证据链应包括但不限于通行流水、车辆行驶轨迹、含时间戳的车辆通行视频和具有辨识度的车辆特征抓拍图片等；

（5）应建立信用管理和追缴体系，通过车辆画像对不同行为的车辆采取针对性的管理措施和追缴办法；

（6）应融合车辆高速公路通行数据、车辆偷逃费历史数据，构建车辆偷逃费行为风险分析模型，对可能发生的偷逃费行为进行自动预警；

（7）收费稽核系统应采用开放的架构，应能快速与部、省稽核体系融合，共同构建部-省-路段三级稽核体系。

车辆异常行为表 表 2-7-1

序号	行为类别	异常行为	备注
1	应收不漏	大车小标	
2		A 车 B 标	
3		货车客标	
4		一车多标	一车多签/一车多卡
5		屏蔽门架计费信息	屏蔽 OBU、CPC 卡
6		跑长买短	
7		J 形/U 形驾驶	
8	应征不免	假冒绿通车	
9		假冒军警车	
10		假冒大件运输车辆	
11	其他类别	无入口信息	
12		跟车闯关	
13		车辆套牌	
14		遮挡车牌	
15		逾期滞留	车辆在路网内循环驾驶

3）主动交通管控

（1）应在路网协同指挥框架下，实现交通运行、交通救援信息在高速公路各营运单位、路政、交警及道路救援等单位之间的高效流转。

（2）基于高精度地图、路网全域感知、数字孪生、交通仿真等技术，构建路网交通态势推演算法体系，对路网开展通行能力计算、实时交通指数分析、短时拥堵预警、节假日拥堵预测、恶劣天气拥堵预测、道路施工影响推演和交通事件影响推演，为主动交通管控提供决策支撑。

（3）基于交通态势推演结果，结合数字孪生技术，通过主线动态调控、车道级管控、匝道动态控制、个体车辆精细化管控、应急车道临时开放和伴随式信息服务等方法，有预见性地、主动地对交通开展管控。

（4）主线动态调控。

①应根据主线交通车流量和突发事件情况，利用仿真技术实现不同流量状态下的未来交通状况预测，通过信息发布、车道级管控、匝道控制、互联网导航等手段，实现主线交通拥堵情况主动管控，快速缓解交通拥堵；

②因突发事件引起主线拥堵的，应优先高效处置事件，快速疏通受影响的车道；

③宜通过 App、小程序或公众号等移动应用搭建交通快处系统，实现一键救援、事故上报、信息服务等功能；

④在交通瓶颈密集的路网区域，主线交通管控宜具备协调联动控制机制。

（5）隧道动态管控。

①交通事故频发、长度大于 1000m、两客一危一重车辆占比较高路段的隧道宜实施动态管控建设，提高隧道行车安全，提升隧道运营管理水平；

②宜通过数字孪生、北斗、BIM、C-V2X、大数据、AI 等数字化技术实时动态监测和管控隧道。

（6）车道级管控。

①车道级管控宜部署于车速、车流密度变化较大或因交通事件、极端天气存在交通瓶颈的路段；

②车道级管控包括通过视频、雷达、车辆检测器、RSU、交通流量调查站、气象站等实时获取交通量、车队结构、车流运行状态、气象、路面状态等数据；

③车道级管控是通过道路沿线可变信息标志、车道级高精地图导航、车道指示灯、移动（车载）终端的数字孪生交互等，实现包含应急车道在内的单个或多个车道开启/关闭，以及分车道发布可变限速信息。

（7）匝道动态管控。

①匝道管控应根据主线及匝道的交通量或突发情况，通过仿真技术实现匝道管控措施优选决策，实现匝道开启/关闭功能；

②宜在匝道设置主动发光式交通诱导装置，包含道路轮廓强化显示模式和行车主动诱导两种模式，并具备接收控制系统指令动态调整工作模式的功能；

③结合地图以及互联网定位数据，针对多车辆的轨迹还原，形成路网全量轨迹溯源

和分析,提供车辆溯源分析和出行 OD 特征分析,支撑高速公路匝道口上下游控制流量,分时段管控车辆通行。

(8)个体车辆精细化管控。

①宜基于车牌识别 ETC 收费系统和交通运输部"重点营运车辆动态信息公共交换平台"等,实时获取"两客一危一重"车辆的行驶路线、位置和其他信息;

②宜对个体车辆进行智能监测,监测危险驾驶行为,根据车辆实时位置,联动情报板发布警示、诱导信息。

(9)伴随式信息服务。

①伴随式信息服务基于车辆位置通过情报板、广播、移动终端、智能网联汽车车载终端、互联网导航软件(App 或小程序)等多种方式,构建前方突发事件预警、拥堵预警、分级诱导等出行信息服务,实现人-车-路信息互动,辅助安全高效驾驶;

②信息服务内容应统一规划,统一数据交互方式,采用多种方式发布时,应确保信息的一致性;

③伴随式信息服务内容宜包括公路基础信息、公路主体及附属设施运行状态、交通运行状态信息、一键救援、公路气象环境信息、安全辅助驾驶信息、通行费用等。

4)应急指挥调度

(1)在全省路网协同指挥框架下,建立路方、公安、交警、道路救援等各单位的应急联动机制,以便各方高效、协同地开展工作。

(2)应急指挥调度系统应符合高速公路应急救援体制,具备事件处置管理功能,应能针对高速公路应急事件类型进行分类管控,实现事前及时预警、事中科学救援、事后智能评估的全过程管理。

(3)应具备预先制订应急预案和应急资源统一管理的功能。

(4)宜基于高精度地图综合展示事件位置、事件概述、周边路况、设备及附近资源情况等,实现应急物资、应急方案的管理。应急资源主要包括避难场所、应急预案、应急专家、应急救援队等。

(5)宜具备应急过程实时仿真、短时预测、智能评估功能,对事件态势及其影响进行动态的跟踪研判,实现对整个应急过程溯源并分析,提升应急人员科学处治能力。

5)改扩建管理提升

(1)高速公路在改(扩)建过程中,应采用北斗定位、高精度地图、物联网、数字孪生、BIM 等智慧化手段,提升改扩建期间交通安全管理水平;

(2)宜采用交通仿真的技术手段对改扩建期间的不同交通分流方案进行评估,以甄选出最优的交通组织方案,最大限度地减少改扩建施工对路网通行的影响;

(3)改扩建施工过程中,应适当采用临时指挥设施提高施工期间的通行效率及保证施工区行车安全;

(4)改扩建施工工程中,应在同向分离路段、采取不同扩建方式的过渡段、单向加宽侧分带的开口段,按无盲区、全覆盖的原则设置交通事件检测、视频监控等设施;

(5)长度超过5km的同向分离路段,应结合道路现场条件,设置车道指示标志、交通量检测及车速检测等设施,实时监测各路幅交通状况,动态调控各路幅交通量;

(6)改扩建工程期间宜采用光纤通信与无线通信相结合的方式,保障施工期间网络通信不中断;

(7)改扩建工程应采取永临结合的策略统筹规划改扩建期和运营期系统架构和技术方案,尽可能复用硬件设施及软件平台;

(8)宜采用BIM、数字孪生、北斗、高精度地图、互联网+等技术搭建一体化的可视化改扩建管控平台。

①平台应具备施工点管理及状态监测、车辆防碰撞预警、施工点风险评估等功能,并与路段营运管理系统联动,建立有效的应急处置机制;

②平台宜结合高精度定位、高精度地图等技术对施工区域开展精细化管控,主要包含施工区域作业人员、重要设备及物资实时精准定位,电子围栏防护施工区域智能预警、数据分析等;

③平台宜与互联网导航厂商实现信息交互,能通过导航地图对车辆开展精准的交通指引和交通诱导。

6)智慧服务区

(1)车辆滞留率较高的旅游风景区附近的高速公路服务区宜运用新一代信息技术,多专业协同开展智慧服务区建设。

(2)智慧服务区宜采用节能新技术开展建筑、空气调节、电气等绿色低碳设计。

①建筑主体结构应与太阳能、风能、绿化等设施开展一体化设计;

②满足条件的服务区宜开展风能、太阳能等可再生资源的储能和辅助供电系统建设;

③服务区照明在满足规定的照度值时,应尽量降低功率密度值。

(3)智慧服务区内部的交通组织应合理、交通诱导应精准,服务区入口应设置可变的剩余停车位电子显示屏,停车诱导标志应能有序、精准地将车辆引导至空余停车位。

(4)服务区应结合其规模、功能定位、场地特征、车流量等因素,开展相应的智慧化运营和服务。

①宜采用AI技术在服务区出入口和关键位置设置车流、人流监测设施,以对服务区内驻留的车辆和人员数量进行动态监测;

②宜采用大数据技术,对服务区消费群体的消费结构和消费偏好进行分析,提升商业服务体验;

③宜合理设置电动汽车充电设施,为电动汽车提供充电服务;

④宜建设智能厕所系统,提高公众如厕效率,提高保洁工作效率;

⑤宜结合功能定位、实时路况、周边旅游资源等情况,通过小程序或自助终端,为公众提供个性化商业服务。

3.创新技术应用

在传统高速业务的基础上,创新性地开展业务、探索交通+生态新技术新场景应用。

1)车路协同

(1)宜融合采用 C-V2X、ETC、北斗、高精度地图、数字孪生、云计算、5G 等技术,综合考虑事故分布、交通量、道路地理环境、气象条件等因素,开展场景化的车道级车路协同创新应用探索。

(2)适用于高速公路的车路协同场景主要包括以下几类:

①V2I 信息服务类,包括高速汇流车辆通行辅助、道路交通标识牌提示、道路安全提示、服务区信息推送、多媒体信息服务、道路状况通用信息服务等;

②V2I 安全保障类,包括交通事故预警、交通拥堵预警、适遇危险品车辆预警、救援服务等;

③V2V 安全预警类,包括盲区预警/变道辅助、道路预警、车辆前向碰预警、紧急制动预警、异常车辆预警等。

(3)车路协同系统宜由交通感知设施、交通控制设施、边缘计算设施、高精度地图、高精度定位设施和车路协同平台构成。并可依据实际需求扩展设备,其相关要求应符合行业相关标准。

①交通感知设施和交通控制设施包括但不限于雷达、高清视频摄像机 RSU、可变信息标志等;

②边缘计算设施应具备快速计算能力,能接入 2 种或以上的外场感知设施,并快速开展信息融合;

③车路协同试点区域应建设 CORS 站(连续运行参考站)为自动驾驶车辆提供差分服务,结合高精度地图,实现车道级的感知和管理、车辆级的管控。

(4)车路协同建设应注重与互联网交通信息化平台以及各类社会资源的融合,通过信息整合为自动驾驶车辆提供高速公路场景下的一站式信息服务。

(5)车路协同的相关外场设施的布设应符合下列规定:

①RSU 宜结合场景要求和性能指标等因素布设,应尽可能复用 ETC 门架的现有设施;

②线性路段的交通感知设施宜采用毫米波雷达,汇/分流、急弯、隧道内的交通感知设施宜采用激光雷达,设施布设间距应根据场景需求确认。

(6)车端与路侧设施的通信、路侧与监控中心的通信应采用国密技术进行加密,确保通信安全。

2）自由流收费

（1）近期宜依托 ETC 门架，基于 ETC 技术开展多车道自由流收费探索与实践。远期可基于 ETC 与北斗高精度定位技术的融合，逐步实现开放式自由流收费。

（2）自由流收费宜逐步从"匝道自由流、主线自由流"平滑向完全自由流模式过渡。

（3）宜围绕高速公路通行车辆，建立全省统一的交通通行信用体系，为自由流收费提供基础支撑。

（4）宜与互联网地图导航厂商加强合作，提高通行路径推荐和车辆通行费估算的准确度，提高收费透明度，服务公众高品质出行。

3）全生命周期数字化管理

全生命周期数字化管理主要针对公路主体、沿线设施，在规划、建设养护、运营的各个阶段采用新一代信息技术，实现数字化、自主化管理。

（1）智能养护。

①机电设施维护宜通过光纤光栅、智能机箱等设施，对机电设备通信、供电、防雷、门控、温湿度等状态开展远程实时监测、故障定位。

②交通安全设施维护宜基于物联网、机器视觉等技术实现对交通安全设施状态的自动监测。

（2）智慧运营主要基于数字技术，融合 GIS（地理信息系统）数据、BIM 数据、道路运行数据、道路经营数据等，对路网开展主动、精确的运行管理。

4）北斗导航应用

（1）应根据高速公路点多、线长、面广和移动性强的场景特征，结合北斗高精度、高可用、高可靠性的特点，推动北斗与高精度地图、5G、ETC、C-V2X 等技术的融合使用；

（2）宜基于北斗导航与高精度地图技术构建覆盖全省的高速公路交通时空中心，为省、区域、路段各道路相关方提供高精度地图、高精度定位、统一授时服务，打造全省高速公路统一的时空网络；

（3）宜积极推动北斗与 ETC 的技术融合，利用北斗的位置服务能力，辅助开展收费稽核、自由流通行、差异化收费等工作；

（4）宜围绕北斗高精度定位＋高精度地图＋北斗短报文技术，推进基于北斗高精度定位的高速公路应急指挥体系和事故救援体系建设，提升紧急状况下的响应能力及指挥调度能力；

（5）边坡、桥梁、隧道等大型结构物宜基于北斗高精度定位构建自动、在线、实时的结构物健康监测系统。

5）ETC 拓展应用

（1）应基于高速公路场景，以 ETC 技术为载体，为车辆提供更加高效便捷的高速公路增值服务；

（2）高速公路服务区的加油站宜基于 ETC 技术，结合电子发票，构建不用下车、无感支付、无纸质发票的服务区加油新模式；

（3）宜围绕 ETC 的用户唯一标识特性和支付能力，结合高速公路的相关场景，打造基于 ETC 的高速公路商圈生态，在诸如路况、洗车保养、车饰、旅游、餐饮、住宿、购物等方面为车主提供高速公路一站式服务；

（4）宜依托 ETC 系统的车路通信能力，充分利用现有 ETC 门架天线和车载 OBU，通过 ETC 与 C-V2X 的融合，快速构建面向车主的车路通信网络，对全天候、高品质的出行服务提供支撑，探索融合 ETC 技术的车路协同应用试点。

第二节　相关技术规范

一　纲领性文件与规范

智慧高速公路建设原则、总体框架、基础能力和智慧高速公路创新应用场景建设等，应遵循以下文件和规范。

1. 规范性引用文件

《交通强国建设纲要》，中共中央、国务院，2019 年；

《国家综合立体交通网规划纲要》，中共中央、国务院，2021 年；

《数字交通发展规划纲要》，交通运输部，2019 年；

《关于推动交通运输领域新型基础设施建设的指导意见》，交通运输部，2020 年；

《关于促进道路交通自动驾驶技术发展和应用的指导意见》，交通运输部，2020 年；

《关于加快推进新一代国家交通控制网和智慧公路试点的通知》，交通运输部办公厅，2018 年；

《公路网运行监测与服务暂行技术要求》，交通运输部，2012 年；

《关于推进公路水运工程 BIM 技术应用的指导意见》，交通运输部，2017 年；

《公路长大桥梁结构健康监测系统建设实施方案》，交通运输部，2021 年；

《广东省数字交通"十四五"发展规划》，广东省交通运输厅，2021 年；

《广东省"数字交通运输厅"建设总体规划（2020—2022 年）》，广东省交通运输厅，2020 年。

2. 行业标准规范

《高速公路匝道自由流收费系统技术规范》（T/CCTAS 33—2022 T/BJITS-JH2022-2）

《基于 ETC 的高速公路自由流收费技术规范》（T/CITSA 24—2022）。

3. 高速公路发展纲要

2022 年,交通运输部正式印发了《公路"十四五"发展规划》,这是《交通强国建设纲要》《国家综合立体交通网规划纲要》印发后,出台的第一个公路交通领域的五年发展规划。《公路"十四五"发展规划》明确了"十四五"时期我国高速公路交通发展的总体思路、发展目标、重点任务和政策措施等,是指导"十四五"时期高速公路交通高质量发展的纲领性文件。

智慧高速是通过构建及时准确的感知系统、快速安全的决策系统、即时广泛的管理服务系统,实现高速公路的快速、安全、智能、绿色发展,以满足新时期人民群众对高质量出行的需求。智慧高速公路系统工程研究与实践已列入交通强国试点项目,为推动试点项目实施,需加强智慧高速顶层设计,构建智慧高速运营管理体系,夯实科技创新应用支撑,积极探索 5G、AI、北斗定位、数字孪生、车联网等前沿技术在智慧高速的应用,围绕先进交通技术、智能建造、路域安全与应急保障、高速自由行、车路协同等方向,大力开展应用基础研究、前瞻性技术研究、关键核心技术研究,研发关键核心装备,形成交通运输科研高地、人才高地、产业转化高地。加强组织领导和统筹协调,搭建技术交流平台,聚集内外部优势资源,联合各方力量,协同高效推进智慧高速建设工作。

为推进智慧高速建设,加快建设交通强国,需从管理、应用和体系建设等方面做好相关工作。

①注重养护信息化、智能化管理。加大养护施工与检评信息化应用,推广桥隧隐蔽工程无损检测技术,试点水下桩基检测、无人机检测以及相关可视化检测技术,探索建立基于 BIM 技术的桥梁可视化、信息化管理模型,实现桥梁全生命周期的信息共享和动态跟踪。开展桥梁长期性能监测,完善桥隧结构健康监测系统,加强监测数据、检查数据综合研判。

②推进高速公路绿色低碳发展。加强高速公路拓宽改造循环利用研究,实现路基、路面、桥梁等旧材料的综合利用。积极推广应用沥青路面冷热再生、厂拌热再生等循环利用技术,加快淘汰高能耗、大污染的养护设备;积极推广服务区智能照明、绿色能源、中水回用等新技术、新方法,打造绿色服务区。推动高速公路绿化提档升级,高速公路用地范围内可绿化区域绿化率达 100%。

③健全安全快速养护体系。扎实开展安全生产风险防控和隐患排查治理工作,研究重大危险源的分类管理,完善高速公路双重预防体系。推动大流量路段"集中养护"工程实施,加强快速养护及修复技术应用,缩短养护作业时间,缓解养护作业和保障畅通的矛盾。推广应用安全防撞车、自动安全锥收放装置、信息自动发布与预警等施工区域的安全新技术,提高施工路段的通行安全水平。

二　工程管理

公路收费、监控的工程管理规范对于保证工程质量、提高工程效率、确保施工安全、强化信息管理和规范管理行为都具有重要的意义。在实际应用中,必须严格遵守相关规范,确保工程的顺利进行。工程管理一般包含以下内容。

(1)工程计划管理:工程计划管理是工程管理的一个重要组成部分,其重要性在于保证工程计划的合理性和可行性,提高工程管理的效率和质量,确保工程的顺利进行。它包括制订工程计划、实施工程计划、监控工程计划、调整工程计划等一系列工作内容。

(2)工程质量管理:工程质量管理是工程管理的一个重要方面,它涉及工程项目的整个生命周期,包括设计、施工、验收等各个阶段。其重要性在于保证工程项目的质量和安全性能,提高工程的效率和效益。主要包括设计阶段的质量管理、施工阶段的质量管理、验收阶段的质量管理、后续运行的质量管理等要点。

(3)工程安全管理:工程安全管理是工程管理的一个重要方面,其重要性在于保障工程项目相关人员的生命和财产安全,避免安全事故的发生,确保工程的顺利进行。它涉及工程项目的整个生命周期,包括设计、施工、验收等各个阶段。主要包括安全教育与培训、安全管理制度、安全检查与整改、应急预案的制定等内容。

(4)工程环境管理:工程管理中的环境管理是指在工程建设和运营过程中,通过对环境因素的识别、评估和控制,以实现环境保护和资源节约的一种管理活动。其重要性在于降低工程对环境的负面影响,保护环境和生态平衡,实现可持续发展。主要包括环境影响评估、环保设计、施工阶段的环保措施、环保监测与评估、环保责任的落实、资源节约等内容。

(5)设备管理:设备管理是工程管理的一个重要组成部分,涉及设备的采购、使用、保养、维修和报废等全过程。其重要性在于确保设备的正常运转和使用寿命,提高工程的效率和效益。主要包括设备采购管理、设备使用管理、设备保养管理、设备维修管理、设备报废管理等内容。

(6)技术管理:工程管理中的技术管理是指对工程实施过程中所涉及的技术工作进行的管理活动,其重要性在于确保工程的进度和质量,提高工程的效益和竞争力。主要包括技术方案的制定、技术风险的评估与控制、技术问题的解决以及技术资料的整理与归档等方面。

(7)供电管理:工程管理中的供电管理是指在工程建设和运营过程中,对供电系统进行的设计、安装、维护和检修等管理活动。其重要性在于确保供电系统的稳定和安全,保障工程的顺利进行。主要包括供电系统的设计、供电系统的安装、供电系统的维护和检修、供电系统的安全、供电系统的节能等内容。

（8）人员培训和管理：工程管理中的人员培训和管理是确保工程顺利实施和高质量完成的重要环节。

三 技术创新规范

1. 技术创新流程

（1）创新需求分析：在高速公路收费和监控领域，创新需求分析需要综合考虑用户需求、技术需求、经济需求、政策需求、市场趋势等各方面因素，进行系统性的分析和评估。同时，还需要持续关注相关领域的发展动态，不断进行需求更新和调整，以确保技术创新的持续性和有效性。

（2）技术研究与开发：明确需求后，需对相关领域的技术进行深入研究和探索，包括新兴技术和现有技术。

（3）实验与验证：根据研究内容和方向，建立相应的实验环境，包括硬件设备、软件系统、网络架构等。实验环境应该能够模拟实际的高速公路收费和监控场景，以便进行技术验证和性能测试。在实验环境中，对新技术进行验证和测试，包括系统性能、稳定性、可靠性等方面。通过与现有技术进行对比测试，评估新技术的优势和改进空间。利用模拟测试工具，模拟实际的高速公路收费和监控场景，进行系统优化和性能测试。可以通过模拟不同场景和负载情况，测试系统的响应速度、处理能力和稳定性。

（4）技术成果评估及技术转化与推广：将评估合格的技术成果转化为实际的产品和解决方案，满足市场需求和用户需求。可以通过与相关营运单位合作、技术转让、联合开发等方式，实现技术转化。

2. 技术创新管理

（1）组织架构与管理职责：在技术创新管理中，组织架构与管理职责是非常重要的部分。一般包括成立技术创新管理部门、明确创新管理部门各岗位的管理职责、建立激励机制、加强跨部门合作等。

（2）人力资源管理：包括建立科学的人力资源管理制度、加强人才引进和培养，同时注重监控员的培训和发展，提供系统的培训计划和课程，帮助监控员提升技能和能力。

（3）项目管理：建立完善的项目管理制度，对项目立项、项目计划、项目执行、项目监控、项目收尾等全过程进行管理，确保技术创新项目的顺利推进。

（4）知识产权管理：在技术创新管理中，知识产权管理是一项重要的任务。营运单位需建立完善的知识产权管理制度，明确知识产权的管理流程和责任，该制度应该包括专利申请、版权保护、商标注册等方面，确保技术创新成果得到充分的保护。在知识产权管理中，也需要合理运用策略，例如专利许可、技术转让、交叉许可等，以达到技术创新成果的最大化利用和经济效益的最大化。

（5）技术交流与合作：营运单位可以参加相关的技术交流会议和论坛，与业内专家、营运单位代表等进行交流和合作。也可以与相关的科研机构、高校、营运单位等建立合作关系，共同开展技术研究和开发。通过合作，可以共享资源、优势互补，共同推动技术的发展和创新。也可与相关机构进行技术转移和成果转化合作，将成熟的技术和产品推广应用到实际场景中，提高高速公路收费和监控领域的整体水平。

3. 技术创新评估与反馈

技术创新评估与反馈是技术创新管理中的重要环节，通过评估与反馈可以发现技术创新中存在的问题和不足，为改进和创新提供指导和建议。

（1）确定技术成果评估指标：技术成果评估指标是衡量技术创新成果的重要标准。常见的评估技术成果的指标有技术先进性、创新性、应用前景、经济收益、社会效益、技术成熟度、知识产权情况等。

（2）收集反馈信息：通过调查、访谈、专家评估等方式，收集与技术创新相关的反馈信息，包括用户需求、市场反馈、技术难点、经济效益等。收集反馈信息需要全面、客观、准确，以确保评估结果的可靠性和准确性。

（3）分析评估结果：根据评估标准和反馈信息，对技术创新成果进行评估和分析，找出创新中存在的问题和不足，提出相应的改进方法和建议。评估结果的分析需要系统、深入、科学，以提供有效的指导和建议。

（4）反馈结果与应用：将评估结果及时反馈给营运单位相关部门，以便及时调整和优化。同时，将评估结果应用于技术创新管理中，不断完善和创新，提高技术创新的水平和效益。

4. 我国现有技术创新标准与规范

《中华人民共和国促进科技成果转化法》，2015 年修订。

《中华人民共和国专利法》（2020 年修正），自 2021 年 6 月 1 日起施行。

《科学技术研究项目评价通则》（GB/T 22900—2022）、《科学技术研究项目评价实施指南　基础研究项目》（GB/T 41619—2022）、《科学技术研究项目评价实施指南　应用研究项目》（GB/T 41620—2022）和《科学技术研究项目评价实施指南 开发研究项目》（GB/T 41621—2022）共 4 项推荐性国家标准，为科研项目评价提供了一套通用框架和分类评价方法。该系列标准将科研项目评价活动分为立项评价、中期评价、验收评价和跟踪评价 4 种类型，并针对各类活动特点，给出了可参考的评价内容。

《高速公路智慧视频监测系统设计标准》（T/CECS G：Q30-01—2023）是中国工程建设标准化协会于 2023 年 3 月 16 日发布的一项标准，该标准规定了高速公路智慧视频监测系统的设计要求、功能设计、功能要求、设施布设、系统软件要求等方面的内容。

此外还有《国家技术转移体系建设方案》《关于深化科技体制改革加快国家创新体系建设的意见》等一系列法规和政策文件，旨在促进科技成果转化和技术创新，推动科技创新体系的建设和发展。

四 工程技术规范

1.工程技术优化

工程技术优化主要是通过改进和优化工程设计、材料选择、制造工艺、质量控制等方面的措施,提高工程项目的性能、可靠性、效率等指标。具体来说,工程技术优化的目标可以是提高工程质量、降低工程成本、缩短工程周期等。而优化方法则包括路测、定点测试、模拟实验、参数优化等,结合工程实际情况,选择合适的优化方法和技术。工程技术优化流程如下:

(1)需求分析:了解工程项目的需求,包括功能、质量、成本、时间等方面的要求。

(2)技术及规范研究:对相关技术进行研究和探索,了解现有技术水平和发展趋势。

(3)设计方案:根据需求和技术研究结果,制定设计方案,包括整体架构、技术路线、实施方案等。

(4)原型构建:根据设计方案,构建技术原型或样机,进行初步验证和测试。

(5)仿真测试:在模拟实际环境和条件下,对技术原型或样机进行测试和验证,评估其性能和可靠性。

(6)现场试验:将技术原型或样机安装到实际现场,进行试验和验证,进一步评估其性能和可靠性。

(7)反馈与优化:根据仿真测试和现场试验的结果,对技术原型或样机进行反馈和优化,改进和完善实施方案。

(8)成果评估:对优化后的技术成果进行评估和鉴定,确定其价值和推广应用前景。

2.我国现有工程技术规范及职业标准

《公路交通安全设施设计规范》(JTG D81—2017):该规范规定了公路交通安全设施的设计要求,包括交通标志、交通信号灯、护栏、标线等的设计要求和设置原则。

《公路交通安全设施施工技术规范》(JTG/T 3671—2021):该规范规定了公路交通安全设施的施工技术要求,包括施工准备、材料要求、施工工艺、质量检验等要求。

《公路收费亭》(GB/T 24719—2009):该规范规定了公路收费亭的通用技术要求,包括外观、结构、材料、安装等要求。

《公路收费及监控员国家职业技能标准(2022年版)》:该标准主要规定了五级/初级工、四级/中级工、三级/高级工、二级/技师、一级/高级技师的职业技能要求。

五　公路收费、机电作业规范

1.收费设施作业规范

（1）一般规定

①收费设施应严格遵循相关规范和设计图纸的要求安装实施。

②收费设施安装质量应符合《公路工程质量检验评定标准　第二册　机电工程》（JTG 2182—2020）的有关规定。

③收费广场设施施工时，现场应有施工作业的安全区域。

④大型施工车辆作业时应严格遵守相关安全操作规程。所有设备机箱应进行防腐处理。

⑤收费设施电源线和信号线的间距应满足最小安全净距要求。

⑥线缆经测试合格后进行敷设，且线缆两端应进行标识，施工结束后，挂永久标识牌。

⑦收费设施防雷接地指标应能达到相关规范和设计图纸的有关要求。接地验收合格后，方可进行设备机电测试。

⑧施工过程中应注意设施的保护。

⑨设备调试包括单机加电测试、联合调试等环节。

⑩设备基础及人（手）孔应严格按照相关规范和设计图纸施工。

⑪设备安装后应对施工现场进行清理恢复，并注意对设备成品进行保护。

（2）MTC车道设施

MTC车道设施主要包含收费员专用键盘、通行卡读写器、票据打印机、对讲分机、报警开关、电动栏杆、手动栏杆、通行信号灯、声光报警器、雾灯、费额显示器、雨棚信号灯、车辆检测器、车牌识别设施、收费亭等。

①一般要求。

设备应安装稳固，且不侵入建筑限界；雨棚信号灯施工作业应遵循《建筑施工高处作业安全技术规范》（JGJ 80—2016）。

②注意事项。

收费亭内报警开关应安装在隐蔽位置；车辆检测器线圈不宜设在车道路面伸缩缝处；雨棚信号灯的安装附件应结合收费雨棚结构确定；收费亭吊装作业时，应注意对玻璃等部位进行保护；敷设电缆时，电缆中间不得出现接头。

（3）ETC车道设施

ETC车道设施主要包括路侧单元RSU、高速自动栏杆、报警设施、信息显示屏、雨棚信号灯、车道信号灯、车辆检测器等。

①一般要求。

ETC 车道宜设置在收费广场的最内侧(双向收费岛的两侧);ETC 车道设备应安装稳固,且不侵入建筑限界,其中 ETC 车道路侧单元天线距离地面的安装高度应不小于 5.5m。

②注意事项。

禁止恶劣天气下进行施工;天线安装时高空作业人员应佩戴安全带并使用工具袋,防止高空坠物。

(4)计算机网络设施

计算机网络设施主要包括以太网交换机、收费车道控制机、收费站和收费分中心管理工作站、服务器以及外围设备等。

①一般要求。

设备布局合理,安装稳固,符合设计和人机工学的要求;所有计算机操作系统软件、数据库软件等应取得正版授权;设备及相关软件安装完毕后,应进行联合调试。

②注意事项。

对服务器及工作站进行用户权限管理,用户密码设定不少于 6 位;安装过程中需采取必要的防静电措施。

(5)闭路电视监视设施

闭路电视监视设施主要包括车道摄像机、亭内摄像机、广场摄像机、视频控制设备、硬盘录像机、监视器等。

①一般要求。

设备布局合理,安装稳固,符合设计和人机工学的要求;摄像机护罩及支架安装牢固,俯、仰角应能在设计要求的范围内灵活调整。

②注意事项。

禁止恶劣天气下进行施工;设备安装过程中需采取必要的防静电措施;摄像机安装时应注意保护摄像机镜头。

(6)计重收费设施

计重收费设施主要包括秤台式计重收费设施和弯板式计重收费设施。

①秤台式计重收费设施。

一般要求:秤台台面与收费车道路面应处于同一平面内,台面尺寸与车道宽度相适应;光栅分离器应保证整体的共线和个体的垂直;线圈开槽应采用环氧树脂材料补平。

注意事项:排水管道应保证排水畅通。

②弯板式计重收费设施。

一般要求:弯板应放置于框架的中间位置;框架和弯板的接缝处,应采用硅酮密封胶(玻璃胶)密封,同时黏结 EVA 密封条;弯板与框架支承面之间的间隙,应小于 0.2mm。弯板上表面与路面之间的偏差应在 -1~2mm 以内。

注意事项：弯板胶在干燥、阴凉的室内储存；施工中材料如不慎进入眼睛，需用大量清水冲洗后立即就医；弯板胶配制完毕后，所有机具须及时用有机溶剂清洗干净。

2. 监控设施作业规范

（1）一般规定

①监控设施应严格遵循相关规范和设计图纸的要求安装实施。

②监控设施安装质量应符合《公路工程质量检验评定标准　第二册　机电工程》（JTG 2182—2020）的有关规定。

③监控外场设施施工时，现场应有施工作业的安全区域。

④大型施工车辆作业时应严格遵守相关安全操作规程。

⑤所有设备机箱应进行防腐处理。

⑥监控设施电源线和信号线的间距应满足最小安全净距要求；线缆经测试合格后进行敷设，且线缆两端应进行标识，施工结束后，挂永久标识牌。

⑦监控设施防雷接地指标应能达到相关规范和设计图纸的有关要求，且接地验收合格后，方可进行设备机电测试。

⑧施工过程中应注意设施的保护。

⑨设备调试包括单机加电测试、联合调试等环节。

⑩设备基础及人（手）孔应严格按照相关规范和设计图纸施工。

⑪设备安装后，应对施工现场进行清理恢复，并注意对设备成品进行保护。

（2）监控分中心设施

①大屏幕显示设施。

大屏幕显示设备主要为 LED 显示屏、DLP 投影屏、液晶屏等。

一般要求：设备布局应符合设计和人机工学的要求；大屏幕显示单元与操作台的间距应不小于4m。

注意事项：对于 DLP 背投显示单元，安装时应注意保护投影机的镜头及反射镜的镜面；DLP 背投投影机不可频繁进行开关操作。

②电视墙。

一般要求：设备布局应符合设计和人机工学的要求；电视墙应预留不小于1m的检修通道；电视墙垂直度应不大于3mm/m，底座水平度应不大于2mm/m。

注意事项：线槽内线缆应并列绑扎整齐；安装监视器过程中，应注意保护屏幕。

③操作台。

一般要求：操作台尺寸、布局应符合设计和人机工学的要求。

注意事项：施工时要特别注意对台面的保护工作；各操作台应注意外观协调一致。

④设备机柜。

一般要求：机柜安装竖直平稳，且与地面固定牢固；机柜侧面距墙应不小于0.5m；机柜开门面距墙应不小于1.2m。面对面布置的机柜,两机柜正面距离应不小于1.5m;背对背布置的机柜,两机柜背面距离应不小于1m。

注意事项:机柜内设备之间应保持一定距离,以便接线调试和通风散热;各机柜应注意外观协调一致。

⑤不间断电源设施。

一般要求:不间断电源设施主要包括UPS、蓄电池、配电箱等;UPS设备、蓄电池统一安装在靠近电源的地方,并与其他设施保持距离;UPS在搬运过程中倾斜角度应不超过30°;正常情况下,UPS由市电逆变给负载供电;市电停电情况下,由电池不间断地给负载供电。

注意事项:安装过程中,施工人员不应佩戴手表、戒指或其他金属物品,同时不得把安装工具或金属物品放置在电池上面;UPS安装之前,施工人员应对身体进行防静电处理;UPS电池组接线时,应按规定对安装人员进行绝缘保护;UPS电源室内严禁抽烟,禁止火源和水源接近。

⑥计算机网络设施。

计算机网络设施主要包括服务器、工作站、交换机、路由器以及外围设备等。一般要求:设备布局合理,安装稳固,符合设计和人机工学的要求。

注意事项:安装过程中需采取必要的防静电措施;安装过程中应注意机房环境,确保温湿度、洁净度等满足安装要求。

⑦系统软件。

一般要求:操作系统软件应取得正版授权;监控系统软件应具备友好的人机界面;监控系统软件应包含地理信息系统,能够准确显示管辖路段所有外场监控设施的名称、桩号、位置坐标、实时检测数据,以及路段监控分中心、收费站、服务区、隧道、桥梁等相关基础信息;监控系统软件应具备数据分析及处理能力,能够自动分析外场监控设施采集的实时数据并进行报警提醒;监控系统软件应具备报表统计和打印功能。

注意事项:注意对服务器及工作站进行用户权限管理,用户密码设定不少于6位;严禁任意安装其他应用软件。

(3)闭路交通视频监视(CCTV)设施

①视频传输设施。

视频传输设施主要包括视频光端机、编解码器等。

一般要求:视频传输设施固定要安全可靠。

注意事项:严禁将设备安装在潮湿或可能被雨水侵蚀的位置;打开电源时,严禁用肉眼直接观察光纤连接器,以免损伤眼睛;对光端机进行检测时,严禁带电连接设备;设备安装过程中需采取必要的防静电措施。

②视频控制设施。

视频控制设施主要包括模拟矩阵、数字矩阵等。

一般要求:视频控制设施固定要安全可靠。

注意事项:配置完成后,除了检查摄像机是否控制灵活外,还要检查摄像机加热等其他功能的控制。

③视频存储设施。

视频存储设施主要包括硬盘录像机、磁盘阵列等。

一般要求:视频存储设施固定要安全可靠。

注意事项:硬盘录像机作为视频控制设备时,除了检查手动/自动录像、录像回放等功能外,还应检查云台控制功能。

④联合调试。

a. 对闭路电视监视系统应达到的各项功能进行联合调试;

b. 监控分中心可对摄像机进行控制,包括上下、远近、变焦等功能;

c. 监控分中心可选择任意一路视频图像切换到任意一台监视器上显示;

d. 监控分中心可选择任意一路视频图像切换到大屏幕显示系统上进行任意缩放显示;

e. 监控分中心可对道路摄像机图像进行录像,并可实时进行录像查询及回放;

f. 监控分中心视频控制系统应具备编程功能,可将摄像机和监视器分组切换,轮巡显示;

g. 监控分中心可以根据系统出现的各种报警信息,自动切换报警区域摄像机图像在指定监视器上显示;

h. 监控分中心图像可向省监控中心传输,并接收其下达的控制指令。

⑤直埋电缆敷设。

一般要求:敷设电缆的最小弯曲半径应满足相关规范要求;电缆穿过构造物时应采用镀锌钢管保护;直埋铠装电缆的埋设深度应不小于700mm。

注意事项:开挖时要注意地下既有设施的保护。

⑥可变信息标志。

可变信息标志包括门架式可变信息标志、悬臂式可变信息标志、立柱式可变信息标志等。

一般要求:路侧可变信息标志净空高度应不低于5.5m;可变信息标志显示屏前不应有任何遮挡物,避免与交通安全设施相互遮挡,以保证显示屏的最佳视觉效果;可变信息标志的安装应参照《道路交通标志和标线　第2部分:道路交通标志》(GB 5768.2—2022)执行。

(4)监控外场设施

①其他监控外场设施。

其他监控外场设施主要包括车辆检测器、气象检测器等。

一般要求:设备立柱应竖直,设备及控制箱安装应牢固、端正。

注意事项:微波车辆检测器在安装时应根据需要调整安装方向、高度、角度等。

②外场配电箱。

一般要求:外场配电箱应安装牢固、端正。

注意事项:禁止在恶劣天气下进行施工。

③联合调试。

对各外场监控设施应达到的功能进行联合调试。

a.监控分中心可以接收所有外场监控设施的实时检测数据;

b.监控分中心可以及时准确地接收外场监控设施的报警信息;

c.监控分中心可以接收所有外场监控设施的工作状态信息;

d.监控分中心可以对外场监控设施发送控制指令及控制信息,并能及时收到设备的反馈信息;

e.监控分中心可以向省监控中心传输数据,并接收其下达的控制指令。

3.相关现行规范

(1)公路收费作业规范

根据高速公路收费作业规范对高速公路进行收费,对监控现场进行标准化建设。

①交通监控系统。

《高速公路隧道监控系统模式》(GB/T 18567—2010);

《公路隧道设计规范 第二册 交通工程与附属设施》(JTG D70/2—2014);

《高速公路监控技术要求》(交通运输部 2012 年第 3 号公告);

《关于印发〈全国高速公路视频联网监测工作实施方案〉和〈全国高速公路视频云联网技术要求〉的通知》(交办公路函〔2019〕1659 号);

《高速公路 LED 可变限速标志》(GB/T 23826—2009);

《高速公路 LED 可变信息标志》(GB/T 23828—2023);

《LED 车道控制标志》(JT/T 597—2022);

《隧道可编程控制器》(JT/T 608—2004);

《数据中心设计规范》(GB 50174—2017);

《高速公路视频之联网广东省实施指南》(粤交营字〔2020〕55 号)。

②收费系统。

《汽车号牌视频自动识别系统》(JT/T 604—2011);

《收费公路联网收费技术要求》(交通部 2007 年第 35 号公告);

《收费公路联网电子不停车收费技术要求》(交通运输部 2011 年第 13 号公告);

《深化收费公路制度改革取消高速公路省界收费站实施方案》(国办发〔2019〕23 号);

《取消高速公路省界收费站总体技术方案》(交公路函〔2019〕320 号);

《联网收费系统省域系统并网接入网络安全基本技术要求》(交科技函〔2019〕338 号);

《取消高速公路省界收费站工程建设方案》(交公路函〔2019〕387 号);

《取消高速公路省界收费站工程车道系统实施指南》(交路网函〔2019〕314 号);

《取消高速公路省界收费站工程建设方案车道系统实施指南补遗说明》(交路网函〔2019〕434 号);

《ETC 费显和情分结算系统优化工程 ETC/MTC 混合车道系统实施指南》(交路网函〔2020〕149 号);

《高速公路 ETC 门架系统技术要求》(交办公路函〔2019〕856 号);

《高速公路称重检测业务规范和技术要求》(交办公路函〔2019〕1182 号);

《高速公路复合通行卡(CPC)技术要求》(交通运输部 2019 年第 43 号公告);

《电子收费单片式车载单元(OBU)技术要求》,2019 年 5 月;

《收费公路车辆通行费车型分类》(JT/T 489—2019);

《公路电子不停车收费联网运营和服务规范》(JTG B10-01—2014);

《电子收费专用短程通信》系列(GB/T 20851—2019);

《信息安全技术 网络安全等级保护基本要求》(GB/T 22239—2019);

《信息安全技术 证书认证系统密码及其相关安全技术规范》(GB/T 25056—2018);

《信息安全技术 信息系统灾难恢复规范》(GB/T 20988—2007);

《信息安全技术 SM4 分组密码算法》(GB/T 32907—2016);

《通信线路工程设计规范》(GB 51158—2015);

《公路交通工程钢构件防腐技术条件》(GB/T 18226—2015);

《数据中心设计规范》(GB 50174—2017);

《数据中心基础设施施工及验收规范》(GB 50462—2015);

《信息系统密码应用基本要求》(GM/T 0054—2018);

《证书认证密钥管理系统检测规范》(GM/T 0038—2014);

《综合布线系统工程设计规范》(GB 50311—2016);

《民用闭路监视电视系统工程技术规范》(GB 50198—2011);

《交通运输部办公厅国家税务总局办公厅关于印发〈收费公路通行费增值税电子普通发票开具运营与服务规则〉的通知》(交办公路〔2017〕115 号);

《广东省高速公路联网收费系统》(DB 44/T 127—2013);

《广东省交通运输厅关于进一步加强全省高速公路入口阻截劝返工作的通知》(粤交执〔2015〕825 号);

《广东省交通运输厅关于高速公路重点拥堵收费站配置移动收费终端的通知》(粤交营便函〔2020〕344 号);

《高速公路鲜活农产品运输车辆预约通行业务规程补充细则(广东试行)》;

《广东省智慧高速公路建设指南(试行)》(GDJT 001-07—2022);

《全面推广高速公路差异化收费实施方案》(交公路函〔2021〕228 号)。

（2）公路机电作业规范

根据高速公路机电作业规范能对高速公路机电系统现场进行标准化建设。机电系统中的监控与收费作业相关规范详见上文公路收费作业规范的内容。

①通信传输。

《同步数字体系（SDH）光纤传输系统工程设计规范》（YD 5095—2014）；

《有线接入网设备安装工程设计规范》（YD/T 5139—2019）；

《通信线路工程设计规范》（YD 5102—2010）；

《会议电视系统工程设计规范》（YD/T 5032—2018）；

《通信局（站）电源系统总技术要求》（YD/T 1051—2018）；

《通信用高频开关电源系统》（YD/T 1058—2015）；

《高速公路通信技术要求》（交通运输部 2012 年第 3 号公告）；

②通信管道。

《通信管道与通道工程设计标准》（GB 50373—2019）；

《通信管道工程施工及验收标准》（GB 50374—2018）；

《公路通信及电力管道设计规范》（JTG/T 3383-01—2020）；

《公路地下通信管道高密度聚乙烯硅芯塑料管》（JT/T 496—2018）；

《公路用聚氨酯复合电缆桥架》（JT/T 1034—2016）；

《通信管道人孔和手孔图集》（YD/T 5178—2017）；

《地下通信管道用塑料管》（YD/T 841—2016）；

《通信电缆配线管道图集》（YD 5062—1998）；

《低压流体输送用焊接钢管》（GB/T 3091—2015）。

③供配电及防雷接地。

《供配电系统设计规范》（GB 50052—2009）；

《低压配电设计规范》（GB 50054—2011）；

《通用用电设备配电设计规范》（GB 50055—2011）；

《电力系统设计技术规程》（DL/T 5429—2009）；

《民用建筑电气设计标准》（GB 51348—2019）；

《建筑物防雷设计规范》（GB 50057—2010）；

《建筑物电子信息系统防雷技术规范》（GB 50343—2012）；

《雷电防护　第 3 部分:建筑物的物理损坏和生命危险》（GB/T 21714.3—2015）；

《雷电防护　第 4 部分:建筑物内电气和电子系统第 3 部分》（GB/T 21714.4—2015）；

《桥梁防雷技术规范》（GB/T 31067—2014）；

《系统接地的型式及安全技术要求》（GB 14050—2008）；

《电力工程电缆设计标准》（GB 50217—2018）；

《高压电缆选用导则》(DL/T 401—2017);

《城市电力电缆线路设计技术规定》(DL/T 5221—2016);

《20kV及以下变电所设计规范》(GB 50053—2013);

《3~110kV高压配电装置设计规范》(GB 50060—2008);

《变电站总布置设计技术规程》(DL/T 5056—2007);

《导体和电器选择设计规程》(DL/T 5222—2021);

《交流电气装置的过电压保护和绝缘配合设计规范》(GB/T 50064—2014);

《交流电气装置的接地设计规范》(GB/T 50065—2011);

《电流互感器和电压互感器选择及计算规程》(DL/T 866—2015);

《继电保护和安全自动装置技术规程》(GB/T 14285—2023);

《电力装置的继电保护和自动装置设计规范》(GB/T 50062—2008);

《电力系统安全稳定导则》(GB 38755—2019);

《电力装置电测量仪表装置设计规范》(GB/T 50063—2017);

《并联电容器装置设计规范》(GB 50227—2017);

《广东省电力系统污区分布图册》(2010年版);

《广东电网规划设计技术原则》(S.00.00.06/Q 101-0001-0808-280);

《广东电网变电站精细化设计施工工艺标准》(2010年版)。

④照明、通风。

《公路照明技术条件》(GB/T 24969—2010);

《公路隧道照明设计细则》(JTG/T D70/2-01—2014);

《公路隧道照明灯具》(JT/T 609—2022);

《建筑照明设计标准》(GB 50034—2013);

《公路隧道通风设计细则》(JTG/T D70/2-02—2014);

《公路隧道设计规范 第二册 交通工程与附属设施》(JTG D70/2—2014);

《民用建筑供暖通风与空气调节设计规范》(GB 50736—2012);

《隧道用射流风机》(JB/T 10489—2019);

《建筑防烟排烟系统技术标准》(GB 51251—2017);

《公共建筑节能设计标准》(GB 50189—2015);

《环境空气质量标准》(GB 3095—2012)。

六 高速公路车路协同的实践与开发技术应用规范

车路协同系统是指采用先进的无线通信和新一代互联网等技术,全方位实施车车、车路和人车动态实时信息交互,在全时空动态交通信息采集与融合的基础上,开展车辆协同和道路主动安全控制,充分实现人-车-路的有效协同,保证交通安全,提高通行效率,从而形成的安全、高效和环保的道路交通体系。智能车路协同系统通常包括智能车端、智能路端、云端以及相应的业务系统,其核心是利用车、路之间的实时动态通信,改变传统道路交通车、路之间的静态联系,使车、路之间能够建立起实时自动连接、相互作用的动态系统。其特点是强调交通参与者、交通工具、交通设施之间的交互和实时调整,目的是提高交通的安全性和可靠性以及节能减排。

2018 年发布的国家重点研发计划"综合交通运输与智能交通"重点专项,包括道路基础设施智能感知理论与方法、道路设施状态智能联网监测预警、车路协同系统要素耦合机理与协同优化方法、车路协同环境下车辆群体智能控制理论与测试验证、大规模网联车辆协同服务平台、协同式智能车路系统集成与示范等研究内容。

2020 年 12 月,交通运输部印发《关于促进道路交通自动驾驶技术发展和应用的指导意见》,提出到 2025 年,自动驾驶基础理论研究取得积极进展,道路基础设施智能化、车路协同等关键技术及产品研发和测试验证取得重要突破;建成一批国家级自动驾驶测试基地和先导应用示范工程,在部分场景实现规模化应用,推动自动驾驶技术产业化落地。

2018 年 2 月,为落实《交通运输信息化"十三五"发展规划》《推进智慧交通发展行动计划(2017—2020 年)》和《关于开展新一代国家交通控制网和智慧公路试点(第一批)工作的通知》,我国正式启动关于新一代国家交通控制网和智慧公路的试点工程。围绕基础设施数字化、路运一体化、北斗高精度定位、基于大数据的路网综合管理和服务、互联网 + 的路网综合服务以及新一代国家交通控制网示范工程,在北京、河北、河南、浙江等 9 个省市开展了相应的示范工作,其中车路协同作为重要内容,分别开展了高速公路上车路协同的技术研究和验证工作。

延崇高速(北京段)作为车路协同示范项目之一,在全时空动态交通信息的基础上展开车辆协同安全节制和道路交通主动节制,保证交通安全,提高通行效力,从而构成安全、高效和环保的交通系统。运用物联网、云计算、人工智能、卫星导航等技术,实现车与人、车、路、云的智能信息交互,为实现自动驾驶奠定技术基础。

七 高速公路数字化应用及相关规范

1. 高速公路数字化建设总体架构

本节以改扩建高速公路工程为例,简要介绍高速公路数字化建设相关内容。

(1)高速公路改扩建工程数字化应规定建设期的数字化对象要求,以支撑施工期的智能化监测与管理和运维期智能化应用。

(2)高速公路改扩建工程数字化应面向运维期智能化应用的数据共享要求,明确高速公路改扩建工程建设期的数字化交付要求。

（3）高速公路改扩建工程数字化应开展勘察、设计、施工等阶段的数字化建设,运用数据传输、数据管理和数据安全等支撑保障技术,实现数字化信息在公路建设、管理、养护和运营全生命周期的流通和共享。

高速公路改扩建工程数字化技术总体架构如图2-7-1所示。

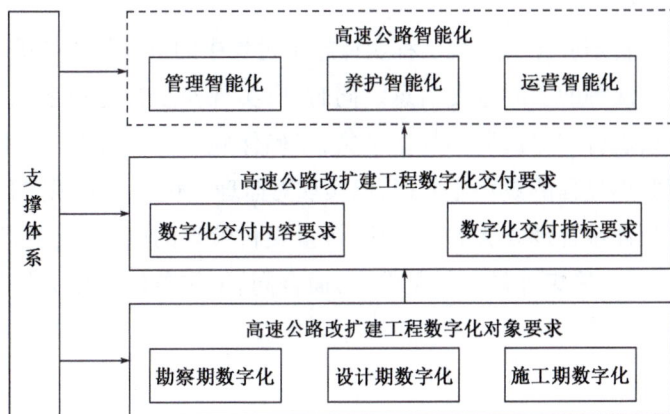

图2-7-1 高速公路改扩建工程数字化技术总体架构

2. 高速公路数字化建设要求

高速公路改扩建工程数字化建设包括高速公路基础设施、高速公路交通安全设施、高速公路服务设施、高速公路运营管理设施,以及高速公路改扩建工程试验、检测、施工过程中的数据。具体包括以下内容:

（1）高速公路改扩建工程建设阶段应采用数字化技术将公路项目管理、勘测、设计、试验、检测、施工、监理、造价等重要信息进行数字化处理,建立信息模型,分阶段、分类别进行数据存储与管理。

（2）应根据高速公路建设、管理、养护、运营各业务板块对数据应用的需求,在高速公路改扩建工程建设期统筹考虑数据内容、数据接口与通信协议,保障数据能够在公路工程建设、管理、养护、运营各阶段连续、畅通地应用。

（3）勘察期数字化对象。

对勘察期间所有地形、地质、水文、气象等各类设计所需的勘察、测量数据进行数字化采集与处理。

（4）高速公路基础设施及沿线设施勘察数字化。

主要包括路线勘察与调查数字化,路基、路面及排水勘测与调查数字化,桥涵勘测与调查数字化,隧道勘测与调查数字化,路线交叉勘测与调查数字化,沿线设施勘测与调查数字化,临时工程勘测与调查数字化,既有公路调查与评价数字化。

（5）设计期数字化对象。

高速公路路线设计数字化应采集公路分级与等级选用数据、公路通行能力数据、总体设计数据、公路沿线设施数据等数据,并对所有设计成果进行数字化处理。

（6）施工期数字化对象。

路基施工数字化应采集施工准备,以及所有工程项目施工过程中的数字化数据及所有道路设施的数字化数据。

（7）智能化监测与管理。

智能化监测与管理应全面采集工程实体施工过程中的进度管理数据,包括但不限于人员、设备、施工方法等的实时进度信息。同时,应实现安全管理数字化,即对施工过程中的安全风险因素进行实时监测和数据采集,以确保施工安全。此外,还需采集质量监理和安全监理等监理过程的数字化数据,以实现对监理工作的全面跟踪和监控。费用管理数字化管理包括计量管理办法的数字化、计量支付管理的电子化、项目计量台账的实时更新等。此外,还应采集计量支付文件、书面合同、工作条件等相关信息,以确保计量支付的准确性和及时性。

3. 高速公路数字化建设交付规范

（1）高速公路改扩建工程数字化交付内容要求

高速公路改扩建工程中应对高速公路路线、路基、路面、桥梁、隧道、路线交叉、地形、地质勘测内容等所有基础信息进行数字化处理,构建高速公路基础设施信息模型,并将信息模型与交竣工文件同时交付。

（2）高速公路改扩建工程数字化交付指标要求

数字信息精细度要求、数字信息精度要求、数字信息更新频率要求。

4. 高速公路全周期数据管理规范

（1）数据传输。数据传输网络的规划、设计、实施应遵循先进性与实用性、可靠性与安全性、经济性与可靠性相结合的原则,宜采用开放式网络体系架构。

（2）数据管理。根据建设、运营管理、养护阶段生成的数据,提出数据管理技术要求,包括数据质量、数据资产、数据共享与交换、数据分析等,支撑数据在全生命周期各业务领域的贯通。数据质量管理包括数据质量评估维度、数据质量测量方法、数据质量管理流程等内容。

（3）数据资产管理包括数据资产管理功能、数据生命周期管理、数据分布与存储要求等多个方面。

（4）数据共享与交换应规定建设、运营管理、养护阶段数据共享内容、数据共享接口等内容。数据共享与交换安全应实施数据脱敏、数据泄露防护、访问控制等,包括但不限于数据处理、使用、分析、导出、共享、交换等相关操作。

（5）数据采集安全应按照《信息安全技术　网络安全等级保护基本要求》（GB/T 22239—2019）不低于第二级的安全物理环境、安全通信网络和安全计算环境等要求执行。联网收费系统、车路协同系统还应按照《信息安全技术 网络安全等级保护基本要求》(GB/T 22239—2019)不低于第三级的安全物理环境、安全通信网络和安全计算环境等要求执行。

(6)数据存储安全主要包含数据完整性、数据保密性、数据备份和恢复。应采用密码技术支持的完整性保护机制和数据备份系统,共同实现用户数据完整性保护。

八 智慧高速建设规范

1.智慧高速相关术语

(1)智慧高速公路(Smart Expressway):基于业务需求,以数据为核心,运用新一代信息技术,实现高速公路业务管理能力和创新应用能力提升的数字化、智能化高速公路。

(2)数字孪生(Digital Twins):充分利用物理模型、运行历史等数据,集成多学科、多物理量、多尺度、多概率的仿真过程,在虚拟空间中完成映射,从而反映相对应的实体装备的全生命周期过程。

(3)ETC 特情(Abnormal ETC Transaction):指安装 ETC 终端的车辆在高速公路通行过程中出现的诸如 ETC 卡签松动、电量低、无入口信息等各类导致无法快速通行的特殊情况。

(4)高精度地图(High Precision Map):包含交通基础设施建设规范所定义的基本交通构成要素,对于交通标线等关键对象平面位置的绝对精度高于1m,每100m相对误差不超过0.2m的电子地图。

(5)边缘计算设施(Edge Computing Device):部署在道路沿线,用于前端多种设备的接入、人工智能分析、多种信息融合感知及计算的智能化设备。

(6)车路协同(Vehicle-infrastructure Cooperation):指基于无线通信、传感探测等技术进行车路信息获取,通过车路信息交互和共享,实现车辆和基础设施之间智能协同与配合,达到优化利用系统资源、提高道路交通安全、缓解交通拥堵的目标。

(7)自由流收费(Free-Flow Electronic Toll Collection System):快速完成车辆入口放行或收费,特殊情况采用人工处理的收费设施、设备及配套软件的总称。

2.智慧高速建设目标与原则

(1)建设目标

智慧高速公路建设应以构建路网的数字化能力、提高路网运行效率、降低安全事故发生率和提高服务水平为目标。

(2)建设原则

智慧高速公路应遵循"重点突出、高效协调、安全绿色、适度超前、经济实用"的原则开展建设。

3. 智慧高速通用技术及应用

（1）数字地图

数字地图由高精度地图数据资源和高精度地图引擎构成。高精度地图数据资源应包括道路数据和道路设施数据，有条件的可采集用地红线内的设施数据，如道路沿线的铁塔、广告牌等。高精度地图数据资源的具体内容见表2-7-2。

高速公路高精度地图数据资源列表　　　　　　　　表 2-7-2

序号	数据类别		内容
1	道路数据		包括但不限于：道路方向、道路类型、道路等级、道路中心线、道路线形指标、车道边线等基础数据
2	道路设施数据	结构物设施	包括但不限于：桥梁、隧道、边坡、管理中心、收费站、服务区、停车区、养护工区等结构物设施数据
		机电设施	包括但不限于：各类监控、收费、通信、照明及供配电系统相关的机电设施空间信息数据
		交通安全设施	包括但不限于：交通标志、交通标线、护栏、中央分隔带、减速带等交通安全设施数据

高精度地图引擎应包括地图数据引擎、GIS 服务引擎，宜包括 BIM 引擎、可视化渲染引擎和车辆轨迹孪生引擎。各类引擎的要求如下：

①地图数据引擎应具备高精度地图数据资源、三维模型数据和其他交通动静态数据的存储、更新、融合、接入等管理功能。

②GIS 服务引擎宜包括但不限于各类图层管理、查询检索、桩号转换、二维地图服务、三维场景服务、地理信息数据服务、空间统计分析等功能。

③BIM 引擎应支持常用格式的 BIM 数据的轻量化处理，支持 BIM 和三维地图的数据融合，支持 BIM 数据的三维可视化，支持 BIM 模型和三维地形、影像、倾斜摄影模型在同一场景内的渲染和查询。

④可视化渲染引擎应具备卫星遥感影像、平面路网、三维道路模型、道路相关设施模型等数据的一体化拼接、可视化渲染功能，能在地图上叠加道路基础设施状态、道路运行状况、交通气象状况、交通事件状况等，支持开展车辆微观行为仿真、交通管控措施仿真，并通过数字孪生技术实现协同展示。

⑤车辆轨迹孪生引擎应满足三维场景中还原车辆移动过程的应用需求，依托外场设备数据支撑，精准还原实时过车信息，实现高速公路实时车流动态孪生，支持多视角对车辆运动轨迹的跟踪。

（2）全要素感知

全要素感知包括道路运行状态感知、气象环境感知和结构物健康状态感知。各类感知设施应尽可能地集中布设,利用边缘计算设施、雷达+专用短程通信(DSRC)、雷达+视频、人工智能分析等技术开展数据拟合,实现融合感知和主动预警。各类感知设施在安装时应优先利用现有 ETC 门架、路侧杆件及供电系统,新建项目宜利用智慧杆件综合统筹相关设备的安装。

（3）融合通信

通信传输网络应按照"公网/专网结合、有线/无线结合"的原则建设,宜支持下一代互联网(IPv6)技术,具备提供语音、数据、视频等多种信息传输服务的能力。

（4）绿色能源

绿色能源宜以本地 10kV 电源为基础构建,包含低压直供、中压供电、交/直流远供和新能源微电网。应结合实际用电场景制定应急供电方案,确保用电设备在突发供电故障的情况下能快速恢复工作。

（5）信息安全

智慧高速公路信息安全应符合《信息安全技术　网络安全等级保护基本要求》(GB/T 22239—2019)的相关规定,满足信息系统安全保护的需求。

信息安全建设应基于国密标准构建交通信息安全体系,实现体系内应用系统之间的可信互联、安全传输和交互。

各级数据中心应根据信息系统的重要性和所涉及信息的重要程度,划分不同等级的安全域。

智能化终端设备应基于证书认证机制实现设备身份认证和安全接入,应内置安全机制,确保终端内容应用程序、系统参数、系统和用户数据不被篡改。

4. 智慧高速架构体系

（1）技术架构

智慧高速公路的技术架构分为 1 个感知传输网络体系、3 级数据中心和 N 类应用场景三个部分,如图 2-7-2 所示。

①智慧高速公路建设以 1 个感知传输网络体系为基础,对高速公路的路网环境进行实时、动态的监测。感知传输网络体系包括全要素感知和融合通信。

②智慧高速公路建设以 3 级数据中心为使能平台,将路网感知数据与行业数据、业务应用需求结合,形成有价值的主题数据服务,为各类应用场景赋能。3 级数据中心包括路段数据中心、区域级数据中心和省交通运输厅一体化数字平台。

③智慧高速公路建设以一般业务场景和创新业务场景为依托,提升高速公路一般业务的效能、促进高速公路创新工作的开展。

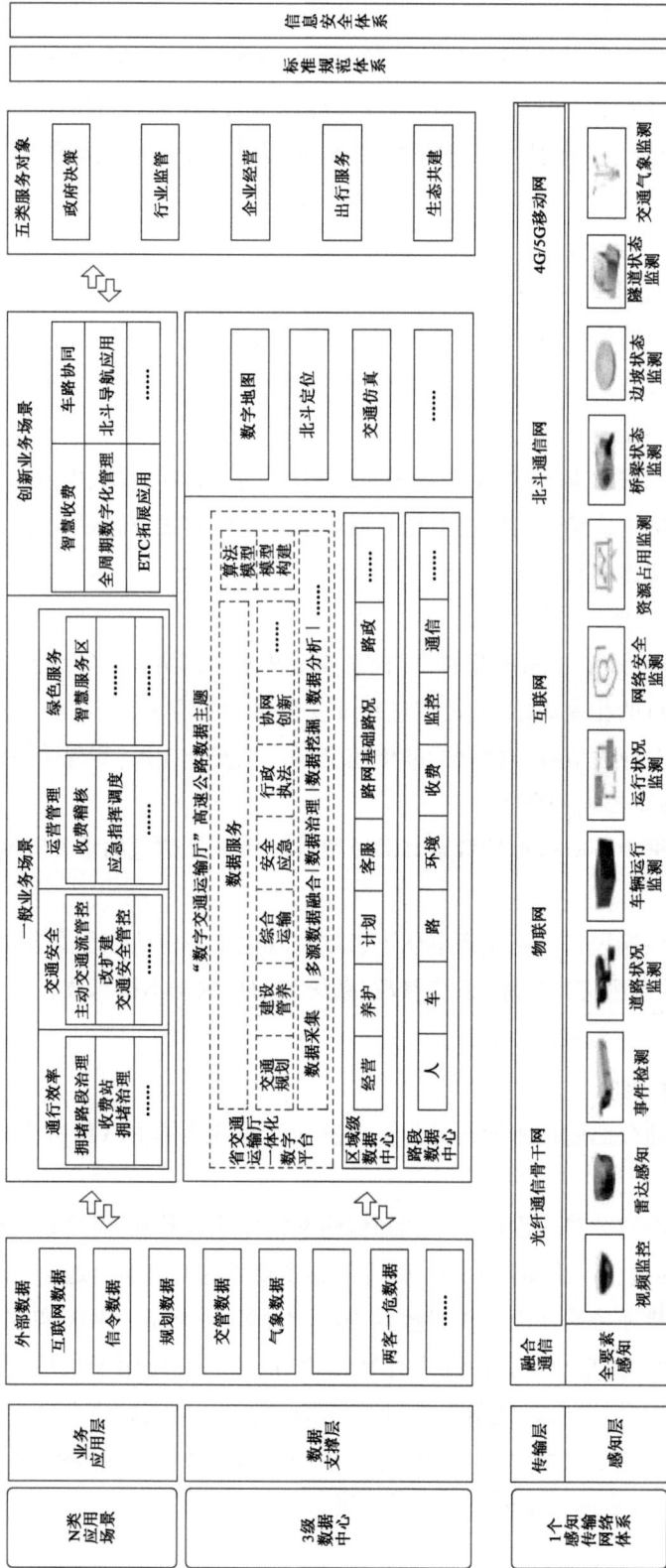

图 2-2-7　智慧高速公路技术架构图

（2）数据流转架构

智慧高速公路的数据流转架构如图 2-7-3 所示。

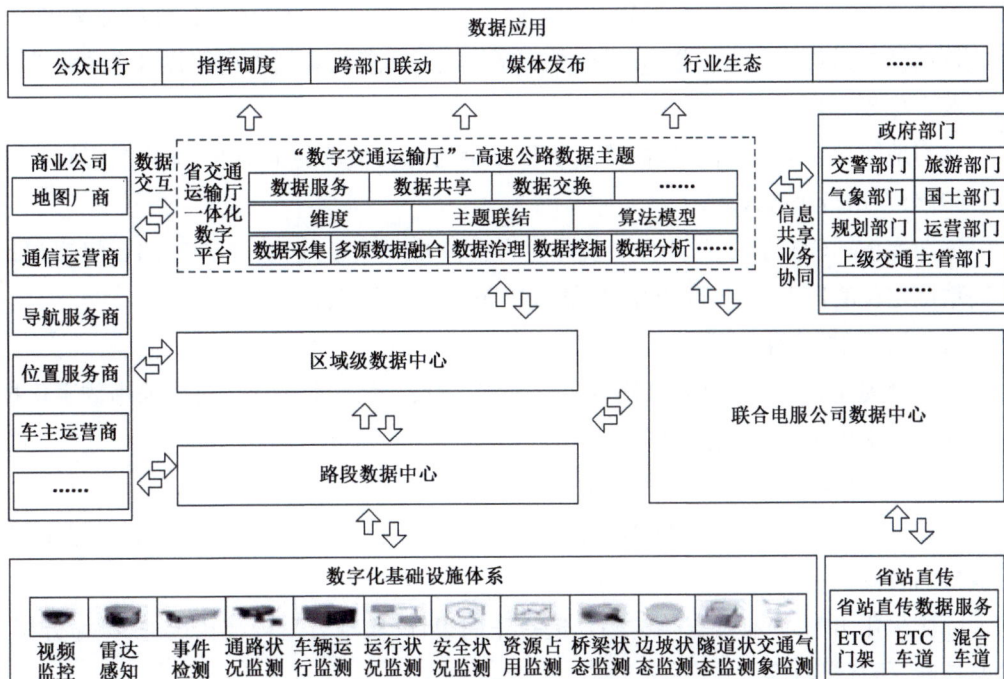

图 2-7-3　智慧高速公路数据流转架构图

（3）路网协同架构

智慧高速公路的路网协同架构如图 2-7-4 所示。

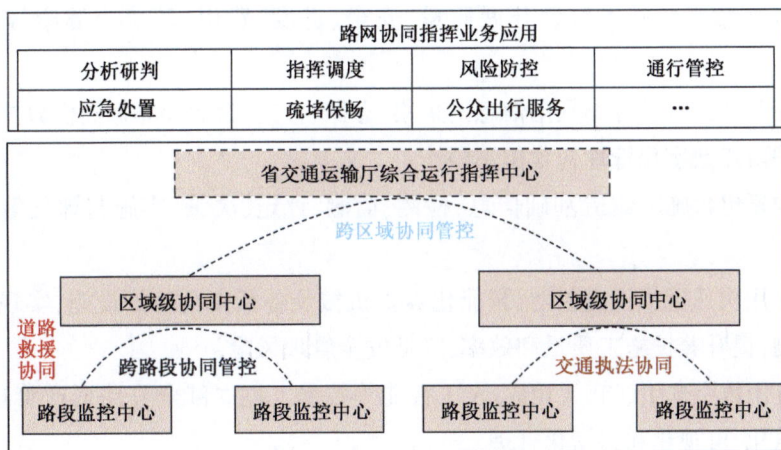

图 2-7-4　智慧高速公路路网协同架构图

5. 智慧高速创新生态体系

（1）智慧收费

宜在收费站设置自助智能收费设备，为 ETC 车辆及持 CPC 卡的车辆提供自助缴费

269

通行及电子发票服务。宜基于云计算、物联网、5G 通信等技术,开展智慧云收费系统建设,将收费业务处理迁移至云端,实现车道系统的轻量化。具备条件的收费站可根据收费站的交通特性,错峰、有序开展货车预约通行服务试点。宜构建收费站效能监测模型,对收费站开展运营数字化监测,并结合数字孪生、实景增强、虚拟现实等技术实现收费站的全数字化收费管理。

宜与地图导航加强协同,提高导航软件车辆通行费估算的准确性,优化通行路径推荐,提升公众出行服务体验。

近期宜依托现有 ETC 门架开展多车道自由流收费试点,远期可基于 ETC 门架与北斗高精度定位的技术融合,逐步开展开放式自由流收费试点。

(2)全周期数字化管理

全生命周期数字化管理是在高速公路规划、建设、运营、养护的全过程采用数字化技术实现信息集成应用和业务协同。

①规划设计数字化管理包含但不限于:

a.宜应用遥感技术、倾斜摄影、GIS 等新技术,实现设计模型与地形的多维交互,提升成果的可视化水平。

b.应采用 BIM 技术对复杂结构物进行正向设计,实现方案可视化比选、碰撞分析、净空核验、仿真模拟等。

c.应提供完整的规划设计数字化成果,指导建设施工及营运养护。

②建设施工数字化管理包含但不限于:

a.宜应用智能化施工机械设备,推动施工全过程智能化,逐步实现智能建造。

b.宜应用信息化技术辅助开展质量、安全、进度、费用、环境与健康等项目管理工作。

c.应规范施工阶段各类数据信息的采集、存储、移交,为运营养护提供数据支撑。

③养护阶段数字化管理包含但不限于:

a.应构建包含施工建造基础信息、检测、监测、评定、决策、实施与评估等信息的数据库。

b.应采用快速无损检测仪器、智能化养护机械装备及安全防护设施,实现快速精确的智能检测,提升养护施工质量和效率,降低安全管理风险。

c.宜应用数字孪生、GIS + BIM、人工智能等技术。建立健全公路资产管理系统,实现养护信息化、可视化和科学化管理。

d.宜采用带有自检及故障报警或故障处理系统的公路机电设施,实现机电设施可视化管理及设备运行状况实时监测。

(3)车路协同

智慧化等级为 G3 的新建、改扩建和运营高速公路可结合路段的场景需求,有选择地开展车路协同试点。

适用于高速公路场景的车路协同服务如表 2-7-3 所示。

高速公路场景下的车路协同服务建议表 表 2-7-3

序号	场景类别	场景子类别
1	特殊路段行车风险预警	急弯路段
2		长大下坡路段
3		易发崩塌路段
4		易发滑坡路段
5		临崖、临河湖、临深沟路段
6		其他危险路段
7	特定限行路段通行预警	限高、限宽、限载、限时
8		专用车道行驶
9		其他限行
10	计划性交通事件管控信息服务	养护施工
11		改扩建施工
12		重大活动
13		其他计划性交通事件
14	突发性交通事件管控信息服务	交通事故
15		结构物事故
16		交通事件
17		交通灾害
18		交通气象环境
19	服务区信息服务	基本信息服务
20		动态车位服务（含充电桩）
21		服务项目异常信息
22		其他服务区信息服务
23	一键救援服务	救援请求
24		救援撤销
25		其他救援服务
26	危险品运输车辆监测及预警	危险品泄漏、挥发、爆炸、火灾、抛掷
27		危险车况
28	安全驾驶行为提醒服务	频繁变道
29		超速行驶
30		急加减速
31		其他

车端与路侧的通信、路侧与监控中心的通信应采用国密技术进行加密,确保通信安全。

(4)北斗导航应用

宜根据高速公路场景特征,推动北斗导航与高精度地图、车路协同等技术的融合应用。

宜基于北斗导航与高精度地图,构建覆盖全省的高速公路交通时空中心,为省—区域—路段提供高精度地图、高精度定位和统一授时服务。

宜利用北斗高精度定位技术,辅助开展收费稽核、自由流通行、差异化收费等工作。宜利用北斗高精度定位＋高精度地图＋北斗短报文技术,推进基于北斗高精度定位的高速公路应急指挥体系和事故救援体系建设。宜基于北斗高精度定位技术,构建边坡、桥梁、隧道等大型结构物健康监测系统,实现结构物健康在线实时监测和自动预警。

(5)ETC 拓展应用

宜充分利用 ETC 门架天线和路侧天线,探索融合 ETC 技术的车路协同应用试点,通过 ETC 通信与车路协同通信的融合,构建面向驾驶员的低延时车路通信的网络,通过新一代车载 OBU 终端提供全天候的高品质出行服务。

高速公路服务区加油站宜基于 ETC 技术,构建不用下车、无感支付、电子发票的便捷加油新模式。

ETC 拓展应用宜围绕 ETC 的用户唯一标识特性和支付能力,结合高速公路的业务场景,打造基于 ETC 的高速公路商业生态。

九 高速公路智能路侧系统应用及相关规范

高速公路路侧设施(Expressway Roadside Facility)是布设在高速公路沿线的感知设施、通信设施、定位设施、边缘计算设施、管控设施及其他配套设施的总称。智慧高速公路路侧设施应遵循"安全可靠、集约有效、经济适用"的基本原则,符合法律法规规定和国家相关标准、符合所在地区的高速公路网规划和智慧高速公路的总体技术要求,并充分结合高速公路沿线环境以及交通流等区域特性等布设。路侧设施应与主体工程同步设计,与主体工程相关的基础工程、管道等应在主体工程实施时一并预留或预埋。同时应综合考虑其功能联系和协作关系进行系统性布设。在满足交通安全和运行管理要求的条件下,鼓励积极稳妥地采用新技术、新材料、新工艺、新设备。

1. 布设的原则

(1)安全性原则

智慧高速公路路侧设施布设不应对高速公路使用者造成干扰,确保行驶平顺性、安全性。路侧设施的布设环境应具备防盗、防破坏、防干扰等安全物理条件。智慧高速公路路侧设施系统宜参照《信息安全技术　网络安全等级保护基本要求》(GB/T 22239—2019)中的第三级安全要求进行通信网络、区域边界、计算环境、管理制度等方面的安全保障。

(2)集约性原则

智慧高速公路应以"多杆合一、多箱合一"为目标,对支撑杆件、机箱以及其他配套设施进行集约化布设,实现共建共享、互联互通。按照"多杆合一,一杆多用"的要求,智慧高速公路新增路侧设施的布设位置上下游 200m 范围内有已建或待建支撑杆件时宜共用支撑杆件。按照"多箱合一,分仓使用"的要求,对感知设施、管控设施、边缘计算设施等智慧高速公路路侧设施的配套机箱进行统筹布设。

(3)经济性原则

智慧高速公路的新建工程,应综合考虑各类路侧设施和配套资源的经济成本进行合理布设。智慧高速公路的改扩建工程,新增路侧设施应充分考虑与已有设施的协调统一,避免重复建设,应与附近已建或待建的其他设施共用供电、通信设施,应综合确定负载,并预留后续建设的接口。

2.感知设施应用规范

感知设施应能实现交通运行状态检测、交通气象环境监测、基础设施状态监测等功能。宜在单个布设点位采用一套设备同时实现多种要素的检测与识别。感知设施应具备数据本地存储的功能,本地存储的数据应支持从设备通信接口导出至设备外部存储介质。感知设施应能以设定的时间间隔上传数据至边缘计算设施或中心,时间间隔应能够按系统需求调整。感知设施应具备时钟同步功能。感知设施在检测到信号丢失、系统设备故障、网络通信故障等各种情况时,应能够自诊断记录并报警。感知设施宜具有远程数据配置、状态监测、状态管理、操作维护、版本升级等管理功能。

3.交通流检测设施应用规范

(1)功能要求

①应支持检测断面内单车道的车流量、平均车速、时间占有率等信息检测;

②宜支持检测范围内单车的位置、速度、车辆类型等信息检测。

(2)性能要求

①单车道车流量、单车道时间占有率和单车道平均车速的检测精度应不小于 95%;

②单车信息检测的纵向范围应不小于 200m;

③单车信息检测的目标数应不小于 64 个;

④单车位置的检测误差应小于 1.5m;

⑤应支持自定义车辆类型分类,车辆类型的判别精度应不小于 95%;

⑥单车道检测数据上传时间间隔应支持 10~600s 范围内可调,单车检测数据上传时间间隔应支持 5~60s 范围内可调;

⑦本地数据存储时间应不少于3h。

4. 交通事件检测设施应用规范

(1)功能要求

①应至少能够检测车辆停驶事件、逆行事件、行人事件、拥堵事件、超速、机动车驶离等异常交通事件;

②应支持自动识别交通事件位置、事件范围等信息;

③应具备交通事件报警功能;

④应具备事件过程记录功能,系统可自动捕获并存储交通事件发生的过程信息。

(2)性能要求

①纵向覆盖范围应不小于200m;

②交通事件检测率应不低于96%;

③误报率应不大于5%;

④事件漏报率应不大于2%;

⑤事件检测报警时间宜不大于1s。

5. 视频监测设施应用规范

(1)功能要求

①应具备视频图像的采集、传输、存储、管理、本地预览等功能,应符合《安全防范视频监控摄像机通用技术要求》(GA/T 1127—2013)中5.2节的通用功能要求;

②信息传输、交换与控制应符合《公共安全视频监控联网系统信息传输、交换、控制技术要求》(GB/T 28181—2022)的相关技术要求;

③信息管理应符合《公路网图像信息管理系统 平台互联技术规范》(GB/T 28059)(所有部分)的相关技术要求;

④宜采用光纤传输方式与监控中心联网通信。

(2)性能要求

①视频分辨率应不小于400万像素;

②编码帧率应不小于25/s,并可调整、支持跳帧编码;

③视频图像应确保实时传送,且图像清晰。

6. 交通气象监测设施应用规范

(1)功能要求

气象监测设施应至少能够检测能见度、风速、风向、路面温度、路面状况(干燥、潮湿、积水、结冰、积雪)和路面湿滑系数。

（2）性能要求

气象监测设施的性能指标应符合表2-7-4的要求。

气象监测设施性能指标 表2-7-4

气象监测项目	监测范围	分辨率	最大允许误差
能见度	10～10000m	1m	±5%
风速	0～60m/s	0.1m/s	±2%
风向	0°～360°	1°	±3°
路面温度	−50～+80℃	0.1℃	±0.4℃
路面积水（水膜）深度、积雪层厚度、结冰层厚度	≥0.1mm	0.1mm	±0.5mm
路面湿滑系数	0.01～0.82	0.01	±0.01

7. 基础设施状态监测设施应用规范

基础设施状态监测设施应能够监测边坡状态、桥梁结构状态、隧道结构状态，应支持系统自动输出检测结论，并具备异常状态报警功能。

桥梁结构状态监测内容和监测精度应满足《公路桥梁结构监测技术规范》（JT/T 1037—2022）的功能与性能要求。

隧道结构状态的监测内容宜包含边仰坡与支挡结构裂缝、洞门裂缝、衬砌裂缝、衬砌渗漏水。裂缝的长度监测误差宜不大于0.2mm，裂缝的宽度监测误差宜不大于10mm，裂缝的深度监测误差宜不大于2mm，衬砌渗漏水量监测误差宜不大于0.1L/min。

8. 通信设施应用规范

智慧高速公路的通信设施包括有线通信设施和无线通信设施。其中，有线通信设施主要包括干线传输网和路段接入网，无线通信设施可包括电子收费专用短程通信路侧设施、基于LTE［第四代移动通信技术（4G）的一种标准］的车联网无线通信路侧设施、蜂窝移动通信设施或面向物联网的蜂窝窄带接入设施等。干线传输网和路段接入网应符合《高速公路通信技术要求》（交通运输部2012年第3号公告）中的功能及性能要求。电子收费专用短程通信路侧设施应符合《电子收费 专用短程通信》（GB/T 20851）（所有部分）的功能及性能要求。蜂窝移动通信设施应符合通信行业4G/5G蜂窝移动通信路侧设施的标准。

9. 高精度导航卫星定位设施应用规范

高精度导航卫星定位设施应能够基于北斗卫星导航系统发射的导航信号进行卫星导航增强信息的生成和播发。基准站为高精度导航卫星定位设施部署于路侧的核心设备，主要由GNSS接收机、GNSS天线、气象设备、不间断电源、通信设备、雷电防护设备计算机和机柜等组成，各组成部分应符合《全球导航卫星系统连续运行基准站网技术规范》（GB/T 28588—2012）中7.4节的技术指标要求。

（1）功能要求

①基准站应能够全天候 24h 连续实时采集北斗卫星导航系统（Bei Dou Navigation Satellite System，BDS）、全球卫星导航系统（Global Navigation Satellite System，GNSS）、GLONASS 格洛纳斯卫星导航系统（Global Navigation Satellite System，GLONASS）、Galieo 伽利略卫星导航系统（Galileo Satellite Navigation System，GALILEO）四类导航信号的载噪比、码伪距、载波相位、多普勒频移、导航电文数据；

②应能够传输观测数据、监测数据、机柜状态监控与告警数据、设备运行状态与告警数据、气象数据；

③应具备观测数据本地存储功能；

④应具备时钟同步功能。

（2）性能要求

①卫星观测数据采样时间间隔宜选取 1s，气象数据采集时间间隔应不大于 10s。

②数据传输时延应不大于 20ms。

③数据传输模式分为数据流模式和文件传输模式两种。数据流模式下，观测接收机的观测数据、气象数据、告警及故障信息按要求实时传输，运行状态数据根据需要进行传输，差分监测接收机的数据按要求实时传输；文件传输模式下，数据文件本地实时存储，按约定时间间隔或指令要求进行传输。

④基准站日观测数据可用率应不小于 95%。

⑤气象数据发送时间间隔不大于 10s，卫星观测数据发送时间间隔不大于 1s，星历数据传输时间间隔不大于 15s。

⑥观测数据存储能力应大于 30 天，告警及故障状态数据存储能力应大于 30 天。

⑦接收机时钟与 BDT（区块链数字技术）的同步误差应不大于 50ns。

（3）辅助定位设施

在长道内、高架路下等 GNSS 信号受屏蔽和进挡的环境中，辅助定位设施在支持车辆位置信息服务时的相对定位精度应达到亚米级。

辅助定位设施可采用基于无线通信技术或路侧特征标识物识别技术等实现辅助定位服务。

10. 边缘计算设施应用规范

（1）功能要求

①联网功能。

a.应具备与监控中心联网通信的功能；

b.应具备与路段上下游 1km 范围内的其他路侧设施联网通信的功能。

②数据接入功能。

应具备交通流检测设施、交通事件检测设施、网联车上报信息采集功能。

③数据处理与分析功能。

a. 应具备对象级的数据汇聚融合功能,提升采集数据的完整性、准确性和唯一性;

b. 宜具备高精度地图静态数据的远程调用和本地存储功能,并支持地图数据与其他接入该设备的路侧感知数据的融合处理。

④数据发布功能。

a. 应能够输出车道级交通流诱导指令;

b. 应能够生成车道级异常交通事件预警信息;

c. 可根据实际情况增加相应的其他路侧设施控制、管理功能;

d. 宜具备基于感知信息生成车辆决策控制信息功能。

⑤其他功能。

a. 边缘计算设施应具备时钟同步的功能;

b. 算法和软件出现异常后应能够自动恢复,在断网情况下应可保持正常运行;

c. 宜具备对所辖路侧设施的运行监控功能,当所辖路侧设施的计算、存储、网络等资源出现异常时进行告警。

(2)性能要求

①以太网接口宜支持不低于1000Mbps的通信速率;

②应至少同时支持2路雷达、4路视频等感知设备数据接入与分析能力;

③计算能力应不低于32TOPS;

④对象级数据汇聚融合感知结果输出频率宜不低于10Hz。

11. 管控设施应用规范

管控设施包括信号控制设施、交通警示设施和信息发布设施等。应具备联网通信功能,能接收边缘计算设施或监控中心的控制指令。应具备自诊断与报警功能,当系统设备故障、网络通信故障等异常情况发生时,系统宜能够自诊断、记录并报警。应具有远程数据配置、状态监测、状态管理、操作维护、版本升级等管理功能。

(1)信号控制设施

车道信号灯的灯色转换应符合"红色叉形—绿色向下前头—红色叉形"的顺序。车道信号灯的性能指标应符合《道路交通信号灯》(GB 14887—2011)的技术要求。

(2)交通警示设施

①雾灯。

雾灯系统由雾灯和控制器组成,应符合《交通警示灯　第3部分:雾灯》(GB/T 24965.3—2011)的相关功能及性能要求。雾灯控制器应支持闪烁(22种可调频率)和关闭两种控制模式,应能通过回路通电控制雾灯闪烁和关闭,可监测诱导灯的状态,上传故障报警,可接收前端设备箱控制指令完成诱导灯控制等功能。

②公路行车安全诱导装置。

公路行车安全诱导装置应符合《雾天公路行车安全诱导装置》（JT/T 1032—2016）中的技术要求，应支持上位控制软件远程控制与前端手动控制两种控制模式。诱导装置的上位控制软件可根据实际工程条件部署于路侧专用控制机或边缘计算设施内。

上位控制软件应能够按照装置所在公路区段的能见度实时下发控制指令，具体如下：

a.当能见度大于 500m、小于 1000m 时，雾天公路行车安全诱导装置宜按照道路轮廓强化模式工作；

b.当能见度大于 200m、小于 500m 时，雾天公路行车安全诱导装置宜按照行车主动诱导模式工作；

c.当能见度小于 200m 时，雾天公路行车安全诱导装置宜按照防止追尾警示模式工作。

③智能锥桶。

智能锥桶应符合以下功能要求：

a.应具备警示功能，通过灯光进行近场车道管控；

b.应具备定位功能；

c.应能通过与边缘计算设施或监控中心联网，将自身位置信息发布到远端可变信息标志和用户手机 App，实现超视距提醒。

智能锥桶应符合以下性能要求：

a.发光显示组件应符合相关技术标准或规范的技术要求；

b.定位精度应不低于 1m，位置对应到车道的精度应不低于 99%；

c.数据上传时间周期应不大于 120s。

（3）信息发布设施

①功能要求。

可变信息标志应符合以下功能要求：

a.可变信息标志应符合《高速公路 LED 可变信息标志》（GB/T 23828—2023）中第 5.12 节的基本功能要求；

b.可变信息标志应依据《道路交通信息服务通过可变情报板发布的交通信息》（GB/T 29103—2012）中的规定进行信息发布；

c.应能与边缘计算设施或监控中心联网，接收边缘计算设施或监控中心发布的交通信息，通信规程应符合《高速公路监控设施通信规程 第 3 部分：LED 可变信息标志》（GB/T 34428.3—2017）的相关要求。

②性能要求。

可变信息标志应符合以下性能要求：

a.应符合《高速公路 LED 可变信息标志》（GB/T 23828—2023）中第 5.1~5.11 节的

基本性能要求；

  b. 显示尺寸、显示板颜色、亮度、亮度自动调节和地面净空高度应符合《高速公路监控技术要求》（交通运输部 2012 年第 3 号公告）；

  c. 联网性能应符合《高速公路监控设施通信规程　第 3 部分：LED 可变信息标志》（GB/T 34428.3—2017）中的相关要求。

第八章
路况监控与信息采集发布员
职业技能等级考核要点

第一节 路况监控与信息采集发布员（五级/初级工）

一 公路监控

1.相关知识要求
（1）计算机应用方法；
（2）监控设备使用方法。

2.技能要求
（1）道路监控
①能操作道路监控前台软件；
②能及时发现道路异常情况。
（2）收费监控
①能操作收费监控前台软件；
②能填写收费监控记录。
（3）隧道及特大桥梁监控
①能操作隧道及特大桥梁监控前台软件；
②能及时发现隧道及特大桥梁异常情况。

二 路况信息采集与处理

1.信息采集与发布
（1）相关知识要求
①区域内路况信息采集方法；

②应用服务设施数据查询方法。

（2）技能要求

①能上报路况信息和传达上级指令；

②能编辑路况信息；

③能通过监控系统采集路况信息；

④能记录咨询、报警、求援电话的主要内容；

⑤能查询应用服务设施数据信息。

2. 统计与分析

（1）相关知识要求

①公路交通量统计方法；

②公路路况调查方法。

（2）技能要求

①能使用公路交通量调查数据软件；

②能收集整理交通量信息；

③能填写内业资料；

④能对系统中的数据、图像等资料进行统计、保存或备份。

3. 出行服务

（1）相关知识要求

咨询电话处理流程。

（2）技能要求

①能使用普通话接听、受理客户咨询；

②能在 1min 内通过信息发布平台正确录入 60 个汉字；

③能运用规范沟通技巧了解客户需求；

④能在 5s 内接起出行服务电话。

4. 调度指挥

（1）相关知识要求

①应急救援处置方法；

②应急事件处置流程。

（2）技能要求

①能判断应急事件类型并拨打应急救援电话；

②能准确表述应急事件要素；

③能及时上报应急事件信息。

三 稽核管理

1. 业务稽核

（1）相关知识要求

业务稽核方法。

（2）技能要求

①能查询、比对车辆实缴通行费；

②能查询车牌识别流水信息、车辆抓拍图片；

③能对漏逃费车辆进行取证；

④能查询出入口通行数据；

⑤能查询出口站交易数据；

⑥能查询 ETC 门架计费数据；

⑦能查询计费参数；

⑧能开展收费数据复核。

2. 名单追缴

（1）相关知识要求

名单追缴方法。

（2）技能要求

①能录入追缴名单车辆基本信息；

②能使用部或省级稽核业务平台查询漏逃费数据。

3. 收费特情业务处理

（1）相关知识要求

稽核业务平台操作方法。

（2）技能要求

①能使用部或省级稽核业务平台；

②能指导收费人员处理简单特情业务。

四 设备使用、维护、检测与故障排除

1. 设备使用

（1）相关知识要求

①监控、通信系统软件使用方法；

②监控、通信设备使用方法；

③大数据中心、一体化智慧管理平台软件操作方法。

（2）技能要求

①能启动监控、通信计算机；

②能对设备运行状态进行检查；

③能使用 ETC 门架监控软件；

④能操作视频监控设备查看和调取监控录像；

⑤能更换键盘、鼠标、显示器等设备；

⑥能辨别收费、监控、通信、供电设备是否正常工作；

⑦能根据监控、通信设备运行和使用标准调节环境温、湿度；

⑧能使用大数据中心、一体化智慧管理平台软件。

2.设备维护

（1）相关知识要求

①清洁用品用具的功能和使用方法；

②设备日常维护方法；

③UPS 操作方法。

（2）技能要求

①能清洁设备表面卫生；

②能切换监控视频图像；

③能使用 ETC 门架监控软件；

④能发现设备故障并完成故障报修；

⑤能检查 UPS（不间断电源）系统运行状态。

第二节　路况监控与信息采集发布员（四级/中级工）

一　公路监控

1.相关知识要求

监控管理要求。

2.技能要求

（1）道路监控

①能检索异常车辆抓拍图像；

②能跟踪监控道路异常情况。

（2）收费监控

①能依据收费规范监督收费行为；

②能监控车队、优免车辆操作。

（3）隧道及特大桥梁监控

①能跟踪监控隧道异常情况；

②能跟踪监控特大桥梁异常情况。

二　路况信息采集与处理

1. 信息采集与发布

（1）相关知识要求

道路运营信息发布流程。

（2）技能要求

①能准确发布道路运营信息；

②能根据求援电话内容通知相关单位处理。

2. 统计与分析

（1）相关知识要求

公路通行数据统计方法。

（2）技能要求

①能统计交通量数据；

②能统计通行费数据；

③能查阅收费系统各项报表和数据。

3. 出行服务

（1）相关知识要求

投诉处理和客户回访流程。

（2）技能要求

①能解答公众出行咨询；

②能进行收费政策咨询；

③能按照业务操作规范记录路况信息；

④能按照规范要求受理客户投诉和客户回访；

⑤能根据业务规定邀请客户进行满意度调查。

4.调度指挥

（1）相关知识要求

调度指挥处理流程。

（2）技能要求

①能根据道路、隧道通行情况依照指令进行调度；

②能对突发事件依照流程传达调度指令。

三　稽核管理

1.业务稽核

（1）相关知识要求

①追缴名单录入操作流程；

②复合通行卡通行异常处理流程；

③入口货车信息稽核方法；

④鲜活农产品运输车辆、跨区作业联合收割机（插秧机）运输车辆查验标准。

（2）技能要求

①能提交各类逃费取证资料；

②能查询、比对车辆实缴通行费与行驶路径；

③能处理出入口车牌或车型不一致、无效入口站编码、无入口信息、无卡、损坏卡等业务类型稽核；

④能对入口货车信息（车种、车型、车牌等）进行稽核；

⑤能对鲜活农产品运输车辆、跨区作业联合收割机（插秧机）运输车辆通行业务进行稽核。

2.名单追缴

（1）相关知识要求

追缴名单业务处理流程。

（2）技能要求

①能生成及下发追缴名单；

②能完成追缴名单变更。

3.收费特情业务处理

（1）相关知识要求

①退费业务处理流程；

②补费业务处理流程。

（2）技能要求

①能判断特情业务类型；

②能进行退费业务操作；

③能进行补费业务操作。

四 设备使用、维护、检测与故障排除

1.设备使用

（1）相关知识要求

①ETC门架运行监测方法；

②电器仪表使用方法。

（2）技能要求

①能使用ETC门架前台软件判断ETC门架故障；

②能使用电器仪表检测设备故障；

③能识别业务系统异常情况。

2.设备维护

（1）相关知识要求

①视频监控设备故障检查方法；

②视频监控设备安装方法；

③收费、监控系统软件使用方法；

④局域网TCP/IP协议（传输控制协议/互联网协议）网络的联网方法；

⑤网络系统操作方法。

（2）技能要求

①能识别收费和监控软件、硬件异常,判断机电设备故障,描述设备故障情况；

②能对通信设备、传输系统、程控交换机、同步时钟系统、综合接入网等设备进行内部清洁；

③能配置计算机IP网络；

④能对远程升级不成功的监控系统软件进行人工升级；

⑤能整理设备线缆。

第三节　路况监控与信息采集发布员（三级/高级工）

一　公路监控

1. 相关知识要求
道路保畅通要求。

2. 技能要求
（1）道路监控

①能通过监控的道路车流量数据对主线缓行情况进行预判；

②能重点监控易堵缓行、事故多发路段。

（2）收费监控

①能对收费站易堵情况进行预判；

②能对车道及 ETC 门架通行交易数据进行监控。

（3）隧道及特大桥梁监控

①能通过监控的隧道车流量数据对隧道拥堵、缓行情况进行预判；

②能通过监控的桥梁车流量数据对桥梁异常情况进行预判。

二　路况信息采集与处理

1. 信息采集与发布
（1）相关知识要求

①交通情况调查方法；

②交通量观测站（点）设置要求；

③收费系统报表查询流程。

（2）技能要求

①能编制交通量数据报告；

②能统计分析收费与公路通行运营数据。

2. 统计与分析
（1）相关知识要求

①统计与分析方法；

②云平台使用方法。

（2）技能要求

①能分析交通量数据；

②能分析通行费数据；

③能对收费站出入口及 ETC 门架日常产生的特情业务数据进行查询、复核及统计；

④能通过云平台调取数据。

3. 出行服务

（1）相关知识要求

危机公关方法。

（2）技能要求

①能辨识事件等级；

②能根据事件等级转派相关部门处理；

③能按照业务操作规范记录路况信息；

④能分析投诉难点，并对重点投诉进行回访。

三 稽核管理

1. 业务稽核

（1）相关知识要求

①工单发起和处理流程；

②异常通行数据处理流程；

③兜底收费特情业务处理流程；

④计费参数使用方法；

⑤收费数据分析方法。

（2）技能要求

①能发起和处理部或省级工单；

②能分析处理异常通行数据；

③能使用部或省级稽核业务平台的 ETC 门架数据、拆分数据、电子地图等功能分析兜底收费特情业务；

④能依托部或省级稽核管理系统进行特情业务复核、内外部稽核、异议处理；

⑤能对稽核业务数据进行分析。

2. 名单追缴

（1）相关知识要求

关注名单处理方法。

（2）技能要求

①能对通行本路段收费站出入口的关注名单车辆进行重点监控；

②能对关注名单车辆通行费缴纳情况进行稽核。

3.收费特情业务处理

（1）相关知识要求

PassID 使用方法。

（2）技能要求

①能根据 PassID（车辆通行编码）数据进行匹配关联；

②能根据高速公路 ETC 门架数据进行匹配关联。

四　设备使用、维护、检测与故障排除

1.设备使用

（1）相关知识要求

①服务器和磁盘阵列工作原理；

②视频监控设备、可变信息标志工作原理；

③高速公路外场监控、信息发布和采集设备测试和保养方法。

（2）技能要求

①能配置网络摄像机参数；

②能使用工具测试数据通信故障；

③能使用工具软件检查磁盘阵列和服务器；

④能使用工具完成外场监控、信息发布和采集设备预防性测试和常规性养护。

2.设备维护

（1）相关知识要求

①高速公路通信系统技术规范；

②收费监控设备故障诊断与排除方法；

③ETC 天线、摄像机、传感器等设备工作原理；

④服务器和磁盘阵列维修保养方法；

⑤光缆检测维修设备使用方法；

⑥交换机工作原理和维修保养方法；

⑦网络配置方法。

（2）技能要求

①能检查设备防雷接地状况；

②能排除通信接口和终端故障;

③能对设备进行防锈防水处理;

④能在专业人员指导下维修设备;

⑤能配置计算机局域网络;

⑥能识读网络拓扑结构图;

⑦能对计算机杀毒软件进行安装、升级。

第四节 路况监控与信息采集发布员(二级/技师)

一 设备检测与故障排除

1.设备巡查、检测和保养

(1)相关知识要求

①监控、收费软件测试方法;

②服务器测试方法;

③太阳能供电设备、视频监控设备、隧道机电设备、交通量调查设备、UPS设备、ETC设备、计重设备、电子信息标志设备、气象检测器、能见度检测器等的维护方法;

④网络安全防护方法。

(2)技能要求

①能参与制订机电设备维护和维修工作计划;

②能参与开展设备巡查,并完成设备巡查报告;

③能完成服务器、磁盘阵列的检测和维护;

④能完成服务器端口测试;

⑤能判断收费、通信、供电、监控系统故障类型并分析原因;

⑥能完成车道设备的巡查、检测和维护;

⑦能完成可变信息标志设备的巡查、检测和维护;

⑧能绘制网络拓扑结构图,能绘制主要设备接线简图和通信线缆路由图;

⑨能检测网络安全状况,能完成三层交换机调试;

⑩能纠正威胁收费、监控网络安全的行为;

⑪能使用仪器仪表完成光(电)缆物理链路及接入设备的检查和测试工作。

2.故障排除

（1）相关知识要求

①工控机、栏杆机等收费车道故障排除方法；

②车辆检测器、气象检测器、监控摄像机等设备软件、硬件故障排除方法；

③ETC门架系统故障排除方法；

④服务器和磁盘阵列维修方法；

⑤以太网交换机、路由器、程控交换机、同步时钟系统、综合接入网、UPS故障排除方法；

⑥网络故障诊断和排查方法；

⑦线缆熔接、测试仪器使用方法；

⑧电子电路、自动控制应用规范。

（2）技能要求

①能参与制定收费、监控、通信、供电系统硬件和软件故障排除方案；

②能完成服务器和磁盘阵列配置；

③能查阅软件运行日志，并分析故障原因；

④能诊断和排查局域网故障点；

⑤能使用光（电）缆测试仪检测光（电）缆故障。

二　数据统计分析

1.数据统计

（1）相关知识要求

数据统计理论和方法。

（2）技能要求

①能完成系统运行设备评价指标数据统计；

②能完成维修工程量统计；

③能完成维修费统计；

④能根据设备使用需求统计相应设备数量。

2.数据分析

（1）相关知识要求

①数据分析理论和方法；

②车辆折算方法；

③交通量计算方法；

④交通量预测推算方法。

（2）技能要求

①能依照稽核模型数据进行分析研判，并形成特情业务数据分析报告；

②能参与分析影响设备完好率因素的工作；

③能编制车辆逃费分析与防范报告；

④能综合分析交通数据并形成报告；

⑤能统计、分析收费数据，并撰写收费运营分析报告；

⑥能根据收费站、道路交通量变化情况撰写分析报告；

⑦能根据服务热点、难点修订服务规范。

3. 数智运营稽查

（1）相关知识要求

数智运营稽查要求。

（2）技能要求

①能利用大数据分析异常车辆漏逃费类型；

②能编制漏逃费车辆治理方案。

三 培训与指导

1. 培训

（1）相关知识要求

①培训计划制订方法；

②培训讲义编写方法；

③培训教学与组织方法。

（2）技能要求

①能制订培训计划；

②能编写培训讲义；

③能讲授专业基础知识和技能要求。

2. 指导

（1）相关知识要求

①操作经验和技能总结方法；

②技能和理论基础知识水平考核内容、要求和方法。

（2）技能要求

①能对本职业三级/高级工及以下级别人员进行技能指导；

②能对本职业三级/高级工及以下级别人员技能水平进行考核。

四 技术应用研究

1. 技术研究

(1)相关知识要求

①电子应用技术原理；

②行业技术规范。

(2)技能要求

①能参与设备维修、改造、更新专项计划制订；

②能通过技术改进开展创新工作；

③能按照行业标准和高速公路发展纲要参与编制机电系统改造更新方案。

2. 成果应用

(1)相关知识要求

①技术成果报告和技术论文撰写方法；

②工程现场管理方法；

③工程管理规范；

④创新技术应用方法。

(2)技能要求

①能撰写技术成果报告；

②能撰写技术论文；

③能参与公路收费、监控、通信、供电系统专项工程现场管理；

④能参与公路收费、监控、通信、供电系统项目验收工作或将研究成果转化应用。

第五节 路况监控与信息采集发布员(一级/高级技师)

一 设备检测与故障排除

1. 设备优化与改进

(1)相关知识要求

①高速公路机电系统设计标准；

②局域网、城域网组网方法。

（2）技能要求

①能参与提出机电系统提升改造方案；

②能参与提出机电系统维修技术优化方案；

③能参与提出局域网、城域网组网规划方案。

2.故障排除

（1）相关知识要求

①机电系统故障诊断及排除方法；

②三层交换机、核心路由器、防火墙、堡垒机、网络安全探针维护方法。

（2）技能要求

①能完成收费、监控、通信、供电等设备单项及综合类故障诊断及排除；

②能检测和消除数据传输系统的安全风险。

二 数据统计分析

（1）相关知识要求

高速公路运营数据统计、分析方法。

（2）技能要求

①能根据收费、监控、通信、供电系统运行情况撰写分析报告；

②能参与编制年度运维资金预算；

③能根据设备使用情况完成收费、监控、通信、供电设备的全使用寿命周期分析；

④能为高速公路联网收费数智运营稽核提供数据支撑。

三 培训与指导

1.培训实施

（1）相关知识要求

①培训需求分析方法；

②培训规划编制方法；

③培训方案制定方法；

④培训指导规范制定方法。

（2）技能要求

①能对本职业培训需求进行分析；

②能编制本职业培训规划；

③能组织编写本职业培训教材、教案；

④能对二级/技师及以下级别人员进行专业技能培训与指导；

⑤能制定本职业培训指导规范。

2. 技术指导

(1)相关知识要求

①技能水平考核方法；

②技术革新方法。

(2)技能要求

①能对本职业人员技能水平进行考核；

②能组织开展技术革新活动。

四 技术应用研究

1. 技术创新

(1)相关知识要求

①技术创新规范；

②工程技术规范。

(2)技能要求

①能参与行业技术创新成果应用；

②能优化改进工程技术方法；

③能改进操作流程和工艺。

2. 标准化建设

(1)相关知识要求

公路收费、机电作业规范。

(2)技能要求

①能对照公路收费作业规范进行收费,对监控现场进行标准化建设；

②能对照公路机电作业规范参与机电系统现场标准化建设。

3. 数字化高速公路建设

(1)相关知识要求

①大数据技术理论；

②云计算应用方法；

③高速公路车路协同的实践与开发技术应用规范。

(2)技能要求

①能运用高速公路运营数据为运营调度管理提供技术支持；

②能运用云计算参与搭建一体化智能平台；

③能利用设施设备数据参与搭建智能感知与综合运维平台。

4. 应用研究

（1）相关知识要求

①高速公路数字化应用规范；

②智慧高速建设规范；

③高速公路智能路侧系统应用规范。

（2）技能要求

①能为收费、监控、通信、供电系统智能建设提供基础数据支持和建设性建议；

②能参与收费、监控、通信、供电系统综合考核；

③能参与智能高速公路车路协同应用研究。

本篇参考文献

[1] 王笑京.公路网运行监测与服务暂行技术要求(交通运输部2012年第3号公告) [M].北京:人民交通出版社,2012.

[2] 国务院办公室.深化收费公路制度改革取消高速公路省界收费站实施方案(国办发 [2019]23号)[R].2019.

[3] 交通运输部.收费公路联网收费运营和服务规程(2020)[R].2020.

[4] 广东省交通运输厅.收费公路联网收费运营和服务规程补充细则(广东试行) (2020)[R].2020.

[5] 交通运输部,国家发展改革委,财政部.全面推广高速公路差异化收费实施方案 [R].2021.

[6] 广东省交通集团.广东省交通集团收费站保畅通优化工作指引(粤交集经[2021] 153号)[R].2019.

[7] 国务院办公厅.国务院办公厅关于进一步做好非洲猪瘟防控工作的通知(国办发明 电[2018]12号)[R].2018.

[8] 交通运输部,国家发展改革委,财政部.交通运输部 国家发展改革委 财政部关于进 一步优化鲜活农产品运输"绿色通道"政策的通知(交公路发[2019]99号) [R].2019.

[9] 广东省交通运输厅.广东省交通运输厅关于印发收费公路联网收费运营和服务规 程补充细则(广东试行)[R].2020.

[10] 交通运输部.收费公路联网收费运营和服务规程稽核业务补充细则(广东试行) [R].2020.

[11] 交通运输部办公厅,农业农村部办公厅.交通运输部办公厅 农业农村部办公厅关 于印发高速公路跨区作业联合收割机(插秧机)运输车辆预约通行业务规程(试 行)的通知(交办公路函[2019]1905号)[R].2019.

[12] 交通运输部办公厅,国家发展改革委办公厅,财政部办公厅,等.交通运输部办公 厅 国家发展改革委办公厅 财政部办公厅 农业农村部办公厅关于进一步提升鲜活

农产品运输"绿色通道"政策服务水平的通知(交公路发[2022]78号)[R].2022.

[13] 交通运输部办公厅.交通运输部办公厅关于进一步加强跨区作业联合收割机(插秧机)运输车辆收费公路通行服务有关工作的通知(交公营便函[2020]192号)[R].2020.

[14] 广东省财政厅.关于对跨区作业联合收割机免缴车辆通行费的通知(粤交费[2005]563号)[R].2005.

[15] 交通运输部办公厅.交通运输部办公厅关于印发《公路交通阻断信息报送制度》的通知(交办公路[2018]16号)[R].2018.

[16] 交通运输部.交通运输突发事件应急管理规定(交通运输部令[2011]第9号)[R].2011.

[17] 交通运输部.交通运输部关于印发《交通运输综合应急预案》等7项突发事件应急预案的通知(交应急发[2017]135号)[R].2017.

[18] 第十届全国人民代表大会常务委员会.中华人民共和国突发事件应对法[M].北京:法律出版社,2023.

[19] 国务院.国家突发公共事件总体应急预案[M].北京:中国法制出版社,2006.

[20] 交通运输部.公路交通突发事件应急预案(交公路发[2009]226号)[R].2009.

[21] 交通运输部,国家发展改革委,财政部.全面推广高速公路差异化收费实施方案(交公路函[2021]228号)[R].2021.

[22] 交通运输部.取消高速公路省界收费站总体技术方案(交公路函[2019]320号)[R].2019.

[23] 交通运输部.公路工程质量检验评定标准 第二册 机电工程:JTG 2182—2020[S].北京:人民交通出版社股份有限公司,2020.

[24] 住房和城乡建设部.电子信息系统机房设计规范:GB 50174—2008[S].北京:中国计划出版社,2009.

[25] 住房和城乡建设部.建筑施工高处作业安全技术规范:JGJ 80—2016[S].北京:中国建筑工业出版社,2016.

[26] 国家市场监督管理总局.道路交通标志和标线 第2部分:道路交通标志:GB 5768.2—2022[S].北京:中国标准出版社,2022.

[27] 交通运输部.交通运输信息化"十三五"发展规划[R].2016.

[28] 交通运输部办公厅.关于开展新一代国家交通控制网和智慧公路试点(第一批)工作的通知(交办规划函[2017]1084号)[R].2017.

[29] 人民出版社法律与国际编辑部.中华人民共和国密码法[M].北京:人民出版社,2019.

[30] 广东省交通集团有限公司.广东省应急管理"十四五"规划[R].2021.

[31]　中华人民共和国促进科技成果转化法[M].北京:中国法制出版社,2015.

[32]　徐州徐工基础工程机械有限公司,徐州海伦哲专用车辆股份有限公司,徐州中国矿业大学大学科技园有限责任公司.企业产品研发管理体系要求[S].2017.

[33]　中华人民共和国专利法[M].北京:人民出版社,2020.

[34]　国家市场监督管理总局.科学技术研究项目评价通则:GB/T 22900—2022[S].北京:中国标准出版社,2022.

[35]　国家市场监督管理总局.科学技术研究项目评价实施指南 基础研究项目:GB/T 41619—2022[S].北京:中国标准出版社,2022.

[36]　国家市场监督管理总局.科学技术研究项目评价实施指南 应用研究项目:GB/T 41620—2022[S].北京:中国标准出版社,2022.

[37]　国家市场监督管理总局.科学技术研究项目评价实施指南 开发研究项目:GB/T 41621—2022[S].北京:中国标准出版社,2022.

[38]　国家发展和改革委员会,科技部,财政部.国家技术转移体系建设方案[R].2016.

[39]　国务院.关于深化科技体制改革加快国家创新体系建设的意见[R].2011.

[40]　国家发展和改革委员会,工业和信息化部,公安部.推进智慧交通行动计划(2017—2020 年)[R].2017.

[41]　交通运输部.全国高速公路视频云联网技术要求(交办公路函[2019]1659 号文)[R].2019.

[42]　交通运输部.收费公路管理条例[R].2004.

[43]　交通运输部.高速公路通信技术要求[R].2012.

[44]　国家发展和改革委员会,公安部.全国高速公路视频联网监测工作实施方案[R].2015.

[45]　国家质量监督检验检疫总局.雾天高速公路交通安全控制条件:GB/T 31445—2015[S].北京:中国标准出版社,2015.

[46]　公安部.公路交通安全态势评估规范:GA/T 960—2011[S].北京:中国标准出版社,2011.

[47]　交通运输部.电子收费 单片式车载单元(OBU)技术要求[R].2019.

[48]　交通运输部.公路工程技术标准:JTG B01—2014[S].北京:人民交通出版社,2014.

[49]　第十二届全国人民代表大会常务委员会.中华人民共和国公路法[M].北京:法律出版社,2017.

[50]　广东省人民政府.广东省高速公路运营管理办法[R].2022.

[51]　国家发展和改革委员会.收费公路联网收费运营和服务规则[R].2020.

[52]　交通运输部,发展改革委,财政部,等.重大节假日免收小型客车通行费实施方案

（国发〔2012〕37号文）[R].2012.

[53] 广东省交通运输厅.广东省收费公路"省-站"数据传输接口规范[S].2021.

[54] 国家质量监督检验检疫总局.电子设备控制台的布局、型式和基本尺寸:GB 7269—2008[S].北京:中国标准出版社,2008.

[55] 国家技术监督局.高度进制为20mm的面板、架和柜的基本尺寸系列:GB/T 3047.1—1995[S].北京:中国标准出版社,1995.

[56] 交通运输部.交通运输部关于推动交通运输领域新型基础设施建设的指导意见[R].2020.

[57] 交通运输部.交通运输部关于促进道路交通自动驾驶技术发展和应用的指导意见[R].2020.

[58] 交通运输部.关于加快推进新一代国家交通控制网和智慧公路试点的通知[R].2018.

[59] 交通运输部.交通运输部办公厅推进公路水运工程BIM技术应用指导意见的通知[R].2017.

[60] 交通运输部.公路长大桥梁结构健康监测系统建设实施方案[R].2021.

[61] 广东省交通运输厅.广东省数字交通"十四五"发展规划[R].2021.

[62] 广东省交通运输厅.广东省"数字交通运输厅"建设总体规划(2020—2022年)[R].2020.

[63] 交通运输部.高速公路复合通行卡(CPC)技术要求(交通运输部〔2019〕43号)[R].2019.

[64] 交通运输部办公厅.交通运输部办公厅关于印发高速公路称重检测业务规范和技术要求的通知(交办公路函〔2019〕1182号)[R].2019.

[65] 交通运输部办公厅.高速公路ETC门架系统技术要求(交办公路函〔2019〕856号)[R].2019.

[66] 交通运输部.ETC费显和清分结算系统优化工程ETC/MTC混合车道系统实施指南(交路网函〔2020〕149号)[R].2020.

[67] 交通运输部.取消高速公路省界收费站工程建设方案车道系统实施指南补遗说明(交路网函〔2019〕434号)[R].2019.

[68] 交通运输部.取消高速公路省界收费站工程车道系统实施指南(交路网函〔2019〕314号)[R].2019.

[69] 交通运输部.取消高速公路省界收费站工程建设方案(交公路函〔2019〕387号)[R].2019.

[70] 交通运输部.联网收费系统省域系统并网接入网络安全基本技术要求》(交科技函〔2019〕338)[R].2019.

［71］ 交通运输部办公厅,国家税务总局办公厅.交通运输部办公厅 国家税务总局办公厅关于印发〈收费公路通行费增值税电子普通发票开具运营与服务规则〉的通知(交办公路〔2017〕115 号)［R］.2017.

［72］ 广东省质量技术监督局.广东省高速公路联网收费系统:DB44/T 127—2016［S］.2016.

［73］ 广东省高速公路有限公司,广东省交通运输规划研究中心,北京交科公路勘察设计研究院有限公司.广东省高速公路联网监控、通信系统技术要求［R］.2010.

［74］ 广东省交通运输厅.广东省交通运输厅关于进一步加强全省高速公路入口阻截劝返工作的通知(粤交执〔2015〕825 号)［R］.2015.

［75］ 广东省交通运输厅.广东省交通运输厅关于高速公路重点拥堵收费站配置移动收费终端的通知(粤交营便函〔2020〕344 号)［R］.2020.

［76］ 交通运输部.全面推广高速公路差异化收费实施方案(交公路函〔2021〕228 号)［R］.2021.

［77］ 中共中央,国务院.交通强国建设纲要［R］.2019.

［78］ 中共中央,国务院.国家综合立体交通网规划纲要［R］.2021.

［79］ 交通运输部.数字交通发展规划纲要［R］.2019.

［80］ 广东省交通运输厅.广东省交通运输厅转发交通运输部办公厅关于加快推进全国高速公路视频联网监测工作的通知(粤交营字〔2020〕55 号)［R］.2020.

［81］ 交通运输部.汽车号牌视频自动识别系统:JT/T 604—2011［S］.北京:人民交通出版社,2011.

［82］ 交通部.收费公路联网收费技术要求(2007 年第 35 号公告)［R］.2007.

［83］ 交通运输部.收费公路电子不停车收费技术要求(2011 年第 13 号公告)［R］.北京:人民交通出版社,2011.

附　录
高速公路机电系统软硬件设备

一　监控系统软硬件设备

监控系统软硬件设备见附表1。

监控系统软硬件设备

附表1

序号	所属类别	名称	图示
1	软件	监控中心的闭路电视系统	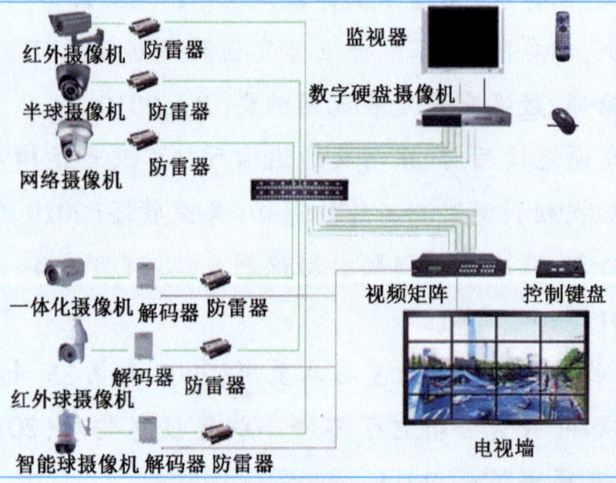
2	软件	收费图像监控系统	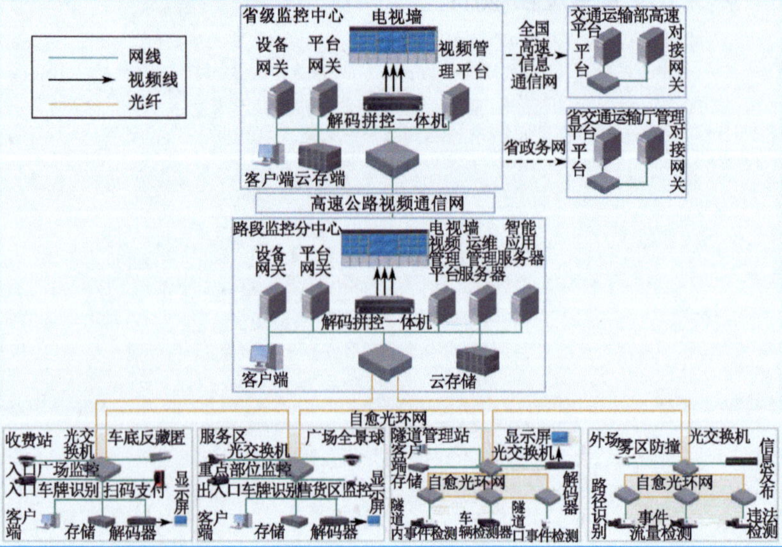

302

续上表

序号	所属类别	名称	图示
3	软件	视频监视系统	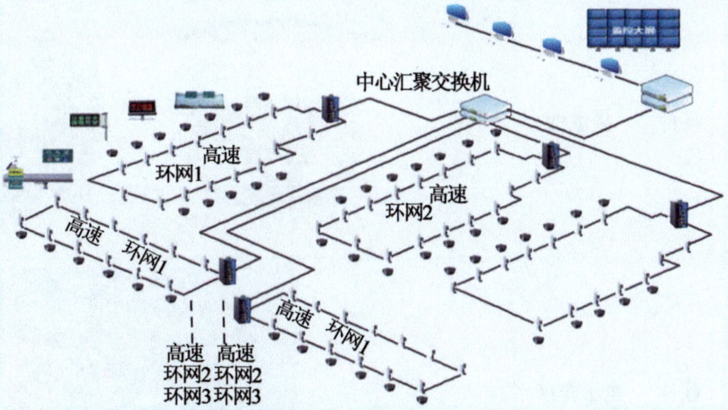
4	软件	配电监控系统	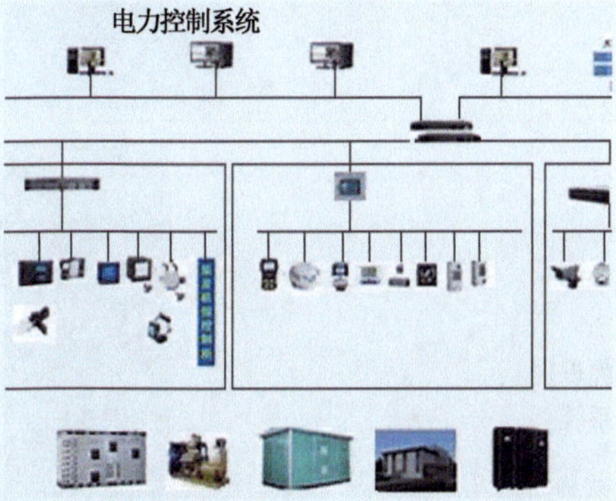
5	软件	特大桥梁监控系统	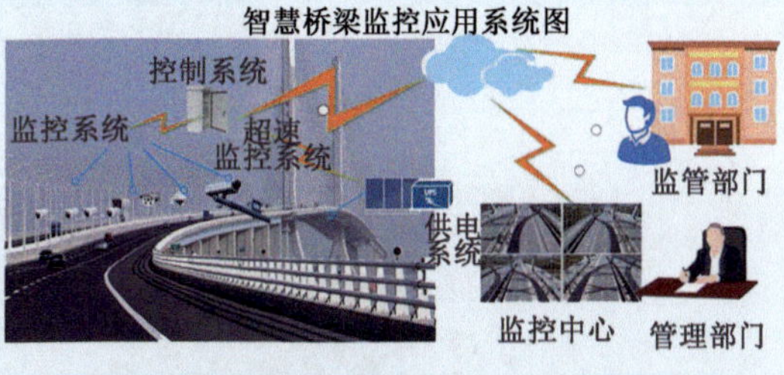
6	软件	监控一体化平台	

续上表

序号	所属类别	名称	图示
7	硬件	摄像机	 
8	硬件	电子警察	
9	硬件	车牌识别系统	
10	硬件	智能交通信号灯	 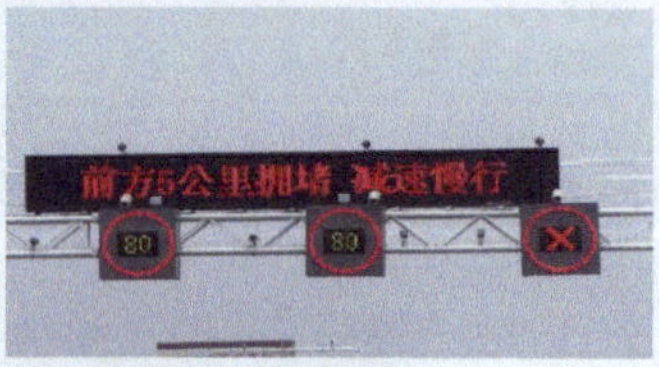 

续上表

序号	所属类别	名称	图示
11	硬件	气象检测器	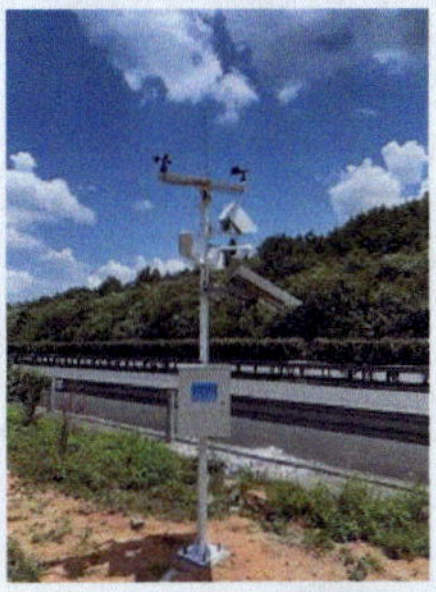 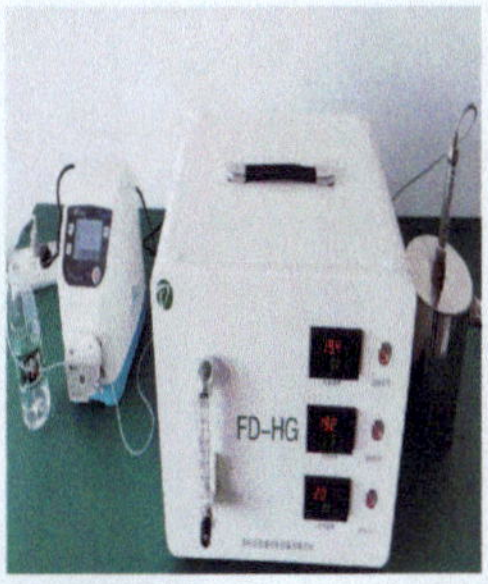 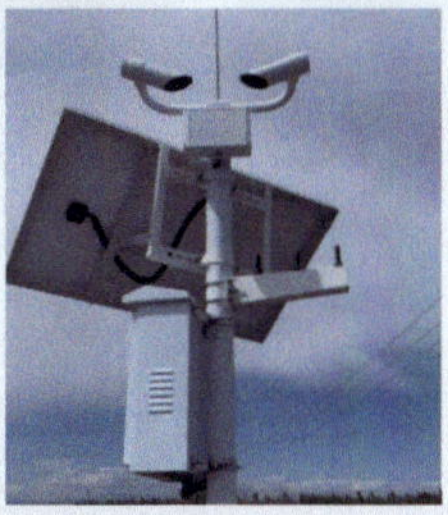
12	硬件	可变信息标志	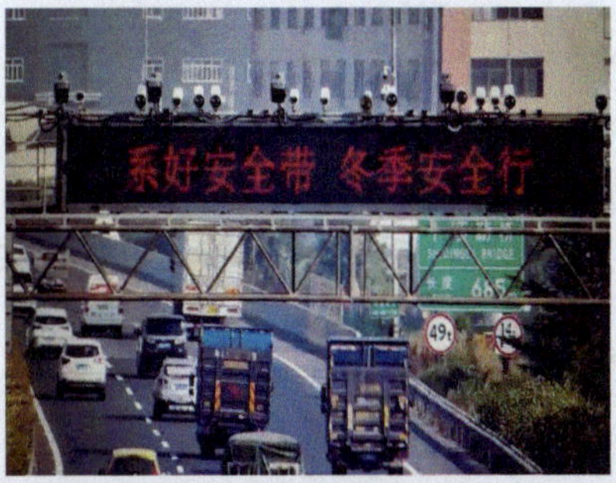
13	硬件	车辆检测器	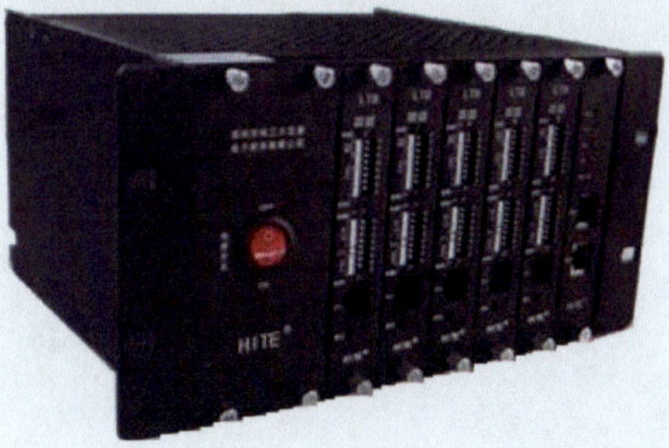

序号	所属类别	名称	图示
14	硬件	监控中心信息显示屏	
15	硬件	限速标志	

二 收费系统软硬件设备

收费系统软硬件设备见附表2。

收费系统软硬件设备 附表2

序号	所属类别	名称	图示
1	软件	收费系统	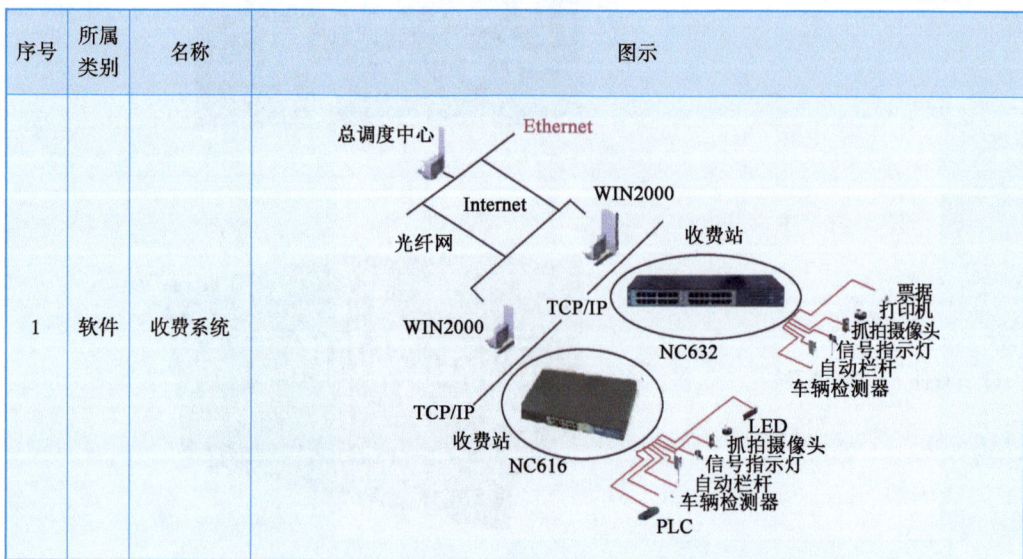

续上表

序号	所属类别	名称	图示
2	软件	收费站称重系统	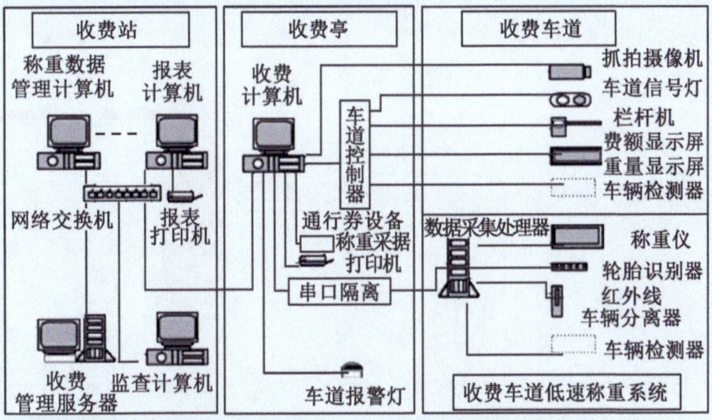
3	软件	车辆识别软件	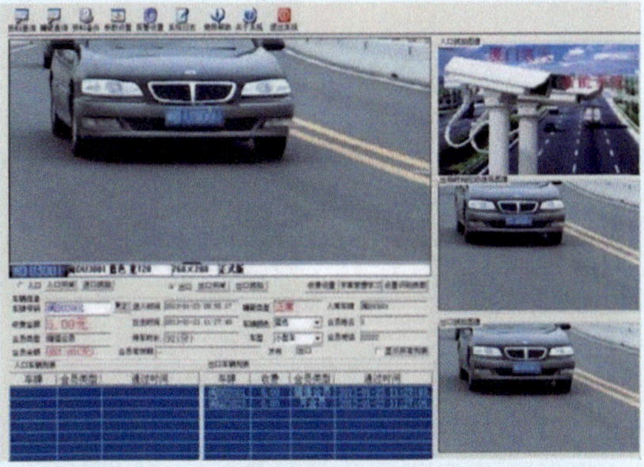
4	硬件	票据打印机	
5	硬件	非接触式IC卡读写器	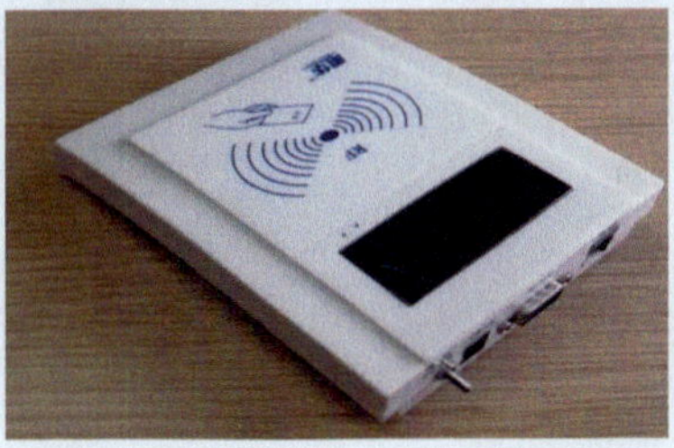

续上表

序号	所属类别	名称	图示
6	硬件	栏杆	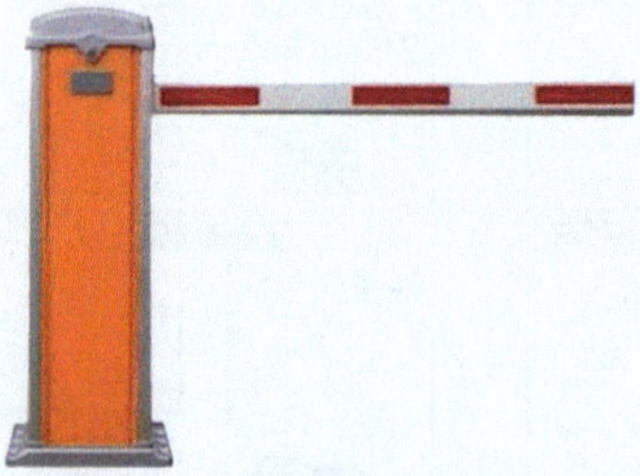
7	硬件	费额显示器	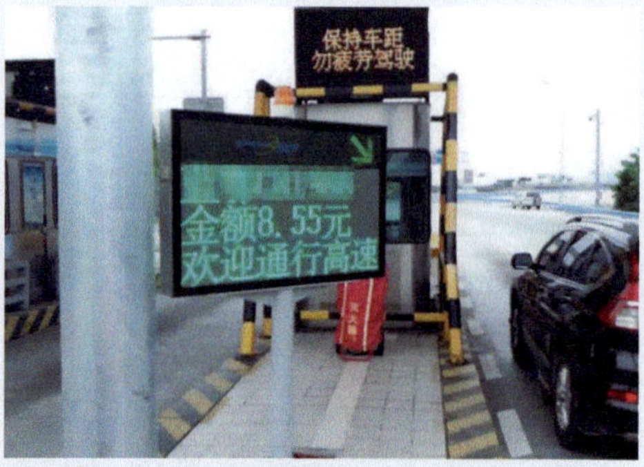
8	硬件	收费亭	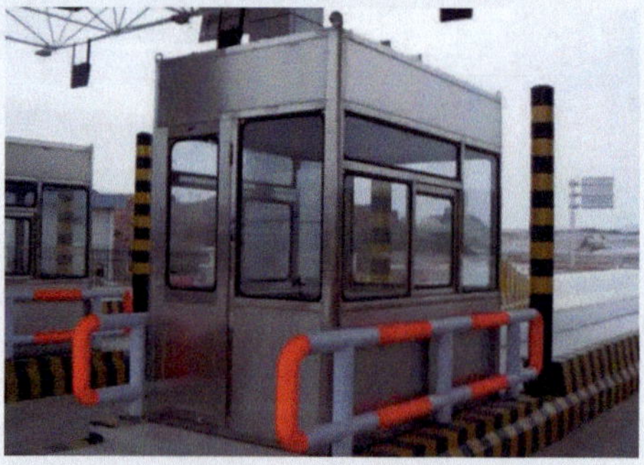
9	硬件	自动取卡机	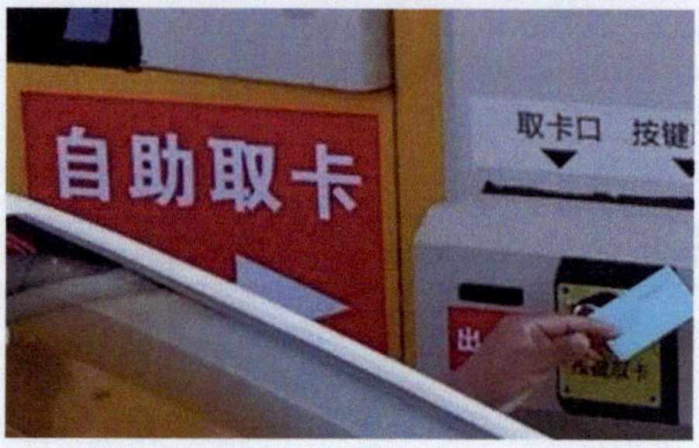

续上表

序号	所属类别	名称	图示
10	硬件	车道工控机	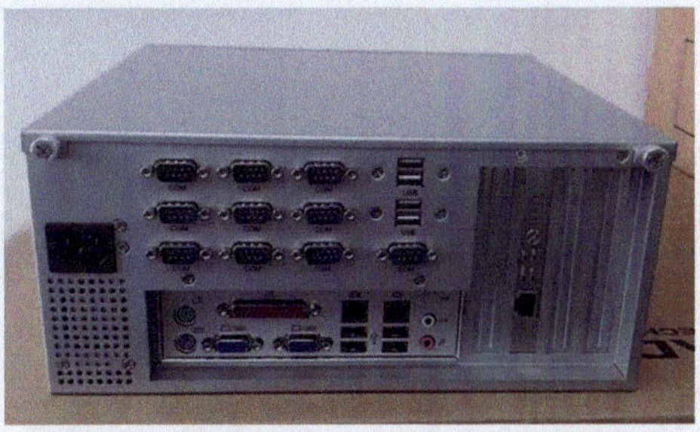
11	硬件	光幕	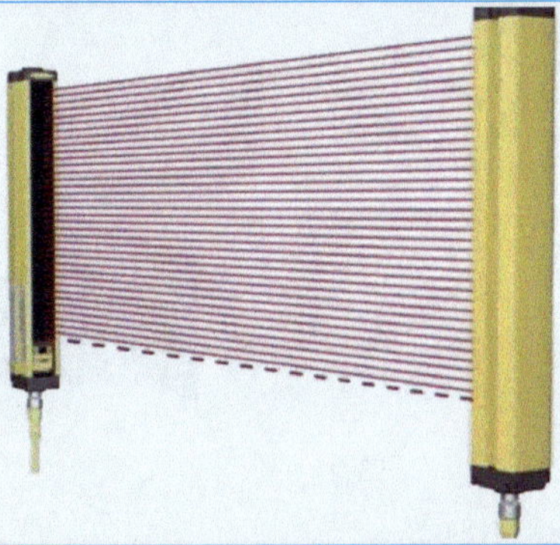
12	硬件	计重秤台	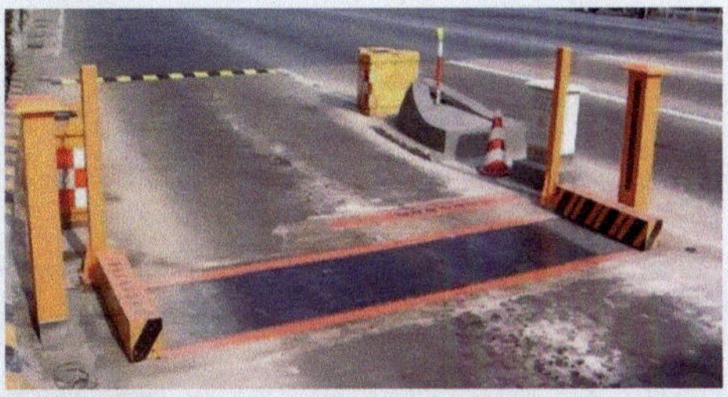
13	硬件	ETC 门架	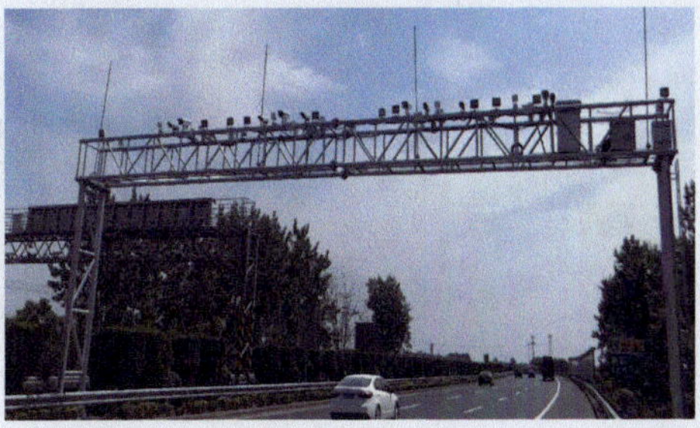

续上表

序号	所属类别	名称	图示
14	硬件	字符叠加器	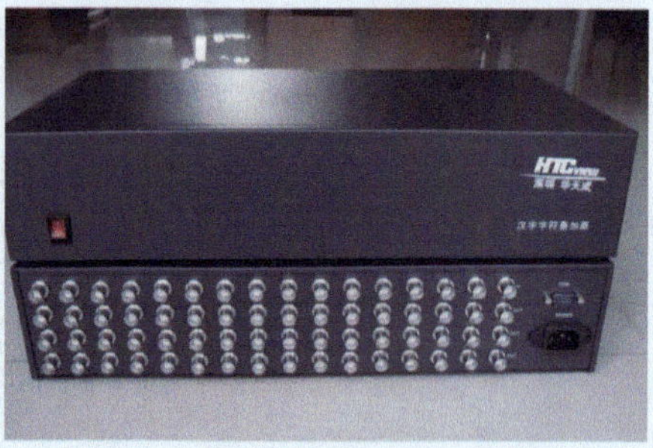
15	硬件	磁盘阵列	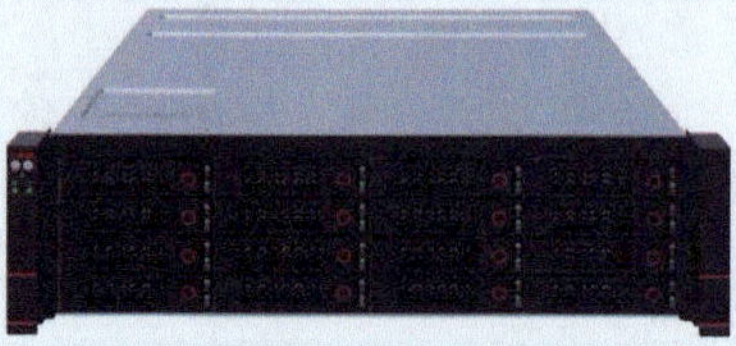
16	硬件	车辆检测器	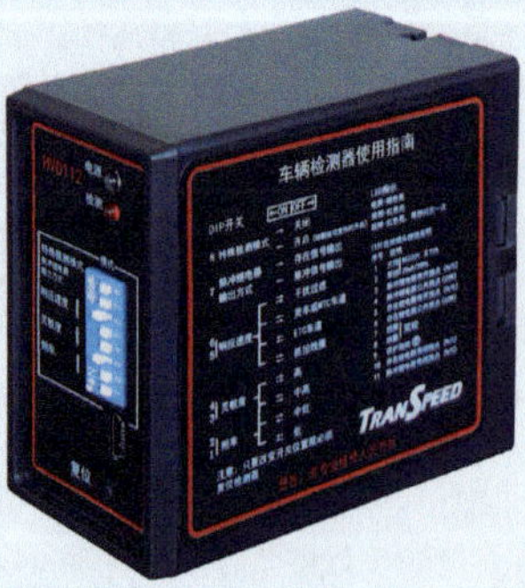
17	硬件	终端解码箱	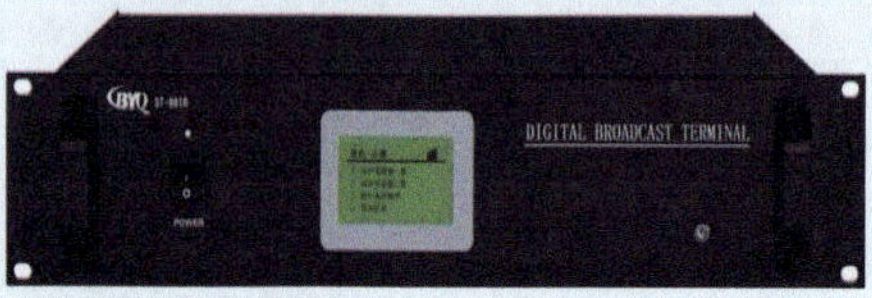

续上表

序号	所属类别	名称	图示
18	硬件	画面分割器	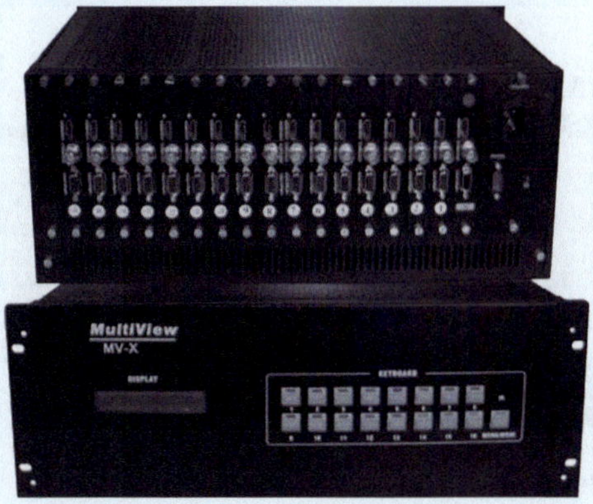
19	硬件	红外检测器	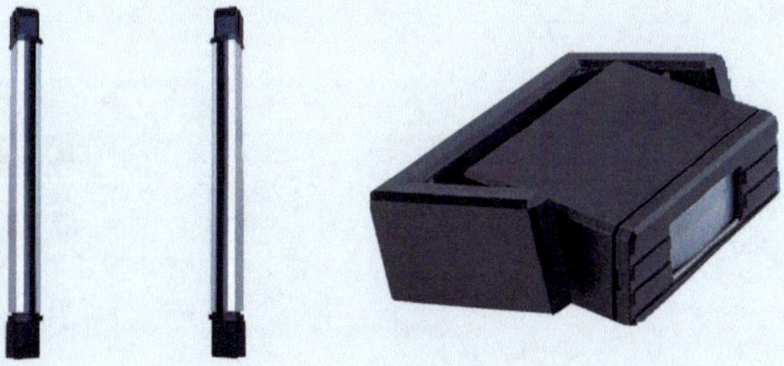
20	硬件	控制柜	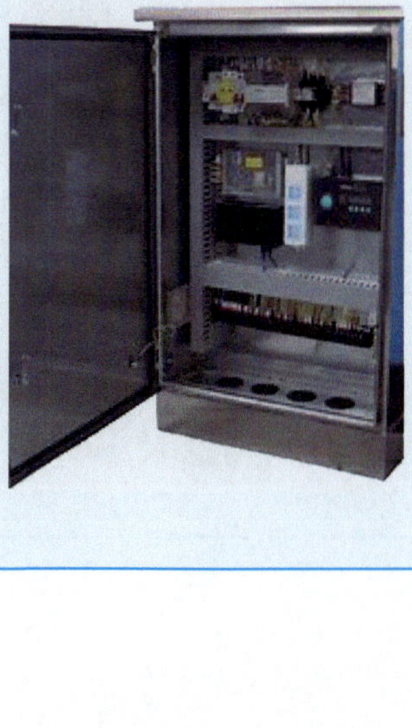

续上表

序号	所属类别	名称	图示
21	硬件	管型压电检测器	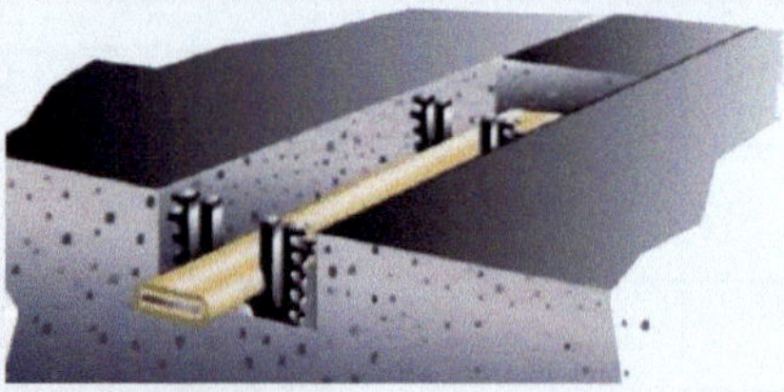

三 隧道系统软硬件设备

隧道系统软硬件设备见附表3。

隧道系统软硬件设备   附表3

序号	所属类别	名称	图示
1	软件	监控一体化平台	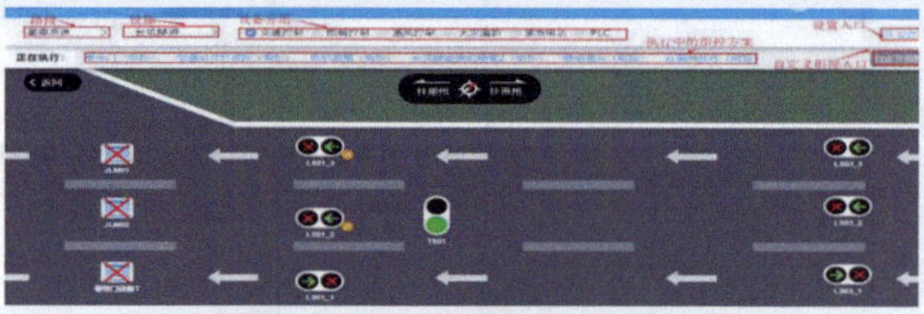
2	硬件	空气质量监测设备	
3	硬件	应急电话和对讲系统	 

续上表

序号	所属类别	名称	图示
4	硬件	照明设备	
5	硬件	隧道射流风机	

四 其他软硬件设备

其他软硬件设备见附表4。

其他软硬件设备 附表4

序号	所属类别	名称	图示
1	软件	通信系统	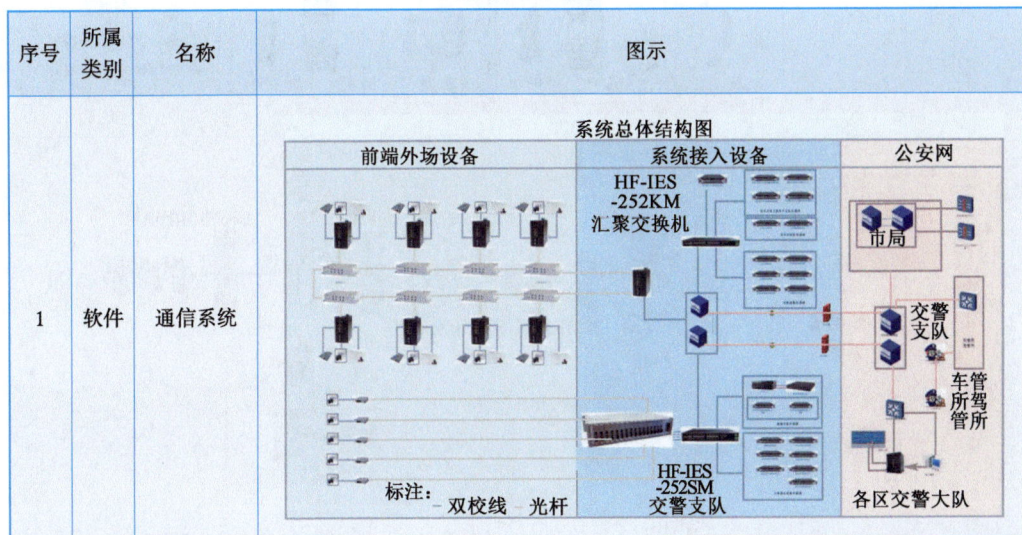

续上表

序号	所属类别	名称	图示
2	软件	无线电及电话调度系统	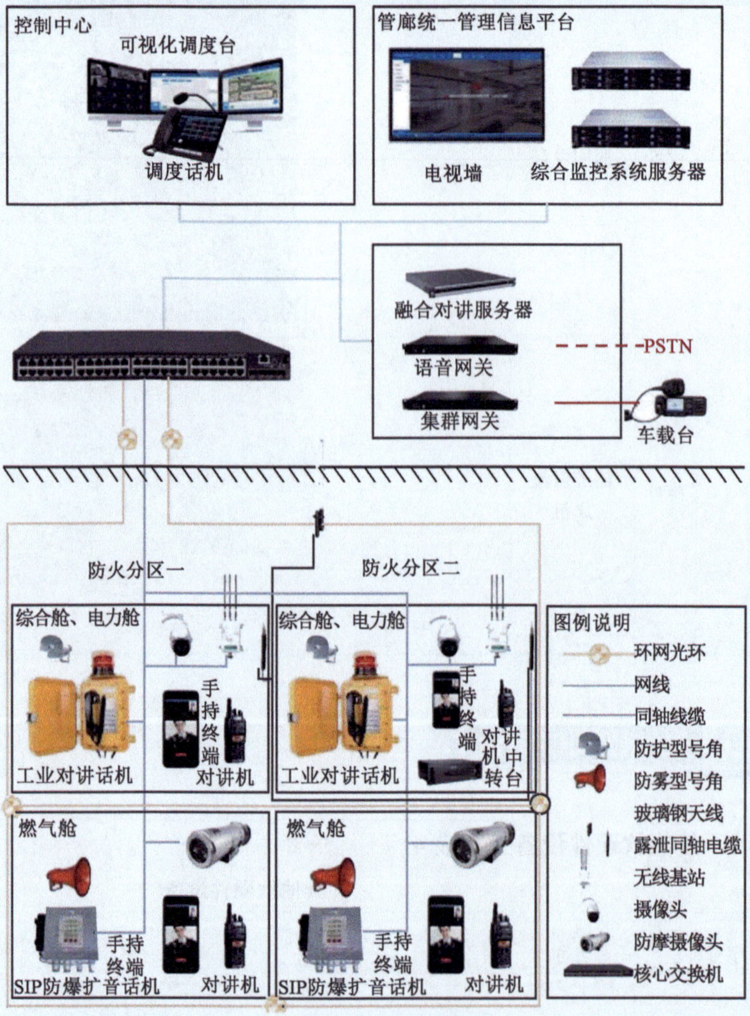 控制中心　可视化调度台　调度话机　管廊统一管理信息平台　电视墙　综合监控系统服务器　融合对讲服务器　语音网关　集群网关　PSTN　车载台　防火分区一　防火分区二　综合舱、电力舱　手持终端　对讲机　工业对讲话机　对讲机中转台　燃气舱　手持终端　对讲机　SIP防爆扩音话机　图例说明：环网光环　网线　同轴线缆　防护型号角　防雾型号角　玻璃钢天线　露泄同轴电缆　无线基站　摄像头　防摩摄像头　核心交换机
3	软件	UPS 电源系统	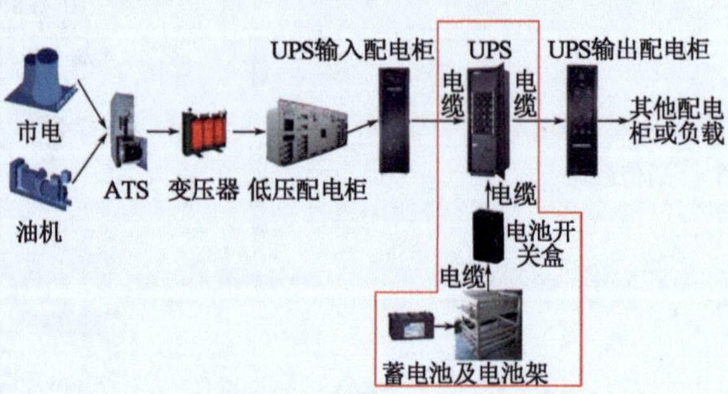 市电　油机　ATS　变压器　低压配电柜　UPS输入配电柜　UPS　电缆　电缆　UPS输出配电柜　其他配电柜或负载　电缆　电池开关盒　电缆　蓄电池及电池架

续上表

序号	所属类别	名称	图示
4	软件	交通事件检测系统	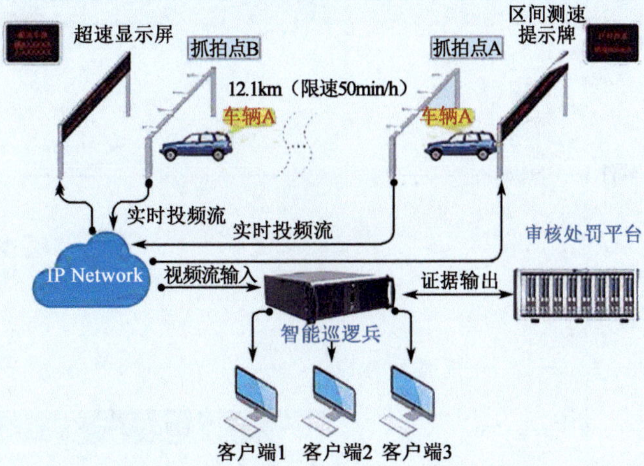
5	软件	SPSS	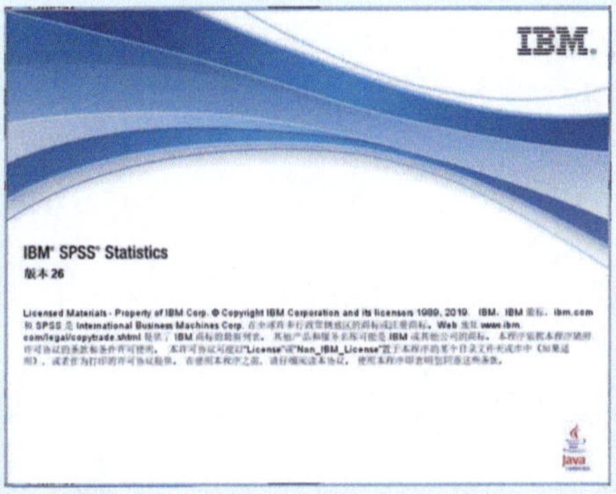
6	软件	SAS	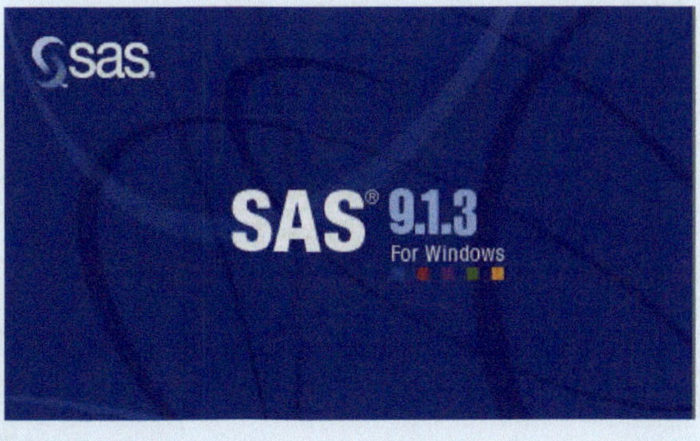

续上表

序号	所属类别	名称	图示
7	软件	Stata	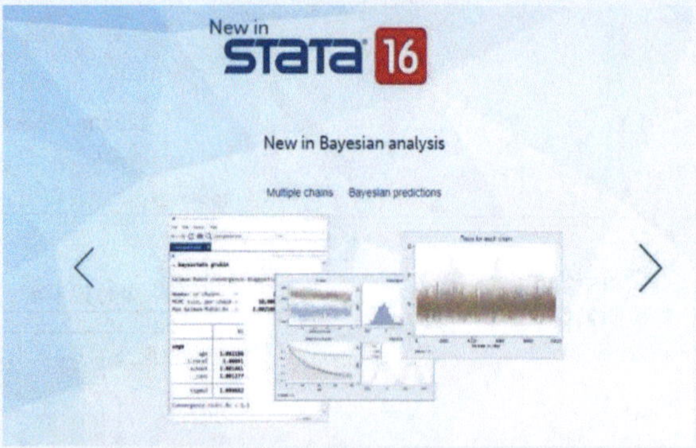
8	软件	Excel	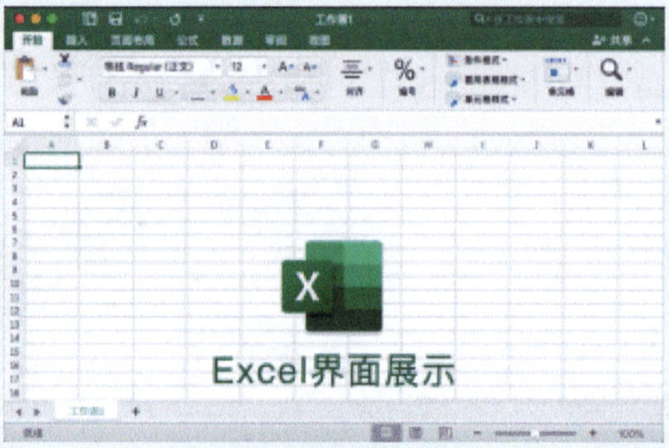
9	硬件	微波检测器	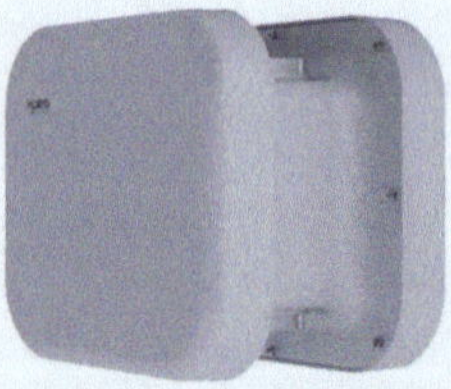
10	硬件	地磁检测器	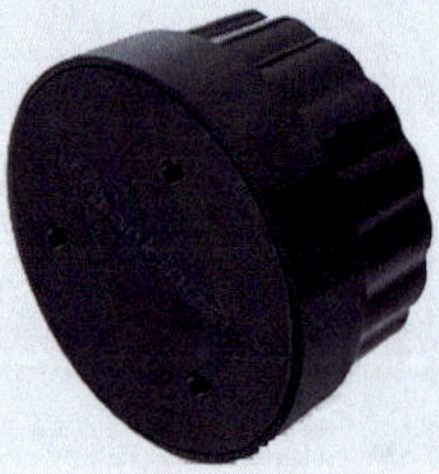 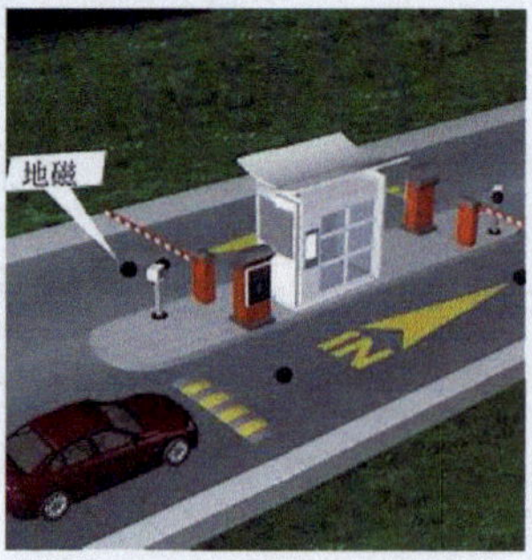

续上表

序号	所属类别	名称	图示
11	硬件	能见度检测器	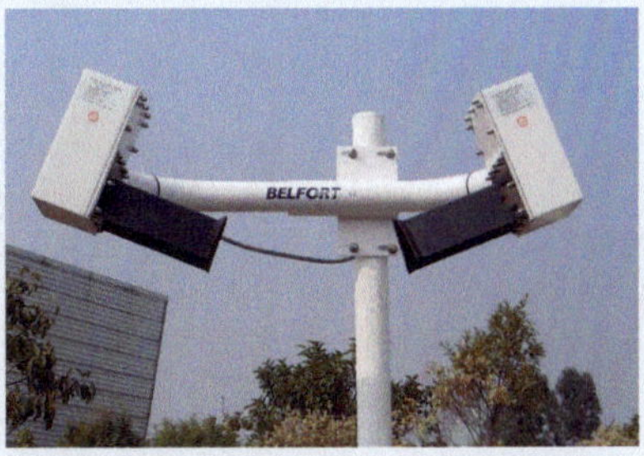
12	硬件	环形线圈检测器	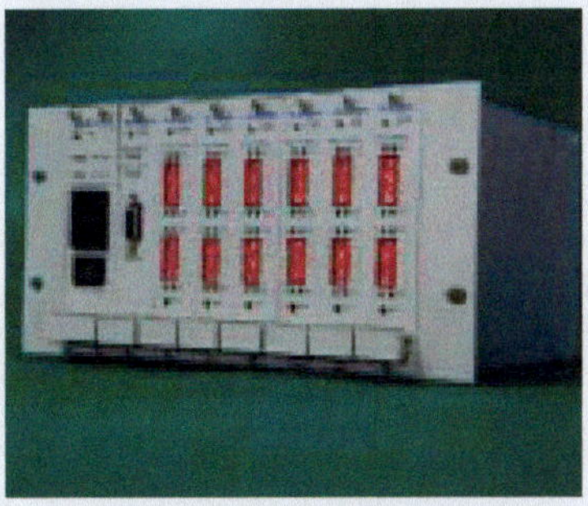
13	硬件	视频车辆检测器	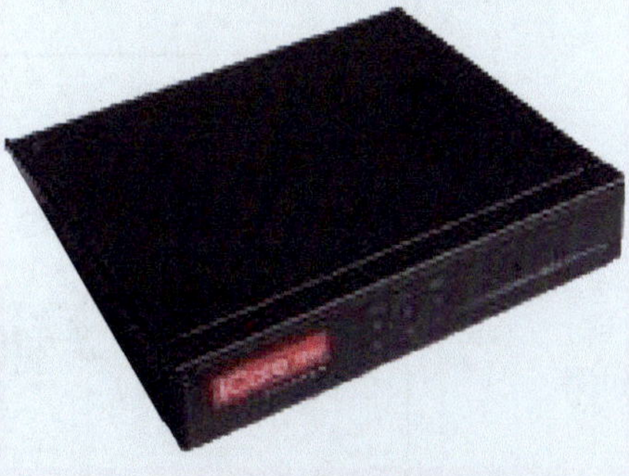
14	硬件	UPS 不间断电源设备	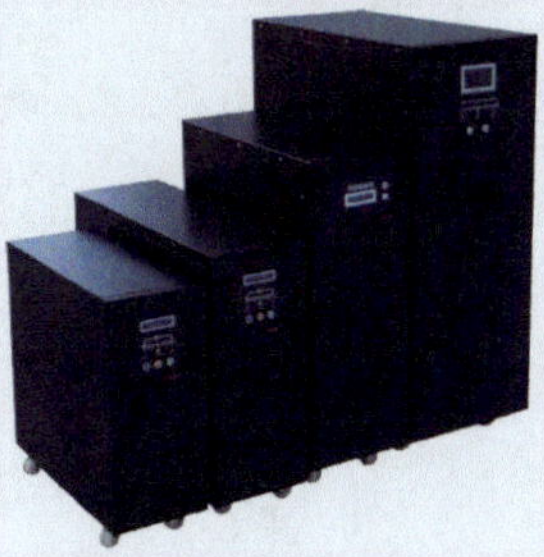

续上表

序号	所属类别	名称	图示
15	硬件	太阳能板	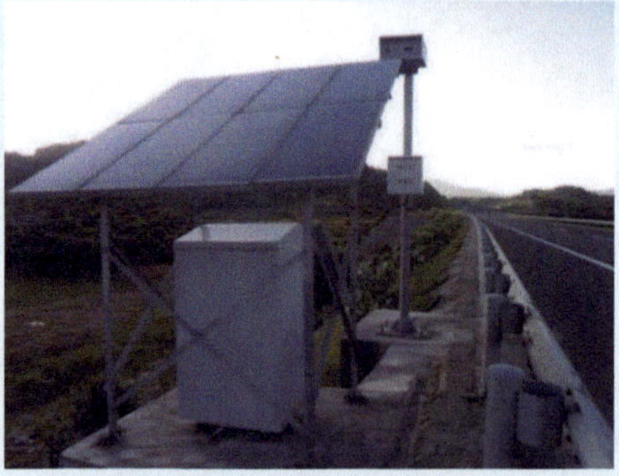
16	硬件	交换机	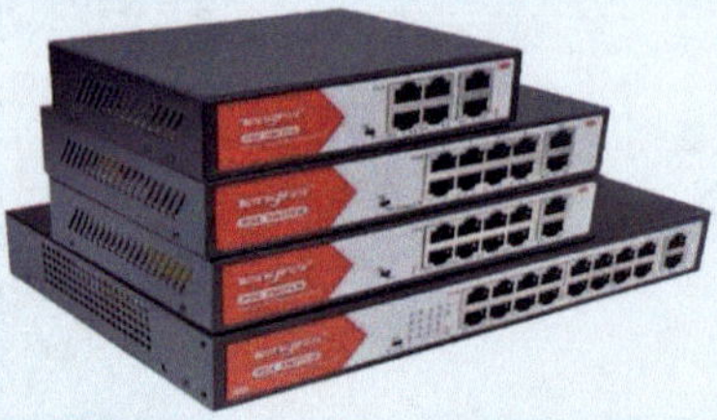
17	硬件	路由器	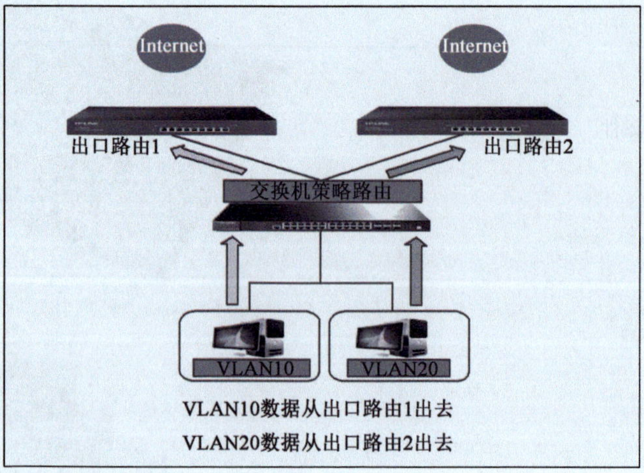

后　　记

　　"广东省公路收费及监控员职业技能等级认定培训教材"是广东省高速公路发展促进会(简称省高促会)开展广东省公路收费及监控员职业技能等级认定工作的阶段性研究成果。为编好本教材,作为主编单位的省高促会邀请了华南理工大学土木与交通学院符锌砂教授团队以及广东省高速公路各大业主单位参与了本教材的起草和修编工作,全书由符锌砂教授统稿。特邀交通运输部专家委员会主任周伟为本教材作序。本教材的编辑出版工作得到了广东省高速公路行业单位及个人的广泛参与和大力支持。

　　在此,对参加本教材起草、修编工作以及在本教材编写和出版过程中给予悉心指导和宝贵建议的单位和个人,还有本教材特邀评审委员会各位领导表示衷心的感谢。其中,参加本教材起草、修编工作的人员有:符锌砂、李多奇、何石坚、唐峰、赵梓城、张占书、吕莉、朱桂新、邱伟明、刘巍、许晓辉、邵宝华、刘胜科、杨少城、陈楚群、陈振宇、陈显强、周桂琼、易婉梅、陆国深、李靖、朱连财、李峻灏、戴福祥、梁守锋、郑佩洪、陈文材、刘志强、吕海峰、熊辉、徐振华、苏少勇、余志龙、丁实现、邹坚志、巫远剑、曹峰、丘晓仁、麦耀、徐先蔚、张波、刘罗丹、朱兆诚、杨德辉、张海艳、邵万里、朱碧凤、陈理浩、石虹、林根叶、杜国明、彭成章、胡波、杜健、李朝晖、罗燕忠、李一隆、涂娅敏、肖洲洋、黄军飞、罗雪云、崔恒明、卢志文、侯军强、罗卫良、何其毅、张秋霞、王素灵、刘滔滔、谭镜邦、陈连刚、卢宁、朱亚乔、马思歧、付红梅、王栋栋、康含等。

　　随着我国高速公路网、车流量的不断扩大,以及全国联网后新技术、新服务、新标准的不断更新,公路收费及监控员职业工种的职业内容也在不断丰富。本教材的编写仅仅只是一个开始,由于编写内容多而复杂,加之编者水平有限,书中不足之处在所难免,欢迎广大读者特别是高速公路行业学者、工作者不吝指正,提出宝贵的意见和建议。若在今后教材的使用过程中发现问题,也欢迎各单位与我们及时沟通和反馈,并结合本单位的管理办法和工作内容给我们提出一些建议,以便我们后续进一步修编、完善教材。

广东省高速公路发展促进会教材编委会
2024 年 1 月